कृषि विकास

(Agriculture Development)

डॉ॰ मनोज कुमार

अर्जुन पब्लिशिंग हाउस

कृषि विकास

प्रथम संस्करण : 2013

ISBN 978-81-8330-424-5

प्रकाशक :

अर्जुन पब्लिशिंग हाऊस

4831/24, प्रह्लाद गली

अंसारी रोड, दरियागंज

नई दिल्ली—110002

फोन : 23272541, 23257835

फैक्स : 91-011-23257835

e-mail : arjunbooks2001@gmail.com

टाइपसेटिंग :

डिम्पल कम्प्यूटर्स

दिल्ली

प्रिन्टर्स :

रोशन आफसेट प्रिंटर्स

दिल्ली - 53

प्रस्तावना

प्रायः यह कहा जाता है कि जिन देशों में कृषि एक प्रधान व्यवसाय है उनके निवासी निर्धन है। इस कथन में कुछ सच्चाई अवश्य है किन्तु ऐसे देशों के निवासियों की निर्धनता का कारण स्वयं कृषि न होकर कृषि का पिछड़ापन है। यह बात भारत के सम्बन्ध में भी पूर्णतः लागू होती है। कृषि की पिछड़ी हुई अवस्था के कारण भारतवासी निर्धन हैं और उनकी निर्धनता के कारण कृषि पिछड़ी हुई दशा में है। यह एक कुचक्र (Vicious Circle) है, जिसे राष्ट्र के हित में तोड़ना परम आवश्यक है। किन्तु इससे देश के लिए कृषि का महत्व किसी भी प्रकार कम नहीं होता। कृषि भारत का सबसे महत्वपूर्ण व्यवसाय है और सदैव रहेगा। भारत के आर्थिक विकास की कोई भी योजना उस समय तक सफल नहीं हो सकती, जब तक कि उसमें कृषि के पूर्ण विकास की व्यवस्था न की गयी हो।

कृषि विकास विषय पर प्रस्तुत इस पुस्तक की विषय-सामग्री में कृषि नीति तथा राष्ट्रीय किसान नीति, कृषि समंक, कृषि श्रमिक, कृषि मूल्य नीति, कृषि वित्त, कृषि के लिये उधारदान की तकनीक, अतिदेय की समस्याएँ तथा कृषि ऋणों की वसूली, खाद्य अर्थव्यवस्था, कृषि पदार्थों का विक्रय, कृषि एवं उद्योग के बीच व्यापार की शर्तें, आर्थिक असमानता, कृषि में कुशलता (क्षमता) एवं उत्पादकता के विभिन्न आयामों का विस्तृत उल्लेख प्रस्तुत किया गया है।

इस पुस्तक की विषय-सामग्री छात्रों, विषय के प्राध्यापकों, शोधकर्त्ताओं एवं नीति-निर्धारकों के लिए विशेष उपयोगी सिद्ध होगी।

लेखक

विषय सूची

1

कृषि नीति तथा राष्ट्रीय किसान नीति
(Agriculture Policy and National Farmer Policy)

भारत की आर्थिक नीति में कृषि नीति को महत्वपूर्ण स्थान प्रदान किया गया है। भारतीय अर्थव्यवस्था में उत्पादन तथा रोजगार की दृष्टि से कृषि क्षेत्र एक अत्यन्त प्रभावी क्षेत्र है। भारत में सकल घरेलू उत्पाद का एक तिहाई भाग कृषि से प्राप्त होता है तथा इस पर राष्ट्र की दो तिहाई जनसंख्या आश्रित हैं, अत: कृषि का विकास किये बिना अर्थव्यवस्था का समुचित विकास किया जाना तथा नागरिकों के रहन सहन के स्तर में सुधार किया जाना सम्भव नहीं है। भारतीय कृषि में समृद्धि की वर्तमान दर अत्यन्त ही निम्न है। इसमें महत्वपूर्ण सुधार की आवश्यकता है। भारतीय कृषि में अनेक ऐसे क्षेत्र हैं जिनमें सुधार की अत्यन्त गुंजाइश तथा आवश्यकताएँ हैं। इनमें प्रमुख विनियोग के स्तर में सुधार, भूमि के आकार को औचित्यपूर्ण बनाने, साख की मात्रा बढ़ाने, कृषि क्षेत्र में उपयुक्त मूल्य नीति को बनाये रखने तथा उत्पादकता वृद्धि की दृष्टि से नवीन तकनीकों का अविष्कार किया जाना आदि प्रमुख हैं । इन सभी के सम्बन्ध सुधार तथा विकास की भावी रणनीति को कृषि नीति कहा जाता है। भारत सरकार द्वारा पूर्व में 1992 में तथा अभी हाल ही में राष्ट्रीय कृषि नीति 2000 की घोषणा की है। इन दोनों ही कृषि नीतियों का संक्षिप्त विवरण निम्न विवेचन में प्रस्तुत किया गया है।

कृषि नीति 1992
(Agriculture Policy 1992)

भारत में कृषि नीति की घोषणा से सम्बन्धित प्रस्ताव दिसम्बर 1992 में संसद में प्रस्तुत किया गया। इस नीति का प्रमुख उद्देश्य कृषि क्षेत्र में निरन्तर हो रहे विकास तथा शोध कार्यक्रमों का प्रयोग भारतीय कृषि क्षेत्र में उत्पन्न हुई चुनौतियों का सामना करने हेतु करना था। इस नीति में जिन प्रमुख बातों पर जोर दिया जाना आवश्यक समझा गया उनमें प्रमुख

भूमि सुधार, खाद्य समस्या, कृषि के लिये पर्याप्त वित्त व्यवस्था, सिंचाई के साधनों का विकास आदि प्रमुख थे। इस नीति को 5 मार्च 1993 को मुख्यमंत्रीयों के सम्मेलन में घोषित किया गया। इस कृषि नीति की प्रमुख विशेषताएँ निम्नलिखित विवेचन में प्रस्तुत की गयी हैं।

प्रमुख विशेषताएँ
(Salient Features)

भारत सरकार द्वारा 1992 में घोषित की गई कृषि नीति प्रस्ताव की प्रमुख विशेषताएँ निम्नलिखित थीं :

1. कृषि को उद्योग के रूप में मान्यता प्रदान करना (Recognised Agriculture as Industry) इस कृषि नीति में कृषि को उद्योगों के समान मान्यता प्रदान की गयी। इसके अनुसार कृषि को वे समस्त सुविधायें प्राप्त हो गयीं जो अब तक उद्योगों को प्राप्त थी। इस घोषणा के पश्चात् भारतीय कृषि को वाणिज्यिक स्वरूप प्राप्त हो गया है जिससे कृषि क्षेत्र द्वारा निजी विनियोग को अधिक मात्रा में आकर्षित किया जाना सम्भव हो सकेगा।

2. सरकारी नियन्त्रण से मुक्ति (Free From Government Control) –1992 की कृषि नीति के अन्तर्गत भारत में कृषि को सरकारी नियन्त्रण प्रक्रिया से मुक्त रखने की घोषणा की गयी। इसके अनुसार भारतीय कृषि को अनेक कर रियायतों की प्राप्ति होना सम्भावित था।

3. सरकारी खर्चे का पुनः निर्धारण (Re-determination of Government Expenditure) –कृषि क्षेत्र में खर्च को बढ़ाने के उद्देश्य से कृषि हेतु खर्चों के पुनः निर्धारण किये जाने की बात इस कृषि नीति में कही गयी।

4. सहकारी नेटवर्क को सशक्त बनाना (Strengthening Co-operative Network) –इस कृषि नीति के अन्तर्गत सहकारी क्षेत्र को पुनः निरीक्षण तथा सशक्त बनाने की घोषणा की गयी जिससे सहकारी साख का उपयुक्त विकास हो सके।

5. कृषि मूल्य नीति (Agriculture Price Policy) –इस कृषि नीति में मुक्त बाजार मूल्य नीति के स्थान पर उपयुक्त कृषि नीति अपनाये जाने की घोषणा की गयी। इस सम्बन्ध में नीति के अन्तर्गत राज्य सरकारों से कृषि मूल्य निर्धारण में हस्तक्षेप को आश्वस्त किये जाने की बात कही गयी जिससे कृषकों को उनके उत्पादन का उचित मूल्य प्राप्त हो सके।

6. आत्मनिर्भरता को प्रोत्साहन (Encourage to Self Sufficiency) – इस बात की समय समय पर आलोचना की जाती है कि भारतीय कृषि अनुदान संचालित है। इस कृषि नीति में इस बात पर बल दिया गया है कि भारतीय कृषि अनुदान पर कम से कम आश्रित रह कर विकास करे। दुर्भाग्यवश भारतीय कृषि में अनुदान को राजनीतिक रंग प्रदान किया जाता रहा है। इसी का परिणाम है कि उर्वरकों पर अनुदान अभी भी जारी है। इस कृषि नीति में अनुदानों को युक्तिसंगत बनाये जाने की बात की गयी है।

7. फसल बीमा के क्षेत्र में विस्तार (Widen Scope of Crop Insurance) –इस कृषि नीति में विस्तृत फसल बीमा के क्षेत्र में वृद्धि की गयी है। इस कृषि नीति में किये

गये प्रावधानों के अनुसार फसल बीमा प्रणाली सभी प्रकार के कृषकों के लिए लागू होगी चाहे वे अपनी फसल के लिए वित्त व्यवस्था स्वयं के साधनों के द्वारा अथवा वित्त संस्थाओं से ऋण प्राप्त करके करते हों। पूर्व में फसल बीमा प्रणाली केवल उसी स्थिति में लागू थी जबकि कृषक बैंकों से ऋण प्राप्त करके फसलों का वित्त प्रबन्ध करते थे।

8. गहन कृषि का विस्तार (Expansion of Intensive Agriculture) - गहन कृषि नीति को अपनाने पर इस कृषि नीति में बल दिया गया जिसके अन्तर्गत कृषि उत्पादन में वृद्धि हेतु कृषि के आधुनिकीकरण की बात कही गयी ।

9. निर्यात की बढ़ती भूमिका (Rising Role in Exports) - इस कृषि नीति में भारतीय कृषि की भारतीय निर्यातों में बढ़ती हुई भूमिका पर जोर दिया गया है। इस उद्देश्य की प्राप्ति हेतु पूँजीगत वस्तुओं पर आयात शुल्क को कम किया गया है तथा कृषि निर्यातों हेतु सुलभ साख व्यवस्था पर जोर दिया गया है। इसके अतिरिक्त कृषि वस्तुओं के निर्यात पर पूर्व में लागू अनेक प्रतिबन्धों को हटा लिया गया।

10. वैश्विक अवबौधन (GlobalPerception) - इस कृषि नीति में वैश्विक अवबौधन की बात कही गयी है। इसके अन्तर्गत अत्यधिक संरक्षण को कम किये जाने तथा द्वितीय कृषक समुदाय को बाजार विन्मुख कीमतें प्राप्त करने हेतु सुविधायें प्रदान की गयी हैं।

नवीन/वर्तमान राष्ट्रीय कृषि नीति 2000
(New/Present National Agricurture Policy)

भारत की वर्तमान कृषि नीति 2000 की घोषणा 28 जुलाई 2000 तत्कालीन कृषि मन्त्री श्री नितीश कुमार द्वारा की गयी। भारतीय कृषि की वर्तमान स्थिति तथा इसकी समस्याओं को केन्द्र बिन्दु बनाकर जिस कृषि नीति की रचना की गई उसे वर्तमान आर्थिक परिपेक्ष्य में राष्ट्रीय कृषि नीति की संज्ञा प्रदान की गयी है। इस नीति का उद्देश्य भारतीय कृषि की व्यापक छुपी हुई विकास संभावनाओं का पूरा लाभ उठाना, कृषि विकास को प्रोत्साहित करने के लिए ग्रामीण आधार-संरचना को मजबूत बनाना, मूल्य संवर्धन को प्रोत्साहन देना, कृषि व्यवसाय के विकास को तेज करना, ग्रामीण क्षेत्रों में रोजगार के अवसर पैदा करना, किसानों तथा कृषि श्रमिकों एवं उनके परिवारों के लिए एक उचित जीवन स्तर की व्यवस्था करना, ग्रामीण क्षेत्रों से शहरी क्षेत्रों की ओर जनसंख्या के पलायन को रोकना, तथा आर्थिक उदारीकरण एवं सार्वभौमिकरण से उत्पन्न होने वाली चुनौतियों का सामना करने हेतु रणनीति तैयार करना है। यह नीति आगामी दशकों के लिए प्रभावी होगी। राष्ट्रीय कृषि नीति के प्रमुख तत्व निम्नलिखित है :

1. कृषि क्षेत्र में 4 प्रतिशत प्रति वर्ष से अधिक संवृद्धि दर प्राप्त करना - कृषि नीति 2000 में यह लक्ष्य निर्धारित किया गया है कि 2005 तक 4 प्रतिशत से अधिक की वृद्धि दर कृषि क्षेत्र में प्राप्त की जाये। वर्तमान में यह दर 1.5 प्रतिशत है।

2. विकास के साथ समानता - विकास के साथ साथ समानता अर्थात ऐसा विकास कार्यक्रम तैयार करना जो सभी क्षेत्रों में और सभी किसानों को लाभान्वित कर सके।

3. मात्रात्मक प्रतिबन्धों की समाप्ति (End of Quantitative Restrictions)- कृषि विकास को गति प्रदान करने के लिए मात्रात्मक प्रतिबंधों की समाप्ति के बाद की अवधि में, कृषि निजीकरण तथा किसानों को मूल्य संरक्षण प्रदान करना, सरकारी नीति का एक हिस्सा होगा। नई नीति का पूरा ध्यान इस बात पर होगा कि संसाधनों व प्रोद्योगिकी का सक्षम उपयोग हो, किसानों को साख की पर्याप्त उपलब्धि हो तथा उन्हें मौसमी व कीमत संबंधी उतार-चढ़ावों से संरक्षण प्रदान किया जा सके ।

4. संसाधनों का दक्षतापूर्ण उपयोग - ऐसा कृषि विकास सुनिश्चित करना जो संसाधनों का दक्ष उपयोग कर सके तथा राष्ट्रीय भूमि, जल व जैविक विविधता की रक्षा कर सके।

5. माँग प्रेरित विकास - राष्ट्रीय कृषि नीति में प्राप्ति पर बल दिया गया है। जो मांग प्रेरित हो और घरेलू बाजारों की जरूरत को पूरा करने के साथ साथ, आर्थिक उदारीकरण एवं सार्वभौमिकरण से जनित कृषि निर्यातों के मार्ग में आने वाली चुनौतियों का सफलतापूर्वक सामना करते हुए अधिक से अधिक लाभ प्राप्त कर सके।

6. प्रभावी निजी भागीदारी (Effective Private Participation) - प्रौद्योगिकी का जल्द हस्तरण, पूंजी प्रवाह, फसल उत्पादन के लिए (खासतौर पर तिलहन, कपास तथा बागवानी फसलों के उत्पादन के लिए) सुरक्षित बाजार उपलब्ध कराने हेतु निजी क्षेत्र की भूमिका पर जोर दिया जाएगा। इस उद्देश्य के लिए ठेका खेती तथा भूमि पट्टे पर देने की व्यवस्था लागू की जाएगी।

7. निजी विनियोग को प्रोत्साहन (Encouragement to Private Participation) - नवीन कृषि नीति में यह स्वीकार किया गया है कि हाल ही के विगत कुछ वर्षों में कृषि क्षेत्र में सार्वजनिक निवेश के सम्बन्ध में गिरावट हुई है। इससे कृषि क्षेत्र में व्याप्त विषमताओं को दूर करने में तथा ग्रामीण क्षेत्रों में आधार संरचना का विकास करने हेतु सार्वजनिक निवेश में वृद्धि की जाये । नवीन कृषि नीति में इस उद्देश्य की पूर्ति हेतु निजी निवेश को बढ़ाने का वक्तव्य जारी किया गया है। कृषि में निजी क्षेत्र के निवेश को प्रोत्साहित किया जाना राष्ट्रीय कृषि नीति का महत्वपूर्ण पहलू है। प्रमुखतः कृषि अनुसंधान, मानव संसाधन विकास, फसल कटाई के बाद की व्यवस्था तथा कृषि विपणत के क्षेत्र मे विशेष ध्यान दिया जायेगा।

8. वस्तु वार कार्यनीतियाँ (Commodity Wise Working Plan) - कृषि पर विश्व व्यापार संगठन के समझौते के तहत मात्रात्मक प्रतिबंधों को हटा लिए जाने के बाद विश्व बाजार में कीमतों के उतार चढ़ाव से किसानों की रक्षा करने के लिए तथा निर्यातों को प्रोत्साहित करने के लिए, राष्ट्रीय कृषि नीति ने वस्तु वार कार्यनीतियां तैयार करने की सिफारिश की है।

9. बाजार सीमा क्षेत्र में वृद्धि (Increase in Market Operations) - सरकार वस्तुओं के मूल्य में व्यापक घट-बढ़ को कम करने तथा उनके जोखिमों से बचाव करने के लिए भावी बाजारों के सीमाक्षेत्र को बढ़ाएगी। इस नीति से कृषि का सतत विकास प्राप्त करने, रोजगार अवसर पैदा करने और जीवन स्तर सुधारने की आशा की जाती है।

10. पशुओं की भूमिका में वृद्धि (Increase in Role of Animals) - इस नीति में एक 'राष्ट्रीय पशुधन प्रजनन युक्ति' तैयार करने की बात की गई है जिससे दूध, मांस, अंड़े और पशुधन उत्पादों की आवश्यकता को पूरा किया जा सके तथा कृषि कार्य के लिए ऊर्जा के एक स्रोत.के रूप में भारवाही पशुओं की भूमिका को बढ़ाया जा सके।

11.पौध संरक्षण कानून (Plant Protection Law)- नई किस्मों के संबंध में अनुसंधान और उनके प्रजनन को प्रोत्साहन देने के लिए पौधों की किस्मों के संरक्षण हेतु कानून बनाए जाएंगे। पशुपालन, मुर्गीपालन, डेरी और जलकृषि को उच्च प्राथमिकता दी जाएगी।

12.. **विशिष्ट तथा आर्थिक व्यवहार्य कृषि** (Special and Economically Viable Agriculture) - विभिन्न क्षेत्रों के लिए विशिष्ट तथा आर्थिक रूप से व्यवहार्य कृषि और बागवानी फसलों की सुधरी हुई किस्मों, पशुधन प्रजातियों तथा जलकृषि को विशेष प्राथमिक दी जाएगी। देशीय कृषि बाजारों को और उदार बनाया जाएगा।

13. पर्यावरण सुरक्षा - विकास जो तकनीकी रूप से, पर्यावरण सुरक्षा के रूप से, तथा आर्थिक रूप से धारणीय हो।

14. कृषि वस्तुओं के अवागमन पर प्रतिबन्धों की कमी (Lessning Restrictions on Movement of Agriculture Products) - देश भर में कृषि वस्तुओं के आवागमन पर प्रतिबंधों को कम किया जाएगा और कालातंर में उन्हें समाप्त कर दिया जाएगा। खाद्यान्नों और अन्य वाणिज्यिक फसलों पर कर ढांचे की समीक्षा की जाएगी।

15. उत्पाद शुल्कों की समीक्षा (Review of Production Duty) - कृषि उत्पादन में प्रयोग होने वाले आगतों (जैसे फार्म मशीनरी, उपकरण, उर्वरक इत्यादि), कटाई के बाद फसल के भंडारण तथा परिष्करण पर उत्पाद शुल्क की समीक्षा की जाएगी।

16. कृषि आय कर मुक्त (Non-Taxable Agriculture Income) - यह सुनिश्चित करने के लिए कि कृषक मुख्य रूप से नियंत्रणात्मक तथा कर संग्रहण प्रणाली से बाहर रहे, उपयुक्त कदम उठाए जाएंगे।

17. ग्रामीण विद्युतीकरण (Rural Eelctrification) - कृषि विकास के एक प्रमुख संचालक के रूप में ग्रामीण विद्युतीकरण को उच्च प्राथमिकता दी जाएगी।

18. वैकल्पिक ऊर्जा स्त्रोतों का विकास (Development of Alternative Energy Resources) -सिंचाई और अन्य कृषि प्रयोजनों के लिए ऊर्जा के नए एवं नवीकरणीय स्रोतों के प्रयोग को बढ़ावा दिया जाएगा।

19. संस्थागत साख का विकास (Development of Institutional Credit)- किसानों को सामयिक और पर्याप्त ऋण प्रदान के लिए संस्थापक ऋण स्रोतों के सतत् विकास व प्रसार को जारी रखा जाएगा।

20. संस्थागत ढाँचे को मजबूत **बनाना** (Strengthern Institutional Credit)- नवीन कृषि नीति में भारतीय कृषि क्षेत्र में विद्यमान संस्थागत ढाँचे को मजबूत बनाने हेतु निम्नलिखित प्रयास किये जाने की घोषणा की गयी है: 1. उत्तर-पश्चिम राज्यों के अनुरूप ही

समस्त देश में जोतों की चकबन्दी की विशेष व्यवस्था करना। 2. ऐसी भूमि का भूमिहीन किसानों और बेरोजगार युवकों को वितरण करना जो लोगों के पास अधिकतम सीमा के ऊपर अथवा अतिरिक्त भूमि के रूप में पड़ी है। 3. फसल सहभाजकों के अधिकारों की सुरक्षा हेतु काश्तकारी कानून में सुधार करना । 4. अनार्थिक जोतों का आकार बढ़ाने के लिए पट्टा बाजारों का विकास करना। 5. भू-रिकार्ड को कम्प्यूटरीकृत करना तथा किसानों को भूमि पासबुक्स (Land Passbook) का वितरण करना। 6. भूमी पर स्त्रियों के अधिकार को सुनिश्चित करना।

21. जोखिम प्रबन्ध (Risk Management) –नवीन राष्ट्र कृषि नीति में एक ऐसी राष्ट्रीय कृषि बीमा योजना बनाने का सुझाव दिया गया है। जो देश के सभी किसानों एवं सभी फसलों के सम्बन्ध में समान रूप से लागू हों।

22. बीमा पॉलिसी पैकेज (Insurance Policy Package)- किसानों को एक पैकेज बीमा पालिसी प्रदान करने के प्रयास किये जाएंगे जिसके तहत फसलों की बुवाई से लेकर कटाई के पश्चात् की गतिविधियों तक का, तथा कृषि उत्पाद की कीमतों में उतार चढ़ाव तक का बीमा किया जा सके।

23. विधायन इकाइयों की स्थापना (Establishment of Processing Units) – इसके अतिरिक्त कृषि विधायन इकाइयों की स्थापना के लिए उत्पादक सहकारी समितियों एवं निगम क्षेत्र में आपसी सहयोग को प्रोत्साहित किया जायेगा।

राष्ट्रीय कृषि नीति के अन्तर्गत 4 प्रतिशत से अधिक वृद्धि का लक्ष्य निर्धारित किया गया है। इस वृद्धि की प्राप्ति हो जाना भारतीय कृषि व्यवस्था में एकअत्यन्त महत्वपूर्ण घटना होगी। अतः यह महत्वपूर्ण है कि उन प्रयासों की जानकारी प्राप्त की जाये जो इस लक्ष्य की प्राप्ति हेतु किये जाने प्रस्तावित है। इस लक्ष्य की प्राप्ति हेतु निम्नलिखित विशेष प्रयास प्रस्तावित किये गये हैं ।[1]

1. दिनांक 28 जुलाई 2000 को सरकार ने वर्ष 2005 तक कृषि की वृद्धि 4 प्रतिशत से अधिक प्रक्षेपित करने के लिए लक्षित राष्ट्रीय कृषि नीति को सार्वजनिक किया। यह वृद्धि संरचनात्मक, संस्थात्मक, कृषि विज्ञान और कर सुधारों सहित कई उपायों के संयोजन से प्राप्त की जाएगी।

2. गुणवत्ता सुधार प्रणाली में कृषि का निजीकरण और किसानों को मूल्य संरक्षण प्रदान करना कृषि के विकास को सहक्रियात्मक बनाने के लिए सरकार की नीति का एक हिस्सा होगा। नई नीति का ध्यान केन्द्र संसाधनों और प्रौद्योगिकी के सक्षम प्रयोग, किसानों को ऋण की पर्याप्त उपलब्धता और मौसम संबंधी और मूल्यों की घट-बढ़ से उनका संरक्षण करना होगा। आगामी दो दशकों में नीति का लक्ष्य कृषि क्षेत्र में प्रतिवर्ष चार प्रतिशत से अधिक वृद्धि दर प्राप्त करना है।

3. निजी क्षेत्र की भागीदारी का संवर्धन ठेका खेती तथा त्वरित प्रौद्योगिकी अंतरण करने के लिए भूमि पट्टे पर देने की व्यवस्था, पूंजी अन्तर्प्रवाह, फसल उत्पादन विशेषकर

---

1 भारतीय आर्थिक समीक्षा 2000-2001, पृष्ठ 171

तिलहन, कपास और बागवानी फसलों के लिए आश्वस्त बाजारों के माध्यम से किया जाएगा।

4. कृषि, विशेषकर कृषि अनुसंधान, मानव संसाधन विकास, कटाई पश्च प्रबंधन और विपणन जैसे क्षेत्रों में निजी क्षेत्र के निवेश को प्रोत्साहित किया जाएगा।

5. कृषि पर विश्व व्यापार संगठन के करार के अनुसार आयातों पर मात्रात्मक प्रतिबंध को हटाने के दृष्टिगत विश्व बाजार में मूल्यों के व्यर्थ घट-बढ़ के प्रतिकूल प्रभाव से किसानों की सुरक्षा करने के लिए नीति ने वस्तु वार कार्यनीतियां और व्यवस्थाएं तैयार करने की सिफारिश की है।

6. सरकार वस्तु के मूल्य में व्यापक घट बढ़ को कम करने तथा उनके जोखिमों से बचाव करने के लिए भी भावी बाजारों के सीमाक्षेत्र को बढ़ाएगी। इस नीति से कृषि का सतत विकास प्राप्त करने, लाभपूर्ण नियोजन सृजित करने और जीवन स्तर सुधारने की आशा की जाती है।

7. यह नीति दूध, मांस, अंडे और पशुधन उत्पादों की आवश्यकता पूरी करने और कृषि कार्य के लिए ऊर्जा के एक स्रोत के रूप में भारवाही पशुओं की भूमिका बढ़ाने के लिए एक "राष्ट्रीय पशुधन प्रजनन कार्यनीति" तैयार करने की संकल्पना करती है।

8. पौधों की किस्मों की नई किस्मों पर अनुसंधान और उत्पादन को प्रोत्साहित करने के लिए विधान के माध्यम से सुरक्षा की जाएगी। पशुपालन, मुर्गीपालन, डेयरी और जलकृषि के विकास को उच्च प्राथमिकता दी जाएगी।

9. नए अवस्थान-विशिष्ट और आर्थिक रूप से व्यहार्य कृषि और बागवानी फसलों की सुधरी हुई किस्मों, पशुधन प्रजातियों और जलकृषि को उच्च प्राथमिकता प्रदान की जाएगी। कृषि बाजार को उदार बनाया जाएगा।

10. देश भर में कृषि वस्तुओं के आवागमन पर प्रतिबंधों को प्रगामी तौर पर समाप्त किया जाएगा। खाद्यान्नों और अन्य वाणिज्यिक फसलों पर कर ढाँचे की समीक्षा की जाएगी।

11. कृषि की मशीनरी और उपकरणों तथा कृषि उत्पादन में निविष्ट के रूप में प्रयुक्त उर्वरकों जैसे सामग्रीयों, कटाई पश्चभंडारण और संसाधन पर उत्पाद शुल्क की समीक्षा की जाएगी।

12. यह सुनिश्चित करने के लिए कि पूर्णरूपेण कृषि विनियामक और कर संग्रहण प्रणाली से बाहर रहे, उपयुक्त उपाय अपनाए जाएंगे।

13. कृषि विकास के एक प्रमुख संचालक के रूप में ग्रामीण विद्युतीकरण को उच्च प्राथमिकता दी जाएगी।

14. सिंचाई और अन्य कृषि प्रयोजनों के लिए नई और ऊर्जा के नवीकरणीय स्रोतों के प्रयोग को बढ़ावा दिया जाएगा।

15. किसानों को सामयिक और पर्याप्त ऋण प्रदान करने के लिए ग्रामीण और कृषि ऋण का प्रगामी संस्थानीकरण जारी रखा जाएगा।

16. कृषि उत्पाद के मूल्यों में बाजार की घट-बढ़ सहित फसलों की बुआई से लेकर ही कटाई पश्च कार्यों तक किसानों के लिए पैकेज बीमा पॉलिसी प्रदान करने का प्रयास किया जाएगा।

प्रशंसात्मक पहलू

(Appreciable Aspects)

नि:सन्देह राष्ट्रिय कृषि नीति की रचना जिस प्रतिस्पर्धात्मक आर्थिक परिदृश्य के अन्तर्गत की गयी है उसमें राष्ट्रीय अर्थव्यवस्था में उत्पन्न हुई उदारीकरण चुनौतियों से निपटने हेतु विशेष रणनीति तैयार हुई। वर्तमान राष्ट्रीय कृषि के कतिपय प्रशंसात्मक पहलू निम्न प्रकार है:

1. इस कृषि नीति को दो दशकों तक लागू रखने की बात कही गयी है, वह एक अत्यन्त सराहनीय पहलू है। यह वर्तमान आर्थिक परिस्थितियों के सर्वथा अनुकूल है।

2. उच्च संवृद्धि दर, 4 प्रतिशत से भी अधिक, कृषि क्षेत्र में अधिक कुशलता, स्वयं संचालन तथा स्थायी विकास को दर्शाता है।

3. राष्ट्रीय कृषि नीति अत्यन्त बाजार विन्मुख है। इसके अन्तर्गत जिन चिरकालिक सुधारों की घोषणा की गयी है वे बहुपतिरक्षित रहे हैं। इसमें सबसे प्रमुख सुधार कृषि बाजार के कार्यसंचालन का विस्तार है।

4. राष्ट्रीय कृषि नीति में विभिन्न नियन्त्रणों से कृषि क्षेत्र को मुक्ति प्रदान करवाने की व्यवस्था भी अत्यन्त सराहनीय प्रयास है। इसके साथ ही कृषि उत्पादों के अवागमन, नियन्त्रण तथा प्रतिबन्ध की समाप्ति भी दूरगामी प्रभाव से सम्बन्धित प्रयास है।

5. बड़े रूप में कृषि क्षेत्र में निजी क्षेत्र की सहभागिता भी कृषि क्षेत्र में नये आयामों का सूत्रपात करेगा। निजी क्षेत्र की सहभागिता भूमि की पट्टे की व्यवस्था तथा अनुबन्ध कृषि के द्वारा आश्वस्त की जायेगी।

6. निजी क्षेत्र द्वारा अपेक्षाकृत कृषि क्षेत्र के नवीनतम क्षेत्रों में विनियोग की अनुमति निजी क्षेत्र अपने वित्तीय संसाधनों को अत्यन्त महत्वपूर्ण गतिविधियों जैसे शोध, दक्षता सृजन, फसल-कटाई प्रबन्ध तथा विपणन आदि क्षेत्रों में प्रयोग करेंगे।

7. पशु-पालन के लिए भी इस नीति में निजी क्षेत्र को महत्वपूर्ण भूमिका प्रदान कि गयी है। यह भी एक नवीन प्रयास है।

8. छोटे तथा बिखरे हुए भूखण्डों का एकीकरण सम्बन्धी प्रावधान व्यवहार्य (Viability) की दृष्टि से सराहनीय प्रयास है। भू-अभिलेखों के उपयुक्त रख-रखाव को भी इस नीति में महत्वपूर्ण स्थान प्रदान किया गया है।

9. इस नीति में न केवल कृषकों के हितों वरन् फसल बटाई (Share Cropper) के हित संरक्षण को भी विशेष महत्व प्रदान किया गया है।

10. राष्ट्रीय कृषि नीति का एक अन्य प्रशंसात्मक पहलू यह है कि यह स्वयं में एक विस्तृत नीति है जिसके अन्तर्गत कृषि क्षेत्र के उत्पादन से प्रारम्भ होकर अन्त (उत्पादन

से विपणन तक) होने के मार्ग में उत्पन्न होने वाली समस्त समस्याओं को समाविष्ठ किया गया है। इनमें प्रमुख कृषि आदानों की उपलब्धि (प्रमुखतः साख विनियोग— तकनिकी क्रमोन्नता, कृषि प्रबन्ध तथा विपणन में सुधार, प्रलोभन, भूमि सुधार आदि समस्यायें को विशेष रूप से उल्लेखनीय है।

गम्भीर कमजोरियाँ
(Serious Shortcomings)

राष्ट्रीय कृषि नीति के उपर्युक्त वर्णित प्रशंसात्मक पहलूओं के अध्ययन से यह निष्कर्ष निकालना उपयुक्त नहीं होगा कि यह नीति शत प्रतिशत सराहनीय है, इसमें कोई कमजोरिया व्याप्त नहीं है अथवा इसका कोई नकारात्मक पहलू नहीं है। राष्ट्रीय कृषि नीति में प्रमुख कमजोरियां अथवा इसके नकारात्मक पहलू निम्नलिखित है:

1. राष्ट्रीय कृषि नीति में कृषि क्षेत्र में अगामी दो दशकों के दौरान उत्पन्न होने वाली समस्याओं के समाधान पर अधिक ध्यान केन्द्रित किया गया है। इस नीति में कृषि क्षेत्र में विधमान तात्कालिक समस्याओं के समाधान की अनदेखी की गई है। कृषि क्षेत्र में अनेक तात्कालिक समस्याएँ हैं। जैसे : (अ) कृषि उत्पादकता का गिरता स्तर; (ब) कृषि में सार्वजनिक विनियोग का स्तर; (स) आयात से मात्रात्मक प्रतिबन्ध हटा लेने से उत्पन्न हुई असमान प्रतिस्पर्धा की स्थिति; (द)विकसित देशों में कृषि अनुदान जारी रखने की प्रवृत्ति तथा (य) खाद्य तथा कृषि आदान अनुदान में वृद्धि आदि के समाधान को किसी प्रकार की प्राथमिकता प्रदान नहीं कि गयी है।

2. कृषि विकास कार्यक्रमों में निजी क्षेत्र पर आश्रितता (अर्थात कृषि का निगमीकरण) निजी क्षेत्र के लिए सम्भव विकल्प न हो। सम्भवतः यह अपेक्षा फलिभूत न हो कि निजी क्षेत्र द्वारा कृषि क्षेत्र में बड़ी मात्रा में विनियोग किया जायेगा, तथा इस अपेक्षा में कृषि क्षेत्र में विकास के हवाई किले बना लिए जाय।

3. निजी क्षेत्र को कृषि कार्यों हेतु भूमि को पट्टे पर उपलब्ध करवाने से निःसन्देह कृषि कार्यों हेतु आवश्यक कुल भूमि उपलब्धि में वृद्धि होगी। इससे कृषि क्षेत्र में बड़े आकार के उत्पादन के लाभ प्राप्त होंगे। किन्तु व्यवहार में यह सब कुछ निर्बाध रूप से सम्पन्न हो जाय इसकी सम्भावना कम है। पट्टाधारी (Lessee) की भूमि पर दिर्घकालीन विनियोग (जैसे सिंचाई के साधनों, नालियों, मार्ग निर्माण, फसल कटाई प्रबन्ध तथा भंडारण सुविधाओं आदि) के सम्बन्ध में कोई विशेष रूचि न हो। इसमें सफलता हेतु दिर्घकालीन आधार पर भूमि पट्टे पर देने की बात राष्ट्रीय कृषि नीति में सम्मिलित की जानी चाहिए।

4. यद्यपि राष्ट्रीय कृषि नीति में अनेक स्थानों पर नियन्त्रण तथा प्रतिबन्धों से मुक्ति प्रदान करने की बात कही गयी है, किन्तु स्वयं नीति में ही अनेक प्रकार के संरक्षण तथा आदानों पर अनुदान निरन्तर रखे जाने की वकालत की गयी है। यह प्रवृत्ति कृषि क्षेत्र में कुशलता तथा व्यवहार्यता (Viability) को बाधित करेगी। ऐसी स्थिति में यह भी सम्भव है कि भारतीय कृषि स्वतन्त्र व्यापार के पक्षधर वर्तमान आर्थिक परिवेश में वैश्विक बाजार (Global Market) के लाभों की प्राप्ति से वंचित रह जाय।

5. राष्ट्रीय कृषि नीति कृषि क्षेत्र में जो 4 प्रतिशत वृद्धि दर की बात कही गयी है वह भी अवास्तविक प्रतित होती है। नौवी योजना (1997-2002) में कृषि क्षेत्र में विकास की दर 4.5 प्रतिशत नियत की गयी थी। योजना के प्रथम तीन वर्षों (1997-2000) में केवल 2.7 प्रतिशत की संवृद्धि दर अर्जीत किया जाना सम्भव हो सका है। स्पष्ट शब्दों में इसका अभिप्राय यह हुआ कि यदि कृषि क्षेत्र को पूर्व निर्धारित विकास दर की प्राप्ति करनी है तो शेष दो वर्षों (2000-2002) में 5.7 प्रतिशत वृद्धि दर प्राप्त करनी होगी। यह सम्भव होना इसलिए प्रतित नहीं होता क्यों कि 2000-01 में कृषि क्षेत्र में वृद्धि दर 0.9 प्रतिशत ही रही। अत: आगामी 10 वर्षो में 4 प्रतिशत संवृद्धि की दर अर्जित करना संदेहप्रद प्रतित होता है।

राष्ट्रीय कृषि नीति की उपर्युक्त वर्णित विशेषताओं, प्रशंसात्मक पहलू, गम्भीर कमजोरियों के अध्ययन के पश्चात् निष्कर्ष स्वरूप यही कहा जा सकता है कि अनेक अर्थों में इस नीति के प्रावधान आदर्श है, किन्तु नीति में जिन विरोधाभास की तरफ संकेत किया गया है वे इस नीति में असफलता क्षेत्र के प्रमुख उत्तरदायी कारण बन सकते हैं। इन विरोधाभासों तथा अवास्तविक निर्धारित लक्ष्यों का समय रहते स्पष्टिकरण किया जाना आवश्यक है।

हाल ही के वर्षो में अपनायी गयी भारतीय कृषि की प्रमुख विशेषताएँ
(Salient Features of India's Agriculture Policy in Recent Years)

1992 तथा अभी हाल ही में 2000 में भारत सरकार द्वारा जो नवीन कृषि नीति की घोषणा की गयी है उनकी कतिपय विशेषताएँ निम्नलिखित है:

1. भूमि सुधार (Land Reforms) - हाल ही में घोषित की गयी कृषि नीतियों में भूमि सुधार से सम्बन्धित अनेक संस्थागत कठिनाइयों को दूर कर दिया गया है। स्वतन्त्रता के पश्चात भारत में भूमि सुधार की जो नीति अपनायी गयी है उसके अन्तर्गत भूमि सुधार कार्यक्रमों में अधिक जोर कृषकों को भूमि का मालिक बनाने पर दिया गया है। जमींदारी व्यवस्था तथा अन्य इसी प्रकार की व्यवस्थाओं को पूर्णतया समाप्त किया गया है। इस प्रकार की प्रवृत्ति कृषकों के लिए प्रोत्साहन मूलक सिद्ध हुई है।

2. सिंचाई सुविधाओं की अधिक व्यवस्था (Providing Increasing Irrigation Facilities) - कृषकों को सिंचाई सुविधाओं में बढ़ोतरी के उद्देश्य से देश के विस्तृत भागों में मध्यम तथा लघु आकार के सिंचाई परियोजनाओं को विकसित करने पर जोर दिया गया है।

3. रासायनिक उर्वरकों तथा सुधरे हुऐ बीजों का अधिक प्रयोग (Increasing Use of Chemical Fertilizer and Improved Seeds) - प्रतिव्यक्ति तथा प्रति हैक्टेयर कृषि उत्पादन बढ़ाने के उद्देश्य से रासायनिक उर्वरकों तथा सुधरे हुए बीजों की किस्मों के अधिक प्रयोग पर बल दिया गया है।

4. विपणन नीति (Policy of Marketing) -भारतीय कृषि के विकास में एक प्रमुख समस्या कृषि पदार्थों के विपणन में अत्यधिक मध्यस्थों की विद्यमानता रहा है। इस समस्या के उपचार स्वरूप, राज्य सरकारों द्वारा सम्पूर्ण देश में सहकारी विपणन व्यवस्था का जाल फैलाने का प्रयास किया गया है।

5. कृषि वस्तुएँ बफर स्टॉक तैयार करना (Buffer Stock of Agriculture Commodities) – प्रमुख कृषि वस्तुओं जैसे गेंहू, चावल, ज्वार, कपास तथा जूट इत्यादि के मूल्यों को स्थिर रखने के उद्देश्य से सरकार द्वारा बफर स्टॉक निर्माण का निर्णय किया गया है।

6. कृषि का यन्त्रीकरण (Mechanisation of Agriculture) – भारत में अधिकांश कृषक मँहगी कृषि मशीनों को क्रय करने हेतु सक्षम नहीं है। इस तथ्य को स्वीकार कर, नियोजन अवधि के दौरान विभिन्न प्रकार की मशीनों को (जैसे ट्रैक्टर, बिजली मोटर, हारवैस्टर, मोड़ने तथा काटने के उपकरण आदि) कृषकों को उत्पलब्ध करवाने हेतु प्रयास किये गये है जिससे कृषि क्षेत्र में प्रति हैक्टेयर उत्पादन तथा प्रति व्यक्ति उत्पादन में वृद्धि सम्भव हो सके। इस दिशा में कृषकों को किराये पर उन्नत मशीनो की उपलब्धि करवाने हेतु सहकारी समितियों की स्थापना की गयी है। यह सहकारी समितियाँ कृषकों द्वारा स्वयं क्रय की गयी कृषि मशीनों के मरम्मत की सुविधा भी प्रदान करती है।

7. कृषि मूल्य नीति (Agriculture Price Policy) – स्वतन्त्रता से पूर्व भारतीय कृषि वस्तुओं के मूल्य में अत्यधिक उतार चढ़ाव की प्रवृत्ति विद्यमान थी। इससे कृषकों की आय में अत्यधिक उतार चढ़ाव घटित होते थे। इन उतार चढ़ावों की उपस्थिति में कृषि एक जुआँ सिद्ध हुई। इस स्थिति में सुधार हेतु सरकार द्वारा कृषि वस्तुओं के मूल्यों में अत्यधिक उतार चढ़ाव को रोकने की दृष्टि से कृषि मूल्य आयोग की स्थापना की गयी। सरकार द्वारा कृषि लागत एवं मूल्य आयोग की भी स्थापना की गयी है। यह आयोग कृषि वस्तुओं के न्यूनतम गारण्टेड़ मूल्य में नियमित संशोधन सुझाता है। यह ध्यान में रखते हुए कि कृषि आदानों की लागतों में निरन्तर वृद्धि हो रही है, इसके तद्नुरूप न्यूनतम गारण्टेड मूल्य तथा सरकारी खरीद मूल्यों में तद्नुसार वृद्धि की जाती रही है। कृषकों की न्यूनतम आय को आश्वस्त किया जाता है सरकार द्वारा फसल ऋण प्रणाली को भी लागू किया गया है।

कृषि बीमा
(Agriculture Insurance)

भूतपूर्व व्यापार फसल बीमा योजना (सीसीआईएस) को प्रतिस्थापित करते हूए रबी 1999-2000 से राष्ट्रीय कृषि बीमा योजना (एनएआईएस) शुरू की गई थी। इस योजना का मुख्य उद्देश्य सूखे, बाढ़, ओलावृष्टि, चक्रवात, आग जैसी प्राकृतिक आपदाओं और कीट तथा बीमारियों के कारण फसल को हुई क्षति से किसानों का संरक्षण करना है।

यह नई योजना अब जोत-क्षेत्र के आकार पर घ्यान दिए बिना ऋणी और गैर-ऋणी सभी किसानों को उपलब्ध है। यह सभी खाद्यान्नों फसलों (मोटे अनाज, ज्वार-बाजरा और दाल), तिलहन तथा वार्षिक बागवानी/वाणिज्यिक फसलों, जिनके संबंध में कई वर्षों के पिछले उत्पादन आंकड़े उपलब्ध है, को शामिल करने की संकल्पना करता है। वार्षिक वाणिज्यिक/ बागवानी फसलों में से गन्ना, आलू, कपास, अदरक, प्याज, हल्दी और मिर्च जैसी सात फसलें इस समय शामिल की जाती हैं। अन्य सभी बागवानी और वाणिज्यिक फसलों को पिछले उत्पादन आंकड़ों की उपलब्धता की शर्त के अधीन तीसरे वर्ष में बीमा कवच के अधीन रखा जाएगा।

यह नई योजना एक क्षेत्र दृष्टिकोण अर्थात व्यापक आपदाओं के लिए प्रत्येक अधिसूचित फसल के लिए परिभाषित क्षेत्रों और ओलावृष्टि, भूस्खलन, चक्रवात और बाढ़ जैसी स्थानिक आपदाओं के लिए पृथक आधार पर प्रचलित होगी। स्थानिक आपदाओं के मामले में पृथक आधारित निर्धारण प्रारंभ में प्रायोगिक आधार पर सीमित क्षेत्रों में कार्यान्वित किया जाएगा और प्राप्त किए गए प्रचलनात्मक अनुभवों को ध्यान में रखते हुए इसका विस्तार किया जाएगा। नई योजना के अधीन भाग लेने वाले प्रत्येक राज्य/संघ राज्य क्षेत्र से तीन वर्षों की अवधि में बीमा की एक इकाई के रूप में ग्राम पंचायत के स्तर तक पहुंचने की अपेक्षा है।

सरकार ने आने वाले समय में इस नई योजना के कार्यान्वयन के लिए एक विशिष्ट संगठन की स्थापना करने का भी निर्णय किया है। नए ढांचे के सृजन होने तक भारतीय साधारण बीमा निगम (जी आई सी) कार्यान्वयनकर्त्ता एजेंसी के रूप में कार्य करता रहेगा।

राष्ट्रीय किसान नीति 2007
(National Farmer Policy 2007)

नीति पुनर्निर्धारण की आवश्यकता

भारत के सामाजिक-आर्थिक ढांचे में कृषि की महत्ता को इस तथ्य से महसूस किया जा सकता है कि देश कि अधिकांश जनसंख्या की आजीविका कृषि पर निर्भर है। कुल सकल घरेलू उत्पाद (जी डी पी) में कृषि क्षेत्र का योगदान केवल 18 प्रतिशत है जबकि 60 प्रतिशत से अधिक जनसंख्या इस पर निर्भर है जिसके फलस्वरूप कृषि क्षेत्र में प्रति व्यक्ति आय कम है। इससे यह भी पता चलता है कि कृषि क्षेत्र और गैर-कृषि क्षेत्र में प्रति व्यक्ति आय के बीच बड़ी असमानता है। अतः उन मसलों का समाधान करना आवश्यक है, जो किसानों के आय स्तरों पर प्रभाव डालते हैं। आय का स्तर कुल उत्पादन तथा उचित उत्पादकता स्तर और किसानों द्वारा प्राप्त मूल्यों द्वारा निर्धारित होती हैं। लघु और सीमान्त जोतों का आधिक्य जो कुल जोतों का लगभग 82 प्रतिशत है, अपूर्ण बाजार दशाएँ तथा पश्च और अग्र सम्पर्कों की कमी जैसी बाधाएं भी किसानों के आय स्तरों को दुष्प्रभावित करती हैं। तदनुसार, कृषि कार्यकलाप अधिक व्यवहार्य बने और किसानों की आर्थिक स्थिति में स्थायी सुधार सुनिश्चित हो, इसके लिये एक उपयुक्त नीति तैयार किए जाने की आवश्यकता है।

विगत में कृषि अनुसंधान, शिक्षा और विस्तार को मजबूत बनाने के साथ ही बीज, खाद और बिजली जैसे जरूरी आगतों की सामयिक और पर्याप्त उपलब्धता सुनिश्चित करने के लिए अनेक कदम उठाये गये। इसके अतिरिक्त, अनेक बड़ी और लघु सिंचाई परियोजनाएं भी कार्यान्वित की गई। 1960 के दशक के प्रारम्भ में उत्पादकता बढ़ाने और किसानों को लाभ पहुंचाने के लिए कृषि विकास के लिए एक एकीकृत कार्यक्रम आरम्भ किया गया था। हमारे वैज्ञानिकों ने अधिक पैदावार वाली किस्मों/फसलों की संकर प्रजातियां विकसित करने में योगदान दिया। किसानों को उनसे अवगत कराया गया और उन्होंने भी नए बीजों और प्रौद्योगिकी को अपनाया। फलस्वरूप, छठे दशक के अन्तिम वर्षों में गेहूँ की उत्पादकता और उत्पादन में काफी प्रगति हुई। इसके अलावा नई नणनीति ने अधिक फसल सघनता पर बल दिया। तभी से, कृषि उत्पादन में निरन्तर वृद्धि बनी रही और खाद्यान्न उत्पादन में वृद्धि दर

जनसंख्या वृद्धि के स्तर से ऊपर रही। जिसके फलस्वरूप खाद्यान्नों में आत्मनिर्भरता की स्थिति बनी और इसे हरित क्रान्ति युग के रूप में जाना गया। प्रौद्योगिकी, सेवाओं, सरकारी नीति के बीच तालमेल और किसानों की उद्यमशीलता इस युग की विशेषता थी। तथापि, पिछले दशक के दौरान उत्पादन और उत्पादकता लगभग स्थिर बनी रही और विकास की दर भी धीमी हो गई। इस गिरावट को रोकने के लिए और कृषि क्षेत्र को फिर से आगे की ओर बढ़ाने के लिए अधिक प्रयास किए जाने की आवश्यकता है।

वर्ष 2000 के दौरान भारत सरकार द्वारा राष्ट्रीय कृषि नीति अनुमोदित की गई थी जिसका लक्ष्य प्राकृतिक संसाधनों के प्रभावी उपयोग और अन्य उपायों के माध्यम से एक दीर्घावधि आधार पर कृषि में 4 प्रतिशत अधिक वार्षिक वृद्धि दर हासिल करना था। तथापि, दसवीं योजना (2002-03 से 2006-07) के दौरान प्राप्त वार्षिक वृद्धि दर औसतन केवल 2.3 प्रतिशत के आसपास ही रही। दूसरी ओर गैर-कृषि क्षेत्र अपेक्षाकृत अधिक तेजी से बढ़ा। हाल के वर्षों में सकल घरेलू उत्पाद की उच्च वृद्धि को ध्यान में रखते हुए इस वृद्धि को ओर अधिक समावेशी बनाने के लिए नीति में एक प्रमुख अभिनवता आवश्यक है। गैर कृषि क्षेत्र की तीव्र वृद्धि के समक्ष कृषि क्षेत्र की प्रगति में आई गिरावट और कृषि में घटती लाभकारिता मुख्य चिन्ता की बात है। घटती हुई लाभकारिता आंशिक रूप से कृषि जिन्सों को विश्व मूल्यों के उतार-चढ़ाव और उपभोक्ताओं के हित संरक्षण के लिए घरेलू मूल्यों को कम रखने के प्रयासों के कारण है जिसके फलस्वरूप कृषि क्षेत्र की व्यापार शर्तों में गिरावट आई। यह ठहराव फसल की घटती हुई उत्पादकता के साथ जुड़ा हुआ था फलस्वरूप किसानों की आय का स्तर कम रहा।

सामान्यतया ग्रामीण क्षेत्रों में और विशेष कर कृषि परिवारों में रोजगार अवसरों की कमी भी एक अन्य प्रमुख समस्या है। सिंचाई, पनधारा विकास, बंजर भूमि विकास, भूमि सुधार इत्यादि में निवेश बढ़ा कर कृषि क्षेत्र में रोजगार अवसरों को बढ़ाने के लिए सभी प्रयास किए जाने की आवश्यकता है। तथापि ग्रामीण गैर-कृषि क्षेत्र में त्वरित विकास तथा कस्बों/बाजार केन्द्रों के आस-पास बस्तियों के विकास के लिए भी अपेक्षाकृत अधिक ध्यान दिया जाना है। एक उदायीमान कृषि सेक्टर, बेहतर आधारभूत ढांचा, ग्रामीण सम्पर्कता और कुशल विकास, पर्याप्त विद्युत, ऋण की आसान उपलब्धता, ग्रामीण गैर-कृषि क्षेत्र के विकास, और अधिक रोजगार अवसरों के सृजन में सहायता कर सकता है और ऐसा करने से किसान परिवारों की आय बढ़ेगी।

उपर्युक्त को ध्यान में रखते हुए, उत्पादन के साथ-साथ किसानों के आर्थिक कल्याण पर अधिक ध्यान दिए जाने की आवश्यकता है। उत्पादन और वृद्धि के अलावा कृषि नीति का एक प्रमुख निर्धारक सामाजिक-आर्थिक आयाम भी होना चाहिए। अतः इस नीति का उद्देश्य, उन प्रवृत्तियों और कार्यों को प्रेरित करना है जिसके फलस्वरूप कृषि प्रगति का आकलन करने में किसान परिवारों की आय में सुधार हो, न केवल उनकी उपभोग आवश्यकताओं को पूरा करने के लिए बल्कि उनकी कृषि से सम्बद्ध कार्यकलापों में निवेश के लिए क्षमता को बढ़ाने के लिये।

अभिनव पहल

सरकार ने कृषि उत्पादन में गिरती हुई प्रवृत्ति को रोकने और किसानों की सक्षम आजीविका और आय स्तर के स्थायी समाधान खोजने के लिए हाल के वर्षों में पहले ही अनेक महत्त्वपूर्ण पहल की है। कुछेक महत्त्वपूर्ण नई पहल है:

1. भारत निर्माण
2. राष्ट्रीय ग्रमीण रोजगार गारन्टी कार्यक्रम
3. राष्ट्रीय बागवानी मिशन,
4. किसानों के लिए संस्थागत ऋण का विस्तार,
5. राष्ट्रीय मधुमक्खी बोर्ड की स्थापना,
6. राष्ट्रीय वर्षा सिंचित क्षेत्र प्राधिकरण की स्थापना,
7. राष्ट्रीय मात्सियकी विकास बोर्ड की स्थापना,
8. पनधारा विकास और लघु सिंचाई कार्यक्रम,
9. कृषि विपणन में सुधार और विपणन ढांचे का विकास,
10. सहकारिता क्षेत्र का पुनरूद्धार,
11. लघु किसान कृषि व्यवसाय संघ द्वारा उद्यम पूंजी भागीदारी के जरिए कृषि व्यवसाय विकास,
12. कृषि विस्तार सेवाओं के लिए सुधार और समर्थन,
13. राष्ट्रीय ग्रामीण स्वास्थ्य मिशन,
14. राष्ट्रीय खाद्य सुरक्षा मिशन,
15. कृषि क्षेत्र में राज्यों को और अधिक निवेश के लिए प्रेरित करने के लिए राष्ट्रीय कृषि विकास योजना,
16. एकीकृत खाद्य कानून,
17. भण्डारण विकास और नियमन के लिए विधायी रूपरेखा,
18. पौध किस्मों और किसान अधिकार संरक्षण (पी पी वी एफ आर) अधिनियम, 2001,
19. राष्ट्रीय बांस मिशन, और
20. ग्रामीण सामान्य सेवा केन्द्रों (सी एस सी) के माध्यम से ज्ञान संयोजकता तथा सूचना प्रौद्योगिकी सम्बन्धी पहल।

नीति के प्रमुख लक्ष्य

राष्ट्रीय किसान नीति के प्रमुख लक्ष्य निम्नांकित हैं:

1. किसान की निवल आय में व्यापक वृद्धि के लिए खेती की आर्थिक व्यवहारिता में सुधार करना और यह सुनिश्चित करना कि कृषि प्रगति उस आय को सुधारने में हुई प्रगति द्वारा मापी जाए।

2. भूमि, जल, जैव विविधता तथा अनुवांशिक संसाधनों के संरक्षण व सुधार में किसानों की आर्थिक भागीदारी सुनिश्चित करना जो कि उत्पादकता और लाभकारिता में सतत वृद्धि एवं प्रमुख कृषि प्रणालियों को स्थायित्व के लिए आवश्यक है।

3. किसानों के लिए बीज, सिंचाई, विद्युत, मशीनरी और उपकरणों, उर्वरकों तथा ऋण पर्याप्त मात्रा में उचित मूल्य पर उपलब्ध कराने के लिये समर्थन सेवाओं का विकास करना।

4. राष्ट्र के किसान परिवारों की आजीविका और आय, सुरक्षा तथा राष्ट्र के हित और व्यापार सुरक्षा के लिए, फसलों, कृषि में काम आने वाले पशुओं, मछली तथा वन वृक्षों की जैव सुरक्षा को सुदृढ़ बनाना।

5. किसानों की आय बढ़ाने के लिये उचित मूल्य और व्यापार नीति तंत्र प्रदान करना।

6. किसानों के लिए उपयुक्त और समयबद्ध क्षति पूर्ति के लिए उपयुक्त जोखिम प्रबन्धन के उपाय प्रदान करना।

7. भूमि सुधारों के अधूरे एजेंडा को पूरा करना तथा परिसम्पत्ति और जल कृषि में व्यापार सुधार आरम्भ करना।

8. कृषि सम्बन्धी सभी नीतियों और कार्यक्रमों में मानवीय और लैंगिक आयामों को मुख्य धारा के साथ जोड़ना।

9. ग्रामीण क्षेत्रों में आजीविका के साधनों को स्थायित्व एवं निरन्तरता देने के लिए स्पष्ट रूप से ध्यान देना।

10. ग्रामीण भारत में समुदाय केन्द्रित भोजन, पानी और ऊर्जा के लिये सुरक्षा प्रणालियों को प्रोत्साहित करना तथा प्रत्येक बच्चे, महिला और पुरूष के लिए पोषण सुरक्षा सुनिश्चित करना।

11. ऐसे उपाय आरम्भ करना जिनसे खेती को बौद्धिक रूप से प्रेरक और आर्थिक रूप से लाभप्रद बनाकर उच्चतर मूल्य वर्धन के लिए कृषि उत्पादों का प्रसंस्करण करना जिससे युवाओं को खेती की ओर आकर्षित करने और उसमें बनाए रखने में मदद मिल सके।

12. सतत कृषि के लिए जरूरी आदानों के उत्पादन और आपूर्ति तथा जैव-प्रौद्योगिकी तथा सूचना तथा संचार प्रौद्योगिकियों (आई.सी.टी.) के माध्यम

से विकसित उत्पादों और प्रक्रियाओं में भारत को विश्व आउट सोर्सिंग (ठेके पर काम के लिये) को केन्द्र बनाना।

13. कृषि और गृह विज्ञान के प्रत्येक स्नातक को एक उद्यमी बनाने व कृषि शिक्षा को लिंग संवेदी बनाने व कृषि शिक्षा शास्त्रीय विधियों और कृषि पाठ्य-क्रम की पुनर्संरचना करना।
14. किसानों के लिए एक सामाजिक सुरक्षा प्रणाली विकसित करके लागू करना।
15. किसान परिवारों के लिए गैर-कृषि क्षेत्र में रोजगार के लिए समुचित उपाय करके उपयुक्त अवसर प्रदान करना।

किसान की परिभाषा

इस नीति के प्रयोजन के लिए ''किसान'' शब्द के अन्तर्गत वे सभी व्यक्ति आते हैं जो फसल उगाने तथा अन्य प्राथमिक कृषि उत्पाद पैदा करने के लिए आर्थिक/अथवा जीवनयापन सम्बन्धी गतिविधियों में सक्रियता से संलग्न हैं, और इसमें सभी कृषि प्रचालन जोतधारी कृषक, कृषि श्रमिक, कटाईदार, काश्तकार, मुर्गीपालक तथा पशुपालक, मछुआरे, मधुमक्खीपालक, माली, चरवाहे, गैर सामूहिक पौध रोपण करने वाले तथा पौधे रोपण करने वाले श्रमिक तथा विभिन्न कृषि-सम्बन्धित व्यवसायों जैसे रेशमपालन, कृमिपालन और कृषि-वानिकी से जुड़े व्यक्ति शामिल होंगे। इस शब्द के अन्तर्गत जनजातीय परिवार/झूम खेती से जुड़े व्यक्ति और गौण तथा गैर-इमारती वन-उत्पाद के संग्रहण व उपयोग तथा बिक्री में संलग्न व्यक्ति भी शामिल होंगे।

किसानों के सशक्तिकरण के लिए परिसम्पत्ति सुधार

परिसम्पत्ति सुधार का प्रयोजन यह सुनिश्चित करना है कि गांवों में हर किसान के पास उत्पादक परिसम्पत्ति जैसे कि भूमि, पशुधन, मत्स्य तालाब, घरेलू फार्म हो या उसकी पहुंच में हो अथवा किसी उद्यम अथवा बाजार प्रेरित दक्षता के जरिए आय जिससे कि उसकी पारिवारिक आय एक दीर्घकालिक आधार पर पर्याप्त रूप से बढ़े। इससे उनकी पोषाहार और जीविका, शिक्षा और स्वास्थ्य सम्बन्धी जरूरत सुनिश्चित होगी।

भूमि

भूमि के असमान स्वामित्व पर विचार करते हुए, यह आवश्यक है कि भूमि सुधार से सम्बन्धित कानूनों को सक्षम रूप से लागू किया जाए जिसमें काश्तकारी कानूनों, भूमि को पट्टे पर देने, अधिकतम सीमा से अधिशेष भूमि और परती भूमि का वितरण, साझा सम्पत्ति और परती भूमि संसाधनों की पर्याप्त सुलभता की व्यवस्था करने पर ध्यान देने और जोतों की चकबन्दी की ओर विशेष ध्यान दिया जाना चाहिए। हिन्दू उत्तराधिकार (संशोधन) अधिनियम (2005) के अन्तर्गत महिलाओं को भू-अधिकार प्रदान किए जाने के बाद महिला कृषकों के लिए उपयुक्त सहायक सेवाएं प्रदान करना एक आवश्यक कार्य हो गया है। मकानों और खेती की भूमि दोनों के सम्बन्ध में संयुक्त पट्टा अनिवार्य हो जिससे ऋण और अन्य सेवाएं प्राप्त करने हेतु महिलाओं की पहुंच बन सके।

भूमि अधिग्रहण अधिनियम की, विशेष रूप से हर्जाने की गणना करने के लिए, समीक्षा की जायेगी। उत्तम कृषि भूमि को कृषि के लिए अवश्य संरक्षित किया जाना चाहिए सिवाय विशेष परिस्थितियों के, बशर्तें वे एजेन्सियां, जिन्हें गैर-कृषि परियोजनाओं के लिए कृषि भूमि प्रदान की जाती है, अन्यत्र समकक्ष/निम्नीकृत बंजर भूमि के उपचार और पूर्ण विकास करते हुए क्षतिपूर्ति करें। इसके अतिरिक्त, केन्द्र/राज्य सरकारों की मौजूदा पुनर्वास नीति के तहत वचनबद्धता पूरी ईमानदारी से पूरी करनी होगी। गैर-कृषि प्रयोजनों के लिए, यथा सम्भव कृषि के लिए निम्न जैविक क्षमता वाली कोई भूमि आवांटित की जाएगी। राज्य सरकारों को अकृष्य भूमि, क्षारीयता, अम्लीयता इत्यादि से प्रभावित भूमि जैसे निम्न जैविक क्षमता वाली भूमि को ही औद्योगिक और निर्माण कार्य-कलापों सहित गैर-कृषि विकास कार्यकलापों के लिए चिन्हित करने की सलाह दी जाएगी।

जल

सिंचाई के लिए सही समय पर और पर्याप्त मात्रा में जल की अनुपलब्धता वर्तमान में देश के अनेक भागों में खेती में उच्चतर उत्पादकता और स्थिरता दोनों प्राप्त करने में एक गम्भीर समस्या बनती जा रही है। अत: आश्वस्त सिंचाई समय की जरूरत है। यद्यपि, हमारे देश में कुछ वर्षा सन्तोषजनक होती है, परन्तु इसका वितरण अत्यन्त असमान है। अत: वर्षाजल संचयन तथा जल का कुशलतापूर्वक उपयोग महत्त्वपूर्ण है। अनुमान लगाया गया है कि सिंचित परियोजनाओं में जल का कार्यकुशलता उपयोग के वर्तमान स्तर में 10 प्रतिशत वृद्धि से बड़े क्षेत्रों में फसलों के लिये जीवन रक्षक सिंचाई की व्यवस्था करने में मदद मिल सकती है। जल उपयोग की दक्षता, बीज, किस्म, पोषकों (मेक्रों और माइक्रों) और खेती के औजारों के बीच तालमेल करके भी बढ़ाई जा सकती है। जल की प्रति इकाई आय और पैदावार को अधिकतम बढ़ाने की विचारधारा को भी सभी फसल उत्पादन कार्यक्रमों में शामिल किया जाना चाहिए। जल प्रयोक्ता संस्थानों को उपलब्ध जल से अधिकतम लाभ लेने में विशेषज्ञता प्राप्त करने के लिए प्रोत्साहित किया जायेगा।

यह भी ध्यान में रखना महत्त्वपूर्ण है कि अधिकांश किसान अपनी फसलों की सिंचाई के लिए भू-जल पर निर्भर रहते हैं। यह संसाधन, जिसमें किसानों ने अपने परिश्रम से अर्जित बचतों का निवेश किया है, आज दिन-प्रतिदिन घटता जा रहा है और भू-जल स्तर तेजी से गिरता जा रहा है। इसलिए, जल आपूर्ति की स्थिरता और चिरकालिकता सुनिश्चित करने के लिए वर्षा जल संचयन और जलाशयों के पुनर्भरण को प्राथमिकता दी जाएगी। जल गुणवत्ता पर भी ध्यान दिया जाना आवश्यक है क्योंकि स्त्रोत पर अति उपयोग और उर्वरकों, कीटनपाशक अपशिष्टों और विषाक्त रसायनों के अंधाधुन्ध उपयोग के कारण अक्सर प्रदुषित होता जा रहा है।

पर्याप्तता और गुणवत्ता समस्याओं के समाधान के अलावा, जल वितरण में साम्यता सुनिश्चित की जाएगी। जल एक सार्वजनिक संसाधन है न कि निजी सम्पत्ति। अत: जल तक पहुंच के लिए न्यायोचित और समानता तंत्र विकसित करने तथा जल संसाधनों के प्रबन्धन में स्थानीय लोगों को शामिल करने को प्राथमिकता देनी होगी। महिलाओं को, जल प्रयोक्ता के रूप में, पहुंच और प्रबन्धन दोनों में एक भूमिका निभानी होगी।

जल उपलब्धता में वृद्धि और इसका समुचित उपयोग करने के लिए निम्नलिखित उपाय किए जाएंगे:

1. आपूर्ति की स्थिरता करने के लिए वर्षा जल संचयन और जलाशय पुर्न:भरण को प्राथमिकता दी जाएगी। भूजल विकास और प्रबन्धन को विनियमित और नियत्रित करने के लिए एक साथ आवश्यक विधायी उपाय किए जाएंगे।
2. सभी मौजूदा कुओं तालाबों का जीर्णोद्वार किया जायेगा।
3. सुधरी सिंचाई प्रथाओं के जरिए, जिनमें छिड़काव व ड्रिप सिंचाई शामिल हैं, तथा पानी पंचायतों अथवा पानी प्रयोक्ता संगठन के जरिए मांग प्रबन्धन पर प्राथमिकता आधार पर ध्यान दिया जायेगा।
4. एक जल साक्षरता अभियान शुरू किया जायेगा तथा भू-जल के सतत उपयोगार्थी आवश्यक नियम बनाये जाथेंगे।
5. सतही जल भू जल संसाधनों का एकीकृत और समन्वित विकास तथा उनके संयुक्त उपयोग को परियोजना नियोजन के प्रारम्भ से ही किया जायेगा और इसे परियोजना कार्यान्वयन का एक अभिन्न अंग बनाया जायेगा।
6. जल दुर्लभ क्षेत्रों में, उच्च मूल्य तथा न्यून जल चाहने वाली फसलों जैसे कि दालें और तिलहन की खेती के लिए उपयोग पद्धति पर बल दिया जायेगा।

राष्ट्रीय वर्षापोषित क्षेत्र प्राधिकरण, राष्ट्रीय बागवानी मिशन, तिलहन और दलहन सम्बन्धी प्रौद्योगिकी मिशनों और राष्ट्रीय ग्रामीण रोजगार गारन्टी कार्यक्रम जैसे-केन्द्र/राज्य सरकारों द्वारा की गई पहल के माध्यम से कार्यक्रम के बीच परस्पर तालमेल स्थापना की जायेगी ताकि जल उपयोग क्षमता और जल संरक्षण उपायों का संवर्धन किया जा सके।

सूखा सम्भावित प्रमाणित क्षेत्रों में एक सूखा कोड लागू किया जायेगा जिसमें प्रतिकूल मानसून के प्रभाव को न्यूनतम करने के लिए और अच्छे मौसम का अधिकतम लाभ उठाने के लिए की जाने वाली कार्रवाई का उल्लेख होगा। इसी प्रकार भारी बारिश की अधिकता वाले क्षेत्रों में एक बाढ़ कोड लागू किया जायेगा। जिससे बाढ़ों के तत्काल बाद किसानों की आवश्यकताओं का ध्यान रखते हुए बाढ़-मुक्त मौसम, को एक प्रमुख कृषि उत्पादन अवधि में बदलने में मदद मिलेगी। शुष्क क्षेत्रों में पारिस्थितिकीय ढांचे के सुदृढ़ीकरण के साथ कभी-कभी होने वाली भारी बारिश का लाभ उठाने के लिए एक उत्तम मौसल कोड लागू किया जायेगा जो सतत् पशुधन उत्पादन, पेयजल सुरक्षा और बालू रेल के टीलों को स्थिर बनाने के लिए जरूरी है। राष्ट्रीय वर्षापोषित क्षेत्र प्राधिकरण इस सम्बन्ध में तकनीकी तथा अन्य समर्थन प्रदान करेगा।

पशुधन

पशुधन, जिसमें कुक्कुट पालन शामिल है, आजीविका का एक महत्त्वपूर्ण साधन है। यह कृषि सकल घरेलू उत्पाद में लगभग एक चौथाई का योगदान करता है। इन कार्यकलापों में महिलाएं अधिक संख्या में लगी हुई हैं। पशुधन का स्वामित्व कहीं अधिक

समानतावादी है क्योंकि गरीब किसान के परिवारों के पास अधिकांशत: गोपशु, भैंस, भेड़ और बकरियां होती हैं। किसान परिवारों को पेश आने वाली बड़ी बाधाएं प्रजनन, चारे, स्वास्थ्य देख रेख और उनके उत्पाद के लिए कीमतों की है। उपयुक्त रणनीति के जरिए इन मामलों का समाधान किए जाने की जरूरत है। पशुधन की उच्च उत्पादकता और समग्र कार्यकुशलता के जरिए पशुओं के मालिकों की आय बढ़ाने में पशु चिकित्सकों और कृषि विज्ञान स्नातकों द्वारा संचालित कृषि क्लिनिकों को प्रोत्साहित किया जायेगा। इसके साथ ही, फसल-पशुधन की एकीकृत खेती प्रणालियों और आर्गेनिक खेती और बायों-उर्वरकों के उत्पादन को प्रोत्साहित किया जायेगा। पशुओं के बीम की भी पुनर्संरचना किए जाने की जरूरत है और इसे सभी पशु स्वामियों के लिए सुलभ बनाया जायेगा।

कुक्कुट पालन के मामलें में निम्नलिखित उपाय करने की जरूररत हैं:

1. प्रवेश के सभी बन्दरगाहों पर आयातित पक्षियों हेतु संगरोध (क्वारेंटाइन) और परीक्षण और टीकाकरण सुविधाएं स्थापित और सुदृढ़ की जाएगी क्योंकि ऐसे सुरक्षा उपाय कुक्कुट उद्योग को सही स्थिति में बनाए रखने के लिए तथा जीवन और आजीविका के संरक्षण के लिए नितान्त जरूरी हैं।
2. बाजार में बचे जाने की अनुमति दिए जाने से पूर्व, आयातित कुक्कुट पालन टीकों की सुरक्षा और प्रभावोत्पादकता के परीक्षण को अनिवार्य बनाया जायेगा जैसा कि मानव के टीकों के मामलें में किया जाता है।
3. कुक्कुट पालन की पहचान एक कृषि कार्यकलाप के रूप में की जाएगी और सामूहिक अथवा लघु कुक्कुट पालन परिसम्पत्तिधारकों को बढ़ावा दिए जाने के लिए बैकयार्ड के कुक्कुट किसानों को यथोचित सहायता उपलब्ध करायी जाऐगी।

मात्स्यिकी

तटीय एवं अन्तदेर्शीय मात्सियकी दोनों से ही लाखों परिवारों को रोजगार और आजीविका मिलती है। वैज्ञानिक रूप से मत्स्य पालन, एकत्रण और प्रसंस्करण को प्रौत्साहित करते हुए पर्यावरणीय रूप से सतत आधार पर मछुआरा परिवारों की आय में सुधार करने के लिए पर्याप्त अवसर है। सार्वजनिक नीति के क्षेत्र में सुनियोजित जल कृषि सुधार करने की आवश्यकता है जिससे कि भूमिहीन श्रमिक किसानों को जल कृषि के लिए सार्वजनकि क्षेत्र में ग्रामीण तालाब और अन्य जलाशय सुलभ कराए जा सकें।

राष्ट्रीय मात्स्यिकी विकास बोर्ड (एनएफडीबी) को भारत सरकार द्वारा स्थापित किया गया है जिससे कि मात्स्यिकी और जल कृषि से सम्बन्धित प्रमुख कार्यकलापों पर पूरा-पूरा ध्यान दिया जा सके और व्यावसायिक प्रबन्धन किया जा सके। एनएफडीबी के लिए दिशानिर्देश सिद्धान्त पारिस्थितिकी, अर्थशास्त्र, पुरूष महिला साम्यता, रोजगार सृजन और राज्य सरकारों को यह परामर्श दिए जाने के लिए होने चाहिए कि वे सार्वजनिक जलाशयों और तालाबों के युक्तिसंगत और समान आबंटन को आसान बनाए जिससे कि आधुनिक जल कृषि की जा सके।

आधुनिक जल कृषि प्रथाओं को बढ़ावा देने और मूल्य वर्द्धन के लिए निम्नलिखित कदम उठाए जाएंगे।

1. मछुआरों के परिवारों और मछुआरों महिलाओं को मछली पकड़/कल्चर/उपभोग श्रृंखला के सभी पहलुओं में प्रशिक्षण देने, स्वास्थ्यकरण सम्भाल और अन्य पहलुओं के लिए गुणवत्ताप्रद जानकारी देने हेतु "सभी के लिए मछली" प्रशिक्षण और क्षमता निर्माण केन्द्रों का बनाना।

2. मत्स्य अवतरण केन्द्रों की कार्यकुशलता सुनिश्चित करने के लिए छोटे आकार के ड्रेजर का प्रावधान।

3. विकेन्द्रीकृत मछली पकड़ और पालन मात्स्यिकी क्षेत्र की सहायतार्थ केन्द्रीकृत सेवाएं।

4. अन्तर्देशीय मात्स्यिकी, जिसमें सजावटी मछली और वायु-श्वसन मीन भी शामिल हैं के लिये तालाबों और जलाशयों में आवश्यक स्थान उपलब्ध कराना।

5. प्राकृतिक प्रवाल भित्ति (कोरल रीफ) की हानि के लिए क्षतिपूर्ति हेतु कृत्रिम प्रवाल भित्ति उपलब्ध कराना।

6. तटवर्ती समुदायों को बायोकवच का निर्माण करने के लिए भी समर्थ बनाया जाना चाहिए, जैसा कि मैनग्रोव्ज, केजुरीना, एलीकोर्निआ एट्रीप्लेक्स व अन्य होलोफाइटिक पौधे। इससे चक्रवाती तुफानों और सुनामी जैसे समुद्र जल भराव की स्थिति में, तटवर्ती मछुआरों व फार्म परिवारों का जीवन और आजीविकाएं सुरक्षित रखने में मदद मिलेगी।

विशेषकर मात्स्यिकी सहित विभिन्न आर्थिक कार्यकलापों के लिए एक्सक्लूसीव आर्थिक क्षेत्र (ई ई जेड) के प्रबन्धन और आर्थिक इस्तेमाल के सम्बन्ध में एक गतिशील नीति तैयार की जाएगी और राष्ट्रीय मात्स्यिकी विकास बोर्ड (एनएफडीवी) की सहायता से इसे कार्यान्वित किया जाएगा।

जैव संसाधन

जैव संसाधनों का सम्बन्ध वनस्पति और जीव जन्तुओं की प्रचुर सम्पदा से है, जिसमें मृदा, लघु वनस्पति और छोटे जीव-जन्तु सम्मिलित हैं, जो भूमि और जल के बाद किसानों के लिए उपलब्ध तीसरा महत्त्वपूर्ण प्राकृतिक संसाधन हैं। इन संसाधनों का संरक्षण करने व इनमें वृद्धि करने के प्रयास किए जायेंगे और लाभ के एक समान बंटवारे के साथ उनके सतत उपयोग को सुनिश्चित किया जाएगा। उपर्युक्त कुछेक उद्देश्यों की प्राप्ति के लिए दो प्रमुख विधान-पौधा किस्म संरक्षण और कृषक अधिकार अधिनियम, 2002 विद्यमान हैं। इन अधिनियमों के कार्यान्वयन को सुदृढ़ किया जाएगा और विस्तृत दिशानिर्देश इस प्रकार से विकसित किए जाएंगे जिससे कि कृषक और कृषक समुदाय के अधिकारों को मान्यता दी जा सके। राष्ट्रीय जीन एवं जैवविविधता कोष का प्रयोग किसानों के योगदान को मान्यता देने और पारितोषिक देने तथा ऐसे समुदायों के अपने ही खेतों पर (आनफार्म) संरक्षण परम्पराओं

के पुनरूद्धार को समर्थन देने के लिए किया जाएगा। सरकार द्वारा किसानों के लिए पादम जीनोम उद्धारक समुदाय मान्यता पुरस्कार स्थापित करके एक शुरूआत पहले ही कर दी गई है।

जैव-संसाधनों के संरक्षण और विकास के लिए निम्नलिखित को प्रोत्साहित किया जाएगा:

1. जैव-विविधता रजिस्टरों के माध्यम से पारम्परिक जानकारी (ट्रेडिशनलन नॉलेज) का प्रलेखन किया जाएगा जिसमें महिलाओं की सहभागिता ली जाएगी जो इसका काफी ज्ञान रखती है।
2. स्व-स्थाने फार्म संरक्षण परम्पराओं को पुनः सक्रिय करने के लिए जनजातीय और ग्रामीण लोगों की मदद करना।
3. भू-प्रजातियों की उत्पादकता सुधारने के लिए वैज्ञानिक और स्थानीय संरक्षकों को शामिल करते हुए सहभागी प्रजनन प्रक्रियाओं को प्रोत्साहित किया जाना।
4. सार्वजनिक संस्थाओं में कार्यरत जेनेटिक इंजीनियर सहभागी प्रजनन कार्यक्रमों में किसानों के साथ प्रजनन पूर्व भूमिका निभाने सम्बन्धी कार्य करने अर्थात् महत्त्वपूर्ण जैविक तथा आर्थिक नस्लों के लिए नए आनुवांशिक मिश्रणों का विकास जो जैविक तथा अजैविक दबावों के प्रतिरोधी हों ताकि आनुवांशिक कुशलता और आनुवांशिक विविधता का एक प्रभावी तरीके से समेकन किया जा सके।
5. जेनेटिक समरूपता से कीटों और रोगों के प्रति जेनेटिक भेद्यता में वृद्धि होती है। अतः प्रजनन पूर्व और सहभागी प्रजनन का एकीकरण किया जाएगा ताकि छोटे किसानों को कीट और रोग महामारी के जोखिमों से बचाव में मदद मिलें।
6. कृषि जैव-विविधता वाले समृद्ध क्षेत्रों जैसे कि पूर्वोत्तर क्षेत्र, पश्चिमी और पूर्वी घाट तथा शुष्क और अर्द्ध शुष्क क्षेत्रों में जेनेटिक और विधिक जानकारी देने का कार्यक्रम शुरू करना।
7. जेनेटिक संसाधन संरक्षण के महत्त्व को समझाने के लिए ग्रामीण स्कूलों और कालेजों में जीनोम क्लब स्थापित करने को प्रोत्साहन दिया जाएगा।
8. जनजातीय और ग्रामीण परिवारों को पीपीवीएफआर और जैव विविधता अधिनियमों के प्रावधानों को, उनकी हकदारी के सम्बन्ध में समझने में मदद करने हेतु विधिक ज्ञान और जानकारी प्रदान करना।
9. जीनक्षति रोकने की विधियों में कृषक और जनजातीय परिवारों का प्रशिक्षण।
10. तटवर्ती जैव-विविधता जिसमें प्रवाल भित्ति और समुद्री घास तल शामिल हैं, का संरक्षण और संरक्षण की पारस्परिक विधियों को समर्थन।

11. औषधियों पौधों के संरक्षण और सतत उपयोगार्थ पश्चिमी घाटों, विंध्या और हिमालयी क्षेत्र में हर्बल बायोवैलीज को कायम रखना। ऐसी बायोवैलीज में किसानों की उद्यम पूंजी व अन्य सहयोग के जरिए मदद की जाएगी ताकि वे स्वास्थ्य सुरक्षा के लिए मूल्यवान औषधीय पौधों का संरक्षण, चयन और बहुगुणन कर सकें।

12. खेत/किसान स्तर पर पादप जेनेटिक संसाधनों के बाह्य स्थान और स्व स्थाने संरक्षण के लिए एक राष्ट्रव्यापी कार्यक्रम शुरू किया जाएगा। जिन क्षेत्रों में क्षमतावान पारम्परिक प्रजातियाँ समाप्ति के कगार पर हैं, वहाँ किसान स्तर पर जीन/बीज बैंक स्थापित किए जायेंगे। कुछ राज्य सरकारों द्वारा चलाए जा रहे "बीज आदान-प्रदान कार्यक्रम" में यह सुनिश्चित करने की जरूरत है कि पारम्परिक चावल जीन पूल नष्ट न हो जाए।

13. राष्ट्रीय पार्कों, बायोस्फेयर आरक्षित क्षेत्रों और जीन सैन्क्चुअरी के सहभागी प्रबन्धन को प्रोत्साहित करना।

पशु जेनेटिक संसाधन

पुरस्कारों और प्रोत्साहनों की एक पद्धति विकसित की जाएगी ताकि लोगों को जैव-विविधता अधिनियम के अन्तर्गत अपनी प्रजातियों को संरक्षित रखने के लिए समर्थ और प्रेरित किया जाए। ऐसे प्रयोजनों के लिए जैव-विविधता न्रिधि का उपयोग किया जाएगा। पशुधन पालकों को अपने प्रजनन भण्डार और प्रजनन प्रथाओं के उपयोग और विकास को जारी रखने के अधिकारों को स्वीकार और उन्हें प्रोत्साहित किया जायेगा। सरकार इन अधिकारों को मान्यता प्रदान करेगी, राष्ट्रीय अर्थव्यवस्था में पशुधन पालकों के अंशदान को स्वीकार करेगी और तदनुसार अपनी नीतियों व विधिक रूपरेखाओं को अनुकूल बनाएगी जिससे कि उनका संरक्षण हो सके और पशु संसाधनों पर नियंत्रण करने के लिए बौद्धिक सम्पदा प्रणाली के उपयोग के प्रयासों को नाकाम किया जा सके।

जेनेटिक विविधता के संरक्षण और पशु पालकों की महत्त्वपूर्ण भूमिका को स्वीकारते हुए, चरवाहा समुदायों के पशु अनुरक्षण और प्रजनन के बारे में देशज ज्ञान को प्रलेखबद्ध करने की जरूरत है। देशज पशुओं की नस्लों और प्रजातियों के समुदाय आधारित संरक्षण और विकास को प्रोत्साहित किया जाएगा, ऐसे ऊष्ण तथा शीत शुष्क क्षेत्रों पर विशेष ध्यान दिया जाएगा जहाँ जेनेटिक विविधता तथा सम्बद्ध देशज रूप से सुविकसित हैं। पशु प्रजातियों के सम्बन्ध में स्थल पर ही संरक्षण को प्रोत्साहित करने के लिए राज्य फार्मा का उपयोग किया जा सकता है। पशु जेनेटिक संसाधनों को संरक्षण प्रदान करने के लिए चारागाहों को सुनिश्चित किया जाएगा। विशेष जैवे और आर्थिक विशेषताओं का प्रलेखन नए जीवविज्ञान और नई पोषाहार जरूरतों अथवा चर्म/चमड़े के गुणवत्ता जैसी अन्य आर्थिक नस्लों के सन्दर्भ में किया जाएगा। जर्म प्लाज्म की जाँच करने के लिए रोग से सुरक्षा सम्बन्धी सुविधाएं जुटाई जाएंगी और रोग सह्य किस्मों के चयन को बढ़ावा दिया जाएगा।

दूसरे देशों में भारतीय प्रजाति के गाय-भैसों की माँग है। अतः पशु विज्ञान स्नातकों, स्व-सहायता समूहों (एस एच जी) तथा प्रगतिशील पशु कृषकों को ऐसी प्रजाति

के पशुओं के अनुरक्षण के लिए प्रोत्साहित किया जाएगा और सहायता दी जाएगी ताकि निर्यात के अवसरों का अधिकतम लाभ उठाया जा सके। हालांकि समस्त जैव सामग्री का निर्यात, जिसमें पशु भी शामिल हैं, जैव विविधिता अधिनियम के अनुबन्धों के अनुसार किया जाएगा।

सहायक सेवाएँ

विज्ञान और प्रौद्योगिकी

फार्म प्रचालन और उत्पादन में हुए परिवर्तन में विज्ञान और प्रौद्योगिकी की अहम भूमिका हैं। वर्तमान में उपयोग की जा रही प्रौद्योगिकी में आये ठहराव पर काबू पाने के लिए नई प्रौद्योगिकी जो भूमि और जल की प्रति यूनिट उत्पादकता बढ़ाने में मददगार हो सकती है, की आवश्यकता है। अग्रणी प्रौद्योगिकीयां, जैसे कि जैव-प्रौद्योगिकी, सूचना और संचार प्रौद्योगिकी (आईसीटी), नवीकरणीय ऊर्जा प्रौद्योगिकीयां, अन्तरिक्ष अनुप्रयोग और नैनों-प्रौद्योगिकी, ''सदैव हरित क्रोन्ति'' प्रारम्भ करने के अवसर प्रदान करती हैं जो स्थायी रूप से उत्पादकता सुधारने में समर्थ हैं। नई प्रौद्योगिकीयों की पहुंच में सामाजिक समावेशन सुनिश्चित करने के उद्देश्य से राष्ट्रीय कृषि अनुसंधान पद्धति (एनएआरएस) की छत्रछाया के तहत सामाजिक रूप से संगत कृषि अनुसंधान हेतु सार्वजनिक निवेश में वृद्धि की जानी चाहिए, जिसमें बड़ी संख्या में भारतीय कृषि अनुसंधान परिषद (आईसीएआर) के संस्थान, राज्य कृषि विश्वविद्यालय, अखिल भारत समन्वित अनुसंधान परियोजनाएं और राष्ट्रीय ब्यूरो सम्मिलित हैं। गैर-सरकारी संस्थान (एनजीओ) तथा निजी क्षेत्र के अनुसंधान एवं विकास संस्थानों को भी एनएआरएस में शामिल किया जाएगा। एनएआरएस का पुनर्गठन किया जाएगा ताकि लघु एवं सीमान्त किसानों की समस्याओं को प्रभावी रूप से हल किया जा सके।

अनुसन्धान कार्यनीति प्रकृति के अनुकूल होनी चाहिए लघु कृषकों और महिलाओं के हित में होनी चाहिए। ऐसे समुदाय प्रबन्धित बीज ग्रामों और बीज प्रौद्योगिकी प्रशिक्षण केन्द्रों की आवश्यकता है, जिनमें महिलाएं, विशेष रूप से जनजातीय समुदाय में बीज और बीज प्रबन्धन के अपने पारम्परिक ज्ञान के कारण, महत्त्वपूर्ण भूमिकाएं निभाती हैं। वैज्ञानिक जानकारी और जैव-प्रौद्योगिकी व अन्य नई प्रौद्योगिकियों से जुड़े जोखिमों और लाभों के बारे में भ्रम और आशंकाओं को दूर करने के उद्देश्य से, प्रत्येक पंचायत से चुने हुए किसानों को फार्म विज्ञान प्रबन्धक के रूप में प्रशिक्षित किए जाने का प्रावधान किया जा सकता है ताकि वे अपने-अपने गांवों में फार्म विज्ञान प्रबंधकों के रूप में कार्य कर सकें।

पुनः संयोजित डीएनए प्रौद्योगिकी अथवा जेनेटिक इंजीनियरी के सुरक्षित और जिम्मेदारीपूर्ण उपयोग को सुनिश्चित करने के लिए एक राष्ट्रीय जैव प्रौद्योगिकी विनियामक प्राधिकरण स्थापित किया जाएगा।

विभिन्न किस्म की फसलों की जरूरत के अनुसार पैदावार में वृद्धि की जाएगी जैसे कि संसाधित किए जाने की दृष्टि से अच्छी गुणवत्ता वाले फल और सब्जियाँ।

किसानों की आवश्यकताओं को पूरा करने के लिए और आर्गेनिक खेती में वैज्ञानिक उत्पादन बढाने के लिए उच्चस्तरीय बहु-विषयक प्रयास किया जाएगा। फसल-

पशुधन मत्स्य एकीकृत उत्पादन पद्धतियों के अन्तर्गत आर्गेनिक खेती के सिद्धान्तों और विधियों को अपनाने की गुंजाइश है।

सघन एकल फसल वाले कृषि क्षेत्रों में पारिस्थितिकी, अर्थशास्त्र और रोजगार सृजन की दृष्टि से, फसल विविधीकरण लाभप्रद हो सकता है। तथापि, फसल विविधीकरण के सम्बन्ध में दिये जाने वाले किसी भी परामर्श के साथ-साथ ऐसे उपाय भी अवश्य बताए जाने चाहिए जिनसे वैकल्पिक फसलों के लिए प्रभावी बाजार सहायता सुनिश्चित की जा सके। फसल विविधीकरण के लिए योजना तैयार करते समय, विशेष रूप से खाद्य फसल से गैर-खाद्य फसल में जैसे-बायो ईंधन के उत्पादन के सम्बन्धम में राष्ट्र की खाद्य सुरक्षा को ध्यान में रखा जाएगा।

बौद्धिक सम्पदा अधिकार (आईपीआर) नियमों में, अनुसन्धान उत्पादों और किसानों के लिए मूल्य की प्रक्रियाओं के मामलों में अधिकारों के अनिवार्य लाइसेंसिंग का प्रावधान किया जाएगा। स्वास्थ्य और खाद्य सुरक्षा के सभी मामलों में, सामाजिक समावेशन मार्गदर्शी कारक होगा।

प्रौद्योगिकी सेवाओं और सार्वजनिक नीतियों के उचित समेकन के जरिये सिन्धु-गंगा के मैदानी भागों को प्रमुख खाद्यान्न उत्पादकता क्षेत्र में बदलने और हरित क्रान्ति के मूल क्षेत्र में संरक्षण कृषि को प्राथमिकता दी जाएगी।

कृषि जैव सुरक्षा

फसलों-वृक्षों और फार्म तथा जलीय जीवों की कृषि जैव-सुरक्षा अत्यन्त महत्त्वपूर्ण है क्योंकि यह अधिकांश आबादी के कार्य और आय सुरक्षा तथा राष्ट्र की खाद्य और व्यापार सुरक्षा से सम्बन्धित है। फसलों, पशुपालन, मात्स्यिकी, वानिकी और कृषि अनुकूल सूक्ष्म जीवाणुओं को शामिल करते हुए निम्नलिखित उद्देश्यों से एक समेकित राष्ट्रीय कृषि जैव-सुरक्षा पद्धति (एनएबीएस) स्थापित की जाएगी :

1. प्रभावी और स्वीकृत निगरानी, सतर्कता, रोकथाम और फसलों, फार्म पशुओं, मछलियों और वन वृक्षों की उत्पादकता और सुरक्षा को संरक्षित करने के लिए तैयार किये गए नियंत्रण के जरिए किसान परिवारों की आय और आजीविका सुरक्षा के साथ साथ राष्ट्र की भी खाद्य, स्वास्थ्य और व्यापार सुरक्षा को सुरक्षित करना।
2. मानीटरिंग, पूर्व चेतावनी, शिक्षा, अनुसंधान, नियंत्रण और अन्तर्राष्ट्रीय सहयोग के क्षेत्रों में सक्रिय उपाय लागू करने की राष्ट्रीय और स्थानीय क्षमता को बढ़ाना।
3. विनियामक उपायों, शिक्षा, उन्नत स्वच्छता और पाइप-स्वच्छता उपायों को मिलाकर एक एकीकृत जैव-सुरक्षा पैकेज लागू करना।
4. देश के प्रमुख कृषि पारिस्थितिकीय और कृषि पद्धति क्षेत्रों को कीटों, रोगजनकों और खरपतवार की आकामक विदेशी प्रजातियों और साथ ही आनुवांशिक रूप से आशोधित जीवियों (आर्गेनिक) (जीएमओ) के रिलीज

होने से बचाव में समर्थ प्रभावी घरेलू और क्षेत्रीय संगरोध सुविधाओं के साथ और हब तथा स्पोक माडल पर एक समन्वित राष्ट्रीय कृषि जैव सुरक्षा कार्यक्रम आयोजित करना।

कृषि-मौसम विज्ञान

अल्प, मध्यावधि और दीर्घावधि मौसम के पूर्वानुमान में राष्ट्रीय क्षमता काफ़ी अधिक है। महत्वपूर्ण बात सामान्य जानकारी को फसल पद्धतियों और जल की उपलब्धता पर आधारित स्थान विशिष्ट भू-उपयोग सलाह में बदलने की है। किसानों को कम से कम समय के अन्तराल में समुचित भूमि उपयोग सम्बन्धि सुझाव देने के लिए प्रशिक्षित पंचायत स्तर के कर्मियों द्वारा समय-समय पर जारी कृषि मौसम विज्ञानीय सलाह का उपयोग किया जाएगा। समुद्री मात्स्यिकी के मामले में, लहरों की ऊंचाइयों और मत्स्य के झुड पाए जाने के स्थान के सम्बन्ध में उपलब्ध आंकड़ों को मछुआरों को सम्प्रेषित किया जाएगा। इस सम्बन्ध में नवीनतम प्रौद्योगिकियों जैसे इन्टरनेट एफएम/एचएएम रेडियो/सैल फोन जैसी सेवा का प्रयोग मछुआरों के लिए बहुत सहायक होगा।

जलवायु परिवर्तन

तापमान, वर्षा और समुद्र स्तर में प्रतिकूल परिवर्तनों के कारण जलवायु में होने वाला परिवर्तन एक उभरता हुआ विषय है। ज्यादातर विशेषज्ञ इस बात से सहमत हैं कि विश्व तापन का प्रभाव चिंताजनक है, जैसा कि हिमनदों और अन्टार्कटिका तथा आर्कटिक शिखरों के पिघलने से स्पष्ट है। तटवर्ती तूफानों और चक्रवातों की बारम्बारता तथा गहनता में भी वृद्धि हो रही है। इन परिवर्तनों के परिणामस्वरूप सूखे और बाढ़ की प्राय: अधिक सम्भावना रहती है। यद्यपि जलवायु में परिवर्तन होने की वजह ऊर्जा के गैर-नवीकरणीय स्वरूपों की अत्यधिक खपत करना है किन्तु जलवायु परिवर्तन का हानिकारक प्रभाव गरीब देशों द्वारा अधिक महसूस किया जाएगा क्योंकि उनके संसाधन और क्षमता सीमित होते हैं। जलवायु परिवर्तन के प्रति सुभेद्यता को कम करने के लिए सक्रिय उपाय किए जाएंगे। अनुकरणीय माँडलों के आधार पर प्रत्येक प्रमुख कृषि जलवायु क्षेत्र के सम्बन्ध में आकस्मिकता योजनाएं और भूमि तथा जल वैकल्पिक उपयोग की नीतियां तैयार की जायेंगी। सूखा और बाढ़ प्रवण क्षेत्रों में अनुभवी किसानों को सूखे, बाढ़ और अनियमित मानसून के प्रबन्धन की कला में ''जलवायु प्रबन्धकों'' के रूप में प्रशिक्षित किया जाएगा।

आदान और सेवाएं

1. **बीज :** उत्तम कोटि के बीज और रोग मुक्त रोपण सामग्री जिसमें इन विट्रो कल्वर्ड प्रोपेगुल्स शामिल हैं, फसल उत्पादकता और सुरक्षा के लिए अनिवार्य है। अब बहुत सी फसलों में संकर प्रजातियां उपलब्ध होती जा रही हैं। नई उपजातियों के मामले में मूल (फाउंडेशन) बीज आधारभूत स्तर के बीज उत्पादकों और उनके समूहों जैसे सहकारी समितियां और एसएचजी को मुहैया कराए जाएंगे। परस्पर रूप से लाभप्रद कृषक बीज कम्पनी में भागीदारी को बढ़ावा दिया जाएगा। कृषि विश्वविद्यालयों को बीज प्रौद्योगिकी और व्यापार तथा सभी व्यावहारिक पाठयक्रमों में मुख्य व्यापार

के सिद्धान्तों पर पाठयक्रम बनाने हेतु प्रोत्साहित किया जाएगा। एक राष्ट्रीय बीज ग्रिड स्थापित किया जाएगा। जिससे सम्पूर्ण देश में विभिन्न क्षेत्रों की विशिष्ट अपेक्षा के अनुसार बीजों की आपूर्ति सुनिश्चित की जाएगी।

2. **मृदा स्वास्थ्य :** खेत की उत्पादकता को बढ़ाने की कुंजी मृदा स्वास्थ्य में संवर्धन है। प्रत्येक किसान परिवार को एक मृदा स्वास्थ्य पासबुक सुनिश्चित तौर पर जारी की जाएगी, जिसमें तदनरूपी परामर्शें के साथ-साथ उनके खेतों की मिट्टी के सम्बन्ध में भौतिक, रसायन और माइक्रोबायोलाजी के बारे में समेकित जानकारी दी जाएंगी। इस प्रयोजन हेतु मिट्टी में विशिष्ट सूक्ष्म पोषक तत्त्व की कमियों का पता लगाने के लिए और अधिक प्रयोगशालाएं स्थापित की जाएंगी। मिट्टी में फसल के अवशिष्टों को शामिल करके मृदा जैव (आर्गेनिक) पदार्थ में वृद्धि की जाएगी। बंजर भूमि के पुररूद्धार तथा उसकी जैविकीय क्षमता सुधारने के सम्बन्ध में उचित तकनीकी सलाह उपलब्ध कराई जाएगी। उर्वरकों के सन्तुलित प्रयोग को बढ़ावा देने के लिए उर्वरक मूल्य निर्धारण नीतियों की पुनरीक्षा की जाएंगी। पोषक तत्त्व के कुशल चक्रण, नाइट्रोजन निर्धारण, जैविक सामग्री वर्धन और निकास प्रणाली में सुधार लाने के लिए कृषि वानिकी को प्रोत्साहित किया जाएगा। जैव उर्वरकों, जैविक खादों इत्यादि के लिए उचित उत्पादन और विपणन तन्त्र व्यवस्थित किए जाएंगे ताकि मृदा स्वास्थ्य के सुधार/अनुरक्षण के लिए/उनके प्रयोग को बढ़ावा मिले।

3. **कीटनाशी :** कीटों, रोगजनकों और खरपतवार तीनों के कारण प्रत्येक वर्ष फसल की काफी हानि होती है। पर्यावरणीय रूप से सुरक्षित और कारगर कीटनाशकों के विकास, प्रयोग आरम्भ और प्रसार को प्राथमिकता दी जाएगी। रासायनिक कीटनाशकों के उपयोग को एकीकृत कीट प्रबन्धन (आईपीएम) पद्धति में शामिल किए जाने की जरूरत है। उपयुक्त गुणवत्ता नियंत्रण, सुरक्षा आकलन व अन्य विनियामक पद्धतियों को मजबूत किया जाएगा। नकली और घटिया स्तर के कीटनाशकों की बिक्री रोकी जाएगी और जैव कीटनाशकों को प्रोत्साहित किया जाएगा।

4. **यन्त्र :** किसानों को क्षेत्र और फसल विशिष्ट मशीनों और यन्त्रों की जरूरत होती है ताकि वे सही समय पर फसल बोने और खरपतवार का प्रबन्धन करने व फसलोत्तर कार्य में सुधार करने का काम कर सके। महिलाओं को विशेष रूप से अपने अनुकूल यन्त्रों की जरूरत होती है जिनमें मेहनत कम लगे, उत्पादन बढ़े और समय बचे तथा उनका उपयोग सरलता से किया जा सके। कृषि स्नातक कृषि उद्यमी और प्रगामी किसानों को प्रोत्साहित किया जाएगा कि यन्त्र, औजार, मशीनरी, ट्रेक्टर व अन्य बड़े फार्म यन्त्र शुल्क किराए के आधार पर उपलब्ध करायें।

5. **टीके तथा सीरम संम्बन्धी निदान :** महत्त्वपूर्ण पशु रोगों के सम्बन्ध में इस समय उपलब्ध सुविधाओं में मुख्य कमियों को दूर करना होगा। सरकारी

निजी भागीदारियों को प्रोत्साहित करते हुए टीका विकास के क्षेत्र में जैव-प्रौद्योगिकी अनुसन्धान में तेजी लाये जाए जाने की जरूरत है।

6. **मत्स्य बीज और खाद्य :** उत्तम कोटि और रोग मुक्त मत्स्य बीज सफल अन्तर्देशीय मत्स्य पालन की कुंजी है। मत्स्य बीज प्रजनन उत्पादन में पगामी मछुआरों और उनके समूहों जैसे स्वयं सहायता समूहों (एसएचजी) को प्रशिक्षित किया जाएगा और वहनीय कीमतों पर बीज और मत्स्य बीज खाद्य उपलब्ध कराया जाएगा। इसके लिये राष्ट्रीय मात्स्यिकी विकास बोर्ड और अन्य एजेन्सियों से उचित तकनीकी सहायता प्राप्त की जाएगी।

7. **पशु के लिए चारा :** डेयरी पशुओं में अपर्याप्त पोषाहार ही दूध की कम पैदावार का प्रमुख कारण है। सेलुलोसिक अपशिष्टों को उपयुक्त उपचार और संवर्धन के जरिए उत्तम पशु खाद्य के रूप में बदलने, पोषण समृद्ध चारा पौद्यो के रोपण और प्रौद्योगिकियों के प्रसार के लिए पारम्परिक तथा गैर पारम्परिक दोनों ही तरीकों को प्रोत्साहित किया जाएगा।

8. **अन्य आवश्यक सहायक सेवाएँ** - उच्च फार्म पशु उत्पादकता के लिए आवश्यक कुछ अन्य अनिवार्य सहायक सेवाएं अपेक्षित हैं यथा देशज प्रजातियों और संकर प्रजातियों के सम्बन्ध में जेनेटिक मूल्यांनकन पद्धतियाँ सुनिश्चित करना ताकि चयन के फलस्वरूप उत्पादन लक्षणों में जेनेटिक सुधार कृत्रिम गर्भाधान के जरिए प्रजाति का उन्नयन, संकर प्रजनन, जो किसानों के संसाधनों के लिए उपयुक्त हो और उन्नत प्रसंस्करण व विपणन सम्भव हो। पशुधन क्षेत्र को स्वच्छता और पादप स्वच्छता के अनुकूल बनाना होगा। परा पशु चिकित्सकों के एक सवर्ग को प्रशिक्षित किया जायेगा ताकि किसानों के लिये सहायक सेवा केन्द्रों की स्थापना की जा सके जिनसे बीमारियों का शीघ्र पता लग सके और उनका इलाज करने तथा अन्य पशु चिकित्सा सेवाओं में मदद मिले।

9. **महिलाओं की अधिकारिता के लिए सहायक सेवाएँ :** क्षमता निर्माण और जीविका के लिए फार्मों पर काम करने वाली महिलाओं के लिए उचित सहायक सेवाओं जैसे शिशु गह और बाल देख-रेख केन्द्रों, पोषण, स्वास्थ्य और प्रशिक्षण आदि की जरूरत है। ऐसे क्रियाकलापों के वित्तपोषण के लिए पंचायती राज मंत्रालय की मौजूदा स्कीमों में वृद्धि और इस्तेमाल किया जाएगा और यदि अपेक्षित हुआ तो नई स्कीमें शुरू की जाएंगी।

ऋण और बीमा

ग्रामीण बैंकिंग प्रणाली की कार्यकुशला और पहुच (आउटरीच) में सुधार की आवश्यकता है। इसके लिये किसानों को उचित ब्याज दर पर वित्तीय सेवाएं सही समय पर, पर्याप्त मात्रा में और सरलता से पहुंचनी चाहिए। बैंकिंग प्रणाली के अन्तर्गत कृषि के स्तर को ऊंचा उठाने, ग्रामीण और कृषि व्यवसाय उद्यमों और रोजगार के विकास को बढ़ावा देने के

लिए अपेक्षित बड़ी ऋण क्षमता का पता लगाने और वित्तीय व्यवस्था करने के लिए कदम उठाए जाएंगे।

किसानों को बेहतर संस्थागत ऋण दिलाने के लिए भारत सरकार की एक कृषि नीति है। किसान क्रेडिट कार्ड स्कीम के तहत किसानों के व्यापक कवरेज के लिए उपाय किये जायेंगे। उत्पादन को प्रोत्साहन देने और ऋण जोखिम को कम करने के लिए एक प्रभावी साधन के रूप में माइको ऋण और माइकों बीमा को बढ़ावा दिया जायेगा। ग्रामीण वित्तीय प्रणाली में ऋण सहकारिताओं का महत्त्वपूर्ण स्थान और भूमिका है और सहकारी ऋण संस्थाओं में सुधार के लिए वैद्यनाथन समिति की सिफारिशों पर अमल करने को प्राथमिकता दी जाएगी। ऋण सम्बन्धी परामर्श देने के केन्द्र स्थापित किए जाएंगे जहां गम्भीर रूप से ऋणग्रस्त किसानों को ऋण के चंगुल से बचाने के लिए ऋण राहत पैकेज/पुन: निर्धारण की व्यवस्था की जा सकती है। कृषि और ग्रामीण विकास बैंक (नाबार्ड) को ऋण की उपलब्धता और किसानों व अन्य ग्रामीण उधारकर्त्ताओं की ऋण खपत क्षमता के बीच अभिसरण और एक दक्ष ऋण प्रदाय पद्धति सुनिश्चित करनी चाहिए। नाबार्ड को संस्थान निर्माण में सक्रिय रूप से भाग लेना चाहिए और अनुसंधान व विकास सम्बन्धी प्रयासों के जरिए सहायता प्रदान करनी चाहिए। नाबार्ड को किसानों के लिए राष्ट्रीय बैंक के रूप में कार्य करना चाहिए।

चूंकि कृषि अत्यधिक जोखिम वाला एक आर्थिक कार्यकलाप है अत: किसानों को उपभोक्ता अनुकूल बीमा साधनों की जरूरत है जिनके अन्तर्गत उत्पादन, अर्थात बुवाई से लेकर फसलोत्तर कामकाज को शामिल किया जाए। बीमे में किसानों को वित्तीय संकट से बचाने के लिए सभी फसलों के सम्बन्ध में मण्डी जोखिम शामिल किया जाए और इस प्रकार कृष को वित्तीय रूप से व्यवहार्य बनाया जाए। राष्ट्रीय कृषि बीमा स्कीम को किसानों के लिये और अधिक अनुकूल बनाने हेतु इसमें सुधार लाने के प्रयास किए जायेंगे।

गांवों में ऋण और बीमा दोनों प्रकार की जानकारी की जरूरत है। इस काम में ज्ञान चौपाल (गांव ज्ञान केन्द्र) सहायक हो सकते हैं। किसानों में बीमा और ऋण सम्बन्धी जागरूकता लाने को बढ़ावा दिया जायेगा।

महिलाओं पर उनकी भू-हकदारी/समर्थन के अभाव के कारण ऋण प्राप्ति के मामले में विशेष ध्यान दिए जाने की जरूरत है। महिलाओं को घर/कृषि भूमि के संयुक्त पट्टे के साथ तेजी से किसान क्रेडिट कार्ड जारी किये जाऐंगे। संयुक्त पट्टे से रहित मामलों में महिला किसानों को ऋण और किसान क्रेडिट कार्ड देने के लिए बैंकों द्वारा उनके पति और सम्बन्धियों से इन्डैमिनिटी बांड गारन्टियों को स्वीकार किया जाएगा।

सहकारी समितियाँ

बैंकिंग, आदान आपूर्ति, विपणन, कृषि प्रसंस्करण और अन्य कृषि व्यवसायों में, सहकारी समितियों की एक महत्त्वपूर्ण भूमिका है जिससे किसानों को आदानों की आपूर्ति, उत्पादन, मूल्यवर्धन और विपणन में विद्यमान विसंगतियों से बचाया जा सकता है। सहकारी समितियों को आर्थिक उद्यमों के रूप में कार्य करना चाहिए न कि राज्य के विस्तारित अंग के रूप में कार्य करना चाहिए। उन्हें उद्यमशील दृष्टिकोण उपयुक्त उद्यम केन्द्रण के माध्यम से प्रतिस्पर्धा स्थिति प्राप्त करनी चाहिये और निजी एवं सार्वजनिक क्षेत्र की इकाइयों के साथ

नीतिगत सम्बन्ध बनाना चाहिये। उपयुक्त तत्र बनाना चाहिए जिनके जरिए किसान बाजार माध्यमों पर अधिक नियत्रण प्राप्त कर सके तथा सहकारी समितियों तथा स्वयं सहायता समूहों के जरिए लाभ के बेहतर अवसर प्राप्त कर सकें।

आर्थिक उदारीकरण और बाजार प्रतिस्पर्द्धात्मकता को देखते हुए, सहकारी समितियों को कहीं अधिक पूंजीगत व अन्य वित्तीय संसाधनों की जरूरत होगी। कानूनी ढाँचे और विनियामक पद्धति में परिवर्तनों से पूंजीगत/वित्तीय संसाधन प्राप्त करने में मदद मिलेगी। नीतिगत और कानूनी ढांचे की समीक्षा करनी होगी जिसके अन्तर्गत सहकारी समितियों कार्य कर रही है जिससे कि विधि की व्यवस्था के अनुसार वे अपने कामकाज व्यावसायिक ढंग से चलाने और स्वायत्तता प्राप्त करने के लिए समर्थनकारी परिवेश का सृजन कर सकें। सहकारी समितियों के प्रबन्धन को व्यवसायी रूप से सक्षम बनाने की जरूरत है जिसमें चुने गए सदस्यों और प्रबन्धकों के कार्य का स्पष्ट रूप से सीमांकन किया जाए। लेखा परीक्षा तथा लेखा पद्धतियों में भी सुधार किया जाएगा और उसे पारदर्शी बनाया जाएगा जिससे कि सहकारी समितियों के सभी सदस्यों को अधिक विश्वास दिलाया जा सके।

विस्तार, प्रशिक्षण और ज्ञान सम्पर्कता

वैज्ञानिक जानकारी और फील्ड स्तरीय कार्य के बीच अन्तर हाल के वर्षों में काफी अधिक हो गया है। ज्ञान के इस अभाव को तेजी से दूर किया जाएगा जिससे फार्म उत्पादकता और लाभप्रदता में वृद्धि हो सके। कृषि विज्ञान केन्द्र फसलोत्तर प्रौद्योगिकी, कृषि प्रसंस्करण व प्राथमिक उत्पादों के मूल्यवर्धन के क्षेत्र में प्रशिक्षण देंगे व प्रयोगशाला से खेत तक प्रदर्शनों का आयोजन करेंगे ताकि गांवों में दक्ष नौकरियां प्रदान की जा सकें। विस्तार प्रणाली को मजबूत बनाने के लिये राज्य सरकारों को सहायता दी जाएगी तथा इसके लिये विद्यमान विस्तार कार्मिकों के पुनः प्रशिक्षण व उन औजारों से पुनः सज्जित करने के अलावा, उत्कृष्ट/प्रगतिशील किसानों के खेतों में फार्म स्कूलों की स्थापना करके किसान से किसान तक जानकारी को प्रोत्साहित किया जाएगा। कृषि विज्ञान केन्द्रों के साथ फार्म स्कूलों के सम्पर्क से फसल और पशुपालन, मत्स्यकी और कृषि वानिकी के प्रौद्योगिकीय उन्नयन की प्रक्रिया में तेजी आएगी। आधुनिक कृषि प्रणालियों की मदद से किसानों, संसाधकों, खुदरा विक्रेताओं और अन्य पणधारियों को साथ-साथ लाने के प्रयास किये जाएंगे। विशेषरूप से जिला स्तर पर और उसके नीचे विस्तार प्रयासों का समेकन सुनिश्चित किया जाएगा।

गांवों में नये ज्ञान चौपाल स्थापित करके आई सी टी की क्षमता का उपयोग किया जाएगा। इसके अतिरिक्त भारत सरकार के सूचना प्रौद्योगिकी विभाग के सेवा केन्द्र और राज्य सरकारों तथा निजी पहल कार्यक्रमों द्वारा स्थापित केन्द्रों का समावेश विस्तृत और व्यापक विकास के लिये किया जाएगा। आई सी टी आधारित ज्ञान पद्धति की संरचना में इस प्रकार अन्य के साथ साथ ऐसे ग्राम केन्द्रों की स्थापना शामिल होगी। अन्तिम मील और अन्तिम व्यक्ति तक संयोज्यता को ब्राडबैण्ड इंटरनेट, सामुदायिक रेडियो अथवा इंटरनेट मोबाइल फोन तालमेल के जरिए पूरा किया जाएगा।

छोट एवं सीमान्त जोत क्षेत्रों की कार्यकुशलता और व्यवहार्यता में सुधार करने के लिए किसानों को सही समय और स्थान से ही सूचना देकर अधिक सम्पर्क करना जरूरी है।

जन संचार साधनों, विशेष रूप से रेडियो, दूरदर्शन और स्थानीय भाषा के समाचार पत्रों की इस सम्बन्ध में महत्त्वपूर्ण भूमिका होगी।

सामाजिक सुरक्षा

आजीविका सुरक्षा सुनिश्चित करने के लिए, किसानों को, विशेष रूप से छोटे और सीमान्त किसानों और भूमिहीन कृषि श्रमिकों को, एक व्यापक राष्ट्रीय सामाजिक सुरक्षा स्कीमं के अन्तर्गत शामिल करना जरूरी है। अतः सरकार एक उचित सामाजिक सुरक्षा स्कीम लागू करने के लिए आवश्यक उपाय करेगी।

कृषि मूल्य, विपणन और व्यापार

कृषि उत्पादकता और लाभप्रदता बढ़ाने में आश्वस्त और लाभप्रद विपणन अवसर प्रदान करना सतत प्रगति का मूख्य पहलू है। पहले से ही केन्द्र और राज्य सरकारों द्वारा अनेक महत्त्वपूर्ण बाजार सुधार किए गए है। इन सुधारों से किसानों को अपना उत्पाद बेचने, सहकारिताओं सहित निजी क्षेत्र के बाजार विकसित करने के लिये छूट देने, उपभोक्ताओं, संसाधकों, खुदरा पूर्तिकर्त्ताओं/निर्यातकों को सीधे ही बिक्री करने के लिए प्रोत्साहित करने और भ्रष्टाचार और उत्पीड़न को दूर करने के लिए और अधिक अवसर मुहैया कराने के अधिक विकल्प प्राप्त होते हैं। इस सम्बन्ध में निम्नलिखित उपाय किए जाएंगे:

1. न्यूनतम समर्थन मूल्य (एम एस पी) पद्धति को देशभर में अधिक प्रभावी ढंग से कार्यान्वित किया जाएगा।
2. बाजार हस्तक्षेप स्कीम (एमआईएस) को आकस्मिकताओं की स्थिति में, विशेष रूप से वर्षापोषित क्षेत्रों में संवेदनशील फसलों के मामलें में, शीघ्रता से अमल में लाने के लिए सुदृढ़ किया जाएगा।
3. सामुदायिक खाद्यान्न बैंकों की स्थापना को बढ़ावा दिया जायेगा, जिससे अल्प प्रयुक्त फसलों के विपणन में मदद मिलेगी और इस प्रकार कृषि जैव विविधता के संरक्षण में आर्थिक विकास को बल मिलेगा।
4. सार्वजनिक वितरण प्रणाली (पी डी एस) के नेटवर्क के जरिए पोषक मिलेट्स जैसे कि बाजरा, ज्वार और रागी व अन्य फसलों को भंडारण करने व बेचने के जरिए खाद्य सुरक्षा समूह (बास्केट) का विस्तार किया जायेगा।
5. आन्तरिक प्रतिबन्धों में छूट देकर एकल राष्ट्रीय बाजार का विकास करने के प्रयास किए जायेंगे। किसानों की आय में वृद्धि में बाधक सभी नियंत्रणों और विनियमों की समीक्षा की जायेगी और उन्हें हटाया जाएगा।
6. सार्वजनिक निजी सहभागिता पद्धति में कृषि के लिये टर्मिनल मण्डियों का विकास किया जायेगा। गुणवत्ता और मांग के अनुकूल उत्पादन के लिए अपेक्षित तकनीकी समर्थन सेवाएँ प्रदान करने के लिए चले आ रहे पुराने सम्पर्कों को कायम रखना और पारदर्शी व्यापार परिवेश में बेहतर मूल्य वसूलने के लिए किसानों का बाजार तक पहुंच बनाए रखना।

7. कृषि उत्पाद बाजार समितियों और राज्य कृषि विपणन बोर्डों के कार्यों को मात्र नियमन कार्यों से रूपान्तरित किया जाएगा ताकि स्थानीय उत्पादों के लिये ग्रेडिंग, ब्रांडिग एवं पैकेजंग तथा बाजारों के विकास को बढ़ावा दिया जा सके।

किसानों को भू-उपयोग निर्णयों और निवेशों के सम्बन्ध में मौसमविज्ञान, विपणन और प्रबन्धन सूचना के आधार पर सही सलाह की जरूरत रहती है। फसलोपरांत हानियों को कम करने तथा ग्राम स्तर पर ही रोजगार और आय बढ़ाने के लिए कृषि संसाधन और मूल्यवर्धन के लिए बुनियादी सुविधाएँ दी जाएगी। किसानों के संगठनों व सहकारिताओं तथा लघु कृषक सम्पदाओं जैसी अन्य इकाईयों की स्थापना को प्रोत्साहित किया जाएगा ताकि उनके साथ उचित बर्ताव हो और उन्हें अधिक से अधिक आर्थिक लाभ हो सके। फसल संसाधन उद्योग को बढ़ावा देने के लिये उत्पादक समूहों और सहकारी समितियों को प्रोत्साहित किया जायेगा। भाण्डागार प्राप्तियों की परक्राम्यता में सुधार के लिए बाधाओं को भी दूर किया जायेगा।

कृषि में व्यापार नीतियों का उद्देश्य कृषक परिवारों की जीविका की सुरक्षा करना और किसानों की आर्थिक स्थिति को बेहतर बनाना होगा। इसके लिए किसानों की प्रभावी जीविका सुरक्षा प्रणाली लागू की जायेगी। समूचे देश में गुणवत्ता एवं व्यापार साक्षरता कार्यक्रम शुरू किए जाएंगे। मूल्य जोखिम कम करने और स्टेक होल्डरों, विशेष रूप से किसानों को अपने आपको जोखिम से बचाने के लिए उचित उपाय किए जाएंगे।

विदेशी कृषि व्यापार और मूल्य वर्धन के लिये उपलब्ध अवसरों के बारे में जानकारी का प्रसार करके प्रतिस्पर्धात्मक शर्तों पर निर्यात करने के लिए किसान एसोसिएशनों और एस एच जी की मदद की जाएगी। कृषि निर्यात क्षेत्रों को और मजबूत बनाया जाएगा ताकि ऐसे क्षेत्र बन सकें जहां किसानों को अपने उत्पाद के लिए यथासम्भव सर्वाधिक कीमत प्राप्त होगी।

किसानों को उनके उत्पाद के लिए लाभप्रद कीमतों से और उपभोक्ताओं को खाद्यान्नों के लिए उचित और वहनीय कीमतों के अनुसार न्याय सुनिश्चित करने के दोहरे लक्ष्य को (चूंकि किसान भी उपभोक्ता है) निम्नलिखित समेकित कार्यनीति के माध्यम से प्राप्त किया जाएगा:

1. एम एस पी सम्बन्धी निर्णय लेते समय सरकार यह सुनिश्चित करेगी कि किसानों के उत्पादों के लिए उन्हें लाभप्रद मूल्य प्राप्त करवाने के मामले में उनके हितों की पर्याप्त सुरक्षा की गई है।

2. वर्षासिंचित क्षेत्रों में एम एस पी के प्रभावी क्रियान्वयन सहित स्थायी एवं कुशल प्रभावी विपणन परिवेश से बारानी खेती में उत्पादकता और आय में सुधार होगा।

कृषि लागत एवं मूल्य आयोग (सीएसीपी) के विचारार्थ विषयों और स्थिति की समीक्षा की जायेगी ताकि एम एस पी व्यवस्था को और अधिक प्रभावी बनाया जा सके।

प्रसंस्करण एवं मूल्य श्रृंखला के साथ समेकन

यह सुस्थापित तथ्य है कि कृषि उत्पादों में मूल्य वर्धन करने से किसानों की आय के स्तरों में वृद्धि होती है। अतः उनके उत्पादन की प्रसंस्करण तथा अन्य मूल्य श्रृंखला क्रियाकलापों के साथ समेकित करना आवश्यक है। तथापि, देश में कटाई पश्चात अवसरंचना पूरी तरह से अपर्याप्त है जिसकी वजह से अत्यधिक अक्षमता और अपशिष्ट उत्पन्न होता है। फसल के प्रकृति और जलवायु की दशाओं पर निर्भर करते हुए अनुचित रख रखाव तथा परिवहन हानियों के कारण भण्डारण, ग्रेडिंग, पैकिंग तथा विपणन की विभिन्न स्थितियों में फसलोपरान्त हानियों का प्रतिशत अत्यधिक परिवर्तनशील है। खाद्य प्रसंस्करण उद्योग किसानों को उनके उत्पादों के लिए मूल्य वर्धन करके किसानों को मण्डी से जोड़कर फसलोपरान्त प्रबन्धन में सुधार लाकर के तथा मांग संचालित फार्मिंग को बढ़ावा देकर दीर्घकालीन आर्थिक सततता प्रदान करने में सक्षम है। इसके अलावा खाद्य प्रसंस्करण क्रियाकलापों को आधुनिक बनाने की भी आवश्यकता है। अतः इस प्रक्रिया को कारगर बनाने, खाद्य प्रसंस्करण क्षेत्रों को आधुनिक बनाने और इसकी प्रतिस्पर्धात्मकता में वृद्धि करने के लिए प्रभावी उपाय किए जायेंगे।

पाठ्यक्रम में सुधार

कृषि/पशु विज्ञान विश्वविद्यालय : प्रत्येक छात्र एक उद्यमी इन विश्वविद्यालयों का लक्ष्य होगा। इसके लिए व्यवसाय प्रबंधन सिद्धान्तों को प्रमुख अनुप्रयुक्त पाठयक्रमों के साथ एकीकृत करने की जरूरत होगी। इसके साथ ही कृषि/फार्म विश्वविद्यालयों को भी अपनी पाठ्यचर्या इस ढंग से पुनः तैयार करनी होगी कि खेती में महिलाओं और पुरुषों की सापक्ष भूमिका को स्वीकारा जाए तथा उन्हें प्रौद्योगिकीय रूप से सशक्त बनाया जाए। पोषाहार, फसलोपरान्त प्रौद्योगिकी, गुणवत्ता व सुरक्षा मानकों पर ध्यान देने के लिए पाठ्यचर्या में बदलाव की आवश्यकता हैं। फार्म विश्वविद्यालयों में खाद्य सुरक्षा के कोडेक्स एलिमेन्टरियस मानकों और स्वच्छता व पादप स्वच्छता सहित गुणवत्ता सम्बन्धी क्षमता निर्माण उद्यमिता पर बल दिया जायेगा।

किसानों को गुणवत्ताप्रद सेवाएं प्रदान करने के लिए कृषि स्नातकों को पंजकृत कृषि अभ्यासकर्त्ताओं के रूप में मान्यता प्रदान करके पंजीकरण करने के लिए आई सी ए आर के अधिदेश का विस्तार किया जायेगा। स्नातकों के बीच प्रतिस्पर्धा को बढ़ाने के लिए भारतीय प्रौद्योगिकी संस्थान (आई आई टी) और भारतीय प्रबन्धन संस्थाओं (आई आई एम) की तरह कृषि उत्कृष्टता केन्द्र (फसल और पशुपालन, मास्त्यिकी और वानिकी) स्थापित किए जायेंगे। आई सी टी द्वारा प्रस्तुत नए अवसरों को ध्यान में रखते हुए देश के छात्रों के बीच एक अध्ययन क्रान्ति प्रोत्साहित करने के लिए नई शिक्षाशास्त्रीय पद्धति लागू की जायेगी। विश्वविद्यालय केन्द्रों में रोजगार और व्यवसाय परामर्श केन्द्र तथा स्वरोजगार अवसरों के बारे में जागरूकता पैदा करने के लिए विशेष एकीकृत सेवा व्यवस्था कायम की जाएगी।

किसानों की विशेष श्रेणियाँ

जनजातीय किसान

किसानों की श्रेणी में जनजातीय किसान सर्वाधिक खराब स्थिति में है। देशभर में अधिकांश जनजातीय समुदाय अपनी आजीविका के लिए वनों और पशुपालन पर निर्भर है। इनमें खेती करना (बहुत से भागों में झूम खेती), ईंधन, चारा और अनेक प्रकार के गैर इमारती वन उत्पादन एकत्र करना शामिल है। उनकी आर्थिक स्थिति में सुधार लाना सरकार की प्राथमिकता है। इस प्रयोजनार्थ निम्नलिखित क्रियाकलाप किये जायेंगे:

1. जनजातीय किसानों की आबादी वाले क्षेत्रों में भू–अभिलेखों को अद्यतन बनाना।
2. निर्णय की प्रक्रिया में और अधिक सहभागिता के लिये संस्थागत व्यवस्था को मजबूत बनाना।
3. सभी जनजातीय किसानों के लिये संस्थागत ऋण की आसानी से प्राप्ति और उनके लिय किसान क्रेडिट कार्ड स्कीम का उचित प्रावधान।
4. ऐसी फसलों के संरक्षण के आर्थिक पहलुओं पर ध्यान देना और जनजातीय किसानों की पारम्परिक फसलों और जानकारी का प्रलेखन करना।
5. उचित प्रौद्योगिकी तथा विस्तार सेवाओं का प्रावधान और जनजातीय क्षेत्रों के लिये जल, उर्वरक, बीज आदि जैसे आदान उपलब्ध कराने सम्बन्धी मानदण्डों में छूट देना।

चरवाहे

चरवाहों के लिए बेहतर आजीविका के अवसर सुनिश्चित करने के लिए निम्नलिखित उपाय किये जायेंगे:

1. वन क्षेत्रों तथा ऐसे क्षेत्रों, जिन्हें ग्रामीण सामूहिक भूमियों पर चारागाह प्रयोजनार्थ विनिर्दिष्ट किया गया है, में पारम्परिक चारागाह अधिकार और रहने के अधिकारों की बहाली।
2. देशज पशु प्रजातियों वाले पारम्परिक चरवाहों/पशुपालकों तथा उन व्यक्तियों की हकदारी के औपचारीकरण की व्यवस्था (स्थायी चारागाह कार्ड जारी करने सहित) जिससे कि अधिसूचित अथवा सीमांकित चारागाह स्थलों और प्रवास मार्गों के लिए उनकी मुक्त सुलभता सुनिश्चित हो सके।
3. पशुधन के लिए चारागाह और पेय जल स्त्रोतों को संरक्षित किया जायेगा और यथासम्भव व्यवहार्यता को बढ़ाया जायेगा।
4. पशुधन/प्रजातियों को संरक्षण प्रदान करने वाले स्थानीय समुदायों/व्यक्तियों के बौद्धिक सम्पदा अधिकारों को मान्यता और संरक्षण प्रदान करने के लिए

देशज पशुधन प्रजातियों का सम्पूर्ण तथा सही प्रलेखन, श्रेणीकरण किया जाएगा।

5. चरवाहों को सभी स्थानीय प्राकृतिक संसाधन प्रबंधन कार्यक्रमों में शामिल किया जाएगा। जिसमें ग्राम, वन समितियां और संयुक्त वन प्रबंधन शामिल हैं।

अन्य श्रेणियाँ

उपर्युक्त दो श्रेणियों के अलावा, अलग-अलग और विशेष जरूरतों वाले अनेक छोटे समूह हैं, जैसे कि छोटे बागान किसान, द्वीप समूह किसान, शहरी किसान तथा जैविक किसान।

बागामन किसान

बड़ी संख्या में छोटे किसान चाय, काफी, रबड़, इलायची, कालीमिर्च और वनिला जैसे बागान फसलों के रोपण की खेती में लगे हुए हैं। कीमत में उतार चढ़ाव तथा विदेश से आयातित उत्पादों से प्रतिस्पर्धा कुछेक उन बड़ी समस्याओं में शामिल हैं जो उन्हें पेश आ रही हैं। इसलिए उन्हें बाजाड़ के उतार-चढ़ाव से बचाने के लिए बागान फसलों हेतु एक कीमत स्थिरीकरण निधि से मदद मिल सकती है।

द्वीपसमूह किसान

अंडमान और निकोबार द्वीपसमूह तथा लक्ष्यद्वीप द्वीप समूहों में और अन्य द्वीप समूहों में कृषि और मछुवारे परिवारों पर विशेष ध्यान दिए जाने की जरूरत है। उनकी जरूरतों में प्रौद्योगिकी, प्रशिक्षण, प्रौद्योगिकी अवस्थापना और व्यापार के क्षेत्र शामिल हैं। द्वीपसमूह कृषि में परिवहन लागतों की भी समस्या हैं, विशेष रूप से मछली जैसी नश्वर वस्तुओं के सम्बन्ध में, जिन्हें मुख्य भूमि में बेचना होता है। अंडमान और निकोबार द्वीपसमूहों में प्राचीन जनजातियाँ हैं जिनकी एक समृद्ध पारम्परिक जानकारी और ज्ञान हैं। जैवविधिता संरक्षण और परम्परागत स्वास्थ्य देखभाल के क्षेत्रों में उनके देशज ज्ञान को मान्यता प्रदान करने व पुरस्कृत करने के लिए उपाय किए जायेंगे। यथा सम्भव, द्वीपसमूहों में बागवानी विकास कार्यक्रम लागू किए जायेंगे। बढ़ती वैश्विक उष्मा के कारण समुद्र का स्तर बढ़ने और सुनामी जैसी आपदाओं की स्थिति में द्वीपसमूहों में जीवन और आजीविकाओं को सुरक्षित रखने के उद्देश्य से मेनग्रेव व गैर-मेनग्रेव आधारित बायोशील्डों के निर्माण जैसे उपाय किए जायंगे।

शहरी किसान

शहरी क्षेत्रों में, घरेलू उद्यानों और नर्सरियों को प्रोत्साहित किया जाएगा। पौष्टिक आहार सम्बन्धी उद्यानों का समर्थन प्रदान किया जाएगा ताकि पौष्टिक आहार सम्बन्धी जरूरतों को पूरा किया जा सके।

खेती की विशेष श्रेणियां

आर्गेनिक खेती

भारत में आर्गेनिक खेती अभियान को, अनुसंधान, विस्तार और विपणन के क्षेत्रों में संस्था से पर्याप्त सहायता नहीं मिल पा रही है और इसके लिए रासायनिक खेती की अपेक्षा वैज्ञानिक सहायता की अधिक जरूरत है। कृषि विज्ञान केन्द्रों को आर्गेनिक खेती में प्रशिक्षण प्रदान करने के लिए तैयार किया जाएगा। किसान-अनुकूल व समर्थ बनाने के लिए अन्तर्राष्ट्रीय रूप से स्वीकृत प्रमाणन प्रक्रियाओं को भी सुदृढ़ किया जाएगा। आर्गेनिक खेती क्षेत्रों का पता लगाया जाएगा जैसे कि कुछ पर्वतीय क्षेत्र और द्वीपसमूह जहां रासायनिक खाद का उपयोग कम है. तथा औषधीय पौधों के लिए जहां रासायनिक कीटनाशकों और खाद के उपयोग की सलाह नहीं दी जाती। आर्गेनिक खेती चुनिंदा वर्षा प्रधान क्षेत्रों में अपेक्षित सहायता के साथ जिनमें विपणन शमिल है, प्रोत्साहित की जाएंगी। इसे संविदा खेती के जरिये भी सहायता दी जाएगी। खाद्य सुरक्षा और गुणवत्ता मापदंड कोडेक्स एलिमेन्टेरियस मानकों के अनुरूप होने चाहिए क्योंकि कभी-कभी आर्गेनिक खाद में भारी धातु विद्यमान रहने की रिपोर्ट प्राप्त हुई है। आर्गेनिक खेती के कार्य में लगे किसानों को महत्त्वपूर्ण बाजारों से जोड़ा जाना चाहिए जहां उन्हें प्रीमियम कीमत प्राप्त होगी। आर्गेनिक खेती के कृषि क्लिनिक व कृषि व्यवसाय केन्द्र स्थापित करने के लिए उन्नतशील किसानों और कृषि स्नातकों को समर्थन प्रदान किया जायेगा। जैव उर्वरकों और जैविक खाद, जैव कीटनाशकों को समर्थन और संवर्धन के लिए रासायनिक उर्वरकों के समान ही महत्त्व दिया जाएगा।

हरित कृषि

हरित कृषि जिसमें एकीकृत कीट प्रबंधन, एकीकृत पोषक पूर्ति और एकीकृत प्राकृतिक संसाधन प्रबन्धन शामिल है, को "सदा हरित क्रान्ति" की ओर अग्रसर माना गया है। आर्गेनिक खेती के विपरीत, हरित कृषि के अन्तर्गत खनिज उर्वरकों और रासायनिक कीटनाशकों का सुरक्षित और न्यूनतम उपयोग व आनुवांशिक संशोधन द्वारा विकसित फसलों की प्रजातियाँ सम्मिलित हैं। हरित कृषि उत्पादों को वर्गीकृत करके और प्रमाणपत्र द्वारा प्रोत्साहित किया जाएगा जैसा कि आर्गेनिक खेती के मामले में होता है।

जेनेटिकली संशोधित (जी एम) फसलें

जी एम फसलों से जुडे जोखिमों और लाभों का एक विश्वसनीय व पारदर्शी ढंग से आकलन करने की जरूरत है। आनुवाँशिकीय संशोधन में ऐसी जीनों को शामिल करने को प्राथमिकता दी जाए जिनसे सूखे, लवणीयता व अन्य दवाओ के अवरोध में मदद मिल सके। जल उपयोग कार्यकुशलता और पोषणात्मक तथा प्रसंस्करण गुणवत्ता में सुधार को भी अनुसंधान कार्यसूची में प्राथमिकता प्रदान करनी होगी। जी एम फसल प्रजातियों के सम्बन्ध में कृषीय प्रबंधन प्रक्रियाओं में प्रशिक्षण देना शुरू करना होगा एवं जागरूकता लानी होगी।

संरक्षित (ग्रीनहाउस) खेती

बागवानी में तीव्र प्रगति के साथ, पानी और खाद उपयोग, जैसे कि उर्वरण की मितव्ययी पद्धतियों सिंचाई प्रणालियों के माध्यम से पोषक पदार्थों के उपयोग की सहायता से सब्जियों, फलों और फूलों की हरित गृह खेती के अवसर विद्यमान हैं। कृषि व्यवसाय कार्यक्रम तथा बागवानी विकास कार्यक्रमों के अन्तर्गत ग्रीनहाउस गृह बागवानी करने के लिए कृषि तथा गृह विज्ञान स्नातकों और अन्य उद्यमियों को सहायता प्रदान की जायेगी। लघु-सिंचाई व उर्वरीकरण तकनीक ओर कम लागत वाले ग्रीनहाउस को उन क्षेत्रों में लोकप्रिय बनाया जायेगा, जहां वर्ष में कई महीनों के दौरान वाष्पीकरण वर्षा की अपेक्षा वाष्पीकरण अधिक होता हैं। ऐसी प्रौद्योगिकीयों के लिए उपयुक्त सहायता प्रदान की जायेगी जिनमें जलाभाव वाले क्षेत्रों में आय बढ़ाने में मदद मिल सके।

विशेष क्षेत्र

कठिनाईग्रस्त क्षेत्र

देश के कुछ भागों में देखी गई कृषि सम्बन्धी कठिनाई को कम करने के लिए सरकार द्वारा अनेक उपाय किए गए हैं। यह महत्त्वपूर्ण है कि ऐसे क्षेत्रों पर विशेष ध्यान दिया जाए ताकि जोखिम को कम किया जा सके और दीर्घकालिक कृषि पद्धतियों के लिए निविष्टियों को बढ़ावा दिया जा सके। ऐसे क्षेत्रों में, ज्ञान संयोज्यता और सामाजिक सहायता प्रणालियों और विपणन संरचनाओं को मजबूत किया जाए। विभिन्न स्कीमों के अन्तर्गत व्यापाक रूप से लाभान्वित करने को भी प्रोत्साहित किया जाएगा।

वृहद जैव-विविधता वाले क्षेत्र

पश्चिम और पूर्वी घाटों और पूर्वी हिमालयाई क्षेत्रों, अन्य पूर्वोत्तर क्षेत्र, जनजातीय क्षेत्रों जैसे विद्यमान वृहद जैव-विविधता क्षेत्रों के संरक्षण कार्य में स्थानीय समुदायों को सम्मिलित किया जाएगा इन समुदायों को प्रोत्साहन देकर उनके योगदान को उपयुक्त रूप से मान्यता दी जाएगी। ऐसे उपाय भी किए जाने चाहिए जिनसे वृहद जैव विविधता वाले क्षेत्रों में स्थानीय समुदाय जैव संसाधनों को सतत ढंग से आर्थिक सम्पदा में बदलने में समर्थ हो सके।

भावी किसान

गैर-कृषि क्षेत्रक में कार्य अवसरों में धीमी वृद्धि के कारण छोटे और आर्थिक दृष्टि से अलाभकर जोतों में वृद्धि हुई है। किसानों की आय बढ़ाने के लिए छोटे फार्मों की उत्पादकता में वृद्धि करके तथा फसल पशु एकीकृत खेती प्रणालियों के जरिए अनेक आजीविका के अवसर सृजित करके कृषि प्रसंस्करण को समर्थन प्रदान किया जायेगा। कृषक समुदायों द्वारा छोटे और सीमांत किसानों के लिए आर्थिक पैमाने की विधियों को पैदावार व आय बढ़ाने के लिए लोकप्रिय बनाना होगा। ऐसे समूह कार्यकलापों में भाग लेने के लिए महिलाओं को प्रोत्साहित किया जाएगा। नीचे कुछ विधियों का उल्लेख किया गया हैं जिन्हें छोटे और सीमान्त किसान कृषि कार्यों में कार्यकुशलता व मितव्ययता के लिए अपना सकते हैं:

1. **सहकारी खेती और सेवा सहकारी समितियाँ** – ये डेयरी उद्योग के मामले में सफर रही है। विपणन सहकारी समितियाँ सामान्यतः सफल रही हैं क्योंकि इनके सदस्य स्वहित को देखते हैं इसीलिए सहयोग करते हैं। सेवा सहकारिताओं के अन्य रूप धीरे धीरे उभर रहे हैं, किन्तु गति को तेज करना होगा। इसलिए कृषि उत्पादों के प्रसंस्करण, मूल्यवर्धन और विपणन सम्बन्धी कार्य करने के लिए लघु कृषक सहकारिताओं को प्रोत्साहित किया जाएगा और इनके लिए सहायता दी जाएगी।

2. **स्वसहायता समूहों (एसएचजी) द्वारा सामूहिक कृषि** – लघु ऋण की सहायता से महिलाओं द्वारा संचालित छोटे उपक्रमों को प्रोत्साहित करने के लिए एस.एच.जी. अत्यधिक सफल रहे हैं। प्रचालानात्मक जोतों के छोटे होते आकार को देखते हुए कृषि क्रियाकलापों को समेकित करने के लिए समूहों को प्रोत्साहित करके कृषि उपक्रम के उत्पादन स्तर पर एस.एच.जी. और वस्तु आधारित कृषक संगठनों को बढ़ावा देना लाभकारी होगा। समेकित कीट प्रबंधन, समेकित पौषक तत्त्व आपूर्ति, वैज्ञानिक जल प्रबंधन और उन्नत फसल कटाई प्रौद्योगिकी वाले ''हरित कृषि'' के मामले में यह विशेष रूप से सहायक होगा। किसानों को आसानी से ऋण उपलब्ध कराने के लिए भी एस.एच. जी. को बढ़ावा दिया जाएगा।

3. **लघु जोत सम्पदाएँ :** कपास, बागवानी, औषधीय पौधों, कुक्कुट व मत्स्यपालन में, लघु जोत सम्पदाओं के निर्माण से, वाटरशेड क्षेत्रों में अथवा सिंचाई परियोजना के कमान क्षेत्र में तथा गांव में रहने वाले किसानों के बीच सामूहिक सहयोग को बढ़ाने में मदद मिलेगी। उत्पादकता में सुधार, उत्पादन की लागत में कमी और कपड़ा मिलों के साथ खाद्य प्रसंस्करण उद्योगों, औषधिनिर्माण कम्पनियों के साथ और मत्स्य विपणन एजेन्सियों के साथ विपणन संविदाएं निष्पादित करना कुछेक लाभ होंगे। ऐसी लघु कृषक सम्पदाएं ''ब्राण्ड'' नामों से उत्पादों का विनिर्माण भी कर सकती हैं और आय सुरक्षा में वृद्धि कर सकती हैं जिससे समूह बीमा व्यवहार्य बन सकता हैं। कृषि क्लीनिकों और कृषि व्यवसाय केन्द्रों को ऐसी सम्पदाओं से सम्बद्ध किया जाएगा।

4. **संविदा कृषि :** कृषकों को आश्वस्त और लाभप्रद विपणन अवसरों के सुनिश्चियन हेतु प्रोत्साहित किया जायेगा। परस्पर संविदाओं को जिनसे उत्पादकों और क्रेता दोनों को लाभ होगा, एक सुपरिभाषित आचरण संहिता के आधार पर संविदा कृष से, छोटे उत्पादकों के उनके उत्पाद के लिए उत्तम कोटि के आदान मिलेंगे, उचित कीमत मिलेगी और तुरन्त अदायगी प्राप्त होगी। वस्तु विशिष्ट खेती की जरूरत को पूरा करने के लिए संविदा खेती आचार संहिता या एक माडल संविदा विकसित की जायेगी। संविदा खेती में किसान को किसी भी परिस्थिति में उसकी भूमि सें वंचित नहीं किया जाएगा। कृषक अनुकूल संविदा कृषि प्रणाली को प्रोत्साहित करने के लिए राज्य सरकारें एक समीक्षा समिति बनाएं जिसमें किसानों को भी शामिल किया जाए।

5. **किसान कम्पनियाँ :** कम्पनी (संशोधन) अधिनियम, 2002 के अन्तर्गत पंजीकृत प्राइवेट लिमिटेड कम्पनियां अब बीज उत्पादन, जैव-उर्वरकों, जैव कीटनाशकों के उत्पादन व अन्य प्रकार के खेती के लिए अनिवार्य जैविकीय साफ्टवेयर के उत्पादन के क्षेत्र में अस्तित्व में आ रही हैं। छोटे किसानों और एसएचजी को ऐसी कम्पनियों में पणधारियों के रूप में, शामिल किया जाएगा न कि मात्र शेयरधारकों के रूप में।
6. **राज्य फार्म :** इसके साथ ही, राज्य फार्मों का उपयोग, स्थानीय प्रजातियों के पशुओं, भेड़ व कुक्कुट के जर्मपलाज्म के सजीव दाय जीन बैंकों का विकास करने के लिए किया जा सकता है जिससे कि हमारी पशु जैनेटिक सम्पदा परिरक्षित रह सके।

युवाओं को आकर्षित करना

युवाओं को आकर्षित करना

देश के अन्दर और देश से बाहर दोनों जगहों से आउटसोर्सिंग कार्यक्रम चलाने के लिए कृषि-क्लिनिकों और उत्पादन सह-प्रसंस्करण केन्द्रों की स्थापना हेतु शिक्षित युवाओं को सहायता एवं समर्थन प्रदान किया जायेगा। कृषि क्षेत्र की ओर युवाओं को आकर्षित करने के उद्देश्य से कृषि एवं कृषि से सम्बद्ध क्रियाकलापों जिसमें मूल्यवर्धन और कृषि उत्पादों का प्रसंस्करण शामिल हैं, के विभिन्न पहलुओं में कई व्यवसायिक प्रशिक्षण कार्यक्रम शुरू किए जाएंगे और उन्हें मान्यता प्रदान की जायेगी। केवीके, राज्य सरकारों के संस्थान/भा.कृ.अ.प. और सक्षम निजी संस्थान भी युवकों को ऐसे मान्यता प्राप्त व्यवसायिक प्रशिक्षण प्रदान कर सकते हैं। उत्पादकता में सुधार लाने के लिए एवं कृषक आय में वृद्धि करने के लिए मूल्यवर्धन हेतु स्वरोजगार उद्यम शुरू करने के लिए विभिन्न स्कीमों के जरिए प्रशिक्षित व्यक्तियों को समर्थन प्रदान किया जायेगा।

अन्य नीतिगत उपाय

निम्नलिखित नीतिगत उपायों से किसानों के कल्याण और आजीविका सुरक्षा सुनिश्चित की जायेगी।

1. विद्यमान राज्य भूमि उपयोग बोर्डों में सुधार किया जायेगा और उसे राज्य सरकार द्वारा गठित की जाने वाली जिला-स्तरीय भूमि उपयोग समितियों से सम्बध किया जायेगा ताकि भू-उपयोग के सम्बन्ध में किसानों को बढ़िया व सक्रिय सलाह प्रदान कर सकें। उन्हें वर्चुअल संगठन बनना होगा ताकि उनके पास स्थान और मौसम विशिष्ट आधार पर भू-उपयोग निर्णयों को पारिस्थितिकीय, मौसमविज्ञानीय और विपणन कारकों के साथ सम्बद्ध करने की शक्ति हो।
2. पुष्पकृषि, जड़ीय और केन्द्रीय फसलों, सुगंध देने वाले एवं औषधीय पौधों, मधुमक्खी पालन तथा रेशम कीट पालन के विकास पर प्रमुख बल दिया जायेगा। इन उत्पादों को उचित मण्डी सम्पर्क प्रदान किया जायेगा ताकि ऐसे प्रयासों से ग्रामीण क्षेत्रों में रोजगार तथा आय के अवसरों को बढ़ाया जा सके।
3. मण्डी हस्तक्षेप स्कीम जारी रहेगी और इसे मजबूत बनाया जायेगा। तीव्र प्रसंस्करण के लिए और प्रतिबन्ध हटाने के उपयुक्त उपाय किए जायेंगे।

4. ग्रामीण गरीबी और कुपोषण को दूर करने के लिए घरेलू रूप से खाद्यान्न उगाने तथा एक सुपरिभाषित खाद्य सुरक्षा नीति बनाना बहुत महत्त्वपूर्ण है। खाद्य सुरक्षा को मजबूत बनानें और इसकी नियमित रूप से मानिटरिंग करने के लिए सरकार एक खाद्य सुरक्षा पर कैबिनेट समिति का गठन करेगी।

5. किसान परिवारों को एच आई वी/एड्स और तपेटिक (टी.बी.) का शिकार होने से भी बचाया जायेगा। रिट्रोवाइरल-रोधी दवाइयां गांवों में मुफ्त दी जाएंगी। गांवों में एचआईवी/एड्स और टी.बी. जैसी गम्भीर बीमारियों से पीड़ित किसानों के उपचार सम्बन्धी कार्यक्रम में मरीजों को खाद्य तथा पोषाहार उपलब्ध कराया जायेगा ताकि रोग से निजात पा सके और स्वस्थ जीवन जी सकें।

6. कृषक परिवारों के लिए एक ग्रामीण गैर-कृषि रोजगार पहल की जरूरत है। इस पहल से सभी ग्रामीण गैर-कृषि रोजगार कार्यक्रमों को एकीकृत किया जाना चाहिए ताकि उने बीच अभिसरण व तालमेल कायम किया जा सके। सम्बन्धित विभिन्न एजेन्सियों को मिलाकर एक समग्र कार्यनीति अपनाई जाएगी।

7. उत्पादन वृद्धि दर के साथ साथ आय वृद्धि दर का भी आकलन किया जाएगा और उसे प्रकाशित किया जाएगा। कृषि क्षेत्र में कार्यान्वित सभी स्कीमों को प्राथमिक उद्देश्य किसानों की आय और आजीविका सुधार होगा।

8. संविधान (73 वां संशोधन) अधिनियम, 1992 की ग्यारहवीं अनुसूची के अनुच्छेद 243 जी में पंचायतों को कृषि तथा कृषि विस्तार की जिम्मेदारी सौंपी गई है। यदि भारतीय किसानों के सामने आने वाली समस्याओं को अलग-अलग श्रेणीबद्ध कर दिया जाए और उन पर ग्राम सभाओं तथा पंचायतों द्वारा विचार किया जाए तो स्थान-विशिष्ट समस्याओं पर शीघ्रतापूर्वक और प्रभावी ढंग से कार्रवाई की जा सकती है। निचली स्तर पर विभिन्न स्कीमों और कार्यक्रमों को कार्यान्वित करने के उद्देश्य से भारत सरकार राज्य सरकारों को पंचायतों को शक्ति सम्पन्न बनाने के लिए सहायता प्रदान करेगी। किसानों की समस्याओं को दूर करने के लिए पंचायतों को मजबूत बनाने के कदम उठाए जायेंगे।

9. जनसंचार साधन (परम्परागत, इलेक्ट्रानिक और इंटरनेट) हमारी प्रजातांत्रिक शासन पद्धति का एक महत्त्वपूर्ण स्तम्भ है। जन संचार साधनों को कृषि, खाद्य सुरक्षा और किसान कल्याण से सम्बन्धित मुद्दों के बारे में समय पर और वैज्ञानिक रूप से ही जानकारी प्रदान करके सहायता देने के उद्देश्य से क्षेत्रीय मीडिया संसाधन केन्द्र स्थापित किए जायंगे जिसमें प्रसार कार्मिकों तथा किसानों, मीडिया प्रतिनिधियों और वैज्ञानिकों को सहयोजित किया जाएगा।

10. कृषि विकास के लिए आवश्यक ग्रामीण विद्युतीकरण सहित ग्रामीण अवसरंचना को उन्नत बनाने और ग्रामीण ऊर्जा हेतु समेकित दृष्टिकोण की जरूरत है। साथ ही नवीनीयोग्य ऊर्जा प्रणाली/उपकरण, जैव ईंधनों को भी मजबूत बनाया जाएगा।

नीति की प्रचालनात्मकता

विभिन्न राज्यों और संघ शासित क्षेत्रों में स्थानीय जरूरतों के अनुकूल राष्ट्रीय किसान नीति अपनाई जायेगी और उसे लागू किया जायेगा। कृषि जलवायुवीय और अन्य स्थानीय परिस्थितियों को ध्यान में रखते हुए इस नीति के कार्यान्वयन हेतु प्रचालनात्मक योजनाओं को तैयार करके राष्ट्रीय लक्ष्य को स्थानीय कार्यवाईयों में बदलने के लिए राज्य सरकारों को सहायता प्रदान की जायेगी। ऐसी प्रचालनात्मक योजनाओं को बहुविषक व्यवसायिक समूह द्वारा जिला स्तर पर तैयार किया जाएगा और राज्य स्तर पर समेकित किया जायेगा। यह सुनिश्चित करने के लिए कि नीति के तहत किए गए उपाय किसानों की समस्याओं को दूर करने में सहायक है, किसानों से निरन्तर फीडबैंक लेने के लिए एक प्रभावकारी तन्त्र विकसित करने हेतु राज्यों को प्रोत्साहित किया जाएगा।

कृषि एवं सहकारिता विभाग इस नीति के प्रचालनात्मकता के लिए कार्ययोजना पर सुझाव देने के लिए एक अंत: मंत्रालयी समिति का गठन करेगा। इस नीति को कार्यान्वित करने के लिए सम्बन्धित मन्त्रालयों/विभागों द्वारा उचित तन्त्र विकसित किया जायेगा और दिशानिर्देश तैयार किए जाएंगे।

प्रधानमंत्री की अध्यक्षता में कृषि समन्वयन समिति इस नीति के समेकित कार्यान्वयन की निगरानी करेगी और समन्वयन स्थापित करेगी।

प्रश्न

1. राष्ट्रीय कृषि नीति के प्रमुख तत्वों को समझाइये। इस नीति में वे कौनसे घटक है जिन्हें आप प्राप्त किया जाना अवास्तविक समझते है।

   Discuss briefly main elements of National Agriculture Policy. What are the factors in its which you consider unrealistic to achieve.
2. राष्ट्रीय कृषि नीति 2000 की आलोचनात्मक व्याख्या कीजिये।

   Critically examine National Agriculture Policy 2000.
3. निम्न के सम्बन्ध में राष्ट्रीय कृषि नीति 2000 में की गयी व्यवस्थाएँ स्पष्टत: समझाइये:

   (अ) निजी क्षेत्र की सहभागिता,

   (ब) कृषि अनुसंधान,

   (स) कृषि पदार्थों का निर्यात, एवं

   (द) कृषि साख

   Discuss the following with reference to National Agriculture Policy.

   (a) Participation by Private Sector.

   (b) Agriculture Research.

   (c) Export of Agriculture Product

   (d) Agriculture Credit.

2

कृषि समंक
[Agricultural Statistics]

कृषि प्रधान देश होने के कारण भारत में कृषि समंकों का अत्यधिक महत्त्व है। कृषि-समंकों का संकलन देश की आर्थिक, व्यापारिक, कृषि एवं खाद्य पदार्थों की उत्पत्ति सम्बन्धी नीति निर्धारण करने के लिए बहुत समय से किया जाता रहा है । ''कौटिल्य का अर्थशास्त्र', 'आइने अकबरी' 'तुज्के बाबरी' आदि इस बात का प्रमाण है कि इस देश में प्राचीन समय से ही कृषि-समंकों के संकलन, समन्वय एवं प्रकाशन का कार्य केन्द्रीय प्राप्ति के बाद कृषि-समंकों के संकलन, समन्वय एवं प्रकाशन का कार्य केन्द्रीय खाद्य एवं कृषि मन्त्रालय में आर्थिक व सांख्यिकीय निदेशालय द्वारा किया जाता है जिसके प्रमुख प्रकाशनों का उल्लेख प्रथम अध्याय में किया जा चुका है ।

कृषि समंकों का अर्थ
(Meaning of Agricultural Statistics)

व्यापक रूप से कृषि समंकों में उन सभी विषयों के सम्बद्ध समंक सम्मिलित किये जाते हैं जो प्रत्यक्ष या अप्रत्यक्ष रूप से सम्बन्धित हैं । जैसे भूमि-उपयोग, क्षेत्रफल, उपज अनुमान, वन, मत्स्य पशुधन आदि के समंक । संकुचित अर्थ में कृषि समंक मुख्यतः कृषि कार्यों के लिए भूमि-प्रयोग और उत्पादित फसलों से सम्बन्धित आंकड़ें हैं ।[1]

अन्तर्राष्ट्रीय खाद्य एवं कृषि संगठन (F. A. O.) के अनुसार कृषि-समंकों के तीन भागों में बांटा गया है—

(अ) मूलभूत कृषि समंक—ये समंक कृषि-जोतों के आकार, भू-व्यवस्था, भूमि प्रयोग और कृषि औजार आदि से सम्बन्धित होते हैं ।

---

1. Thomas and Shastri-Indian Agricultural Statisties.

(ब) मुख्य कृषि समंक—इसमें फसलों के अन्तर्गत क्षेत्रफल, कृषि-उत्पादन तथा पशुधन के समंक सम्मिलित किये जाते हैं ।

(स) व्यापक अर्थ में कृषि समंक—कृषि-उपज व पशुधन-उपज का विपणन स्कन्ध, मूल्य, उपभोग, भू-राजस्व, कृषि मजदूरी, ऋणग्रस्तता, बवसम्पत्ति, मत्स्य-पालन आदि के समंक इस श्रेणी में आते हैं ।

भारत में यद्यपि कृषि समंकों को विस्तृत अर्थ में परिभाषित किया गया हैं, किन्तु संकल कार्य मुख्य रूप से क्षेत्रफल, भू-प्रयोग, उपज, फसल पूर्वानुमान, पशु पालन तथा वन समंकों तक ही सीमित हैं । कृषि से सम्बन्धित समंकों के सर्वेक्षण तो किये जाते हैं, किन्तु उनमें नियमितता का अभाव पाया जाता है ।

कृषि समंकों की आवश्यक विशेषताएं—अन्तर्रष्ट्रीय खाद्य एवं कृषि-संगठन के अनुसार सभी प्रकार के कृषि समंकों में निम्नलिखित आधारभूत विशेषतायें होनी चाहिए—

(i) **उपयोगिता**—कृषि समंक साधारणत: देश के व्यापार, वाणिज्य, उद्योग तथा आर्थिक नियोजनकर्त्ताओं आदि के लिए उपयोगी होनी चाहिए । इस दृष्टि से समंक गहन एवं विस्तृत होने चाहिए ।

(ii) **महत्त्व**—कृषि-समंक राष्ट्रीय अर्थ-व्यवस्था की दृष्टि से महत्त्वपूर्ण होने चाहिए .

(iii) **विश्वसनीयता**—संकलित समंक विश्वनीय होने चाहिए अन्यथा इनके संग्रह करने का मुख्य उद्देश्य ही समाप्त हो जायेगा ।

(iv) **पर्याप्त वाप्ति**—भौगोलिक दृष्टिकोण से कृषि-समंक देश के अधिक से अधिक क्षेत्र के लिए संकलित किये जाने चाहिए .

(v) **समयानुसार उपलब्धि**—संकलित समंक यतोचित समय पर उपलब्ध होने चाहिए, अन्यथा उनकी उपयोगिता नष्ट हो जायेगी जैसे यदि फसल पूर्वानुमान फसल आने के बाद प्रकाशित किये जायें तो उनका कोई महत्त्व नहीं होगा ।

(vi) **अन्तर्राष्ट्रीय तुलनीयता**—समंकों को राष्ट्रीय व अन्तर्राष्ट्रीय तुलना योग्य बनाने के लिए प्रमापित सम्बधों का प्रयोग किया जाये तथा अन्तर्राष्ट्रीय दृष्टि से स्वीकृत प्रारूपों में संकलित किया जाये ।

कृषि-समंकों का महत्त्व (Importance of Agricultural Statistics):

कृषि प्रधान देश होने के कारण भारत में कृषि समंकों का अत्यधिक महत्त्व है । यदि यह कहा जाये कि भारत जैसी कृषि प्रधान अर्थ-व्यवस्था का सारा दारोमदार पर्याप्त मात्रा में उपलब्ध होने वाले कृषि समंकों पर निर्भर करता है तो कोई अतिशयोक्ति नहीं होगी । ये समंक देश की आर्थिक व्यवस्था एवं राष्ट्रीय नीति को उचित दिशा प्रदान करने में सहायक होते हैं । विभिन्न क्षेत्रों में इन समंकों का महत्त्व निम्न प्रकार विवेचित किया जा सकता है—

मांग एवं पूर्ति में समायोजन—वाणिज्य और खाद्य फसलों की माँग एवं पूर्ति का उचित समायोजन कृषि समंकों के माध्यम से किया जा सकता है तथा विपणन व वितरण व्यवस्था में सुधार किया जा सकता है ।

मूल्य नीति एवं मूल्य स्थिरीकरण में सहायक—मूल्य नीति के निर्धारण एवं मूल्य-स्थिरीकरण के लिए फसल पूर्वानूमान, उपज-समंक तथा मौसम सम्बन्धी समंक उपयोगी व लाभदायक सिद्ध होते हैं ।

विदेशी व्यापार नीति में सहायक—देश के आयात-निर्यात का ढाँचा तथा विदेशी व्यापार की नीति बहुत सीमा तक कृषि समांकों पर ही निर्भर करती है क्योंकि उत्पादन की मात्रा का देश की आन्तरिक मांग से तुलना करके आयात अथवा निर्यात की योजना बनाई जा सकती है ।

योजनाओं में साधनों का आवंटन—यदि कृषि समंकों का सही तरीके से संकलन किया जाये तो पंच-वर्षीय योजनाओं में प्राथमिकताओं का निर्धारण तथा साधनों का आवंटन सुविधापूर्वक किया जा सकता है ।

हरित क्रान्ति एवं नवीन व्यूह रचना का मूल्यांकन—कृषि उत्पादन में वृद्धि करने एवं देश को खाद्यान्नों के क्षेत्र में आत्म-निर्भर बनाने के लिए हरित क्रान्ति लायी गयी है तथा उत्पादन वृद्धि के लिये नवीन व्यू रचना का श्रीगणेश किया गया है । इस क्रान्ति एवं कृषि उत्पादन की नयी तकनीकी की सफलता का मूल्यांकन करने के लिये पर्याप्त मात्रा में कृषि समंकों की उपलब्धि आवश्यक है ।

कृषि साख—देश में 20 बैंकों के राष्ट्रीयकरण के उपरान्त एवं सरकार द्वारा कृषि साख की योजनाओं के विस्तार के लिए कृषि समंकों की जानकारी एवं उनकी सीमाओं का ज्ञान अधिक आवश्यक हो गया है ।

संक्षेप में कृषि समंक देश की आर्थिक, व्यापारिक एवं खाद्य पदार्थों की उत्पत्ति सम्बन्धी नीति निर्धारण करने में अत्यधिक उपयोगी सिद्ध होते हैं । अत: इन समंकों को व्यापक, वैज्ञानिक तथा बहु-स्तरीय आधार पर संकलित करने का प्रयास किया जाना चाहिए .

अध्ययन की दृष्टि से सभी कृषि समंकों को निम्न कार्यो में बाँटा गया हैं—

(1) भू-प्रयोग समंक

(2) क्षेत्रफल समंक

(3) उपज समंक

(4) फसल अनुमान

(5) विविध कृषि समंक

(6) कृषि उपज सूचकांक

भू-प्रयोग समंक
(Land Utilization Statistics)

भू-प्रयोग समंकों के अन्तर्गत यह अध्ययन किया जाता है कि किसी देश की भौगोलिक सीमा की समस्त भूमि का उपयोग किस प्रकार किया जा रहा है । देश में कितनी भूमि पर किन-किन फसलों का उत्पादन होता है, कितनी भूमि पर वन, उपवन, चरागाह आदि है, कितनी भूमि बंजर हैं, कितनी भूमि परत है, आदि तथ्यों की जानकारी इन समंकों से प्राप्त की जाती है ।

भू-प्रयोग समंक देश में 1884 से ही संकलित किये जा रहे हैं किन्तु वर्तमान में इनमें महत्त्वपूर्ण परिवर्तन हुए हैं । नवीनतम आंकड़ों के अनुसार देश की कुल 32.88 करोड़ हैक्टर भूमि से 92.5 प्रतिशत अर्थात् 30.41 करोड़ हेक्टेयर भूमि प्रतिवेदित या वर्गीकृत है । जिस क्षेत्र के लिए भू-प्रयोग समंक उपलब्ध नहीं है उसका 80 प्रतिशत भाग जम्मू एवं कश्मीर में हैं जो पाकिस्तान एवं चीन के अवैध कब्जे में हैं । शेष गैर-प्रतिवेदित क्षेत्र उत्तर पूर्वी राज्यों में वनों, बंजर पहाड़ों, पर्वतीय गड़ंडियों आदि से गिरा हुआ है जो पहुँच से परे हैं । इन समंकों का प्रकाशन केन्द्रीय कृषि-मन्त्रालय के आर्थिक एवं सांख्यिकीय निदेशालय द्वारा 'एग्रीकल्चरल स्टेटिस्टिक्स इन इण्डिया, भाग I व II नामक पत्रिका में निम्न शीर्षकों के अधीन किया जाता है—

(अ) कुल क्षेत्र एवं क्षेत्रफल का वर्गीकरण

(ब) सिंचित क्षेत्रफल और सिंचित फसलें

(स) फसल युक्त क्षेत्रफल

(अ) कुल क्षेत्र एवं क्षेत्रफल का वर्गीकरण (Total Area and Classification of Area)—कुल क्षेत्रफल से अभिप्राय उस भूमि से है जिसके सम्बन्ध में समंक उपलब्ध हैं । कुल क्षेत्रफल के समंक दो स्त्रोतों से प्राप्त किये जाते हैं । प्रथम भारत भूमिति अध्ययन द्वारा कुल भौगोलिक क्षेत्रफल के आंकड़े द्वारा जो सम्पूर्ण भारत से सम्बन्धित होते हैं । द्वितीय, ग्राम पत्री द्वारा कुल क्षेत्रफल के आंकड़े जो अस्थाई बन्दोबस्त वाले क्षेत्रफल के लिए पटवारी द्वारा तैयार किये जाते हैं ।

सामान्यत: सम्पूर्ण देश को क्षेत्रफल की दृष्टि से दो भागों में बांटा जा सकता है । प्रथम प्रतिवेदित क्षेत्र जिसके सम्बन्ध में किसी न किसी प्रकार के भू-प्रयोग समंक संकलित किये जाते हैं तथा द्वितीय गैर प्रतिवेदन क्षेत्र जिसके सम्बन्ध में किसी भी प्रकार के समंक उपलब्ध नहीं होते । देश के कुल भौगोलिक क्षेत्रफल 32.88 करोड़ हेक्टेयर का लगभग 92.5 प्रतिशत प्रतिवेदित क्षेत्र हैं । प्रतिवेदन क्षेत्र को पुन: (1) स्थायी बन्दोबस्त वाला क्षेत्र तथा (2) अस्थायी बन्दोबस्त वाले क्षेत्र में विभाजित किया गया है । स्थायी बन्दोबस्त वाले क्षेत्र के भू-प्रयोग समंक प्रत्येक खेत का निरीक्षण करके एकत्रित किये जाते हैं, जबकि अस्थायी बन्दोबस्त वाले क्षेत्रों (पश्चिमी बंगाल, उड़ीसा व केरल) से प्रतिदर्श सर्वेक्षणों द्वारा प्राप्त होते हैं ।

गैर-प्रतिवेदित क्षेत्र दो प्रकार के हैं, पहला, नागालैण्ड, नेफा और हिमाचल प्रदेश का पहाड़ी क्षेत्र जहां बहुत कम खेती की जाती है तथा प्राकृतिक कारणों से पहुँच से बाहर होने के कारण वहाँ बहुत कम समंक संकलित हो पाते है । दूसरा, विशेषाधिकृत काश्तकारी के अधीन क्षेत्र जैसे भूतपूर्व रियासती राज्यों के जागीर एवं इनाम क्षेत्र ।

इन दोनों स्त्रोतों से प्राप्त कुल क्षेत्रफल समंकों में दो कारण से अन्तर पाया जाता है—पहला, ग्रामों के अनुसार क्षेत्रफल की गणना ग्राम प्रत्यायों को जोड़कर की जाती है जबकि भारत भूमिति अध्ययन के अनुसार खण्डों की गणना की जाती है । दूसरा, दोनों विधियों में पानी, भवन तता सड़कों के लिए भूमि छूट भी भिन्न हैं ।

क्षेत्रफल का वर्गीकरण—1949-50 तक सम्पूर्ण क्षेत्रफल को पाँच वर्गों में बाँटा जाता था। किन्तु नाटू समिति की सिफारिशानुसार 1950-51 से निम्न वर्गों में बाँटा जाता है जो कि पश्चिमी बंगाल व मनीपुर को छोड़कर सभी राज्यों द्वारा अपनाया जा रहा है:

(1) **वन प्रवेश**—निजी व सरकारी दोनों ।

(2) **अकृषि कार्यों में प्रयुक्त भूमि**—जैसे भवन, सड़क, रेल, नदी तथा नहरों में प्रयुक्त भूमि ।

(3) **बंजर तथा अन्य चराने की भूमि**—जैसे रेगिस्तान, पहाड़ आदि जहाँ खेती की लागत अधिक आती है ।

(4) **स्थायी चरागाह तथा अन्य चराने की भूमि ।**

(5) **विभिन्न उद्योगों तथा बागादि में प्रयुक्त भूमि**—ऐसी खेती योग्य भूमि जो शुद्ध बोये गये क्षेत्रफल मे सम्मिलित नहीं है जैसे घास, बांस, झाड़ियां आदि .

(6) **कृषि योग्य बंजर भूमि**—ऐसी खेती योग्य भूमि जो किन्हीं कारणों से कुछ वर्षों से प्रयोग में नहीं लाई जा रही है ।

(7) **चालू पड़त के अतिरिक्त पड़त भूमि**—ऐसी भूमि जिस पर काश्तकारी की गरीबी, सिंचाई सुविधाओं का अभाव, अस्वास्थ्यप्रद जलवायु, भूमि कटाव या खेती अलाभदायक प्रकृति आदि कारणों से कम से कम एक वर्ष तथा अधिक से अधिक पाँच वर्ष तक फसल न बोई गई हो ।

(8) **चालू पड़ता**—ऐसी भूमि जो उर्वरता प्राप्त करने या अन्य किसी कारण से नहीं बोई गई किन्तु गत वर्ष में बोई गई थी ।

(9) **शुद्ध बोया गया क्षेत्रफल**—ऐसा क्षेत्रफल जो एक से अधिक बार नहीं बोया गया हो केवल एक बार ही गिना जाता है ।

यदिपि नवीन वर्गीकरण बहुत कुछ संतोषजनक हैं किन्तु इसमें बहुत से सम्बन्धों के स्पष्टीकरण का अभाव है जैसे बन्जर एवं कृषि अयोग्य (पद संख्या 3) तथा कृषि योग्य बंजर (पद संख्य 6) का अन्तर स्पष्ट नहीं है । 'कृषि-योग्य' शब्द का भी यथोचित अर्थ स्पष्ट नहीं है ।

(ब) सिंचित क्षेत्रफल एवं सिंचित फसलें (Area Irrigated and Crops Irrigated):

सिंचित भूमि से सम्बन्धित आंकड़े सिचांई के विभिन्न साधनों, जैसे सरकारी नहरें, निजी नहरें, तालाब, कुएँ और अन्य के आधार पर एकत्रित किये जाते हैं । इन आंकड़ों का संकलन राज्यों में भू-राजस्व विभाग एवं कृषि विभाग द्वारा किया जाता है । भू-राजस्व विभाग द्वारा संकलित समंक 'सीजन एण्ड कॉप रिपोर्टस' में प्रकाशित किये जाते हैं जबकि सिंचाई विभाग द्वारा संकलित विभागीय वार्षिक प्रतिवेदनों में ।

(स) फसल युक्त क्षेत्रफल (Area under Crops) :

इस सम्बन्ध में समक पटवारी ग्राम पत्रों एवं राष्ट्रीय प्रतिदर्श सर्वेक्षण के आधार पर संकलित किये जाते हैं । क्षेत्रफल का वर्गीकरण भी दो आधारों पर होता हैं :

(i) खाद्य पदार्थ—गेहूँ, चावल, जौ, आलू, मटर आदि ।

(ii) अखाद्य या अन्य कृषि-पदार्थ—कपास, तम्बाकू, तिलहन आदि ।

प्रकाशन स्त्रोत—भू-प्रयोग सम्बन्धी समक निम्न पत्रिकाओं में प्रकाशित किये जाते हैं—

(i) **'इन्डियन एग्रीकल्चर स्टेटिस्टिक्स, I भाग व** II में विभिन्न साधनों से सिंचित क्षेत्र, सिंचित फसलों का क्षेत्र, क्षेत्रफल का वर्गीकरण तथा कुल क्षेत्रफल सम्बन्धी सूचना उपलब्ध होती हैं ।

(ii) **'सीजन एण्ड क्रॉप्स रिपोर्टस',** जो कि विभिन्न राज्यों द्वारा प्रकाशित की जाती हैं, में भी लगभग उपरोक्त पत्रिका वाली ही सूचनाएँ होती हैं किन्तु तालाब एवं नहरों द्वारा सिंचित क्षेत्रफल के प्रत्येक राज्यानुसार विस्तृत समंक भी होते हैं ।

(iii) **'स्टेटिस्टिकल एब्स्ट्रेक्ट'** में सिंचित कार्य, नहरों की दूरी, सिंचित भूमि का क्षेत्र, कुल विनियोजित पूँजी, सकल प्राप्तियाँ, कार्यशील व्यय, सिंचाई व नौकायन कार्यों का विवरण आदि की सूचना उपलब्ध होती है ।

कमियाँ एवं सुझाव—भू-प्रयोग सम्बन्धी समंकों का संकलन बहुत समय पूर्व से किये जाने के कारण इनकी पद्धति में समय-समय पर सुधार किये गये हैं और इनकी स्थिति बहुत सन्तोषजनक कही जा सकती है। किन्तु फिर भी इनमें कुछ कमियाँ हैं जिन्हें दूर किया जाना चाहिए—

(i) **देर से प्रकाशन**—समंकों के संकलन एवं प्रकाशन में दो वर्ष का विलम्ब हो जाता है जिससे इन समंकों की उपोयोगिता कम हो जाती है । यद्यपि इस सम्बन्ध में कृषि मन्त्रालय द्वारा सामयिक सूचना योजना लागू करके सुधार किया गया है ।

(ii) **सम्बोधों की अस्पष्टता**—नये वर्गीकरण के फलस्वरूप कुछ सम्बोधों में स्पष्टीकरण का अभाव है, जैसे बंजर तथा कृषि अयोग्य भूमि एवं कृषि योग्य बंजर भूमि । इसी प्रकार मिश्रित फसलों एवं सिंचाई के साधनों के लिए भी प्रमाप सम्बोध नहीं है ।

(iii) **तुलनीयता का अभाव**—सम्बोधों की अस्पष्टता के कारण इन समंकों में दीर्घकालीन प्रवृत्ति का अध्ययन नहीं किया जा सकता । इसके अतिरिक्त पश्चिमी बंगाल में अब भी पुराने वर्गीकरण के आधार पर ही समंक संकलन होता है जिससे अन्य राज्यों से तुलना नहीं की जा सकती ।

क्षेत्रफल समंक
(Area statistics)

इन समंकों द्वारा यह ज्ञात किया जाता है कि देश में कितनी भूमि पर खेती की जाती है एवं प्रत्येक फसल के अन्तर्गत कितनी भूमि है। भारत में क्षेत्रफल समंकों की दो श्रेणियाँ प्रचलित हैं—

(अ) राजकीय श्रेणियाँ,

(ब) राष्ट्रीय प्रतिदर्श सर्वेक्षण श्रेणियां ।

(अ) राजकीय श्रेणीयाँ (Official Series):

इसमें क्षेत्रफल का वर्गीकरण खाद्य व अखाद्य फसलों के आधार पर किया जाता है जिससे खाद्य फसलों को गेहूँ, चावल, दालों, शक्कर, मसालों, फल एवं सब्जियों आदि और प्रखाद्य फसलों में तिलहन, कपास, तम्बाकू आदि में पुन: उपविभाजित किया जाता है । समंकों के संकलन के लिए निम्न दो प्रमुख रीतियों का उपयोग किया जाता हैं—

(i) **अस्थायी बन्दोबस्त**—यह प्रथा 1892 से लागू की गई थी जिसमें उत्तर-प्रदेश, पंजाब, तमिलनाडु, मध्य प्रदेश आदि राज्य आते हैं । इन क्षेत्रों में भू-राजस्व एक निश्चित समयावधि जो 20 या 30 वर्ष होती है, के लिए निर्धारित कर दिया जाता है जिसके बाद उसका पुनर्निधारण होता है । समंक-संकलन का कार्य प्राथमिक प्रतिवेदन अधिकारी—पटवारी या लेखापाल द्वारा खसरा और खतौनी नामक दो रजिस्टरों में किया जाता है ।

खसरा में किस खेत में किसके द्वारा कौसी फसल बोई गई तथा खतौनी में क्षेत्रफल, लगान, स्वामित्व आदि से सम्बन्धित सूचनाएँ दर्ज की जाती हैं जिसका निरीक्षण ऊपर के अधिकारी, कानूनगो, तहसीलदार, उप-जिलाधिकारी तथा जिलाधीश द्वारा किया जाता है । इन क्षेत्रों का व्यापक भू-सवेक्षण किये जाने के कारण समंकों का संकलन अपेक्षाकृत सरल होता है ।

इन क्षेत्रों में संगृहीत समंक बहुत कुछ सीमा तक सही होते हैं जैसा कि शाही कृषि आयोग के प्रतिवेदन से स्पष्ट होता है । यह समान्यत: स्वीकार किया जाता है कि विभिन्न फसलों में बोये गये क्षेत्रफल के आंकड़ें कुल मिलाकर शुद्ध होते हैं तथा इनकी तुलना विश्व के किसी भी देश में प्रकाशित समंकों से की जा सकती है ।

मिश्रित फसलें—उपरोक्त विवरण से स्पष्ट है कि अस्थायी बन्दोबस्त वाले क्षेत्रों में प्रत्येक फसल के अन्तर्गत सही क्षेत्र की गणना करने में कोई कठिनाई नहीं होती, बशर्तें खेत में एक ही फसल हो । किन्तु कभी-कभी दो या दो से अधिक फसलें जैसे मूँग-मोठ, गेहूँ, चना (गोचनी), बाजार, अरहर, जौ-चना (बेजड़) आदि एक साथ बोई जाती है । ऐसी दशा में प्रत्येक फसल के अन्तर्गत अलग-अलग क्षेत्र को निर्धारण मुश्किल हो जाता है । ऐसी

दशा में प्रमुख गौण, मिशिरत फसल का निर्धारण फसल घटक के महत्त्व का क्रम, मिश्रण फसल का निर्धारण फसल घटक के महत्त्व का क्रम, मिश्रण के अन्तर्गत क्षेत्र का विस्तार तथा मिश्रण में घटक फसलों के वास्तविक प्रतिशत के आधार पर किया जाता है । वर्तमान में किसी मिश्रित फसल के सकल क्षेत्र का उसके घटक फसलों में विभाजन निम्न तीन विधियों द्वारा किया जाता है—

(क) खेत स्तर पर विभाजन—जो कि पटवारी द्वारा विभिन्न घटक फसलों की पंक्तियों की संख्या के अनुपात में या प्रत्येक फसल के लिए बोये गये बीजों के महत्त्व के आधार पर किया जाता है । यह विधि आसाम, बंगाल, आन्ध्रप्रदेश, तमिलनाडु, कर्नाटक, उड़ीसा, महाराष्ट्र, गुजरात व केरल राज्यों में अपनाई जाती है ।

(ख) जिला स्तर पर विभाजन—जो कि निश्चित स्थायी अनुपातों के आधार पर किया जाता है । यह विधि उत्तर-प्रदेश व मध्य-प्रदेश में अपनाई जाती है ।

(ग) आंशिक खेत स्तर पर तथा आंशिक जिला स्तर पर—जो कि बिहार, पंजाब, राजस्थान, जम्मू व कश्मीर में अपनाई जाती है ।

स्थाई बन्दोबस्त—ऐसे क्षेत्रों (जैसे—बंगाल, बिहार, उड़ीसा, पूर्वी उत्तर-प्रदेश आदि) में मालगुजारी हमेशा के लिए निश्चित कर दी जाने के परिणामस्वरूप समंक संकलन के लिए कोई सरकारी कर्मचारी नहीं होता । समंक गांव के चौकीदार, पटेल या मुखिया एकत्रित करके उप-जिलाधिकारी को भेज दिये जाते हैं जो उन्हें अनुभव के आधार पर संशोधित करके जिलाधीश को भेजा जाता है जिन्हें अन्त में राज्य के कृषि-निदेशक द्वारा प्रकाशत कर दिया जाता है ।

ऐसे क्षेत्रों में अनेक स्थानों के भूमि मानचित्र भी तैयार नहीं किये जाते हैं । प्रशिक्षित व्यक्तियों व निरीक्षकों के अभाव में समंकों का उचित लेखा नहीं हो पाता जिससे समंक विश्वनीय नहीं माने जाते हैं ।

गत कुछ वर्षों से ऐसे क्षेत्रों में समंक संकलन की प्रक्रिया में सुधार हुआ है । बंगाल व बिहार के खेतों में सर्वेक्षण करके नियुक्त कर्मचारियों द्वारा सगणना रीति से समंक एकत्रित किये गये हैं । दुर्गम स्थानों पर भारतीय कृषि द्वारा सगणना रीति से समंक एकत्रित किये गयेहैं । दुर्गम स्थानों पर भारतीय कृषि अनुसंधान परिषद् द्वारा हवाई सर्वेक्षण करके क्षेत्रफल सम्बन्धी मानचित्र तैयार किये गये हैं ।

(ब) राष्ट्रीय प्रतिदर्श सर्वेक्षण श्रेणियाँ (NSS Series) :

राष्ट्रीय प्रतिदर्श सर्वेक्षण संगठन द्वारा अपने विभिन्न दौरों में भू-प्रयोग सर्वेक्षणों (Land Utilization Survey—LUS) द्वारा प्रतिचयन प्रणाली के आधार पर भू-खण्डों का चुनाव करके फसलों के वास्तविक क्षेत्र के समंक एकत्रित किये जाते हैं । विभिन्न फसलों के अन्तर्गत क्षेत्रफल का अनुमान 'सकल क्षेत्रफल' एवं 'आवंटित क्षेत्र तथा उसी घटक की सभी मिश्रित फसलों के क्षेत्र से है जबकि आवंटित क्षेत्रफल से अभिप्राय एक ही फसल के अन्तर्गत बोया गया क्षेत्र सभी मिश्रित फसलों में उसी घटक के बांटे गये क्षेत्रफसल से है । ये समंक अधिक विश्वसनीय होते हैं, किन्तु इनके परिणाम बहुत देर बाद उपलब्ध होते हैं ।

राजकीय श्रेणियों व राष्ट्रीय प्रतिदर्श सर्वेक्षण संगठन द्वारा संकलित समंकों में पर्याप्त अन्तर पाया जाता है । यह अन्तर निम्न कारणों से उत्पन्न होता हैं :

(1) संकलन विधि में भिन्नता,

(2) व्याप्ति व समय में असमानता,

(3) मौसम जिनसे समंक सम्बन्धित होते हैं, में अन्तर,

(4) दोनों श्रेणियों द्वारा किये जाने वाले क्षेत्र कार्य में भिन्नता,

(5) खाद्य व अखाद्य फसलों के अन्तर्गत क्षेत्रफल के वर्गीकरण में भिन्नता,

(6) मिश्रित फसलों के विभाजक के आधार की असमानता, तथा

(7) राष्ट्रीय प्रतिदर्श सर्वेक्षण श्रेणयों में प्रतिचयन विभ्रम की उपस्थिति ।

प्रकाशन के स्त्रोत—ये समंक निम्न पत्रिकाओं में प्रकाशित किये जाते हैं—

1. एग्रीकल्चर स्टेटिस्टिक्मस ऑफ इण्डिया, भाग I व II
2. एग्रीकल्चरल सिच्युएशन इन इण्डिया ।
3. एस्टीमेट्स ऑफ एरिया एण्ड प्रोडक्शन ऑफ प्रिंसिपल क्रॉप्स भाग I व II
4. एब्सट्रेक्ट ऑफ एग्रीकल्चरल स्टेटिस्टिक्स ।
5. इण्डियन एग्रीकल्चर इन ब्रीफ ।
6. स्टेटिस्टिकल एब्स्ट्रेक्ट ऑफ इण्डियन यूनियन ।
7. सीजन एण्ड क्रॉप्स ऑफ स्टेट्स ।

क्षेत्रफल समंकों की त्रुटि के स्त्रोत—अस्थायी बन्दोबस्त वाले क्षेत्रों में पूर्ण गणना परभी समंकों में त्रुटियाँ पाई जाती हैं जिनके प्रमुख कारण निम्नलिखित हैं—

(1) अपर्याप्त सामग्री एवं पटवारियों की अकुशलता—पटवारी वह धुरी है जिसके चारों ओर राजस्व-प्रशासन घूमता है । किन्तु वह कम वेतन और अधिक कार्य-भार के कारण समंक संकलन में रूचि नहीं लेता है जिससे उसके द्वारा संकलित समंक दोषपूर्ण एवं असन्तोषजनक होते हैं । प्राय: वह खेतों का निरीक्षण किये बिना, अपने घर पर बैठे हुए लोगों से पूछ-ताछ कर या अपनी इच्छा से सूचना भरकर भेज देता है ।

(2) मिश्रित फसलें—बहुत से राज्यों में मिश्रित फसलें (जैसे गेहूं, चना, मटर, मोठ-मूँग आदि) बोई जाती हैं । ऐसी दशा में व्यक्तिगत फसल के अन्तर्गत कितना क्षेत्र है । इसका सही अनुमान नहीं लगाया जा सकता ।

(3) मेढ़ एवं नालियों का क्षेत्रफल—भारतवर्ष में खेतों के विभाजन और उप-विभाजन के कारण खेतों का बहुत सा भाग मेड़ों, बन्दों और नालियों में चला जाता है । यह खेतों के क्षेत्रफल में सम्मिलित कर लिया जाता है जबकि इसमें न तो बीज बोया जाता है और न ही कृषि की जाती है ।

(4) एकरूपता का अभाव—क्षेत्रफल के वास्तविक अर्थ के बारे में अनिश्चितता रहने के कारण अशुद्धितयाँ होने की सम्भावनाएं बढ़ जाती हैं । जैसे बोये गये क्षेत्र व काटे गये क्षेत्र मे अन्तर होता है क्योंकि कभी-कभी फसल बोई जाती हैं, किन्तु न उगने के कारण काटी नहीं जाती ।

(5) नहीं बोये गये क्षेत्र—कभी-कभी अनुमानित सूचनाओं के आधार पर नहीं बोये गये क्षेत्रों को भी फसल के क्षेत्रफल में शामिल कर लिया जाता है । इसके अतिरिक्त अभी तक कुछ ऐस भी हैं जिनका न तो नक्सा ही तैयार हुआ है और न माप ही किया गया है ।

(6) गलत तरीके—कभी-कभी बोये गये बीज के अनुसार उत्पादन का अनुमान लगाने या खाद्यान्न की लेवी के भय से गलत समंक एकत्रित किये जाते हैं ।

(7) विद्यायन विभ्रम—वर्तमान में क्षेत्रफल समंकों के संकलन एवं विभिन्न स्तरों पर खतौनी का कार्य व्यक्तियों द्वारा गणना करके किया जाता है जिससे अन्तिम क्षेत्रफल समंकों की कमियाँ :

(1) अपूर्ण समंक—अब भी कुछ ऐसे क्षेत्र हैं जिनके सम्बन्ध में कोई कृषि समंक उपलब्ध नहीं है । अतः जब तक भूमि का प्रत्येक टुकड़ा न माप लिया जाय, क्षेत्रफल समंक अधूरे ही रहेंगे ।

(2) अतुलनीय—विभिन्न राज्यों के उपलब्ध क्षेत्रफल समंक समान आधार पर नहीं हैं, विशेषकर स्थायी बन्दोबस्त वाले क्षेत्रों के समंक कम विश्वसनीय हैं ।

(3) व्यक्तिनिष्ठ समंक—कई प्रकार के पेड़ों के अन्तर्गत क्षेत्रफल से सम्बन्धित विश्वसनीय समंक उपलब्ध नहीं है । जो कुछ सूचना उपलब्ध है वह भी वस्तुनिष्ठ हैं—

(4) अस्पष्ट निर्धारण विधि—मिश्रित फसलों के अन्तर्गत प्रत्येक फसल का क्षेत्रफल ज्ञात करने का कोई सन्तोषजनक सूत्र अभी भी नहीं निकाला गया है तता खेतों की सीमा के अनुमानों के सम्बन्ध में भी स्पष्ट भ्रान्ति हैं ।

क्षेत्रफल समंकों में सुधार :

स्वतन्त्रता प्राप्ति के पश्चात् क्षेत्रफल समंकों में सुधार किये गये हैं जिनमें निम्न प्रमुख हैं—

(1) सभी क्षेत्रों से समंकल संकलन—कुछ राज्यों को छोड़कर सभी राज्यों में संगणना प्रणाली का प्रयोग किया जाने लगा है । स्थायी बन्दोबस्त वाले क्षेत्रों से भी यादृच्छिक प्रतिचयन सर्वेक्षण द्वारा समंक संकलित किये जाने लगे हैं तथा सभी क्षेत्रों में स्थायी प्रतिवेदन अधिकारियों की नियुक्ति की गई हैं ।

(2) दुर्गम एवं पहाड़ी क्षेत्रों में सर्वेक्षण—भारतीय कृषि शोध परिषद् द्वारा पहाड़ी एवं दुर्गम स्थानों में हवाई सवेक्षणों द्वारा रंगीन फोटो लेकर नक्से तैयार किये गये हैं ताकि अधिकांश भागों का सर्वेक्षण किया जा सके ।

(3) पटवारियों के कार्य की जाँच योजना—अस्तायी बन्दोबस्त वाले क्षेत्रों में पटवारियों के कार्य की जाँच के लिए खेतों व ग्रामों का चुनाव प्रतिदर्श प्रणाली पर किया जाने लगा है । इसके लिए राज्यों द्वारा एक योजना बनाई गई है जिसके अन्तर्गत कानूनगों एवं तहसीलदार द्वारा निरीक्षण के लिए 10 प्रतिशत गाँव यादृच्छिक प्रतिचयन विधि से चुने जाते हैं तथा इन चुने हुए ग्रामों में 10 प्रतिशत खेत यादृच्छिक प्रतिचयन से चुनकर उनका निरीक्षण किया जाता है ।

(4) सामयिक सूचना योजना—केन्द्रीय कृषि मन्त्रालय के आर्थिक एवं सांख्यिकीय निदेशालय ने लेखापालों या पटवारियों के कार्यों की जाँच हेतु एक योजना बनाई है जिसे फसलों के क्षेत्रफल की सामयिक सूचना योजना कहते हैं । इस योजना का उद्देश्य सिंचित एवं असिंचित क्षेत्रफल के विश्वसनीय समंक समय-समय पर प्राप्त करना है । राजस्थान में यह योजना खरीफ 1972 से लागू की गई जिसके अन्तर्गत राज्य के प्रत्येक गिरदार क्षेत्र से प्रतिदर्श विधि के आधार पर चयनित 20 प्रतिशत ग्रामों में गिरदावरों का कार्य पटवारियों द्वारा गिरदावरी के निर्धारित समय के प्रथम सप्ताह में किया गया । इस योजना में चयनित ग्राम बदलते रहते हैं ।

उपज-समंक
(Yield or Output Statistics)

उपज समंकों द्वारा देश में विभिन्न फसलों की वास्तविक उपज का ज्ञान किया जाता है । इन समंकों का महत्त्व कृषि उपज का अन्तर्राष्ट्रीय व्यापार होने, देश में खाद्य की कमी का अनुमान लगाने तथा कृषि नियोजन के लिए और भी अधिक बढ़ गया । भारत में क्षेत्रफल समंकों की भाँति उपज समंक भी दो श्रेणियों में उपलब्ध हैं—

(i) राजकीय श्रेणियाँ, (ii) राष्ट्रीय प्रतिदर्श सवेक्षण श्रेणियाँ ।

(i) **राजकीय श्रेणियाँ** (Official Seriess) :

इन श्रेइमयों के द्वारा जो अधिक व्यापक हैं, लगभग सभी फसलों से सम्बन्धित समंक संकलित किये जाते हैं । इनके अन्तर्गत सरकार द्वारा दो रीतियों का प्रयोग किया जाता है—

(क) परम्परागत रीति—इस रीति के अनुसार प्रति एकड़ उपज जानने के लिए किसी वर्ष की प्रति सामान्य उपज को इस वर्ष की उपज के स्थिति कारक से गुणा किया जाता है । सूत्रानुसार—

उपज = क्षेत्रफल X सामान्य उपज X स्थिति कारक

Yield = Area X Normal Yield X Condition Factor or Seasonal Factor

सामान्य उपज का अर्थ—सामान्य उपज का अर्थ 'औसत वर्ष में औसत प्रकार की भूमि पर औसत उपज'' से लगाया जाता है जिसमें सरकार 'सामान्य उपज' और 'औसत उपज' का एक ही अर्थ लगाती है। औसत शब्द का अर्थ भी बहुलक से लगाया जाता है न कि 'समानान्तर माध्य' से । इस प्रकार सामान्य उपज अनेक वर्षों से एक समान प्राप्त होने वाली

उपज को कहते हैं अथवा यह उपज है जिसकी किसान पहले से ही आशा रखता है । दूसरे शब्दों में सामान्य उपज अच्छी और बुरी फसल के बीच की साधारण फसल को कहते हैं ।

अमेरिका के कृषि विभाग के सांख्यिकीय ब्यूरो के अनुसार, ''सामान्य उपज औसत उपज नहीं है बल्कि औसत से ऊपर होती है जो औसत से अधिक उपज होने की प्रत्याशा व्यक्त करती है ।'' इस प्रकार भारत में सामान्य उपज की परिभाषा संदिग्ध और व्यक्तिपरक है । वास्तव में सामान्य उपज वह उपज है जो अधिकतम और माध्य उपज के बीच में हो और जिसे किसान प्राकृतिक परिस्थितियों के अनुकूल होने पर उत्पादन करने की आशा करता हो ।

सामान्य उपज का निर्धारण—प्रत्येक राज्य के कृषि विभाग की देखरेख में प्रतिचयन विधि द्वारा औसत खेत चुनकर उस पर फसल कटाई प्रयोग करके पांच वर्षों के लिए किया जाता था । किन्तु इस प्रणाली में प्रयोग की अपर्याप्त संख्या, खेतों का यादृच्छिक प्रतिचयन की बजाय सविचार चयन के आधार पर चुनाव तथा अधिकारियों की व्यक्तिगत रूचि एवं प्रवृत्तियों के कारण काफी दोष आ गये थे । अतः नाटू समिति की सिफारिशों के आधार पर सामान्य उपज निर्धारण की इस प्रणाली में थोड़ा परिवर्तन कर दिया गया है । अब सामान्य उपज का अभिप्राय पिछले दस वर्षों की फसल कटाई का प्रयोग के आधार पर निधर्अारित प्रति एकड़ वास्तविक उपज के चल माध्यम से लिया जाता है । यह परिभाषा पिछली से तो संतोषजनक हैं, किन्तु खेतों का चुनाव यादृच्छिक प्रतिचयन के बजाय सविचार चयन द्वारा किये जाने के कारण अधिक श्रेयस्कसर नहीं है ।

स्थिति कारक—उपज समंकों का अनुमान करने क लिए सामान्य उपज की वर्ष विशेष की वास्तविक दशा या स्थिति कारक के आधार पर संशोधित किया जाता है । स्थिति कारक से अभिप्राय सामान्य उपज की तुलना में किसी वर्ष-विशेष की फसल का अनुमान है जिसे भारत में प्रचलित 'आनावारी अनुमान' विधि के अनुसार 'आनो' में व्यक्ति किया जाता है । यदि फसल सामान्य हो तो उसे सोलह आने फसल और 75 प्रतिशत ठीक हो तो उसे बारह आने फसल कहा जावेगा । फसल सामान्य से सवाई होने पर बीस आने फसल कहलायेगी । दशमल प्रणाली के लागू होने के बाद स्थिति कारक को प्रतिशत के रूप में व्यक्ति किया जाने लगा है । ये अनुमान चौकीदार या लेखापाल द्वारा लगाया जाता है ।

अनावारी अनुमान प्रणाली सरल है, किन्तु इसमें अग्रांकित दोष पाये जाते हैं—

(1) पक्षपातपूर्ण—अनुमान पटवारी द्वारा फसल की विकसित अवस्था में लगाये जाते हैं जिससे इनमें पक्षतापूर्ण विभ्रम होने की आशंका रहती है । पटवारी किसानों को अधिक तकाबी ऋण दिलाने के उद्देश्य से वास्तविक से कम और कार्य में दक्षता का प्रमाण पत्र प्राप्त करके तरक्की पाने की आशा से वास्तविकता से अधिक अनुमान दिखा देता है । पान्से के अनुसार ''सरकारी फसल सूचकों की यह सामान्य धारण है कि खराब मौसम में उत्पादन का अधिक तथा अच्छे मौसम में कम अनुमान लगाया जाये ।'' कृषि विभाग के अधिकारियों की व्यक्तिगत रूचि और भावना का भी इस पर प्रभाव पड़ता है ।

(2) औसत निर्णय कठिन—औसत प्रकार की भूमि और परिस्थितियों का चुनाव व्यक्ति और समय के परिवर्तन के कारण कठिन और भ्रमपूर्ण है ।

(3) दोषपूर्ण अनुमान—स्थानीय विशेषताओं पर ध्यान नहीं दिया जाता है तथा पटवारी कार्य भार के कारण बिना खेतों में गये अनुमान के आधार पर ही सूचना भेज देता है ।

(4) अनुमान की भिन्न विधियाँ—उपज का अनुमान लगाने की विधियाँ अलग-अलग राज्यों में भिन्न-भिन्न हैं जिससे तुलनीयता नहीं रह पातीं ।

सुधार हेतु सुझाव (Suggestions for Improvement) :

'आनावारी' अनुमान उपयुक्त दोषों के फलस्वरूप अधिक विश्वसनीय न होने के कारण इस विधि में निम्नांकित सुधार करके इसे अधिक उपयोगी बनाया जा सकता है—

(1) सभी राज्यों में फसल कटाई प्रयोग—प्रतिनिधि सामान्य उपज के निर्धारण हेतु सभी राज्यों में (स्थायी बन्दोबस्त वाले क्षेत्रों सहित) फसल कटाई प्रयोग किये जायें ।

(2) फसल कटाई प्रयोगानुसार सामान्य उपज का निर्धारण—सामान्य उपज का आंकलन फसल कटाई प्रयोगों द्वारा प्रति एकड़ वास्तविक औसत उपज के चल माध्यम द्वारा किया जाये तथा फसल कटाई प्रयोगों के लिए भूमि के टुकड़े का चुनाव अधिकारियों एवं कर्मचारियों की इच्छानुसार न किया जाकर किन्हीं सिद्धान्तों के आधार पर किया जाए ।

(3) स्थिति कारक की सही सूचना—लेखापाल द्वारा अपने अधीनस्थ प्रत्येक ग्राम की फसलों के स्थिति कारक की सूचना दी जाय । राजस्व वृत्त का औसत स्थिति कारक उस वृत्त के प्रत्येक ग्राम के स्थिति कारक का साधारण माध्यम होना चाहिये ।

(4) औसत स्थिति कारक का प्रयोग—प्रत्येक तहसील या जिलों का औसत स्थिति करके प्रत्येक राजस्व वृत्त के औसत अनुमानों के भारित माध्यम द्वारा निकाला जाना चाहिए तथा भार प्रत्येक वृत्त के फसल क्षेत्रफल के अनुपात में किये जाने चाहिए । यह औसत स्थिति कारक तुलनीयता की दृष्टि से प्रतिशत में व्यक्ति किया जाना चाहिए ।

(5) **राज्य के स्थिति कारक का निर्धारण**—राज्य का स्थिति कारक ज्ञात करने के लिए दस वर्षों के राज्य उपज की चल माध्यम के आधार पर राज्यानुसार सामान्य उपज प्राप्त की जाय तथा बाद में चालू वर्ष की औसत प्रति एकड़ पूर्व की उपज के प्रतिशत के रूप में व्यक्ति की जाय ।

(6) स्थिति कारक में संशोधन—कम अनुपात सम्बन्धी अशुद्धि को सुधारने के लिए स्थिति कारक में स्टुअर्ट के संशोधन अनुपात (Stuart Correction Factor) जो कि 100/ C (जबकि C का अभिप्राय जिले के कई वर्षों के औसत स्थिति कारक से हैं) से परिभाषित किया जाता है, द्वारा कर लेना चाहिए । सही स्थिति कारक प्राप्त करने के लिए प्रत्येक जिले के वास्तविक स्थिति कारक को इस संशोधन अनुपात से गुणा कर लेना चाहिए । उदाहरण के लिए, सूचित स्थिति कारक चौदह आना हो तथा गत दस वर्षों का औसत स्थिति कारक 12 आना हो, तो शुद्ध स्थिति कारक 14\12 X 100 होगा ।

(7) तकनीकी प्रशिक्षण—लेखापालों को इस तकनीकी कार्य का पर्याप्त प्रशिक्षण दिया जाय तथा उन्हें अन्य प्रशासकीय कार्यों से मुक्त किया जाय ताकि उनका कार्यभार कम हो सके ।

(ख) यादृच्छिक प्रतिचयन विधि—परम्परागत रीति में सम्भाव्य विभ्रम की मात्रा और पक्षतापूर्ण अनुमानों की वजह से सभी खाद्य एवं अखाद्य फसलों के उपज-समंक संकलित करने में यादृच्छिक प्रतिचयन रीति का प्रयोग किया जाने लगा है । यह रीति अधिक वैज्ञानिक एवं विश्वसनीय है और इससे 'सामान्य उपज' तथा स्थिति कारक के प्रयोग बिना ही उपजा की मात्रा ज्ञात हो जाती है। इस रीति का प्रयोग 1925 में ह्य बेक द्वारा बिहार व उड़ीसा में धान की उपज ज्ञात करने के लिए किया गया किन्तु उन्हें विशेष सफलता नहीं मिली । बाद में 1943-44 में भारतीय कृषि अनुसंधान परिषद् की डॉ. सुखात्मे की योजना, जो बहुस्तरीय यादृच्छिक प्रतिचयन, प्रणाली पर आधारित है, के अनुसार अनेक खाद्य फसलों के फसल कटाई प्रयोग कर रही है । डॉ. सुखात्मे की योजना के अनुसार उपज ज्ञात करने की विधि इस प्रकार हैं :

(i) राज्य के जिलों में से सदैव-निदर्शन पर तहसील चुनकर उन तहसीलों में से ही दैव निदर्शन पर फसल क्षेत्रफल के अनुपात में गाँव चुन लिये जाते हैं ।

(ii) इस रीति से चुने गये सम्बन्धित फसल वाले दो या तीन खेत दैव निदर्शन चुन लिये जाते हैं ।

(iii) प्रत्येक चुने गये खेत में दैव-निदर्शन के आधार पर 1/80 एकड़ या 60.5 वर्गगज के आकार का टुकड़ा चुन लिया जाता है ।

(iv) चुने गये टुकड़े को खूंटी या रस्सा लगाकर काट कर अलग किया जाता है । इस फसल को राजस्व अधिकारी की देख-भाल में छांट संवार कर तथा नमी का समायोजन करके तोल किया जाता है । उसके बाद वजन का क्षेत्रफल से गुणा करके उपज का अनुमान लगाया जाता है ।

समालोचना—प्रतिचयन रीति से लगाये गए अनुमान अधिक ठीक होते हैं, क्योंकि इनमें अप्रत्यक्ष रूप से स्थानीय विशेषताओं जैसे खेती की विधियाँ, सिंचाई, मिट्टी के गुण और वर्षा आदि को उचित महत्त्व दिया जाता है तथा साथ ही अनुमान विभ्रम भी ज्ञात किया जा सकता है । इसमें परम्परागत रीति की तरह पक्षपात नहीं होता तथा प्रत्येक खेत के चुने जाने के समान अवसर रहते हैं । यही वजह है कि पश्चिमी बंगाल को छोड़कर सभी राज्यों में भारतीय कृष्टि अनुसंधान की योजना के अनुसार फसल कटाई प्रयोग किये जाते हैं । पश्चिमी बंगाल में भारतीय सांख्यिकीय संस्था (I. S. I.) की विधि का प्रयोग किया जाता है जिसमें गाँव को प्रतिदर्श की इकाई न चुनकर खेतों के 100 वर्ग फुट के गोलाकार टुकड़े चुने जाते हैं । वर्तमान में लगभग इन योजनाओं के 100 वर्ग फुट के गोलाकार टुकड़े चुने जाते हैं । वर्तमान में लगभग इन योजनाओं के अधीन प्रतिवर्ष खाद्य फसलों के सम्बन्ध में 1,10,000 तथा अखाद्य फसलो के सम्बन्ध में 35,000 फसल कटाई प्रयोग किये जा रहे हैं । दोष की दृष्टि से यही कहा जा सकता है कि सभी राज्यों में यादृच्छिक प्रतिचयन सवेक्षण एक ही आधार पर न होने से तुलनीयता का अभाव रहता है तथा संकलित समंकों के प्रकाशन में देरी लग जाती है ।

(ii) **राष्ट्रीय प्रतिदर्श सर्वेक्षण श्रेइणयाँ** (NSS Series) :

राष्ट्रीय प्रतिदर्श सर्वेक्षण संगठन (NSSO) द्वारा भी विभिन्न चक्रों में यादृच्छिक प्रतिचयन प्रणाली के आधार पर खाद्य फसलों की उपज से सम्बन्धित समंक संकलित किये जाते हैं . किन्तु राजकीय श्रेणियों में भी यादृच्छिक प्रतिचयन पद्धति पर समंक संकलन करने की वजह से NSSO द्वारा संकलित समंकों का विशेष महत्त्व नहीं है । इसके अतिरिक्त NSSO द्वारा संकलित समंक राजकीय श्रेणियों के अनुमानों से लगभग 33 प्रतिशत अधिक होते हैं । दोनों विधियों से एकत्रित समंकों में निम्न कारणों से भिन्नता पाई जाती हैं—

(i) दोनों एजेन्सियों द्वारा चुने गये खेत के आकार, स्थिति व चुनाव में भिन्नता,

(ii) राष्ट्रीय प्रतिदर्श सर्वेक्षण की दशा में उचित समय पर फसल को काटने में कठिनाइयाँ,

(iii) अनुमान की विधियों में भिन्नता, तथा

(iv) निरीक्षण विधियों में भिन्नता ।

खाद्य फसलों के दोनों विधियों द्वारा लगाये गये अनुमाने में भिन्नता की जाँच करने हेतु केन्द्रीय सांख्यिकीय संगठन द्वारा एक कार्यकारी दल की स्थापना की गई है । इस कायईकारी दल ने उपज एवं क्षेत्रफल समंकों के संकलन में सुधार हेतु एक योजना प्रस्तुत की जिसे विभिन्न चरणों में लिया गया है । अन्तिम चरणों में भू-प्रयोग सर्वेक्षणों में 4,000 प्रतिदर्श गांवों का सर्वेक्षण किया जाता है ।

प्रकाशन के स्त्रोत—उपज समंक निम्न पत्रिकाओं में प्रकाशित किये जातें हैं—

(i) एस्टीमेट्स ऑफ एरिया एण्ड प्रोडक्शन ऑफ प्रिंसीपल क्रॉप्स-भाग I ब II (प्रथम भाग में सम्पूर्ण भारत के दस वर्षीय तथा राज्यों के पंचवर्षीय और द्वितीय भाग में राज्य व जिलेवार सूचना)

(ii) मन्थली एब्स्ट्रेक्ट ऑफ स्टेटिक्सि,

(iii) एग्रीकल्चरल सिच्यूएशन इन इण्डिया,

(iv) क्विन्वेनिअल रिपोर्ट आन दी ऐवरेज यील्ज पर एकर ऑफ प्रिंसीपल क्राप्स भाग I व II,

(v) सीजन एण्ड क्राप रिपोर्ट्स ऑफ स्टेट्स,

(vi) फाइव ईयर स्कीम ऑफ नेशनल इण्डेक्स फील्ड एक्सीपेरीमेण्ट ।

इस प्रकार भारत में उपज समंकों के संकलन की व्यवस्था में काफी सुधर हुआ है, किन्तु फिर भी यह संग्रह विधियों में भिन्नता और समुचित निरीक्षण व प्रशिक्षण के अभाव में ये समंक त्रुटिपूर्ण होते हैं । फल एवं तरकारी सम्बन्धी समंक अभी संकलित नहीं किये जाते हैं ।

फसल अनुमान

(Crop Estimates)

फसल अनुमान जिन्हें फसल पूर्वानुमान कहा जाता था, का अभिप्राय फसल के पहले ही उसके सम्भावित आकार व मात्रा के बारे में पूर्व सूचना देना है । भारत में फसल अनुमान बहुत समय से लगाये जा रहे हैं । प्रथम पूर्वानुमान 1884 में गेहूँ की फसल के बारे में प्रकाशित किया गया था, किन्तु बाद में तिलहन, कपास चावल तथा जूट की फसलों के लिए भी अनुमान लगाये गये । 1896 में मूँगफली तथा 1900 में गन्ना इसमें सम्मिलित कर लिया गया । इस तरह धीरे-धीरे फसल अनुमानों में फसलों की संख्या बढ़ती गई और इस समय लगभग 38 फसलों के लिए 82 अनुमान लगाये जाते हैं जिनका वर्गीकरण इस प्रकार हैं :—

(i) **खाद्यान्न**—चावल, ज्वार, मक्का, गेहूँ, बाजार, रागी, जौ, चना, तुर, अन्य दालें,

(ii) **तिलहन**—तिल, मूँगफली, सरसों, अलसी, राई, अरण्डी, बिनौला, कलौंजी नारियल ।

(iii) **रेशे**—कपास, जूट, मेस्टा, सन ।

(iv) **अन्य फसलें**—आलू, गन्ना, कापी मिर्च, लाल मिर्च, अदरक, हल्दी, धनिया, इलाइची, सुपारी, तम्बाकू, गवारबीज, केला आदि ।

इन फसलों से सम्बन्धित सभी अनुमान 'एस्टिमेट्स ऑफ एरिया एण्ड प्रोडेक्शन ऑफ प्रिंसीपल क्राप्स इन इण्डिया' नामक पत्रिका में प्रकाशित किये जाते हैं ।

फसल अनुमानों की उपयोगिता—फसल अनुमान देश के योजनाबद्ध आर्थिक विकास में बहुत उपयोगी सिद्ध होते हैं । इनकी उपयोगिता इनकी शुद्धता एवं शीघ्रता पर निर्भर करती है । निम्न दृष्टिकोणों से फसल अनुमान विशे, उपयोगी होते हैं—

(1) विपण एवं वितरण अभिकरणों को फसल अनुमानों की बहुत पहले ही अत्यधिक आवश्यकता होती है । ताकि इनके आधार पर ये अभिकरण फसल से पूर्व ही वितरण सम्बन्धी व्यवस्था नियोजित कर सके ।

(2) कृषकों को स्वंय के लिए फसल अनुमान बहुत महत्त्वपूर्ण एवं उपयोगी होते हैं। क्योंकि इनके आधार पर वे अपनी उत्पादन क्रियाओं को पूर्व नियोजित कर सकते हैं ।

(3) मूल्य स्थायित्व में भी फसल का अनुमान अत्यधिक उपयोगी सिद्ध होताहै क्योंकि इनसे सट्टे की प्रवृत्ति को रोका जा सकता है जो कृषकों, व्यापारियों और उपभोक्ताओं सभी के लिए हानिकारक होती है ।

(4) बैंकों की दृष्टि से भी फसल अनुमान उपयोगी है क्योंकि इन्हीं के आधार पर बैंक फसलों के पेटे अग्रिम राशि देते हैं ।

फसल अनुमानों की संख्या—वैसे फसल अनुमानों की संख्या फसल की प्रकृति पर निर्भर करती है किन्तु अधिकांश फसलों के तीन अनुमान लगाये जाते हैं । बहुतसी फसलों के

लिए तीन से अधिक अनुमान भी लगाने पड़ते हैं जबकि किसी फसल के लिए एक ही अनुमान पर्याप्त होता है जैसे गेहूं एवं कपास के लिए पाँच, ज्वार,मक्का, जीरा, राई आदि के लिए दो और कालीमिर्च व अदरक के लिए एक अनुमान लगाया जाता है । अधिकांश फसलों के तीन अनुमान इस प्रकार हैं—

प्रथम अनुमान—यह अनुमान अमुक फसल का क्षेत्रफल, बीजों के अंकुरण की क्रिया तथा फसल मौसम का प्रभाव जानने के लिए बुआई के एक मह बाद लगाया जाता है ।

दूसरा अनुमान—यह पहले अनुमान के दो माह बाद देर से बोए गये क्षेत्र में आने वाली फसल की सम्भावित किस्म व आकार की जानकारी हेतु किया जाता है ।

कार्य विधि—फसल अनुमानों के लिए दो तत्वों—क्षेत्रफल तथा प्रति एकड़ उंपज की आवश्यकता होती है । क्षेत्रफल सम्बन्धी सूचना लेखापाल द्वारा दी जाती है तथा प्रति एकड़ उपज का अनुमान निम्न तीन विधियों में से किसी भी विधि द्वारा लगाया जा सकता है :

(i) आनावारी या प्रतिशत विधि ,

(ii) प्रत्यक्ष अनुमान विधि,

(iii) यादृच्छिक प्रतिचयन फसल कटाई प्रयोग।

दोनों तत्वों के गुणनफल को पुन: स्थिति कारक से गुणा करके निम्न सूत्र से उपज ज्ञात कर ली जाती है—

उपज = क्षेत्रफल X प्रति एकड़ सामान्य उपज X स्थिति कारक समंक

अन्तिम अनुमान के समंकों को लेखापाल या पटवारी प्रत्येक खेत का सर्वेक्षण करने के बाद भेजता है । जब ये समंक राज्य कृषि निदेशक के पास पहुँचते हैं तो इनका यादृच्छिक प्रतिचयन रीति से सर्वेक्षम करके प्रतिचयन विभ्रम का पता लगाया जाता है ।

सन् 1960-61 से राष्ट्रीय प्रतिदर्श सर्वेक्षण संगठन अन्तिम अनुमान के समय राज्यों के फसल अनुमान का कार्य यादृच्छिक प्रतिचयन आधार पर निरीक्षण करता जा रहा है । 1975-76 के राष्ट्रीय प्रतिदर्श सर्वेक्षण संगठन के क्षेत्र कार्य विभाग द्वारा 4000 गांवों में 13,200 फसल कटाई प्रयोगों का निरीक्षण किया गया ।

फसल अनुमानों का प्रकाशन—सभी राज्यों द्वारा बनाये गये फसल पूर्वानुमान व्यावसायिक ज्ञान सांख्यिकीय विभाग कलकत्ता के केन्द्रीय कार्यालय में प्रकाशन हेतु भेज दिये जाते हैं जिन्हें यह कार्यालय जाँच के उपरान्त अपनी 'बुलेटिन' तथा बाद में 'इण्डियन ट्रेड जर्नल' में प्रकाशित करता है। इसका आकाशवाणी दैनिक समाचार पत्रों, राजकीय गजट तथा अन्य पत्रिकाओं द्वारा पूरा-पुरा प्रचार किया जाता है। भारत में प्रकाशित पूर्वानुमान प्रकाशन के समय एक माह पुराने होते हैं जबकि संयुक्त राज्य अमेरिका व ब्रिटेन में मुश्किल से एक सप्ताह पुराने होते हैं । अत: स्पष्ट है कि यहाँ फसल पूर्वानुमानों का प्रकाशन बहुत विलम्ब से होता है तथा कभी-भी तो फसल बाजार में आने के उपरान्त इनका प्रकाशन किया जाता है जिससे इनकी उपयोगिता ही समाप्त हो जाती है। भारत में इनके देरी से प्रकाशित होने के

कारणों में देश की विशालता राजस्व कर्मचारियों का अत्यधिक कार्य-भार से बोझिल होना तथा फसल कटाई प्रयोगों में यादृच्छिक प्रतिचयन विधि का प्रयोग शामिल है ।

फसल अनुमानों का दोष :

(1) अपर्याप्तता—अधिकांश फसलों के तीन अनुमान लगाये जाते हैं जबकि कुछ फसलों के जैसे गन्ना व कालीमिर्च का अनुमान तथा ज्वार, बाजरा, मक्का आदि के दो अनुमान लगाये जाते हैं । कुछ फसलें ऐसी भी हैं जिनके विषय में अनुमान लगाया ही नहीं जाता ।

(2) समस्त देश के लिए नहीं—इन आँकड़ों में सबसे बड़ी कमी यह है कि ये समस्त देश के लिए प्राप्त नहीं है । कुछ राज्यों के ऑकड़े बिल्कुल ही प्राप्त नहीं है ।

(3) प्रकाशन में अधिक समय—अनुमानों के प्रकाशन में अत्यधिक देरी होने के कारण इनका केवल सैद्धान्तिक महत्त्व ही रह जाता है। कभी-कभी ये फसल बाजार के आने के बाद प्रकाशित किये जाते हैं ।

(4) प्रचार की कमी—अनुमानों का पर्याप्त प्रचार न होने के कारण अशिक्षित व निक्षर किसानों द्वारा इनसे लाभ नहीं उठाया जाता । विशेषकर ये अनुमान अंग्रेजी भाषा की विशिष्ट पत्र-पत्रिकाओं में प्रकाशित किये जाते हैं जो गाँवों तक नहीं पहुँच सकतीं तथा न समझी ही जा सकती है ।

(5) क्षेत्रफल में अन्तर—प्रथम अनुमान के बाद कुछ क्षेत्र में फसल की और बुआई के कारण अन्तिम अनुमानों तक क्षेत्रफल में वृद्धि हो जाती है जिसका पूरा ध्यान नहीं रखा जाता । इसके अतिरिक्त मिश्रित फसलों की दशा में यह निर्धारण करना और भी कठिन हो जाता है कि अमुक फसल में कितना क्षेत्रफल रखा जाय ।

(6) गोपनीयता की कमी—इन अनुमानो को प्रकाशन से पूर्व तक गोपनीय रखने पर ध्यान नहीं दिया जाता जिसके फलस्वरूप सटोरिये इनका लाभ उठा लेते हैं ।

(7) जाँच का अभाव—अनुमानों की सत्यता की जाँच फसल उत्पादन के बाद वास्तविक उत्पत्ति से की जानी चाहिये । लेकिन उत्पादन के बाद इस प्रकार की विस्तृत जाँच करने की कोई व्यवस्था नहीं है । व्यापारिक फसलों के लिए यह जाँच और भी आवश्यक है ।

(8) एकरूपता का अभाव—इन अनुमानों में सामान्य उपज एवं स्थिति मापक धारणाओं का प्रयोग किये जाने की वजह से परम्परागत विधि के दोष आ जाते हैं और संकलित समंकों में एकरूपता नहीं रह पाती ।

सुझाव—फसल अनुमान के उपरोक्त दोषों को दूर करने हेतु निम्नलिखित सुझावों पर ध्यान दिया जाना चाहिए ।

(1) राज्यों में फसल अनुमान अभिकरण की नियुक्ति—केन्द्र सरकार द्वारा सीधी सूचना एकत्रित की जानी चाहिए तथा प्रत्येक राज्य में फसल-अनुमान-अभिकरण नियुक्त किये जाने चाहिए ।

(2) सूचना प्रसारण—सूचना प्रसारण हेतु छोटी-छोटी पुस्तिकाएँ छपवाकर ग्राम पंचायतों व डाकघरों के जरिये गाँवों में वितरित करवायी जायें ।

(3) प्रमाप प्रारूपों का प्रयोग—अनुमानों में एकरूपता लाने के लिए प्रमाप प्रारूप का प्रयोग किया जाये जिससे सिंचित क्षेत्र का प्रतिशत, जिलेवार स्थिति कारक, फसल कटाई मूल्य, चालू एवं गत वर्ष के क्षेत्रफल तथा उपज अनुमानों का उल्लेख हो । इससे समंकों की तुलनीयता बढ़ जावेगी ।

(4) सभी फसलों के लिए दो अनुमान—अत्यधिक अनुमानों के बजाय प्रत्येक फसल के दो सही अनुमान लगाये जायें जिसमें पहला क्षेत्रफल के सम्बन्ध में बुआई के समय तथा दूसरा फसल कटाई से कुछ सप्ताह पूर्व उपज के सम्बन्ध में । अन्य किसी फसल के लिए यदि आवश्यकता हो तो अतिरिक्त अनुमान लगाये जायें । इस प्रकार अनुमानों की संख्या कम होने से कुशलता में वृद्धि होगी तथा राजस्व अधिकारियों का कार्य भार भी कम होगा ।

(5) एक साथ प्रकाशन—अखिल भारतीय एवं राज्य अनुमान एक साथ प्रकाशित किये जायें तथा महत्त्वपूर्ण फसलों के उपभोग के आधार पर स्वतन्त्र ढंग से भी अनुमान लगाये जायें ।

(6) अनुमानों की वास्तविक उपज की जाँच—अनुमानित उपज समंकों की फसल कटाई के उपरान्त वास्तविक उपज समंकों से तुलना की जाय तथा बाद के वर्षों के समंकों के साथ इन संशोधित उपज समंकों का प्रकाशन किया जाय ।

विविध कृषि संमक (Miscellaneous Agricultural Statisties):

उपर्युक्त प्रमुख समंकों के अतिरिक्त भारत में अन्य कृषि समंक भी संकलित किये जाते हैं । जिनमें प्रमुख पशुधन समंक, वन-सम्पत्ति एवं मत्स्य-पालन समंक, कृषि जोत, भू-राजस्व, कृषि लागत कृषि सहकारिता आदि सम्मिलित हैं । इन सभी समंकों का प्रकाशन विभिन्न प्रकाशनों में किया जाता है ।

कृषि मूल्य समंक
(Agricultural Price Statisties)

भारत के कृषि प्रधान देश होने के कारण राष्ट्रीय आय का आधे से अधिक भाग कृषि से ही प्राप्त किया जाता है । कृषि वस्तुओं के मूल्यों में होने वाले परिवर्तन सम्पूर्ण अर्थव्यवस्था को प्रभावित करते हैं । कृषि मूल्यों में अप्रत्याशित वृद्धि के फलस्वरूप ही खाद्यान्न में राजकीय व्यापार करने एवं नियन्त्रण के लिए भारतीय खाद्य निगम की स्थापना की गई है । वर्तमान में कृषि मूल्यो से सम्बन्धित निम्न समंक उपलब्ध है—

(1) फसल कटाई मूल्य—फसल कटाई मूल्य इस देश में दीर्घकाल से ही संकलित किये जाते हैं । फसल कटाई मूल्य का अर्थ उस थोक मूल्य से है जो कृषक द्वारा अपने उत्पादन के बदले कटाई के समय खेत पर प्राप्त किया जाता है । परन्तु भारत में इन मूल्यों को पटवारियों द्वारा फसल कटाई के समय प्रमुख मण्डियों के थोक मूल्य के रूप में लिया जाने के कारण फसल कटाई मूल्य के बजाय फसल कटाई काल के मूल्य कहा जा सकता है ।

इस प्रकार के समंकों का प्रकाशन 1946-47 तक 'इण्डियन एग्रीकल्चरल स्टेटिस्टिक्स' में किया गया तथा अब 'एग्रीकल्चर प्राइसेज ऑफ इण्डिया' नामक पत्रिका में प्रकाशित किये जाते हैं । 1950 के फसल काटाई मूल्य का अर्थ उस औसत थोक मूल्य से लगाया जाता है जिस पर गाँव में निश्चित कटाई काल में उत्पादक द्वारा व्यापारी से लगाया जाता है जिस पर गांव में निश्चित कटाई काल में उत्पादक द्वारा व्यापारी को फसल बेची जाती है । मूल्यों का संकलन प्रत्येक जिले में प्रतिनिधि गांव से प्रत्येक शुक्रवार को समामान्य विविधता के लिए किया जाता है । गांवों में मूल्यों के सरल समान्तर माध्य, जिले का औसत तथा जिलों के औसत को उस फसल कीजिले में उत्पादित मात्रा में अनुपात से भारित कर राज्य के फसल कटाई मूल्य ज्ञात किये जाते हैं । इनका प्रकाशन राज्यों के 'सीजन एण्ड क्राप्स रिपोर्टस' में किया जाताहै।

(2) फसल कटाई ऋतु मूल्य—स्टेट बैंक की विविध शाखाओं द्वारा फसल के बाजार में आने के उपरान्त प्रमुख मण्डियों से 8 सप्ताह के मूल्यों को एकत्रित किया जाता है जिसके आधार पर आर्थिक एवं सांख्यिकीय निदेशालय फसल कटाई ऋणतु मूल्य तैयार करता है तथा जिसका प्रकाशन 'एग्रीकल्चरल सिच्युएशन इन इण्डिया' नामक पत्रिका में किया जाता है ।

(3) थोक कृषि मूल्य—कृषि मन्त्रालय का आर्थिक एवं सांख्यिकीय निदेशालय 469 विपणन केन्द्रों से 75 कृषि वस्तुओं के थोक मूल्य प्रति शुक्रवार को एकत्रित करता है जिसका प्रकाशन बुलेटिन ऑफ एग्रीकल्चर प्राइसेज' (साप्ताहिक) में बुधवार को किया जाता है । इन समंकों के साथ-साथ इस पत्रिका में विदेशी बाजारों के थोक भाव भी दिये जाते हैं ।

(4) प्राप्ति मूल्य—उपर्युक्त समंकों के अतिरिक्त सरकार भी प्राप्ति मूल्य का समंकलन एवं प्रकाशन करती है । प्राप्ति मूल्य महत्त्वपूर्ण मण्डियों में प्रचलित थोक मूल्यों से कम होता है । वास्तव में यह मूल्यों की न्यूनतम सीमा है, जिस पर सरकार उपभोक्ताओं को वितरण करने के लिए खाद्यान्न खरीदती है ।

कृषि वस्तुओं के थोक व फुटकर मूल्य समंकों की स्थिति संतोषजनक नहीं है । संकलित समंकों में एकरूपता का अभाव, क्षेत्रों में भिन्नता, वस्तु की किस्म तथा थोक मूल्यों की परिभाषा में अन्तर और मण्डियों के चुनाव में सावधानी आदि प्रमुख दोष है यद्यपि तकनीकि समिति 1953, कृषि मूल्य जांच समिति 1949 और राष्ट्रीय आय समिति के सुझावों पर काफी सुधार हुआ है ।

प्रकाशन—कृषि मूल्यों से सम्बन्धित समंकों का प्रकाशन मुख्य रूप से निम्न पत्रिकाओं में होता है—

(i) बुलेटिन ऑफ एग्रीकल्चर प्राइसेज (साप्ताहिक),

(ii) एग्रीकल्चर स्टेटिस्टिक्स इन इण्डिया (मासिक),

(iii) एग्रीकल्चर प्राइसेज इन इण्डिया (वार्षिक) ।

ये तीनों ही पत्रिकाएँ आर्थिक एवं सांख्यिकीय निदेशालय द्वारा प्रकाशित की जाती हैं ।

(iv) दी इण्डियन ट्रेड जर्नल (साप्ताहिक),

(v) दी इन्डेक्स नम्बर ऑफ होलसेल प्राइसेस इन इण्डिया,

(vi) सीजन एण्ड क्राप रिपोर्ट्स ऑफ स्टेट्स ।

कृषि उपज सूचकांक
(Indices of Agricultural Production)

खाद्यान्न पूर्ति की प्रवृत्ति का अध्ययन करने के लिए कृषि उपज सूचकांकों का बहुत महत्त्व है । यद्यपि भारत में सूचकांकों का निर्माण उन्नीसवीं शताब्दी के उत्तरार्द्ध से ही किया जा रहा है किन्तु स्वतन्त्रता प्राप्ति के बाद से कृषि उपज, उत्पादकता एवं क्षेत्रफल सूचकाकों के निर्माण की ओर विशेष ध्यान दिया गया है । इस समय कृषि उपज सूचकांक कई संस्थाओं द्वारा तैयार किये जाते हैं जिसमें से मुख्य निम्न हैं—

(1) खाद्या एवं कृषि मन्त्रालय का कृषि उत्पादन सूचकांक :

यह कृषि उपज का सबसे अधिक प्रचलित एवं महत्त्वपूर्ण सूचकांक है जिसका निर्माण 1945–46 तक 1934–35 से 1938–39 (पाँच वर्षों के माध्य) के आधार वर्ष पर 19 वस्तुओं के लिए आर्थिक एवं सांख्यिकीय निदेशावलय द्वारा किया जाता था किन्तु फसल अनुमानों के संकलन, व्याप्ति एवं तकनीकी में परिवर्तन के परिणामस्वरूप 1950–51 से कृषि वर्ष 1949–50 पर आधारित नई श्रृंखला शुरू की गई । इस श्रृंखला में 28 मुख्य फसलों को शामिल किया गया जिन्हें दो वर्गों व 6 उपवर्गों में बांटा गया । किन्तु वर्तमान में तकनीकी समिति की सिफारिशों के आधार पर **नवीन संशोधित श्रृंखला** (1969-70 = 100) प्रारम्भ की गई है ।

इस नवीन संशोधित सूचकांक का आधार वर्ष 1969–70 को समाप्त होने वाले तीन वर्षों का माध्य चुना गया है क्योंकि यह अवधि मौसम, कृषि उत्पादन तथा कृषि मूल्यों की दृष्टि से सामान्य है और खाद्य एवं कृषि संगठन (FAO) के सूचकांकों के अनुरूप है । व्याप्ति की दृष्टि से इसमें 38 फसलों को दो वर्गों व 6 उप वर्गों में विभाजित किया गया है जबकि पुरानी श्रृंखला में 28 फसलों को दो वर्गों में 6 उपवर्गों में विभाजित कियागया था । भार आन्तरिक रूप से आधार वर्ष में प्रत्येक फसल के क्षेत्रफल का कुल फसलों के क्षेत्रफल के अनुपात में दिये जाते हैं जो इस प्रकार हैं—

वर्ग उपवर्ग	भार
(क) कुल खाद्यान्न	68.12
समस्त अनाज	60.05
दालें	8.07
(ख) अखाद्यान्न फसलें	31.88

तिलहन	10.96	
रेशे	4.03	
बागान फसलें	2.28	
विविध फसलें	8.33	25.60

सूचकांक निकालने के लिए श्रृंखला आधार पर वर्ष में किसी फसल के क्षेत्रफल का पिछले वर्ष के उसी फसल के क्षेत्रफल के आधार पर श्रृंखलानुपात निकाले जाते हैं तथा बाद में आधार वर्ष 1969 70 से जोड़ दिये जाते हैं । त्पश्चात् भारित गुणोत्तर माध्य का प्रयोग करके लेसपियर के सूत्र से सूचकांक की गणना कर ली जाती है ।

यह सूचकांक अखिल भारतीय आधार पर तैयार किया जाता है जिसका प्रकाशन 'एग्रीकल्चरल सिच्युएशन इन इण्डया' (वार्षिक)तथा रिजर्वर बैंक की 'केरैन्सी एण्ड फाइनेन्स' नामक वार्षिक रिपोर्ट में प्रकाशित किया जाता है ।

(2) खाद्य एवं कृषि मन्त्रालय का कृषि उत्पादकता सूचकांक :

कृषि उत्पादकता सूचकांक भी 1969-70 में समाप्त होने वाली त्रैवार्षिक अवधि के आधार मानकर 38 वस्तुओं के लिए बनाये जाते हैं । प्रत्येक फसल, वर्ग का उपवर्ग व समस्त फसल सम्बन्धी उत्पादकता सूचकांक की गणना तदनुरूपी उत्पादन-सूचकांक को विभाजित करके उसे 100 से गुणा करके की जाती है । सूत्रानुसार—

$$\text{उत्पादकता-सूचकांक} = \frac{\text{कृषि उपज सूचकांक}}{\text{क्षेत्रफल सूचकाकं}} \times 100$$

(3) रिजर्व बैंक ऑफ इण्डिया का कृषि उत्पादन सूचकांक :

यह सूचकांक वार्षिक रूप से तैयार किया जाता है तथा प्रतिवर्ष 'रिजर्व बैंक ऑफ इण्डिया बुलेटिन' के दिसम्बर माह के अंक में प्रकाशित किया जाता है । वर्तमान में यह 1948-49 वर्ष के आधार पर 17 वस्तुओं के लिए जिनको पाँच वर्गों में बांटा गयाहै, बनाया जाता है । यह भारित सूचकांक है जिसमें भार फसल उत्पादन के आधार पर दिये गये हैं । निम्न तालिका में वस्तुओं के वर्ग उनमें शामिल की गई वस्तुओं की संख्या तथा भार दिए गए हैं—

मुख्य वर्ग	वस्तुओं की संख्या	भार
खाद्यान्न	7	790
तिलहन	5	113
रेशे	2	50
बागान	3	45
अन्य	—	02
	17	100.0

(4) ईस्टर्न इकानामिस्ट का उपज सूचकाँक :

यह सूचकांक दिल्ली से प्रकाशित गैर सरकारी साप्ताहिक पत्रिका में सन् 1952-53 से प्रकाशित किया जा रहा है । यद्यपि इसका निर्माण 1939-40 से किया जा रहा है । इसका आधार वर्ष 1936-37 से 1938-39 का माध्य है । इसमें 14 वस्तुएँ जिनकों निम्न चार वर्गों में बांटा गया है, शामिल की गई हैं :

(1) खाद्य पदार्थ (2) रेशेदार पदार्थ, (3) तिलहन, (4) विविध,

यह भारित सूचकांक है तथा भार वर्ष में वस्तुओं के मूल्य के आधार पर दिये गये हैं ।

(5) अन्तर्राष्ट्रीय खाद्य एवं कृषि संख्या का सूचकांक (F. A. O. Index) :

संयुक्त राष्ट्र संघ की इस संस्था द्वारा भारत के लिए कृषि उत्पादन सूचकांक तैयार किये जाते हैं जिनका प्रकाशन उनकी में 'Year Book' होता है । इनका आधार वर्ष 1934 से 1938 का औसत उत्पादन है तथा इसमें वस्तुओं को 10 वर्गों में बांटा गया है जिनसे फल, तरकारी आदि को भी सम्मिलित किया गया है । इन वस्तुओं के अन्तर्राष्ट्रीय मूल्य लिए जाते हैं तथा भार भी उसी आधार पर दिए जाते हैं । इनके आधार पर अन्तर्राष्ट्रीय उत्पादन का तुलनात्मक अध्ययन किया जाता है ।

भारतीय कृषि समंकों के दोष
(Defects of Indian Agricultural Statistics)

यद्यपि स्वतन्त्रता प्राप्ति के बाद भारतीय कृषि समंकों में शुद्धता लाने के लिए काफी सुधार किये गये हैं लेकिन फिर भी इनमें कई कमियाँ शेष हैं जिनके बारे में खाद्यान्न जाँच समिति 1957, डॉ. पी. एस. लोकनाथ व अन्य सांख्यिकीय-वेत्ताओं ने विचार व्यक्त किये हैं । 1949 में डब्ल्यू आर. नाटू की अध्यक्षता में नियुक्त कृषि सुधार समिति ने भी कहा है, ''भूमि कर के उद्देश्य से संगृहीत किये गए समंक पूर्ण हं किन्तु कृषि सम्बन्धी नीतियों के निर्माण में उपयोगी नहीं है ।'' इस समिति ने उपलब्ध समंकों के विषय में निम्नांकित दोष बताये हैं :

(1) परिभाषा एवं वर्गीकरण में एकरूपता का अभाव—समंकों के संकलन में काम में ली जाने वाली पारिभाषिक शब्द की, वर्गीकरण के आधार पर संकलन की विधियाँ विभिन्न राज्यों में अलग-अलग हैं । जैसे उपज समंकों में 'आनावारी' रीति विभिन्न राज्यों में भिन्न-भिन्न आधारों पर अपनाई जाती हैं, कहीं परम्परागत रीति को कहीं यादृच्छिक प्रतिचयन रीति, यादृच्छिक प्रतिचयन में भी ICAR तथा ISI की विधियाँ भिन्न हैं । इन सब कारणों से समंक अतुलनीय हो जाते हैं ।

(2) व्याप्ति में कमियाँ—कुल क्षेत्र में लगभग 93 प्रतिशत क्षेत्रफल के ही समंक एकत्रित किए जाते हैं । शेष 7 प्रतिशत भाग के समंक उपलब्ध नहीं हैं । इसी तरह कुछ भागों के नक्शे एवं चार्ट भी नहीं है व्याप्ति के अतिरिक्त मोटा अनाज, कुछ दालें, मसाले, कृषि लागत, ऋण-ग्रस्तता, कृषि श्रम आदि के सम्बन्ध में यथार्थ उपलब्ध नहीं है ।

(3) सारणीयन सम्बन्धी दोष—कृषि समंकों का वर्गीकरण और सारणीयन वैज्ञानिक एवं सन्तोषप्रद ढंग से न होने के कारण मानवीय शक्ति, श्रम एवं धन का दुरूपयोग होताहै । विभिन्न राज्यों में संकलित समंकों की प्रकृति एवं व्याप्ति में भी भिन्नता होने के कारण उन्हें अखिल भारतीय स्तर पर वर्गीकृत नहीं कियाजा सकता है ।

(4) प्राथमिक सूचना देने वालों का दोष—कृषि समंकों का संकलन पटवारी, चौकीदार या प्रधान द्वारा किया जाता है । जो अधिक कार्यभार, अशिक्षा एवं कम वेतन के कारण अपना कार्य ईमानदारी से नहीं कर पाते हैं । इस कारण संकलित समंक अशुद्ध व दूषित होते हैं ।

(5) निरीक्षण सम्बन्धी दोष—कृषि समंकों के निरीक्षण का दायित्व राजस्व विभाग के कर्मचारियों, कानूनगों, नायब तहसीलदार, तहसीलदार आदि व्यक्तियों का होता है । वे अपने प्राथमिक कार्य-भूमि-प्रबन्ध व लगान वसूली के कारण इस ओर ध्यान नहीं देते हैं ।

(6) नियोजन एवं समन्वय में दोष—कृषि समंकों में नियोजन का अभाव होने के फलस्वरूप खाद्य और कृषि समंकों में समन्वय नहीं है । कभी-कभी एक ही तरह से समंक विभिन्न संस्थाओं द्वारा संकलित कर लिए जाते हैं जिसमें धन, श्रम व शक्ति का अपव्यय होता है ।

(7) विलम्ब से प्रकाशन—भारत बहुत बड़ा देश होने एवं फसल काटने व बोने का समय हर स्थान पर एक-सा न होने के कारण कृषि सम्बन्धी समंक उस समय प्रकाशित किये जाते हैं । जबकि उनकी व्यावहारिक उपयोगिता समाप्त हो जाती है ।

कृषि समंकों में सुधार :

कृषि समंकों में सुधार करने के लिए राष्ट्रीय सरकार पूर्ण रूप से जागरूक है तथा स्वतन्त्रता प्राप्ति के पश्चात् कृषि समंकों में विभिन्न समितियों व कार्यकारी दलों की सिफारिशों के आधार पर अनेक सुधार किये गये हैं जिनमें प्रमुख निम्नलिखित हैं :

(1) विभिन्न समितियों की स्थापना—कृषि समंकों में सुधार हेतु सुझाव देने के लिए सरकार ने नाटू समिति, फसल पूर्वानुमान पर तकनीकी समिति, योजना आयोग (1963), कृषि समंक सुधार समिति तथा अनेक कार्यकारी दलों की नियुक्ति की है । केन्द्रीय खाद्य एवं कृषि मन्त्रालय में अनेक विषयों पर सुधार हेतु अन्तर्विभागीय समितियों की नियुक्ति की गई है ।

(2) क्षेत्रफल का नवीन वर्गीकरण—भू-प्रयोग समंकों के संकलन हेतु नाटू समिति की सिफारिशों के अनुसार क्षेत्रफल का वर्गीकरण पाँच के स्थान पर नौ भागों में किया गया है । यह नवीन वर्गीकरण अधिक सन्तोषजनक है । राष्ट्रीय प्रतिदर्श सर्वेक्षण संगठन द्वारा भू-प्रयोग सर्वेक्षण नियमित चक्रों में कियेजाते हैं ।

(3) क्षेत्रफल समंक—इनमें अनेक सुधार किये हैं जिनका वर्णन इस अध्याय में अन्यत्र किया जा चुका है ।

(4) फसल कटाई प्रयोग—उपज समंकों का अनुमान लगाने के लिए परम्परागत रीति के स्थान पर यादृच्छिक प्रतिचयन रीति से फसल कटाई प्रयोग द्वारा समंक संकलित किये जाते हैं । अधिकाधिक फसलों को इस क्षेत्र में लाया जा रहा है ।

(6) कृषि उपज सूचकांकों की नवीन संशोधित श्रृंखला—कृषि, उपज क्षेत्रफल तथा उत्पादकता के सूचकांक ज्ञात करने के लिए पुरानी श्रृंखला के स्थान पर 1969-70 वर्ष के आधार पर 38 वस्तुओं को दो वर्गों व 6 उवपवर्गों में विभाजित करके नवीन श्रृंखला जारी की गई हैं ।

(7) भारतीय कृषि संगणना—अन्तर्राष्ट्रीय स्तर पर समंकों की कमी तथा समन्वय के अभाव को समाप्त करने के उद्देश्य से संगणना विधि से अनेक प्रकार के कृषि समंक संकलित करने के लिए भारतीय कृषि संगणना 1970-71 व 1975-76 की गई है । इस संगणना के अन्तर्गत कृषि जोतों का आकार एवं संरचना, भू-प्रयोग व क्षेत्रफल समंक, सिचांई, भू-स्वामित्व उर्वरकों का प्रयोग, यन्त्र एवं औजार का प्रयोग, पशुधन तथा कृषि से सम्बन्धित विषयों पर समंक एकत्रित किये गये हैं ।

(8) **प्रकाशन**—राज्य स्तर एवं अखिल भारतीय स्तर पर कृषि समंकों को उपलब्ध कराने की दृष्टि से अनेक मसिक, वार्षिक, तिमाही व तदर्थ प्रकाशन जारी किये गये हैं ।

(9) **संस्थाओं की स्थापना**—कृषि समंक संकलन के क्षेत्र में विस्तार तथा किस्म में सुधार करने के लिए अनेक संस्थाओं जैसे भारतीय कृषि अनुसंधान परिषद्, कृषि समंक शोध संस्थान, कृषि समंक सुधार प्रकोष्ठ तथा विभिन्न वस्तुओं के संस्थान जैसे भारतीय आलू शोध संस्थान, गन्ना शोध संस्थान आदि की स्थापना की गई है ।

(10) राज्य सरकारों के माध्यम से—(1) सभी असर्वेक्षित क्षेत्रों का भू-सर्वेक्षण, (2) अविद्यमान क्षेत्रों में प्राथमिक प्रतिवेदन ऐजन्सियों की नियुक्ति, (3) लेखापालों एवं पटवारियों के कार्य भार में कमी, (4) सभी राज्यों में सभी प्रमुख फसलों के लिए फसल कटाई प्रयोग, (5) प्रत्येक राज्य में जिला सांख्यिकी एजेन्सियों द्वारा कृषि समंक संकलन कार्य का निरीक्षण, (6) फल एवं सब्जियों के अधीन क्षेत्र एवं उत्पादन समंकों के संकलन की तकनीक का विकास आदि सुधार योजनायें लागू की गई हैं ।

सुधार हेतु सुझाव (Suggestions for Improvement) :

यद्यपि कृषि समंकों के क्षेत्र में अनेक सुधार किये गये हैं, फिर भी इनके महत्त्व को देखते हुए इनमें सुधार की पर्याप्त गुँजाइश है । अतः इन्हें और अधिक उपयोगी बनाने हेतु निम्न सुझाव दिये जा सकते हैं—

(1) प्रतिवेदन अधिकारियों की नियुक्ति एवं कार्य-क्षेत्र निर्धारण—प्रत्येक राज्य में पटवारियों के कार्य का निर्धारण करके उनके क्षेत्र को निश्चित किया जाय तथा जहाँ अधिक भार हो कम किया जाय । साथ ही अधिक योग्य व्यक्तियों की नियुक्ति अधिक वेतन पर ही की जाय और पर्याप्त प्रशिक्षण दिया जाय ।

(2) प्रमाप सम्बोध एवं परिभाषायें—सिंचाई समंकों के लिए प्रमाप सम्बोध व परिभाषाएं निश्चित की जाय तथा प्रत्येक राज्य में सुधार हेतु एक योजना तैयार करके विशेष प्रकोष्ठ की स्थापना की जाये ।

(3) कृषि प्रबन्ध एवं विशेष सर्वेक्षण—बहुत से कृषि विश्वविद्यालयों एवं शोध संस्थानों द्वारा कृषि प्रबन्ध व खेती की लागत पर अनेक अध्ययन किये जा रहे हैं । अतः इन्हें समन्वित करने के लिए विशेष सर्वेक्षण किये जायें ताकि इस विषय पर पर्याप्त समंक उपलब्ध हो सकें ।

(4) विभिन्न गणनाओं के समय में समन्वय—प्रत्येक राज्य में अनेक प्रकार की संगणनायें जैसे कृषि संगणना, पशुधन संगणना, आर्थिक संगणना, जनगणना आदि आयोजित की जाती हैं । इन सभी संगणनाओं के समय में समन्वय स्थापित किया जाये ताकि क्षेत्र व निरीक्षण ऐजन्सियों के पास एक समय में एक से अधिक का भार न रहे । साथ ही सभी राज्यों में विभिन्न संगणनाओं का समय एक सा रखा जाये ।

(5) संकलन एजेन्सियों के कार्यों में समन्वय—राज्यों में कृषि एवं उसँसे सम्बन्धित समंकों का संकनल करने के लिए अनेक ऐजन्सियाँ कार्य कर रही हैं । इनके कार्यों में प्रभावपूर्ण समन्वय की आवश्यकता है।

(6) विस्तृत निर्देशन—पूरे देश के लिए कृषि उत्पादन का एक अन्तिम अनुमान होना चाहिए तथा फसल कटाई प्रयोगों के लिए सभी राज्यों हेतु NSSO द्वारा सम्बोध, परिभाषा, विधि तथा प्रतिदर्श के प्रारूप के सम्बन्ध में निर्देश दिये जायें एवं क्षेत्र कार्य पर पर्याप्त निरीक्षण रखा जाये ।

(7) उर्वरक समंकों का संकलन—फसलों के अनुसार उर्वरक के उपभोग सम्बन्धी समंक उपलब्ध नहीं है जिनकी अत्यन्त आवश्यकता है । अतः इन समंकों के संकलन की ओर ध्यान दिया जाना चाहिए ।

इन सभी सुझावों को कार्यान्वित करने के लिए सरकार प्रयत्नशील है तथा निकट भविष्य में भारतीय कृषि समंक विश्व के किसी भी देश के समंकों की तुलना में कमजोर नहीं होंगे ऐसी आशा है ।

प्रश्न

1. 'भारतीय कृषि समंक' से आप क्या समझते हैं ? इन समंकों की न्यूनताओं पर प्रकाश डालिये तथा उन्हें दूर करने के सुझाव भी दीजिए ।

What do you understand by the term 'Indian Agricultural Statistics' ? Outline their short-comings and give concrete suggestions to remedy them.

2. भारत के क्षेत्रफल एवं कृषि उपज समंक किस प्रकार एकत्रित किये जाते हैं ? उनकी क्या कमियाँ हैं ? उन्हें किस प्रकार दूर करेंगे ?

How is the Agricultural Statistics of Area and Yield Collcted in India ? What are their weaknesses ? Suggest remedies.

3.भारत में फसल अनुमान से क्या अभिप्राय है ?

What is meant by Crop Estimates in India ? How are they prepared and published ? Give their defects and suggest remedies.

4.भारत में उपलब्ध कृषि मूल्य समंकों के बारे में विवरण दीजिए ।

Give an account of Agricultural Price Statistics available in India.

5.भारतीय कृषि समंकों में हाल ही में हुए सुधारों पर एक टिप्पणी लिखिए ।

Write a note on the recent improvements in Agricultural Statistics of India. Give concrete suggestions for further improvements.

6. 'सामान्य उपज' की परिभाषा दीजिए तथा इसके आकलन के राजकीय पद्धति का वर्णन कीजिये । आपके विचार में इस पद्धति के क्या दोष हैं और आप उन्हें किस प्रकार दूर करेंगे ?

Define 'Normal yeild' and describe the official method of determining it. What do you consider to be the defects of this method and how would you remove them ?

7. भारत में प्रमुख फसलों के क्षेत्रफल और उपज समंकों में विभ्रम के मुख्य स्त्रोतों की विवेचना कीजिए । उन्हें किस प्रकार दूर किया जा सकता है ?

Discuss the main sources fo errors in statistics relating to area and yiled of principle crops in India. Hwo can they be avoided ?

8.भारतीय आर्थिक नियोजन में कृषि समंकों के महत्त्व का विवेचन कीजिए । इनकी कमियाँ बताइये तथा सुधार के लिए सुझाव दीजिये ।

Discuss the importance of Agricultural Statistics in Indian economic Planning. Point out its short comings and suggest remedies.

9.निम्न पर संक्षिप्त टिप्पणी लिखिए —

Write short notes on the following—

(i) फसल पूर्वानुमान,

(ii) राजस्थान का कृषि उपज सूचकांक ,

(iii) भारतीय कृषि संगणना,

(iv) सामान्य उपज ।

□□□

3

कृषि श्रमिक
[Agricultural Labour]

कृषि श्रमिक से आशय
(Meaning of Agriculture Labour)

कृषि श्रमिक से आशय उस व्यक्ति से है जो कृषि उत्पादन में अथवा कृषि से सम्बन्धित क्रियाओं में काम करने के लिये रखा गया है ।

द्वितीयक कृषि श्रम जांच समिति के (1956-57) अनुसार, "कृषि श्रमिक से तात्पर्य उस व्यक्ति से है जिसकी आय का आधे से अधिक भाग कृषि मजदूरी से प्राप्त होता है । कृषि श्रमिक परिवार से आशय उस परिवार से है जिसकी आधे से अधिक आय कृषि मजदूरी से प्राप्त हो ।"

1961 को जनगणना रिपोर्ट के अनुसार, "कृषि श्रमिक वह व्यक्ति है जो किसी अन्य व्यक्ति की भूमि पर श्रम मात्र करता है, काश्त संचालन और इसकी देख-रेख में कोई भाग नहीं लेता और अपनी सेवा के बदले द्रव्य या जिन्स के रूप में फसल का भाग प्राप्त करता है । उसे भूमि के सम्बन्ध में कोई अधिकार प्राप्त नहीं होता और न ही काश्त के सम्बन्ध में उसकी कोई जोखिम होती है ।"

कृषि श्रमिक की प्रमुख विशेषताएँ
(Main Features of Agricultural Labours)

1. ये वे व्यक्ति होते हैं जो कृषि भूमि पर या कृषि से सम्बन्धित धन्धों में मजदूर के रूप में कार्य करते हैं ।

2. इनकों मजदूरी नकद या कृषि पदार्थ के रूप में दी जाती है जो फसल के एक भाग के रूप में हो सकती है ।

3. इनका भूमि के स्वामित्व में कोई अधिकार नहीं होता ।

4. इनका उत्पादन नीति में कोई सहयोग नहीं होता ।

5. इन व्यक्तियों की कोई जोखिम नहीं होती ।

6. ये व्यक्ति अधिकांश समय कृषि भूमि पर श्रम करते हैं ।

द्वितीय कृषि श्रम जाँच समिति के अनुसार भारतीय कृषि में संलग्न श्रमिकों में से लगभग 1.63 करोड़ परिवार (अर्थात् लगभग 8 करोड़ व्यक्ति) ऐसे हैं जिनके पास खेती के लिए तनिक भी भूमि नहीं है। यह व्यक्ति फसल के समय किसी किसान के यहाँ नौकरी कर लेते हें। किसान इन्हें फसल का एक अंश चतुर्थांश अथवा पंचमांश) देने का समझौता कर लेता है अथवा दैनिक मजदूरी पर नियोजित कर लेता है। इनमें से कुछ श्रमिक ऐसे होते हैं जिनके स्वयं के पास भी थोड़ी सी भूमि होती है किन्तु उस भूमि से उन्हें पूरे समय काम उपलब्ध नहीं होता अत: वह दूसरे किसानों के काम में हाथ बँटाने लगते हैं। उनकी स्त्रियाँ तथा बच्चे भी कृषि कार्य में सहयोग देते हैं।

कृषि श्रमिकों की संख्या में वृद्धि के कारण
(Causesof Increase in the Magnitude of Agricultural Laboureres)

कृषि श्रमिकों की संख्या में वृद्धि के कारण निम्नलिखित हैं —

(1) जनसंख्या में तीव्र गति से वृद्धि (Rapid Increase in Population) : भारत में जनसंख्या तीव्र गति से बढ़ रही है । कृषि गपर जनसंख्या का भार बढ़ता जा रहा है, क्योंकि दोषपूर्ण भूमि व्यवस्था होने से भूमि का केन्द्रीयकरण कुछ ही हाथों में होता रहा और कृषि श्रमिकों की संख्या बढ़ती गई ।

(2) कुटीर उद्योगों का पतन (Decay of Cottage Industries): ब्रिटिश सरकार की स्वार्थपूर्ण नीति के कारण भारत के कुटीर व लघु उद्योगों का पतन हुआ । इसके फलस्वरूप इन उद्योगों में लगे हुये व्यक्ति बेकार हो गये और कृषि में कार्य करने लगे ।

(3) ऋणग्रस्तता में भूमि का विकास (Sale of Agricultural Land): भारतीय कृषकों की एक आधारभूत समस्या उनकी ऋणग्रस्तता है । ये ऋण सामान्यत: साहूकारों से लिये जाते थे जिनकी ब्याज की दर इतनी ऊंची होती थी कि कृषकों को अपनी भूमि ऋण का मूलधन व ब्याज चुकाने में बेचनी पड़ती थी । इस स्थिति में कृषि श्रमिकों की संख्या में पर्याप्त वृद्धि हुई ।

(4) खेतों का छोटा आकार (Small Size of Holdings): भारतीय कृषि की एक समस्या खेतों के छोटा आकार की रही है । खेतों के छोटा होने के कारण किसानों को

अपनी जीविका चलाने के लिये पर्याप्त आय प्राप्त नहीं होती । अत: अपनी आय बढ़ाने के लिये वह कुछ समय के लिये दूसरे खेतों पर मजदूरी पर कार्य करते हैं ।

(5) सरकारी फार्मों पर खेती (Cultivations on Government Farms): योजनाकाल में देश में सरकारी फार्मों की संख्या बहुत बढ़ गई है । इनमें भारी संख्या में कृषि श्रमिकों को रोजगार मिलता है ।

कुमारप्पा समिति ने यह अनुमान लगाया था कि यदि वास्तविक काम करने वाले कृषि श्रमिकों की गणना की जाय तो उनकी संख्या 3.15 करोड़ है। इन दोनों अनुमानों में जो अन्तर है वह स्वभावत: गणना के दोष के कारण ही है क्योंकि समिति की रिपोर्ट में आगे जाकर कहा गया है कि यदि इनमें ऐसे श्रमिकों को भी सम्मिलित कर लिया जाय जो अपनी भूमि पर खेती के साथ साथ अन्य लोगों की भूमि पर श्रमिक रूप में काम करते हैं तो उनकी संख्या कुल कृषकों की संख्या की लगभग 35 प्रतिशत हो जायेगी। वास्तव में, इस कठिनाई के कारण ही कृषि श्रमिकों की शुद्ध संख्या का अनुमान लगाना कठिन है क्योंकि छोटै छोटे भू-खण्डों के मालिकों में से कुछ ही व्यक्ति ऐसे हैं जो अपनी भूमि पर खेती करने के साथ-साथ अन्य किसानों के साथ श्रमिकों का भी कार्य करते हैं।

कृषि श्रमिक जाँच — सन् 1950-51 तथा 1956-57 में कृषि श्रमिक जाँच समितियाँ नियुक्त की गयीं। इन समितियों की रिपोर्टों की मुख्य बातें नीचे दी जा रही हैं:

(अ) सन् 1956-57 की जाँच के अनुसार कृषि श्रमिक परिवारों की संख्या 1.63 करोड़ थी। इनमें से 57 प्रतिशत परिवारों के पास भूमि बिलकुल नहीं थी। कृषि परिवारों में से 83 परिवार आकस्मिक श्रमिक परिवार थे जो दैनिक मजदूरी पर काम करते थे, 17 प्रतिशत सम्बन्धित श्रमिक परिवार थे जो निश्चित अवधि के लिए ठेके पर काम करते थे।

(ब) सन् 1956-57 में कृषि श्रमिकों की कुल संख्या 3.3 करोड़ थी (पुरुष 1.8 करोड़ स्त्रियाँ, 1.2 करोड़ तथा बच्चे 30 लाख)।

(स) ये श्रमिक 1950-51 में वर्ष में 200 दिन तथा 1956-57 में वर्ष में 147 दिन तक औसत रूप में मजदूरी पर काम करते थे।

(द) इन श्रमिकों की औसत मजदूरी सन् 1950-51 में 1.09 रु. तथा सन. 1956-57 में 96 पैसे मात्र थी। दोनों जाँचों के अनुसार कुल मजदूरी के क्रमश: 31 तथा 40 प्रतिशत भाग का भुगतान वस्तु के रूप में किया जाता है।

(य) कृषि श्रमिक परिवार की औसत आय सन् 1950-51 में 447 रु. वार्षिक तथा 1956-57 में 437 रु. मात्र थी (परिवार का औसत आकार इन दो वर्षों क्रमश: 4.3 व 4.4 था)।

(र) सन् 1956-57 में प्रति श्रमिक परिवार 617 रु. वार्षिक उपभोग व्यय था जबकि आय केवल 437 रु. थी अत: 180 रु. वार्षिक की कमी थी जिसकी पूर्ति ऋण, पूर्व बचत के उपभोग आदि द्वारा की जाती थी।

उपर्युक्त तथ्यों से कृषि श्रमिकों की दयनीय दशा का अनुमान लगाया जा सकता है। उनकी संख्या में उत्तरोत्तर वृद्धि तथा वार्षिक दशा में गिरावट भारत की एक प्रमुख आर्थिक व सामाजिक समस्या है।

संख्या में वृद्धि —गत वर्षों में कृषि श्रमिकों की संख्या में निरन्तर वृद्धि हुई है। इसका अनुमान इस प्रकार लगाया गया है:

वर्ष	1881	1891	19४1	1931	1951	1961
संख्या	0.75	1.87	2.15	3.3	4.9	5.60 (करोड़ मैं)

कृषि श्रमिकों की संख्या में वृद्धि होने के अनेक कारण हैं:

(1) जनसंख्या में वृद्धि।

(2) भूमि का अपखण्डन जिसके कारण अनेक भूखण्ड इतने छोटे हो गये हैं कि उन पर कृषि द्वारा पूरे समय काम मिलना कठिन है।

(3) संयुक्त परिवार प्रणाली का पतन।

(4) लघुकाय उद्योगों का पतन अथवा अभाव।

सन् 1951 से 1961 के दस वर्षों में कृषि श्रमिकों की संख्या में केवल दस प्रतिशत वृद्धि हुई है जबकि जनसंख्या 21 प्रतिशत से भी अधिक बढ़ी है। इसका तात्पर्य यह है कि इस दशाब्द में कृषि श्रमिकों की वृद्धि की गति शिथिल हो गयी है। इसका कारण यह है कि विभिन्न राज्य सरकारों द्वारा भूमि के उप-विभाजन पर रोक लगा दी गयी है। लघु तथा दीर्घाकार उद्योगों की प्रगति के कारण श्रमिकों को इन उद्योगों में भी पहले से अधिक काम उपलब्ध होने लगा है। तीसरा कारण शिक्षा की प्रगति है जिसके फलस्वरूप ग्रामीण क्षेत्रों के नवयुवक अब कृषि के स्थान पर सरकारी अथवा अन्य नौकरी करना अधिक पसन्द करने लगे हैं और ग्रामों को छोड़कर नगरों में बसने लग गये हैं।

कृषि श्रमिकों को प्राय: तीन वर्गों में वर्गीकृत किया जाता है:

1. खेतों पर काम करने वाले —इस वर्ग में हल चलाने, फसल बोने, भूमि को खेती योग्य बनाने, फसलों के पौधों में से अनावश्यक जंगली पौधे साफ करने तथा फसल काटने आदि का कार्य करने वाले सम्मिलित हैं। वस्तुत: खेतों पर काम करने वाले श्रमिकों के सभी कार्यों की सूची देना कठिन है क्योंकि इनसे पशुओं की देखभाल और सामान्य घरेलू कामों से लेकर फसल की रखवाली करने तथा उसे मण्डी में बेचने तक के कार्यों में सहायता ली जा सकती है।

खेती पर काम करने वाले श्रमिक प्राय: फसल के अवसर पर काम करते हैं किन्तु इनमें से अधिकांश साल भर अथवा कम से कम छह मास के लिए भूमि पर नियोजित रहते हैं। इन श्रमिकों को अनेक बार उपज में साझेदारी के अधिकार मिलते हैं किन्तु जो श्रमिक

केवल आकस्मिक कार्यों हेतु नियोजित किये जाते हैं उन्हें निश्चित दर से पारिश्रमिक दिया जाता है।

(2) सामान्य श्रमिक —खेती पर प्रत्यक्ष काम करने वाले श्रमिकों के अतिरिक्त कुछ व्यक्ति ऐसे भी होते हैं जो कुएँ खोदने, नहरों की मिट्टी निकालने, कृषि भूमि के चारों ओर मिट्टी की मेड बाँधने आदि का कार्य करते हैं जो कृषि कार्यों से सम्बन्धित हैं। इन श्रमिक के कार्य प्रायः आकस्मिक होते हैं और इन्हें भी मजदूरी के आधार नियोजित किया जाता है।

(3) कुशल श्रमिक —उपर्युक्त दोनों प्रकार के श्रमिकों के अतिरिक्त किसान अनेक बार कुछ ऐसे व्यक्तियों की संवाएँ प्राप्त करता है जो कृषि के लिए प्रत्यक्ष उपयोगी काम नहीं करते बल्कि अप्रत्यख रूप में सहायक होते हैं। इन श्रमिकों में बढ़ई, चमार, लुहार आदि सम्मिलित हैं जो हल, गाड़ी अथवा चड़स बनाने अथवा इनकी मरम्मत करने के कार्यों में सहायक होते हैं। इन श्रमिकों को ठेके अथवा मजदूरी पर नियोजित किया जाता है।

कृषि व्यवसाय में बहुत से कार्य इस प्रकार के हैं जिनमें अधिक धैर्य तथा सामान्य कुशलता की आवश्यकता पड़ती है। इस प्रकार के कार्य भूमि से जंगली पौधे उखाड़ना, चावल कूटना तथा फसल काटना हैं, जिनमें स्त्रियाँ और बच्चे सरलतापूर्वक सहयोग दे सकते हैं। पंजाब, हरियाणा तथा राजस्थान की स्त्रियाँ खेती में प्रायः पुरुषों से अधिक कार्य करती हैं।

स्त्रियों तथा बच्चों को कृषि कार्यों में नियोजित करने का कारण यह भी है कि इनसे पुरुषों की तुलना में अधिक घण्टे काम लिया जा सकता है, यह पुरुषों से अधिक लगनशील और ईमानदार होते हैं तथा इन्हें कम पारिश्रमिक देना पड़ता है। कुमारप्पा समिति ने इस प्रथा का विरोध करते हुए स्पष्ट मत प्रकट किया है कि यह दोहरा शोषण है जिसका तत्काल अन्त किया जाना आवश्यक है।

कृषि श्रमिकों के सम्बन्ध में एक गम्भीर बात यह है कि वह प्रायः 24 घण्टे के नौकर होते हैं। देश में किसी भी कानून द्वारा कृषि श्रमिकों के काम के घण्टे निश्चित न होने के कारण किसान अथवा मालिक उनसे मनमाना काम लेते हैं। खेत पर काम करने के पश्चात् मर्द, औरत तथा बच्चे सभी मालिक के घर पर काम करते हैं। इस प्रकार काम की अवधि कभी-कभी 12-15 घण्टे दैनिक तक हो जाती है जो सर्वथा अनुचित एवं वर्जनीय है।

1. अस्थायी कार्य —कृषि श्रमिक के शोषण के अतिरिक्त उनके कार्य सम्बन्धी दूसरी उल्लेखनीय बात यह है कि कुल कृषि श्रमिकों में से लगभग 15 प्रतिशत साल पर नियोजित रहते हैं, शेष को केवल कुछ मास के लए काम मिलता है। इस प्रकार बेरोजगारी से उनकी निर्धनता ओर बढ़ जाती है और काम के दिनों में वह किसी भी शर्त पर कार्य करने के लिए बाध्य हो जाते हैं।

2. दास प्रथा — यद्यपि भारत को स्वतन्त्र हुए लगभग पच्चीस वर्ष बीत गये हैं परन्तु देश के अनेक राज्यों में किसी न किसी रूप में दास प्रथा विद्यमान है। बम्बई में हालियों को विवाह करने के लिए धन उधार दिया जाता है जिसके फलस्वरूप वह व्यक्ति ऋण चुकता होने तक मालिक की खेती पर काम करने के लिए बाध्य हो जाता है। बहुत कुछ ऐसी ही प्रथा राजस्थान के बाँसवाड़ा तथा डूँगरपुर के ग्रामों में प्रचलित रही है। छोटा नागपुर के कमिया और मद्रास के पन्नालयों की स्थिति भी दासत्व से कम नहीं है। इन प्रथाओं के अन्तर्गत काम करने वाले कृषि श्रमिक किसी ऋण के फलस्वरूप मालिक के यहाँ आजन्म अथवा ऋण चुकता होने तक केवल भोजन के बदले काम करते हैं। उनके काम में परिवार के अन्य सदस्य भी हाथ बटाते रहते हैं जिन्हें कुछ पारिश्रमिक दे दिया जाता है।

यद्यपि राज्य सरकारों ने इन प्रथाओं का अन्त करने के लिए कानून बना दिये हैं परन्तु कानून प्रायः धनी और शक्तिशाली का सहायक होता है। जब तक प्रत्येक नागरिक को निःशुल्क कानूनी संरक्षण न हो, कोई भी कानून (विशेषकर पतित जनों का उत्थान करने सम्बन्धी कानून) फलीभूत नहीं हो सकता। दूसरी कठिनाई यह है कि इन लोगों का मानसिक धरातल अत्यन्त्र निम्न है अतः यह अपने लाभ हानि की किसी भी बात को न तो भली प्रकार समझ सकते हैं, न उसके सम्बन्ध में संघर्ष कर सकते हैं। अतः पंचायतों को इस दिशा में महत्त्वपूर्ण कदम उठाने चाहिए। वे एक ओर तो शिक्षा का विकास कर इन व्यक्तियों को अमानवीय व्यवहार से बचा सकती हैं और दूसरी और स्वयं उनके शोषण का अन्त करने सम्बन्धी कार्य अपने हाथ में ले सकती हैं।

3. नियोजन तथा मजदूरी —द्वितीय कृषि श्रम जाँच समिति का अनुमान है कि भारत में कृषि श्रमिक का औसत परिवार 4.4 व्यक्तियों का है जिनमें से केवल आधे लोग ही काम करते हैं। इनमें से मर्द साल भर में कुल 275 दिन नियोजित रहते हैं। इन 275 दिनों में से भी 75 दिन तो वह निजी कार्य में संलग्न रहते हैं और शेष दिनों में मजदूरी पर काम करते हैं।

स्त्रियों को वर्ष में केवल 134 दिन काम मिलता है और बच्चों को 204 दिन। यह स्थिति आकस्मिक श्रमिकों की है जिनकी संख्या कुल श्रमिकों की लगभग 85 प्रतिशत है। इससे स्पष्ट है कि कृषि श्रमिकों को वर्ष में बहुत कम समय काम मिलता है।

(4) शर्तें —कृषि श्रमिकों को मजदूरी प्रायः दो प्रकार दी जाती है। कुछ क्षेत्रों में श्रमिक फसल में ही भागीदार होते हैं। पंजाब में बहुत से श्रमिकों को फसल के 10 प्रतिशत 20 प्रतिशत तक देने की शर्त पर रखा जाता है। कभी-कभी श्रमिक को दैनिक मजदूरी के आधार पर नियोजित किया जाता है और उसे कुछ मन अन्न तथा चारा भी दे दिया जाता है। फसल की कटाई के अवसर पर जो मजदूर रखे जाते हैं वह पूर्णतः मजदूरी के आधार पर नियोजित किये जाते हैं। वर्तमान युग में मुद्रा तथा बैंक व्यवस्था का पर्याप्त विकास होने के कारण अधिकतर कृषि श्रमिक दैनिक मजदूरी के आधार पर ही नियोजित किये जाने लगे हैं।

(5) दरें— द्वितीय कृषि जाँच समिति के अनुमान के आधार पर भारत में एक श्रमिक परिवार की औसत वार्षिक आय लगभग 437 रुपये है जो प्रति व्यक्ति केवल 99.4 रुपये होती है। इतनी कम आय से कोई व्यक्ति रहन-सहन का कैसा स्तर बनाये रह सकता है, यह सोचना सर्वथा हास्यास्पद है। वस्तुत: इतनी आय पर जीवित रहना ही एक ईश्वरीय चमत्कार समझा जाना चाहिए।

उपर्युक्त समिति के अनुमान के अनुसार एक पुरुष श्रमिक की दैनिक मजदूरी 96 पैसे तथा स्त्री श्रमिक की दैनिक पारिश्रमिक केवल 59 पैसे है जबकि एक बाल श्रमिक को केवल 53 पैसे दैनिक मिलते हैं। इस स्थिति की गम्भीरता का भी वास्तविक अनुमान तभी लग सकता है जब इस बात का भी ध्यान रखा जाय कि इन श्रमिकों को साल भर नियमित काम नहीं मिलता।

(6) ऋण तथा जीवन स्तर –- कृषि श्रम जाँच समिति ने मतानुसार एक कृषि श्रमिक परिवार की औसत वार्षिक आय 437 रुपये तथा व्यय 617 रुपये है। इस प्रकार न्यूनतम व्यय की पूर्ति करने में 180 रुपये वार्षिक की कमी रहती है जिसकी पूर्ति पुरानी बचतों, ऋणों अथवा अपनी यत्किचिंत सम्पत्ति बेचकर की जाती है। स्वभावत: अधिकांशत: परिवारों को ऋण लेकर ही काम चलाना पड़ता है। इसका परिणाम यह है कि लगभग 64 प्रतिशत कृषि श्रमिक परिवार ऋणग्रस्त हैं। यह प्रतिशत 1950-51 में केवल 45 थी। प्रति परिवार ऋण भी 47 रुपये से बढ़कर 88 रुपये हो गया है। यदि केवल ऋणी परिवारों के ही ऋण की गणना की जाय तो उनकी औसत राशि 138 रुपये है।

ऋण में वृद्धि — कृषि श्रमिकों की पारिश्रमिक दरों में कुछ वृद्धि हुई होगी, यह कह सकना कठिन है। इससे एक सामान्य निष्कर्ष यही निकाला जा सकता है कि उस पर ऋणभार निश्चित रूप में पहले से अधिक हो गया है। इसका वास्तविक अनुमान किसी विशेषज्ञ समिति द्वारा ही लगाया जा सकता है।

ऋण के कारण तथा स्त्रोत —कृषि श्रमिक जाँच समिति ने एक अन्य महत्त्वपूर्ण तथ्य पर प्रकाश डाला है कि कृषि श्रमिकों द्वारा कुल ऋण का लगभग 46 प्रतिशत उपभोग के लिए, 24 प्रतिशत सामाजिक खर्चों के लिए, 19 प्रतिशत उत्पादक कार्यों के लिए तथा शेष 11 प्रतिशत विविध कार्यों के लिए प्राप्त किया गया। इस सम्बन्ध में यह ध्यान रखना आवश्यक है कि भारतीय ग्रामों में किये जाने वाले अधिकांश सामाजिक खर्चे प्राय: अनिवार्य हैं और उन्हें किये बिना ग्राम में रहना असम्भव है। अत: यह सामाजिक आवश्यकताएँ है। इस दृष्टि से श्रमिकों द्वारा प्राप्त किये गये ऋणों का 70 प्रतिशत (46+24) अनिवार्य समझा जाना चाहिए। शेष में 19 प्रतिशत ऋण उत्पादक कार्यों के लिए और 11 प्रतिशत विविध कार्यों के लिए प्राप्त किया गया है।

ऊपर दिये गये विवरण से यही स्पष्ट होता है कि कृषि श्रमिक अधिकांश ऋण अनिवार्य आवश्यकताओं के लिए प्राप्त करता है।

दूसरी महत्त्वपूर्ण बात यह है कि उसके ऋणदाताओं में भी 34 प्रतिशत भाग साहुकारों द्वारा, 44 प्रतिशत मित्रों तथा सम्बन्धियों द्वारा 15 प्रतिशत नियोजकों द्वारा, 5 प्रतिशत दुकानदारों द्वारा तथा शेष 1 प्रतिशत सहकारी समितियों द्वारा दिया गया था। इससे स्पष्ट होता है कि कृषि श्रमिक जो 19 प्रतिशत उत्पादक ऋण प्राप्त करता है वह भी उसे अन्य साधनों द्वारा प्राप्त करना पड़ता है क्योंकि सहकारी समितियाँ तो कुल के केवल 1 प्रतिशत की पूर्ति करती है। यह स्थिति एक ओर तो सहकारी समितियों की जड़ता की ओर संकेत करती है किन्तु दूसरी ओर कृषि श्रमिकों की दीनता और विवशता का भी परिचय देती है कि उनकी तनिक भी साख नहीं है जिसके आधार पर वह सहकारी समितियों से ऋण उपलब्ध कर सकें।

(7) जीवन स्तर — ऊपर बतायी गयी आय इस बात की द्योतक है कि कृषि श्रमिकों का जीवन स्तर किस प्रकार का हो सकता है। इन लोगों की भोजन तथा वस्त्र की न्यूनतम आवश्यकताएँ भी प्रायः पूरी नहीं हो पाती। रूखा-सूखा भोजन जिसमें साग-सब्जी तथा स्निग्ध पदार्थों का सर्वथा अभाव रहता है, इन्हें यदा-कदा ही दोनों समय भर पेट मिल पाता है। वस्त्र के नाम पर सम्भवतः एक कुर्ता-धोती चिथड़े-चिथड़े उड़ जाने तक शरीर पर रखने पड़ते हैं। भारतीय किसान खेती करते समय प्रायः एक धोती, तहमद या लंगोट ही शरीर पर रखता है। यही स्थिति कृषि श्रमिकों की है।

भोजन तथा वस्त्र के अतिरिक्त कृषि श्रमिकों की आवास स्थिति अत्यन्त दयनीय है क्योंकि अधिकांश के पास रहने के लिए मकान नहीं है। जिनके पास मकान हैं भी, उन पर कच्चे छप्पर हैं जो वर्षा ऋतु में टपकते हैं और जिनमें आग लगने का भय सदा बना रहता है।

6. सुधार के उपाय

कृषि श्रमिकों की सामाजिक एवं आर्थिक दशा सुधारने के लिए समय-समय पर अनेक उपाय सुझाये गये हैं जिनमें से मुख्य निम्नलिखित हैं:

(1) न्यूनतम मजदूरी निश्चित करना —जिस प्रकार अन्य उद्योगों में न्यूनतम मजदूरी निश्चित कर दी गयी है उसी प्रकार कृषि श्रमिकों के लिए भी न्यूनतम पारिश्रमिक निर्धारित किया गया है। इसके लिए न्यूनतम मजदूरी अधिनियम, 1948 कृषि श्रमिकों पर भी लागू किया गया है जिसके अनुसार केरल, उड़ीसा, पंजाब, राजस्थान, दिल्ली, आन्ध्र प्रदेश, बिहार, मध्य प्रदेश, मैसूर, उत्तर प्रदेश, पश्चिमी बंगाल, हिमाचल प्रदेश तथा त्रिपुरा में सर्वत्र तथा आसाम, गुजरात, महाराष्ट्र और तमिलनाडु के विशिष्ट क्षेत्रों में कृषि श्रमिकों की कम से कम मजदूरी निश्चित कर दी गयी है। केन्द्रीय सरकार द्वारा कृषि प्रदर्शन क्षेत्रों तथा सैनिकों फार्मों पर काम करने वाले श्रमिकों के लिए भी न्यूनतम मजदूरी निश्चित कर दी गयी है।

कृषि मजदूरों के लिए न्यूनतम मजदूरी निश्चित करना एक स्तुत्य कार्य है परन्तु सबसे बड़ी कठिनाई यह है कि इससे सम्बन्धित अधिनियम को उचित रूप में लागू नहीं किया जा सका है। इसका कारण यह है कि कृषि क्षेत्र बहुत विस्तृत है, श्रमिक अशिक्षित एवं अन्धविश्वासी हैं तथा उनकी आर्थिक स्थिति दुर्बल है। अतः नियम का पालन करने में वह

सहायक हो सकेंगे, यह सर्वथा सन्देहास्पद है। इस सम्बन्ध में पंचायतों को सरकार के साथ सहयोग करना चाहिए और कानून की अवहेलना करने वालों को दण्डित कराने की व्यवस्था की जानी चाहिए।

(2) काम के घण्टे — औद्योगिक श्रमिकों की भाँति ही कृषि श्रमिकों के लिए भी काम के घण्टे निश्चित करना आवश्यक है ताकि उन्हें भी भूमिधारियों के शोषण से मुक्त किया जा सके। इस कार्य की पूर्ति के लिए प्रत्येक राज्य में उचित कानून बनाया जाना चाहिए तथा राजस्व विभाग, कृषि विभाग एवं पंचायतों के सहयोग से उसे कार्यान्वित करने की चेष्टा करनी चाहिए। इस सम्बन्ध में राज्यों द्वारा कानून बनाने का औचित्य यह है कि प्रत्येक प्रदेश में कृषि की परिस्थितियाँ भिन्न हैं अत: उन परिस्थितियों के आधार पर ही काम के घण्टे निश्चित करना आवश्यक है।

(3) दास प्रथा का अन्त — भारत के कई प्रदेशों में कृषि श्रमिकों को ऋण लेने के प्रति फलस्वरूप लगभग दासता का जीवन बिताने के लिए बाध्य होना पड़ता है। इस व्यवस्था का अन्त करने के लिए व्यापक कानून बनाने की आवश्यकता है। राजस्थान में सागरी प्रथा का अन्त करने के लिए जो कानून बनाया गया है उसे सख्ती से पालन करवाना चाहिए ताकि कृषि श्रमिकों के शारीरिक एवं मानसिक बन्धनों का अन्त सम्भव हो सके। इस कार्य में भी पंचायत तथा सामुदायिक योजनाओं के अधिकारी सहयोग दे सकते हैं।

(4) भूमि की व्यवस्था —भारतीय कृषि श्रमिकों की समस्याओं का वास्तविक हल यह है कि देश में जितनी अतिरिक्त भूमि है अर्थात् जिस पर किसी व्यक्ति विशेष का अधिकार नहीं है वह भूमिहीनों को वितरित की जानी चाहिए। जिन क्षेत्रों में ऊसर अथवा बंजर भूमि साफ कर खेती के उपयुक्त बनायी गयी है उनमें तथा भूदान एवं ग्रामदान में प्राप्त भूमि पद भूमिहीन कृषकों एवं कृषि श्रमिकों को बसाया जाना चाहिए। इन व्यक्तियों को भूमि के अभाव में अलग-अलग भूमि देना सम्भव नहीं है अत: इन भूखण्डों पर सहकारी कृषि समितियाँ निर्मित की जा सकती हैं और भूमिहीनों को इन समितियों की सदस्यता प्रदान की जा सकती है। इस प्रकार सहकारी कृषि समितियों की भूमि में खेती करने से इन व्यक्तियों की भूमि की भूख भी शान्त हो सकेगी और इनकी आर्थिक स्थिति में भी सुधार हो सकेगा। समितियों की सदस्यता प्राप्त करते समय भूमिहीन कृषकों को यह स्पष्ट बता देना चाहिए कि उन्हें भूमि से बेदखल नहीं किया जायगा।

(5) रोजगार की व्यवस्था —भूमिहीन कृषि श्रमिकों की समस्याओं का एक समाधान यह है कि इन्हें कुटीर उद्योग खोलने के लिए प्रोत्साहित किया जाय ताकि इनकी भूमि पर निर्भरता का अन्त हो जाय। कुटीर उद्योगों की स्थापना के लिए इन्हें सस्ते ऋण तथा प्राविधिक सुविधाएँ सुलभ करायी जा सकती हैं और सहकारी समितियों के माध्यम से उनका निर्मित माल बेचने की व्यवस्था की जा सकती है।

कुटीर उद्योगों की स्थापना के अतिरिक्त पंचायतें, पंचायत समितियाँ तथा राज्य सरकारें कृषि के समय को छोड़कर शेष समय में (जब श्रमिक फुरसत में होते हैं)

सार्वजनिक निर्माण कार्य, जैसे—सड़क, नहरें, अथवा अन्य निर्माण कार्य आरम्भ कर सकती हैं जिनसे इन श्रमिकों को अतिरिक्त रोजगार मिल सकता है। यदि उद्योगों तथा निर्माण कार्यों में रोजगार की समुचित व्यवस्था हो जाय तो कृषि श्रमिकों की भूमि सम्बन्धी भूख का अन्त हो सकता है।

(6) शिक्षा —भारत के ग्राम्य निवासियों को शिक्षित करने की समस्या अत्यन्त गम्भीर है क्योंकि सब के लिए अनिवार्य शिक्षा की व्यवस्था करने में बहुत अधिक धन की आवश्यकता है। किन्तु देश के कर्णधारों को यह समझ लेना चाहिए कि वास्तविक प्रजातन्त्र की स्थापना एवं रक्षा के लिए देश की सम्पूर्ण जनता को शिक्षित एवं जागरूक बनाने की आवश्यकता है। यदि कृषि श्रमिकों के बालक निरन्तर शिक्षा प्राप्त करते हैं तो एक दिन वह भी देश के अन्य सम्भ्रान्त नागरिकों की श्रेणी में गिने जाने योग्य बन सकते हैं। इस सम्बन्ध में कई राज्यों ने 'पिछड़ी श्रेणी' की परिभाषा बदलकर आर्थिक दृष्टि से विपन्न परिवारों के बालकों को छात्रवृत्तियाँ तथा आर्थिक सहायता देना आरम्भ कर दिया है। 'स्कूल चलो' अभियान भी चलाये गये हैं। इस प्रकार के अभियानों को अधिक सशक्त एवं व्यापक बनाने की आवश्यकता है ताकि अधिकाधिक बालक विद्यालयों में जाने लगें और एक दशाब्द में ही भारत की कायापलट हो जाय। यह कहने की आवश्यकता नहीं है कि इस प्रकार के प्रयत्नों की सफलता इनके संचालकों की कार्यक्षमता एवं निष्ठा पर निर्भर करती है।

भारत में कृषि श्रमिकों की दशा सुधारने के लिये किये गये प्रयास

(Stept Taken by the Government for their Betterment)

स्वन्त्रता प्राप्ति के पश्चात् कृषि श्रमिकों की स्थिति में सुधार लाने की दृष्टि से संघ और राज्य सरकारों द्वारा निम्न पग उठाये गये हैं :—

(1) भू-दासता का अन्त (End of Land-Slavery) : भारत सरकार द्वारा नये संविधान में भू-दासता को, जिसमें बेगार भी सम्मिलित हैं, एक दण्डनीय अपराध घोषित किया गया है । हाल ही में भारत सरकार ने राज्य सरकारों को इस बुराई के विरूद्ध कठोर दण्ड देने की व्यवस्था करने का आदेश दिया है ।

(2) न्यूनतम मजदूरी कानून (Minimum Wages Act) : 1948 का न्यूनतम मजदूरी कनून कृषि मजदूरों पर भी लागू कर दिया गया है । मई 1955 में भारतीय श्रम सम्मेलन के 14वें अधिवेशन में यह निश्चिय किया गया है कि राज्य सरकार कभी बी न्यूनतम मजदूरी निश्चित कर सकती हैं । अनेक राज्यों (जैसे उत्तर प्रदेश, पश्चिमी बंगाल, कर्नाटक आदि) में कृषि श्रमिकों की न्यूनतम मजदूरी निश्चित की जा चुकी है ।

(3) भू-स्वामित्व प्रणाली में सुधार (Improvement in Land-Ownership) : आवश्यक कानून द्वारा किसान व सरकार के बीच मध्यस्थों को समाप्त कर दिया गया है । इस व्यवस्था से काश्तकारों तथा कृषि श्रमिकों का शोषण समप्त हो गया है । अब तक 30 लाख काश्तकारों, उपकाश्तकारों और फसल सहभाजकों को 28 लाख हैक्टर भूमि का स्वामित्व प्राप्त हो चुका है ।

(4) जोतों पर सीमा का निर्धारण (Land Ceiling) : सभी राज्यों में भूमि की भावी प्राप्ति तथा वर्तमान जोतों पर उच्चतम सीमा निर्धारित की गई है । इसके क्रियान्वयन के कारण अब तक 5 लाख हैक्टर भूमि अतिरिक्त घोषित की जा चुकी हैं जिसमें से 5 लाख हैक्टर भूमि का ही वितरण भूमिहीन श्रमिकों में किया जा चुकाहै ।

(5) भू-दान आन्दोलन (Bhoo-dan Movement): सर्वोदय नेता आचार्य विनोबा भावे ने अप्रैल, 1951 में भू-दान आन्दोलन का श्रीगणेश किया । अब तक इस आन्दोलन के फलस्वरूप भूमिहीन श्रमिकों को भूमि बाँटी जा चुकी है ।

(6) श्रम सहकारिताओं का गठन (Labour Cooperatives): द्वितीय योजनावधि में पंजाब, महाराष्ट्र, आध्र प्रदेश तथा बिहार में श्रम सहकारितायें स्थापित की गई हैं । इनके सदस्य सड़क बनाने, नहर तालाब खोदने, वृक्षारोपण करने आदि कार्यों का ठेका लेते हैं । ये श्रम सहकारितायें कृषि श्रमिकों को रोजगार प्रदान करती हैं तथा निजी ठेकेदारों के शोषण से बचाती हैं ।

(7) ग्रामीण वर्क्स कार्यक्रम (Rural Works) : कृषि श्रमिकों को बेरोजगारी के दिनों में रोजागर दिलानों के लिये केन्द्रीय सहकार द्वारा ग्रामीण वक्स कार्यक्रम की योजना तैयार की गई है ।

(8) भूमिहीन शरमिकों के लिये मकानों की जगह (Provision of Housing) : 1971 से भूमिहीन श्रमिकों को मकानों के लिये निः शुल्क भूमि की व्यवस्था करने की योजना चल रही है । इस कार्यक्रम पर होने वाले राज्यसरकारों के कुल व्यय को केन्द्रीय सरकार पूरा करती है ।

(9) कृषक सेवा समितियाँ (Farmers Service Societies): लघु और सीमान्त कृषकों, ग्रामीण काश्तकारों तथा कृषि शरमिकों को समन्वित रूप से विभिन्न सुविधायें प्रदान करने के लिये कृषक सेवा समितियाँ स्थापित की जा रही हैं । वाणिज्य बैंक व सहकारी बैंक इनकी वित्त व्यवस्था करते हैं । अब तक 216 समितियाँ गठित की जा चुकी हैं ।

(10) कृषि श्रमिकों पर स्थायी समिति (Committee on Agricultural Labourers) : कृषि श्रमिकों के कल्याण की वर्तमान वैधानिक तथा अन्य व्यवस्थाओं की समीक्षा करने के लिये सरकार ने कृषि शरमिकों पर एक स्थायी समिति की नियुक्ति की है ।

(11) सीमान्त कृषक श्रमिक योजना : सीमान्त कृषक तथा कृषि श्रमिकों की सहायता के लिए सरकार द्वारा देश के चुने हुये जिलों में पायलट प्रोजेक्ट चलायेजा रहे हैं ।

(12) ग्रामीण मजदूरी शिक्षा : इस कार्यक्रम के अन्तर्गत केन्द्रीय मजदूर शिक्षा बोर्ड के सभी मजदूर शिक्षा केन्द्रों पर ग्रामीण मजदूरों की शिक्षा की व्यवस्था की गई है । इसके अन्तर्गत भूमिहीन श्रमिक, कृषि मजदूर, ग्रामीण गारीगर, वन तथा मछली पालन उद्योगों में श्रमिक, सीमान्त किसान और ग्रामीण क्षेत्रों के शिति बेरोजगारों को शिक्षा प्रदान की जाती है ।

(13) अन्तर्राष्ट्रीय श्रम संघ कनवेन्शन पर हस्ताक्षर : भारत सरकार ने अन्तर्राष्ट्रीय श्रमिक संघ के अन्वेन्शन पर हस्ताक्षर किये हैं । हस्ताक्षर करने वाले देशों के लिये यह आवश्यक है कि वे स्वैच्छिक तौर पर ग्रामीण शरमिकों की एक शक्तिशाली व स्वतन्त्र संस्था स्थापित करें ।

बन्धक श्रम

(Banded Labour)

हमारे देश के विभिन्न भागों में बन्धक शरम की प्रथा प्रचलित है । बन्धक श्रम वह श्रम है जो ऋण से प्राप्त करने के लिये श्रमिक स्वंय को अथवा अपने परिवार के किसी सदस्य को उसके पास गिरवी रख देता है और ऋण का भुगतान न होने पर शरमिक अथवा परिवार के उस सदस्य को ऋणदाता के पास उस समय तक बन्धक बने रहना पड़ता है जब तक कि ऋण का अन्तिम रूप से भुगतान नहीं हो जाता । ये ऋण सामान्यत: उपयोग कार्यों के लिये लिये जाते हैं । ब्याज के रूप में वह ऋणदाता की सेवा करता रहाता है । सामाजिक उत्सवों पर उपभोग कार्यों के लिये गये इस ऋण का भुगतान उसके लिये सम्भव नहीं होता है । ऋणी की मृत्यु के बाद उसके परिवार के किसी अन्य सदस्य अथवा उसके उत्तराधिकारी को बन्धक बना लिया जाता है । इस प्रकार बन्धक श्रम प्रथा पीढ़ी-दर-पीढ़ी चलती रहीत है ।

बन्धक श्रम प्रथा का उन्मूलन (Magnitude) :

बन्धक श्रम प्रथा के उन्मूलन की दृष्टि से सरकार द्वारा बन्धक श्रम प्रथा उन्मूलन अधिनियम (1979) प्रारित किया जा चुका है जिसके अन्तर्गत प्रत्येक प्रबन्धक श्रमिक को मुक्त कर दिया जायेगा और उसे उसके दायित्वों से भी मुक्ति मिल जायेगी । पहचाने और उन्हें मुक्त कराने का काम आरम्भ कर दिया गया ।

बन्धक श्रम प्रथा के उन्मूलन से सम्बन्धित समस्यायें

(Problems Relating to the Abolition of Bonded Labour System)

बन्धक श्रम प्रथा उन्मूलन अधिनियम, 1979 के क्रियान्वयन के सम्बन्ध में अनेक कठिनाइयों का सामना करना पड़ा है । इन कठिनाइयों एवं समस्याओं को दो भागों में विभक्त किया जा सकता है—

(अ) पहचान सम्बन्धी समस्या ।

(ब) पुनर्वास सम्बन्धी समस्या ।

(अ) पहचान सम्बन्दी समस्या (Problem of Identification) : प्रबन्धक श्रमिक को पहचानने में निम्न कठिनाइयाँ आती हैं —

(i) श्रमिक के ऋण दस्तावेज के पास ही रहते हैं । अत: वह आवश्यकता पड़ने पर उन्हें नहीं दिखा पाता ।

(ii) अधिकांशत: ऋण सम्बन्धी दस्तावेज बनाये ही नहीं जाते ।

(iii) महाजनों के भयवश बन्धक श्रमिक अपनी वास्तविक स्थिति का वर्णन नहीं कर पाते ।

(iv) उपर्युक्त प्रशासनिक व्यवस्था का अभाव है ।

संक्षेप में, ठोस सबूतों के आधार पर बन्धुआ मजदूरों की पहचान नहीं की जा सकती, केवल परिस्थितियों के आधार पर ही उनका अनुमान लगाया जा सकता है ।

(ब) पुनर्वास की समस्या (Problem of Rehabilitations) : बन्धक श्रमिकोंको मुक्तकराने के पश्चात् उनके पुनर्वास की व्यवस्था कराना आवश्यक है । अतः यह आवश्यक है कि उनके पुनर्वास की उचित व्यवस्था की जाये ।

सुझाव (Suggestions) :

(i) बन्धक श्रमिकों के पुनर्वास के लिये उचित प्रबन्ध किये जायें ।

(ii) उन्हें रहने के लिये आवास स्थल दिये जायें ।

(iii) कृषि व अन्य क्रियाओं के लिये भूमि का प्रबन्ध क्रिया जाये ।

(iv) मुक्त श्रमिक के रोजगार की व्यवस्था की जाये ।

(v) सहकारिता के माध्यम से उनकी आर्थिक दशाओं को सुधारा जाये ।

(vi) ग्रामीण समाज में नये बन्धक श्रमिकों के निर्माम पर पूर्ण नियन्त्रण लगाया जाये ।

लघु एवं सीमान्त कृषक
(Small and Marginal Farmers)

लघु कृषकों से आशय उन कृषकों से है जिनकी जोत का आकार 2 हैक्टेयर या इससे कम है । सीमान्त कृषक वह कृषक है जिनकी जोत का आकार 1 हैक्टेयर से कम है । देश की कुल जोतों में 70 प्रतिशत सीमान्त एवं लघु जोतें हैं जबकि लघु एवं सीमान्त कृषकों के पास कुल भू-क्षेत्र का मात्र 20 प्रतिशत है ।

लघु कृषकों को दो भागों में बांटा जा सकता है:

(अ) काश्तकार —काश्तकारों को तीन उपवर्गों में विभाजित किया जा सकता है —

(i) वे काश्तकार जो राज्य अथवा निजी संस्थाओं अथवा जमींदारों से किराये पर भूमि ले लेते हैं और बदले में भू-स्वामी को नकद अथवा उपज के भाग के रूप में लगान देते हैं ।

(ii) वे किसान जो बटाईदार के रूप में कार्य करते हैं और भू-स्वामी से कुल फसल का कुछ हिस्सा प्राप्त करते हैं ।

(iii) वे किसान जो ऋण के बदले जमींदारों की खेती पर खेती-बाड़ी करते हैं ।

(ब) छोटी जोत वाले स्वामी—इन्हें दो उपवर्गों में विभाजित किया जा सकता है —

(i) वे किसान जो राज्य अथवा निजी संस्थाओं अथवा जमींदारों से किराये पर भूमि ले लेते हैं और बदले में भू-स्वामी को नकद अथवा उपज भाग के रूप में लगान देते हैं ।

(ii) वे किसान जो बटाईदार के रूप में कार्य करते हैं और भू-स्वामी से कुल फसल का कुछ हिस्सा प्राप्त करते हैं ।

वे किसान जो ऋण के बदले जमींदारों की खेती पर खेती-बाड़ी करते हैं ।

(ब) छोटे जोत वाले स्वामी—इन्हें दो उपवर्गों में विभाजित किया जा सकता है—

(i) वे किसान जो केवल खेती-बाड़ी करते हैं अथवा खेती-बाड़ी के साथ कुछ और व्यवस्था भी करते हैं ।

(ii) वे किसान जो अपनी भूमि के अतिरिक्त दूसरों से भूमि किराये पर लेकर उसे जोतते हैं अथवा अपनी भूमि दूसरों को किराये पर जोतने के लिये दे देते हैं ।

लघु किसानों की समस्यायं
(Problems of Small Farmers):

लघु किसानों की प्रमुख समस्यायें निम्नलिखित हैं —

अनार्थिक जोतें अर्थात् जोतों को छोटा आकार ।

भूमि के सहयोगी साधनों—कृषि आदान पूँजी —का अभाव ।

दोषपूर्ण काश्तकारी स्वरूप के कारण उत्पन्न समस्यायें ।

निम्न सामाजिक स्तर ।

उत्पादन का निम्न स्तर : बचत कम तथा ऋण की अधिकता ।

बेगार प्रथा का प्रचलन ।

सुझाव (Suggestions):

लघु किसानों की समस्याओं के समाधान के लिये निम्न सुझाव दिये जा सकते हैं—

(i) भूमि के पुनर्वितरण द्वारा जोतों के आकार को बढ़ाया जाये ।

(ii) भूमि की उत्पादकता में सुधार लाने के प्रयास किये जायें । इसके लिये भू-सुधार कार्यक्रमों का क्रियान्वयन किया जाये, सिंचाई सुविधायें उपलब्ध कराई जायें, उन्नत तकनीक के प्रयोग को प्रोत्साहित किया जाये ।

(iii) कृषि की अनुपूरक क्रियाओं को प्रोत्साहित किया जाये ।

(iv) सस्ती दरों पर कृषि आदान उपलब्ध कराये जायें ।

(v) काश्तकारी व्यवस्था में सुधार किया जाये ।

(vi) सहकारी कृषि को अपनाया जाये ।

(vii) गैर कृषि कार्यों में रोजगार के अवसरों में वृद्धि की जाये ।

(viii) लघु किसानों को भू-स्वामियों के शोषण से संरक्षण दिया जाये ।

विशिष्ट कार्यक्रम (Special Programmes):

लघु कृषकों के लाभार्थ दो विशिष्ट कार्यक्रम निम्नलिखित हैं—

(अ) लघु कृषक विकास एजेन्सी ।

(ब) सीमान्त कृषक एवं कृषि श्रमिक एजेन्सी।

(अ) लघु कृषक विकास ऐजन्सी (SFDA)—इसके प्रमुख कार्य निम्नलिखित हैं—

(i) लाभ योग्य छोटे किसानों की पहचान करना ।

(ii) छोटे किसानों की समस्याओं का पता लगाना, उनके विकास के लिये कार्यक्रम तैयार करना तथा इन कार्यक्रमों के क्रियान्वयन के लिये उपयुक्त वातावरण तैयार करना ।

(iii) उनके लिये अनिवार्य वस्तुओं एवं सेवाओं की आपूर्ति करना ।

(iv) कृषि के लिये सिंचाई की व्यवस्था करना ।

(v) सहकारी साख समितियों एवं व्यापारिक बैंकों से ऋण दिलाना ।

(vi) कृषि उपज के लिये गोदाम, परिवहन एवं बिक्री की व्यवस्था करना ।

(vii) छोटे किसानों के आर्थिक हितों की सुरक्षा करना ।

(ब) सीमान्त कृष एवं श्रमिक एजेन्सी (MFAL)— SFDAकी स्थापना का उद्देश्य सीमान्त कृषकों एवं कृषि श्रमिकों को गैर कृषि क्षेत्रों में रोजगार एवं आय के साधन उपलब्ध कराना था । इनके हित में SFDA निम्न कार्य सम्पन्न करती है—

लाभ योग्य सीमान्त कृषकों एवं कृषि श्रमिकों की पहचान करना तथा उनकी समस्याओं का अध्ययन करना ।

(i) उन्हें लाभदायक रोजगार प्रदान करने के लिये योजनायें तैयार करना ।

(ii) ग्रामीण उद्योगों को प्रोत्साहन देना ।

(iii) कार्यक्रमों के क्रियान्वयन के लिये उपयुक्त संस्थागत, वित्तीय एवं प्रशासनिक प्रबन्ध करना ।

(iv) कृषि उपज के उत्पादन एवं वितरण का उचित प्रबन्ध करना ।

(v) कार्यक्रमों का समय-समय पर मूल्यांकन करना ।

(vi) उपरोक्त कार्यक्रमों के कृषकों व उनके जीवन पर सीमित प्रभाव ही पड़े हैं — दोनों योजनाओं से केवल 23 लाख परिवार लाभान्वित हुए हैं ।

(i) इनसंस्थां ने अपे उत्तरदायित्व को केवल सहकारी समितियों की अनुदान देने और व्यापारिक बैंक को गारन्टी देने तक ही सीमित रखा था ।

(ii) इन संस्थाओं के पास प्रशिक्षित कर्मचारियों का अभाव है।

(iii) सम्बद्ध विभागों में सहयोग एवं समन्वय का अभवा पाया जाता है ।

(iv) ऋण नीति दोषपूर्ण है ।

उपोरक्त कारणों से निर्धारित लक्ष्यों को प्राप्त करना सम्भव नहीं हो सका है ।

(4) ग्रामीण दस्तकार

(Rural Artisans)

ग्रामीण कारीगर से अभिप्राय उस व्यक्ति से है जो स्वंय के लिये कार्य करता है। ये दस्तकार अपने पूर्वजों के परम्परागत व्यवसायों में लगे रहते हैं । ये व्यवसाय ही उनकी जीविकोपार्जन के एक मात्र साधन होते हैं ।

विशेषताएं (Features)

ग्रामीण दस्तकारों की प्रमुख विशेषताएं निम्नलिखित हैं :

(i) ग्रामीण दस्तकारी कार्य श्रम प्रधान होते हैं, इनमें भारी मशीनों का प्रयोग नहीं किया जाता ।

(ii) दस्तकार स्वंय के लिये कर्य करता है ।

(iii) कार्य में परिवार के अन्य सदस्यों का भी सहयोग रहता है ।

(iv) ग्राहक पूर्व निर्धारित होते हैं । बाजार प्राय: सीमित ही होता है ।

(v) माल बेचने पर प्राप्त धन से कच्चा माल खरीदकर अपना व्यवसाय चलाते हैं ।

ग्रामीण दस्तकारों की समस्यायें (Problems):

ग्रामीण दस्तकारों की प्रमुख समस्यायें निम्नलिखित हैं —

(1) उच्च तकनीकी ज्ञान का अभाव : ग्रामीण कारीगरों में तकनीकी ज्ञान एवं साहस का अभाव होता है जिसके परिणामस्वरूप वे ग्रामीण उद्योगों को प्रारम्भ करने में असमर्थ रहते हैं ।

(2) संगठन का अभाव : ग्रामीण कारीगरों में संगठन का अभाव होता है जिससे उन्हें आपस लाभ का ज्ञान नहीं होता है और उनका शोषण किया जाता है ।

(3) कच्चे माल का अभाव : ग्रामीण कारीगरों का व्यवसाय कच्चे माल की उपलब्धता पर निर्भर करता है, परन्तु उन्हें कच्चे माल की नियमित पूर्ति नहीं होती है जिससे उनका कार्य रूक जाता है ।

(4) विपणन की समस्या : ग्रामीण कारीगरों द्वारा माल तैयार करने के पश्चात् उन्हें माल के विक्रय की समस्या का समामना करना पड़ता है । चूँकि विपणन सुविधाओं का ग्रामीण क्षेत्र में विस्तार नहीं हुआ है, अत: उन्हें अपने माल की उचित कीमत प्राप्त नहीं होती है ।

(5) वित्तीय सुविधां की कमी : ग्रामीण कारीगरों के पास धन की कमी होती है । और उन्हें महाजनों से ऋण प्राप्त करके अपना व्यवसाय चालू रखना पड़ता है । अत: उनके पास वित्तीय साधनों का अभाव होता है ।

सुझाव (Suggestions):

(1) उन्हें कम ब्याज की दर पर ऋण दिये जायें ।

(2) ग्रामीण दस्तकारों में बैकिंग प्रवृत्ति को प्रोत्साहित किया जाये ।

(3) ग्रामीण दस्तकारों को प्रशिक्षण की सुविधायें दी जायें ।

(4) सहकारी समितियों एवं वित्तीय संस्थाओं के विकास को प्रोत्साहित किया जाये ।

(5) उनमें संगठन की भावनां जागृत की जाये ।

(6) उनके लिये कच्चे माल व यन्त्र आदि की नियमित आपूर्ति की जाये ।

प्रश्न

1. कृषि श्रमिकों की सामाजिक तथा आर्थिक स्थिति के पिछड़ेपन के क्या कारण हैं? उसमें सुधार के लिए उपाय बतलाइए।

2. ''एक अर्थव्यवस्था में उत्पादन प्रक्रिया में माँग और पूर्ति पक्ष पर जनसंख्या का महत्त्वपूर्ण प्रभाव पड़ता है।'' सामान्य रूप से भारतीय अर्थव्यवस्था और विशेष रूप से ग्रामीण अर्थव्यवस्था के सन्दर्भ में इस कथन की व्याख्या कीजिए। सन् 1951 से भारत में जनसंख्या के धनात्मक और ऋणात्मक प्रभावों को बताइए।

   "Population has a close influence on the supply as well as on the demand side of the production process in an economy." Discuss this statement in the context of Indian economy in general and rural economy in India in particularly. Highlight the positive and negative effects of the rise in population in India since 1951.

3. जनसंख्या वृद्धि के परिणामों का अध्ययन कीजिए।

   Examine the consequences of the pressure of population in India.

4. भारत में कृषि श्रमिकों की खराब या शोचनीय दशा के क्या कारण हैं? कृषि श्रमिकों की समस्याओं का वर्णन कीजिए और उन्हें दूर करने के उपायों को बताइए।

   What are the causes of miserable conditions of Agricultural Labourers in India? Describe the problems of agricultural labourers and remedies to solve this problem.

5. कृषि श्रमिकों की मजदूरी की दरें कम क्यों है? इनके न्यूनतम निर्धारण की कठिनाइयों का उल्लेख कीजिए।

Why is the rate of wages of agricultural labourers low? Describe the difficulties in minimum determination.

6. कृषि श्रमिकों की कार्यक्षमता से आप क्या समझते हैं? भारतीय कृषि श्रमिकों की कार्य-क्षमता क्यों कम है? इनकी कार्य क्षमता बढ़ाने के उपायों का सविस्तार वर्णन कीजिए।

What do you understand by efficiency of agricultural labourer? Why the efficiency of agricultural labourer is less? Describe in detail methods for improvement.

7. संक्षिप्त टिप्पणी लिखिए—

(अ) बन्धक श्रम, (ब) ग्रामीण कारीगरों की समस्याऐ।

Write short notes on:

(i) Bonded Labour, (ii) Problems of Rural Artisans

□□□

4

कृषि मूल्य नीति
[Agriculture Price Policy]

कृषि मूल्य नीति का अर्थ
(Meaning of Agriculture Price Policy)

आर्थिक नियोजन की प्रक्रिया में कीमतें महत्त्वपूर्ण भूमिका निभाती है। भारत जैसे विशाल देश में जहाँ जनसंख्या का एक बड़ा भाग अपने जीवन निर्वाह के लिये कृषि पर निर्भर करता है तथा जहां कुल आय का 2/3 भाग खाद्यान्नों पर खर्च किया जाता है खाद्यान्नों की कीमतें सामान्य जन के आय एवं उपभोग, औद्योगिक उत्पादन एवं राजस्व को अत्यधिक प्रभावित करती हैं । अतः यह प्रयास किया जाना चाहिये कि कृषि पदार्थों की कीमतों में अत्यधिक उच्चावन न हो ।

कीमत के उतार-चढ़ाव का अर्थ
(Meaning of Price Fluctuations)

कृषि मूल्यों में परिवर्तन अथवा उच्चावन ही कीमतों के उतार -चढ़ाव कहलाते हैं । कृषि वस्तुओं की माँग बेलोचदार होती है । यदि किसी वर्ष प्रकृति देवी की कृपा से कृषि में अधिक उत्पादन हो जाता है तो उसका मूल्य गिर जाता है क्योंकि पूर्ति मांग से अधिक हो जाती है । इसी प्रकार वर्षा की अनिश्चितता अथवा किसी अन्य दैवी प्रकोप के कारण जब कृषि का उत्पादन घट जाता है तो कृषि वस्तुओं का मूल्य बढ़ जाता है । कृषि वस्तुओं की कीमतों में इसी कमी और बढ़ोतरी को कीमतों में उतार-चढ़ाव कहा जाता है ।

कृषि उपजों के मूल्यों में उतार–चढ़ाव का सबसे बुरा प्रभाव कृषक वर्ग पर पड़ता है । इसी करण यह कहा गया है कि ''वर्षा के बाद किसान का सबसे प्रबल शत्रु कीमत सम्बन्धी परिवर्तन है ।''

कृषि मूल्य में सामान्य मूल्य के वह सब सिद्धान्त एवं तत्व सम्मिलित होते हैं जिनके आधार पर हम मूल्य निर्धारण का अपना पैमाना तैयार करते हैं । किन्तु इस पैमाने में एक विशिष्ट अन्तर दिखाई देता है। मूल्य में अनिश्चितता का तत्व सम्मिलित रहताहै, जबकि सामान्य मूल्य निश्चितता की मान्यता के आधार पर आधारित होते हैं । कृषि–पूर्ति एक ओर अनिश्चित होती है तथा दूसरी और बहुरूपसी होती है ।

मूल्य में उत्पादन को संचालित करने का या उसको निधारित करने का एक बड़ा अंश निहित रहता है । किस वस्तु का कितना उत्पादन किया जाय यह तो उस वस्तु के प्रचलित मूल्य पर निर्भर करता है । किस वस्तु का उत्पादन चालू रखा जाय, किस वस्तु का उत्पाद बन्द कर दिया जाय तथा किस वस्तु के उत्पादन कोबढ़ाया जाय यह उसकी परस्पर मूल्य की गति पर निर्भर रहता है । यदि निरन्तर गन्ने का मूल्य बढ़ता है तो कृषक गेहूं का उत्पादन कम करके अपने साधनों को गन्ना उत्पादन में लगा देता है, और उसके उत्पादन को बढ़ाने का प्रयत्न करता है । यह सामान्यत: सम–समय–उत्पादित वस्तुओं में सम्भव होता है ।

मूल्य से व्यापार चयनित होता है कि किस क्षेत्र में वस्तु की पूर्ति बढ़ाई जाये और किस क्षेत्र में वस्तु की पूर्ति कम की जाये । यह स्थानीय मण्डी, देश के बाजार, उसके अनुरूप वस्तु की पूर्ति का क्षेत्रीय कोटा निर्धारित किया जाता है । उसी से व्या:पार की परिधि बनती है ।

मूल्यों से आय का पूरा वार्षिक और सम्पूर्ण कालावधिक वितरण सम्भव होता है कि वह मूल्य पूरे वर्ष भर आय को समवितरित रखता है या यह आय किसी समय विशेष में केन्द्रित हो जाती है । वस्तुत: मूल्य का उद्‌देश्य आय का वितरण होता है जिससे कि उत्पादक का काम पूरे वर्ष भर चल सके ।

मूल्य के साधनों का समुचित उत्पादन में निर्धारण होता है कि किस उत्पादन में किन साधनों का कितना उपयोग किया जाय इसका निधा4रण इस बात से होता है कि जिसका उत्पादन करना है उसका प्रचलित मूल्य क्या है । यदि कृषि मूल्य अधिक है तो उत्पादन के अन्य पक्षों से साधन कृषि की ओर मुखरित हो जायेंगे । इसके विपरीत यदि कृषि मूल्य कम है तो कृषि से साधन अन्य उपयोगों में नहीं जायंगे परन्तु कृषि में साधन नहीं आ पायेंगे । यह तथ्य मूल्य के महत्त्व को स्पष्ट करते हैं कि मूल्य का उत्पादन संचालन में क्या स्थान है ।

कृषि मूल्य नीति सरकार द्वारा कृषि मूल्यों से सम्बन्धित वह नीति है जिसका उद्देश्य कृषि मूल्य में स्थिरता लाना है, कृषकों को उत्पादन प्रेरित विनियोग करने तथा आधुनिक तकनीक अपनाने के लिए प्रेरित करना तथा उपभोक्ताओं को उचित मूल्य तथा उचित मात्रा में कृषि पदार्थ उपलब्ध कराना है।

कृषि मूल्यों की विशेषताएँ

कृषि मूल्य अनिश्चित होते हैं क्योंकि कृषि उत्पादन निश्चित होता है । वैसे कई वर्षों से इस क्षेत्र में स्थायित्व लाने का प्रयत्न किया जा रहा है । लेकिन जितने अधिक उच्चावन कृषि मूल्य में होते हैं, उतने अधिक अन्य मूल्यों में नहीं होते । इन उच्चावनों के कारण विनियोग व निवेश अनिश्चित बना रहता है । बचत के बारे में कोई निश्चितता नहीं रहती है । यदि किसी वर्ष अच्छी फसल के कारण बचत हो भी गई तो एक विशेष गतिशीलता के कारण उत्पादक इनका लाभ नहीं उठा पाता । इसे मकड़ी-जाल कहकर भी सम्बोधित किया जाता है । यह उच्चावन तीन प्रकार से लिये जा सकते हैं :

1. बाह्यमुखी उच्चावन, 2. अन्तर्वती उच्चावन, 3. सम गति उच्चावन । मकड़ी -जाल तीन प्रकार का होता है :

(1) किस प्रकार कृषि मूल्य जिनका उपभोग निरन्तर बढ़ता जाता है । बाह्य बिन्दु की ओर आकर्षित होते हैं । जिनकी मांग बढ़ी हुई रहती है और जिनकी पूर्ति बढ़ती तो है परन्तु खण्ड-खण्ड में बढ़ती है ।

(2) दूसरा चित्र उन वस्तुओं के परिवर्तन को बताता है जिनका उपभोग फैशन, रूचि आदि बदलने के कारण कम होता जाता है । उनकी पूर्ति भी तदनुसार कम होती जाती है । परन्तु जिस गति से मांग कम होतीहै, पूर्ति कम नहीं होती । किन्तु दीर्घकाल में इन वस्तुओं का मूल्य विशेषकर मन्दी के समय में सुकड़ना आरम्भ हो जाता है और अन्त में अन्तर्मुखी हो जाता है ।

(3) कुछ कृषि वस्तुओं की मूल्य गति ऐसी होती है जो कभी कम होतीहै और बढ़ती है तथा फिर कम होती है और बढ़ती है । बार-बार ऐसा होता है परनतु वृद्धि और कमी का अनुपात समान रहताहै । चूंकि कृषि में कतिपय वस्तुएं ऐसी होती ही है, जिनके गुण पृथक-पृथक होते हैं और बाह्य रूप समान होता है । इनके कारण कृषि मूल्य में एकरूपता नहीं होती ।

कृषि मूल्य के लक्षण

(Cheacter of Agricultural Prices)

1. कृषि उत्पादन अल्पकालीन होता है । इसलिए किसान मूल्य परिवर्तन की ओर कम ध्यान दे पाता है । यहां मूल्य औसत लागत के बराबर सामान्यतः चलते हैं । सीमान्त लागत का उतना प्रभाव नहीं होता ।

2. पूर्ति नियम के विपरीत कृषि में एक दशा यह भी देखने को मिलती है कि मूल्य बढ़ने पर आवश्यक नहीं कि उत्पादन बढ़ें, जबकि उत्पादन का मूल्य बढ़ने से कृषक कई बार उत्पादन कम कर देता है । क्योंकि मूल्य बढ़ने से किसान की आमदनी बढ़ती है, इसलिए वह कम उत्पादन से अपने जीवन में समायोजन कर लेता है ।

इनको स्वतन्त्र छोड़ दिया गया तो किसानों का शोषण चालू रहेगा और उपभोक्ता को हमेशा ऊँची कीमत देनी पड़ेगी । इसलिए थोक बाजार को नियंत्रित करके रखा जाए और खाद्य बाजार को नियंत्रित रखा जाए । नियंत्रण तथा नियमितता को दृष्टिगत रखते हुए कृषि मूल्य की एक वैज्ञानिक नीति हो, यह सदैव विचार रहता है ।

हमारे देश में कृषि मूल्य को संतुलित नियमित और अर्थव्यवस्था के अनुकूल बनाए रखने के लिए कृषि-**मूल्य** आयोग की 1963 में स्थापना हुई । कृषि-मूल्य आयोग कृषि-मूल्य को निम्न आधार पर बदलता रहताहै तथा निर्धारित करता है :

1. अधिकतम मूल्य का बिन्दु क्या हो और न्यूनतम मूल्य का बिन्दु क्या हो ।

2. कितनी अवधि तक मूल्य स्थिर रहना चाहिए ।

3. मूल्य निर्धारण करने का क्या मापदण्ड हो अर्थात् एक वस्तु के दो मूल्य हों या एक मूल्य हो ।

4. अनावश्यक मूल्य-वृद्धि को न होने दिया जाए ।

हाल ही के वर्षों में कृषि-मूल्य ने किसानों की आर्थिक स्थिति में पर्याप्त सुधार किया है लेकिन कृषि में पूंजी निर्माण नहीं हो पाया । उसका कारण यह है कि पहले से ही किसानों की स्थिति बहुत दयनीय थी, अत: वह अपनी बढ़ी हुई आय से जीवन-स्तर को सुधारने में लग गया । हमारे लिए समस्या तो यह है कि कृषि-मूल्य बढ़ रहे हैं और बढ़ते जा रहे **हैं** तो विकास की लागत दर में वृद्धि होती जाती है । अत: यह आवश्यक है कि विकास लागत स्थिर हो तो कृषि-मूल्य भी स्थिर रखे जाएं ।

भारत में कृषि मूल्यों की प्रवृत्तियाँ
(Trends in Agricultural Prices in India)

(1) स्वतन्त्रता के पूर्व (Pre-Independence): भारत में अधिकांशत: कृषि मानसून पर निर्भर है । अत: कृषि कभी निश्चित नहीं रहती है। ऐसी स्थिति में भारत में सदैव ही कृषि पदार्थों के उत्पादन घटते बढ़ते रहते हैं, इसके परिणामस्वरूप कृषि मूल्य भी परिवर्तित होते रहे हैं। 1943 के बंगाल के अकाल का मुख्य कारण चावल के मूल्यों में अत्यधिक वृद्धि थी

(2) स्वतन्त्रता के पश्चात् (After Independence): स्वतन्त्रता प्राप्ति के पश्चात् देश में आर्थिक नियोजन की नीति अपनायी गयी थी । इसके बावजूद भी कृषि मूल्य स्थिर नहीं रहे। इनके मूल्यों में भारी उतार चढ़ाव हुए। प्रथम योजना के समय मूल्य काफी ऊँचे थे लेकिन योजना अवधि में कृषि उत्पादन के बढ़ने पर कृषि मूल्यों में लगभग 20 प्रतिशत की कमी आई । द्वितीय योजना में आशा के अनुरूप कृषि उत्पादन न बढ़ने व मुद्रा स्फीति के कारण कृषि मूल्यों में 27 प्रतिशत की वृद्धि हुई। इस वृद्धि की प्रवृत्ति तृतीय योजना में भी जारी रही और आज भी, आपत्ति काल में कुछ समय को छोड़कर जारी है।

भारत में कृषि मूल्य की प्रवृत्तियाँ
(Trends of Agricultureal Prices in India)

प्रथम योजना के आरम्भ में कृषि मूल्य काफी ऊँचे थे । परन्तु योजना काल में कृषि उत्पादन बढ़ने तथा सरकार द्वारा मुद्रा स्फीति विरोधी नीति अपनाने से योजना के अन्त में कृषि मूल्यों में 20% की कमी हो गई । **द्वितीय योजना** में भी उत्पादन कम होने के कारण मूल्यों में वृद्धि की प्रवृत्ति जारी रही । कृषि मूल्य का सूचकांक 1961 में 123.9 से बढ़कर 1965-66 में 169.3 हो गया । इस अवधि में खाद्यान्नों के मूल्यों में 54 प्रतिशत तथा तिलहनों के मूल्यों में 74 प्रतिशत की वृद्धि हुई ।

सन् 1968 में देश के थोक मूल्य सूचकांकों का आधार वर्ष 1952-53 से बदल कर 1961-62 कर दिया गया । इस आधार पर खाद्यान्नों का मूल्य निर्देशांक 299 हो गया ।

जनवरी 1977 से 1970-71 को आधार वर्ष माना जाने लगा तथा थोक मूल्य सूचकांकों की एक नीय श्रृंखला प्रारम्भ की गई । खाद्य पदार्थों का थोक मूल्य सूचकांक, जो 1970-71 में 100 था, वह 1974-75 के अन्त में 199 से 1981-82 के अन्त में 235 तथा 1983-84 के अन्त में 296 तथा 1984-85 के अन्त में 307 हो गया ।

कृषि मूल्यों के स्थिरीकरण का आशय
(Meaning of Stabilization of Agricultural Prices)

कृषि वस्तुओं के मूल्यों में स्थिरीकरण से आशय इनके मूल्यों में उतार-चढ़ाव की प्रवृत्ति को कम करना है तथा कृषि वस्तुओं के मूल्यों को इस स्तर पर बनाये रखना है जिससे कृषि वस्तुओं तथा अन्य वस्तुओं के मूल्य के बीच असमानतायें कम से कम हों । अशोक मेहता के अनुसार, ''एक विकासशील अर्थव्यवस्था की कठिनाइयाँ विभिन्न प्रकार की मूल्य असमानताओं से प्रतिबिम्बित होती हैं । इन असमानताओं को एक सीमा के भीतर रखना चाहिये ।''

अमेरिका के व्यापारी आयोग के अनुसार, ''वास्तविक मूल्य स्थिरीकरण मूल्यों के उतार-चढ़ाव को हल्का कर देता है । इससे अत्यधिक ऊँचा मूल्य तथा बहुत नीचे मूल्य दोनों ही समाप्त हो जाते हैं ।''

कृषि मूल्यों में स्थिरीकरण के उद्देश्य
(Objectives of Stabilization of Agricultural Price)

कृषि मूल्यों के स्थिरीकरण के अग्रांकित उद्देश्य हैं :

(1) कृषि मूल्यों का ऐसा ढांचा तैयार करना जिससे कृषक और उपभोक्ता दोनों के हितों को सुरक्षित रखा जा सके ।

(2) कृषि वस्तुओं की माँग व पूर्ति में सन्तुलन बनाये रखना ।

(3) कृषि से उत्पादित वस्तुओं तथा कृषि के आवश्यक वस्तुओं के मूल्यों में उचित सम्बन्ध स्थापित करना ।

(4) कृषि मूल्यों में मौसमी उतार-चढ़ावों को न्यूनतम करना ।

(5) कृषि मूल्यों में भारी तथा एकतरफा परिवर्तनों को रोकना ।

(6) उत्पादन को अधिकाधिक करने तथा उन्नत तकनीकों को अपनाने के लिये कृषकों को प्रोत्साहित करना ।

(7) कृषि मूल्यों को ऐसे स्तर पर बनाये रखना जिससे रहन-सहन स्तर लागत, सामान्य मूल्य तथा औद्योगिक लागत पर प्रभाव न पड़े ।

संक्षेप में, कृषि मूल्य स्थिरीकरण का मुख्य उद्देश्य 'आर्थिक कृषि उत्पादन' को प्रोत्साहित करना है ।

कृषि मूल्यों में स्थिरीकरण की आवश्यकता अथवा महत्त्व
(Necessity and Importance of Stabilization of Agricultural Prices)

भारत कृषि प्रधान देश है और यहाँ कृषि मूल्यों को एक सीमा में रखना आवश्यक है। कृषि मूल्यों में अत्यधिक वृद्धि तथा अत्यधिक कमी दोनों ही समाज के लिये हानिकारक होती हैं ।

खाद्यान्नों के मूल्यों में वृद्धि होने से —

(1) सामान्य जनता पर बुरा प्रभाव पड़ता है,

(2) उसे अपना रहन-सहन का स्तर बनाये रखने में कठिनाई होती है,

(3) औद्योगिक वस्तुओं के लिये कच्चा माल जैसे —रूई, गन्ना तथा जूट आदि के महंगा हो जाने से लागत बढ़ जाती है,

(4) श्रमिक अधिक मजदूरी की माँग करने लगते हैं,

(5) देश में मुद्रा-प्रसार की स्थिति उत्पन्न हो जाती है ।

भरतीय कृषि संरचना में कृषि मूल्यों में वृद्धि होने से केवल बड़े कृषकों को लाभ प्राप्त हो सकता है, छोटे किसानों को विशेष लाभ नहीं होता क्योंकि वे अपने थोड़े से उत्पादन को सफल आते ही बेच देते हैं ।

कृषि मूल्यों में अत्यधिक गिरावट सम्पूर्ण अर्थव्यवस्था के लिये हानिकारक होती है । यथा—

(1) कृषकों की आय घट जाती है ।

(2) कृषि के नवीन उपकरणों, उत्तम बीज, रासायनिक उर्वरकों आदि के प्रयोग करने की प्रेरणा नहीं मिलती ।

(3) उनका रहन-सहन का स्तर गिर जाता है ।

(4) सरकार की आय कम हो जाती है ।

(5) उद्योगों में सुस्ती आ जाती हैं, क्योंकि कृषकों की आय कम होने से औद्योगिक वस्तुओं की माँग घट जाती है ।

स्पष्ट है कि कृषि मूल्यों में अधिक वृद्धि या अधिक गिरावट दोनों ही हानिकारक हैं । अतः कृषि मूल्यों को ऐसी सीमा में निश्चित करना चाहिये जो उत्पादक व उपभोक्ता दोनों के हितों की सुरक्षा करे । ये मूल्य ऐसे होने चाहियें जिनसे उत्पादन बढ़ाने के लिय प्रोत्साहन मिले, उपभोक्ता पर्याप्त मात्रा में आवश्यक वस्तुयें क्रय कर सकें तथा देश अन्तर्राष्ट्रीय बाजार में प्रतियोगिता का सामना कर सकें । यदि कृषि मूल्यों में स्थायित्व रहता है, औद्योगिक प्रगित होती हैं, निर्यात में वृद्धि होती है और देश आर्थिक विकास के मार्ग पर अग्रसर होता है ।

कृषि मूल्यों में उच्चावचन के कारण
(Causes of Fluctuation in Agricultural Prices)

(1) भारत में कृषि उपज का बहुत बड़ा भाग आज भी मानसून पर निर्भर है। जिस वर्ष मानसून अच्छा होता है व प्रकृति की कृपा होती है तो उत्पादन बढ़ जाता है जिससे कृषि पदार्थों के मूल्य गिर जाते हैं। इसके विपरीत, जब मानसून समय पर नहीं आता या फसल में कीड़ा लग जाता है तो उत्पादन कम हो जाता है। इससे कृषि पदार्थों के मूल्य बढ़ जाते हैं।

(2) रिजर्व बैंक आफ इण्डिया की साख नीति भी कृषि मूल्यों को पर्याप्त रूप से प्रभावित करती है। जब सरकार की साख नीति स्थिर रहती है और उस पर कड़ा नियन्त्रण रहता है तो मूल्य गिरने लगते हैं। इसके विपरीत, यदि सरकार की नीति साख विस्तार करने की होती है तो मूल्य बढ़ने लगते हैं। इस प्रकार सरकारी घाटे की वित्त व्यवस्था व मुद्रा पूर्ति भी कृषि मूल्यों पर प्रभाव डालती है।

(3) भारत के अधिकांश किसानों के पास अपनी फसल को भण्डार करने की सुविधा नहीं है तथा वे ऋण में दबे होते हैं । अतः वे अपनी उपज को फसल के तुरन्त बाद बेचना चाहते हैं इससे फसल के समय बाजार में कृषि पदार्थों की पूर्ति एकदम बढ़ जाती है और उनके मूल्य गिर जाते हैं लेकिन बाद में पुनः मूल्य बढ़ने लगते हैं।

(4) व्यापारियों द्वारा उपज के संग्रहण के कारण भी कृषि पदार्थों के मूल्यों में उतार चढ़ाव दृष्टिगत होते रहते हैं। व्यापारीगण कृषि पदार्थों का अत्यधिक क्रय करके अपने पास स्टॉक कर लेते हैं । इस प्रकार वस्तु की कृत्रिम कमी उत्पन्न करके कृषि पदार्थों के मूल्य में वृद्धि करते हैं।

(5) यदि सरकार विदेशी मुद्रा अर्जित करने के लिए कृषि पदार्थों का देश की माँग की चिन्ता किये बना निर्यात कर देती है तो कृषि पदार्थों की कीमत बढ़ जाती है। इसके विपरीत, यदि वह कृषि पदार्थों का अत्यधिक आयात करती है तो इनके मूल्य गिर जाते हैं।

(6) दोषपूर्ण वितरण व्यवस्था भारतीय अर्थव्यवस्था में मूल्य स्तर की अस्थिरता का एक महत्वपूर्ण कारण आवश्यक उपभोग वस्तुओं का दोषपूर्ण वितरण भी है। सरकार द्वारा बफर स्टॉक एवं लेवी की सहायता से एकत्रित उपभोक्ता वस्तुओं का वितरण उचित एवं सस्ते मूल्यों की दुकानों से किया जाता है।

परन्तु भारत में उचित एवं सस्ते मुल्यों पर उपभोक्त्र वस्तुओं का केवल आंशिक वितरण ही किया जाता है। अतः कीमतों को नियन्त्रित करने में सफलता नहीं मिल पाई है।

भारत में कृषि पदार्थों की मूल्य नीति (Agricultural Price Policy in India)

कृषि वस्तुओं की कीमत के सम्बन्ध में भारत सरकार द्वारा जो नीति अपनाई गई है उसका अध्ययन हम दो शीर्षकों के अन्तर्गत कर सकते हैं :

(1) 1965 से पूर्व सरकार की मूल्य नीति, एवं

(2) 1965 के पश्चात् सरकार की मूल्य नीति

(1) 1965 से पूर्व सरकार की मूल्य नीति : 1965 तक सरकार की कृषि मूल्य नीति डावाँडोल रही। जब कभी कृषि उत्पादन कम हुआ तो सरकार की भूमिका सक्रिय हो जाती थी और जिन वर्षों में अच्छा उत्पादन होता था, सरकार निष्क्रिय हो जाती थी। वस्तुतः प्रथम पंचवर्षीय योजना की अवधि में कृषि वस्तुओं की कीमतों की स्थिरता की समस्या नहीं थी क्योंकि उस समय खाद्यान्नों का अत्यधिक उत्पादन हुआ था परन्तु द्वितीय पंचवर्षीय योजना और उसके पश्चात् खाद्यान्न की कीमतों में वृद्धि होती रही। इस कारण आवश्यक खाद्यान्न की उपलब्धि के लिए सार्वजनिक वितरण प्रणाली का अनुसरण किया गया और विदेशों से भी खाद्यान्नों का आयात किया गया। संक्षेप में, अभी तक सरकारी नीति प्रमुखतः उपभोक्तमूलक रही।

तीसरी योजना में पहली बार उत्पादन के हितों को ध्यान में रखकर कृषि मूल्य नीति बनाने का विचार किया गया। 1965 में कृषि मूल्य आयोग (Agricultural Prices Commission-APC) की स्थापना की गई।

कृषि लागत तथा मूल्यों पर आयोग

(Commission on Agricultural Costs and Prices (CACP)

झा समीति की सिफारिशों को महत्व प्रदान कर 1965 में कृषि मूल्य आयोग की स्थापना की गयी। इस आयोग का कालान्तर में नाम बदलकर कृषि लागत तथा मूल्यों पर आयोग (Commission on Agricultural Costs and Prices (CACP) कर दिया गया।

कार्य (Function)

कृषि लागत तथा मूल्यों पर गठित आयोग द्वारा निम्नलिखित कार्यों को सम्पन्न किया जाता है:

(1) सरकार को सलाह (Advice to Government): आयोग सरकार को कृषि जिन्सों, प्रमुखत: चावल, गेहूँ, बाजरा, मक्का तथा अन्य दालों, गन्ना, तिलहन, जूट तथा कपास के सम्बन्ध में अनुसरण की जाने वाली मूल्य नीति के सम्बन्ध में परामर्श देता है।

आयोग द्वारा सरकार को मूल्य सम्बन्धित नीति के सम्बन्ध में परामर्श प्रदान करने का प्रमुख उद्देश्य सम्पूर्ण अर्थव्यवस्था की आवश्यकता को ध्यान में रखते हुए एक संतुलित मूल्य नीति का निर्माण करना होता है। इस प्रकार निर्धारित मूल्य नीति में उत्पादकों तथा उपभोक्ताओं के हित को भी समान महत्व प्रदान किया जाता है।

(2) नीति का क्रियान्वयन (Implementation of Policy): आयोग उन उपायों को भी सुझाता है जो विभिन्न कृषि जिन्सों के सम्बनध में बनाई गयी मूल्य नीति के क्रियान्वयन के सम्बन्ध में आवश्यक है।

(3) कृषि विपणन (Agricultural Marketing): आयोग विभिन्न क्षेत्रों में विभिन्न कृषि जिन्सों के विपणन की विधि तथा लागत का अध्ययन करता है। इस प्रकार किये गये अध्ययन के आधार पर आयोग कृषि जिन्सों के विपणन पर वहन की जाने वाली लागत में कमी हेतु भी सुझाव प्रस्तुत करता है। आयोग से कृषि जिन्सों के विपणन का विभिन्न स्तरों पर वहन की जाने वाली लागत में कमी हेतु सुझाव भी अपेक्षित होते है।

(4) कृषि विकास पुन:निरिक्षण (Review Agricultural Development): आयोग अर्थव्यवस्था में निरन्तर हो रहे विकास कार्यों, प्रमुखत: कृषि क्षेत्र में हुए विकास कार्यो का सदैव पुन:निरिक्षण करता रहता है। इस प्रकार किये गये पुन:निरिक्षण के आधार विद्यमान सम्पूर्ण कृषि मूल्य नीति के परिपेक्ष्य में, जब भी आवश्यक हो, सरकार को सिफारिश करता है।

(5) सूचनाओं का संग्रहण (Collection of Informations): कृषि मूल्य नीति तथा कृषि मूल्यों के सूचनाओं तथा आंकड़ों के संग्रहण की व्यवस्था एवं अन्य सम्बन्धित आंकड़ों का अध्ययन कर यह आयोग कृषि मूल्य नीति में भावी सुधार की दृष्टि से विद्यमान मूल्य नीति, कृषि मूल्यों से सम्बन्धित सूचनाएं तथा अन्य सम्बन्धित सूचनाएं एकत्रित करने की व्यवस्था अध्ययन तथा पुन:निरिक्षण का कार्य करता है।

(6) सरकार का परामर्शदाता (Advise to Government): सरकार द्वारा समय समय पर आयोग को कृषि उत्पादन तथा मूल्यों पर रेफर किये जाने वाले मामलों पर सरकार को परामर्श प्रदान करना। आयोग उन निकायों से निरन्तर सम्पर्क बनाये रखता है जो कृषि मूल्यों तथा उत्पादन को प्रभावित करने वाले विषयों पर कार्यरत रहते है।

भारत में कृषि मूल्य नीति के उद्धेश्य (Objectives of Price Policy in India)

विभिन्न कृषि वस्तुओं से सम्बन्धित मूल्य नीति के निर्धारण में कृषि लागत एवं मूल्य आयोग निम्नलिखित उद्धेश्यों को ध्यान में रखता है:

(1) विभिन्न कृषि वस्तुओं के मूल्य के सम्बन्ध में मौसमी उच्चावचनों को कम से कम करने का प्रयास करना।

(2) कृषि फसल उत्पादकों हेतु उचित व्यवहार आश्वस्त करना।

(3) उत्पादन वृद्धि हेतु उत्पादकों को प्रोत्साहन प्रदान करना।

(4) यह आश्वस्त करना कि उपभोक्ता उचित मूल्य पर खाद्यान्नों की पर्याप्त मात्रा प्राप्त कर रहे है।

(5) यह आश्वस्त करना की औद्योगिक क्षेत्र उपयुक्त मूल्य पर कच्चा माल (कृषि क्षेत्र से) प्राप्त कर रहा है।

(6) यह आश्वस्त करना कि विभिन्न कृषि फसलों का सापेक्ष मूल्य इस प्रकार निर्धारित हुआ है जिससे फसल प्रतिरूप को इच्छित दिशा में प्रभावित किया जा सके।

(7) उत्पादन तथा उसी प्रकार उपभोग की दृष्टि से कृषकों द्वारा प्रयुक्त किये जाने वाली कृषि वस्तुओं तथा औद्योगिक उत्पादों के मूल्यों समरूपता आवश्वस्त करना।

(8) अर्थव्यवस्था के क्रमिक विकास का लक्ष्य प्राप्त करना। मिश्रित अर्थव्यवस्था में निजी तथा सार्वजनिक क्षेत्र के मध्य संसाधनों का उपयुक्त आबन्टन करना।

भारत में कृषि मूल्य नीति के महत्वपूर्ण संगठक
(Important Constituents of Agricultural Price Policy in India)

भारत में सकारात्मक कृषि मूल्य नीति के प्रमुख संगठक निम्नलिखित है:

(1) कृषि फसलों न्यूनतम का समर्थित /संग्रहण मूल्य का निर्धारण :

(2) सार्वजनिक वितरण प्रणाली,

(3) बफर स्टॉक का संचालन

(4) आदान अनुदान (Input subsidy) की व्यवस्था।

जबकि न्यूनतम समर्थित/संग्रहण मूल्यों (अ) आदान अनुदान की व्यवस्था कृषकों को प्रलोभन प्रदान करती है, सार्वजनिक वितरण प्रणाली (ब) तथा बफर स्टॉक का संचालन (स) का संचालन कृषि फसलों, प्रमुखत: खाद्यान्नों के उपभौक्ताओं को संरक्षण प्रदान करने के उद्धेश्य से किया जाता है।

उपर्युक्त वर्णित कृषि मूल्य नीति संघटकों को भारत के सन्दर्भ में निम्नलिखित विवेचन में स्पष्ट किया गया है:

(अ) आयोग से यह आपेक्षित है कि विभिन्न फसलों का मूल्य निर्धारण करते समय अनेक घटकों को ध्यान में रखे। इनमें प्रमुख घटक निम्नलिखित है:

(1) उत्पादन की लागत।

(2) उत्पादन की मात्रा में उतार चढ़ाव के कारण जोखिम घटक पर विचार

(3) कृषि आदानों के मूल्यों पर विचार

(4) फसल का वर्तमान बाजार मूल्य

(5) किसी विशेष फसल की माँग तथा पूर्ति

(6) निर्धारित मूल्य का औद्योगिक लागत ढाँचे पर प्रभाव

(7) निर्धारित मूल्य का रहन-सहन लागत पर प्रभाव

(8) निर्धारित मूल्य का सामान्य मूल्य स्तर पर प्रभाव

(9) अन्तर्राष्ट्रीय बाजार मूल्य स्थिति

1965 के पश्चात् सरकार की मूल्य नीति –में कृषि मूल्य आयोग के स्थापना के उपरान्त भारत में एक समन्वित मूल्य नीति का पालन किया गया। मार्च 1965 में कृषि कीमत आयोग का पुनर्गठन किया गया और इसे **कृषि लागत व कीमत आयोग** (The Commission for Agricultural Costs and Prices-CACP) नाम दिया गया। सरकार की कृषि कीमत नीति के प्रमुख उद्देश्य इस प्रकार हैं :

(1) मूल्य में मौसमी उच्चावचनों को कम करना

(2) (i) उपभोक्ताओं को उचित कीमतों पर खाद्यान्न उपलब्ध कराना।

(ii) उद्योगों को उचित मूल्य पर कच्चा माल उपलब्ध कराना।

(3) (i) उत्पादकों को उचित कीमत उपलब्ध कराना।

(ii) उत्पादन बढ़ाने के लिए उत्पादकों को पर्याप्त प्रोत्साहन देना।

(4) कृषि पदार्थों तथा औद्योगिक पदार्थों मे समता बनाये रखना।

(5) कृषि पदार्थों की कीमतों में उपयुक्त सम्बन्ध स्थापित करना।

(6) अर्थव्यवस्था का नियोजित विकास कराना तथा मिश्रित अर्थव्यवस्था में सार्वजनिक तथा निजी क्षेत्रों में संसाधनों का उपयुक्त बँटवारा कराना।

(7) सहकारिता विकास योजनाओं को अमल में लाना।

सरकार द्वारा मार्च 1985 में जिस समन्वित मूल्य नीति की घोषणा की गयी उसके नीति के प्रमुख **घटक** निम्नलिखित हैं :

(1) न्यूनतम समर्थन मूल्य (Minimum Support Price): फसल के बोये जाने से पूर्व ही सम्बद्ध फसल के लिए न्यूनतम समर्थन मूल्य की घोषणा कर दी जाती है। इसे न्यूनतम गारण्टी मूल्य भी कहते हैं। सरकार द्वारा कृषि पदार्थों के न्यूनतम समर्थन मूल्य घोषित कर दिये जाने पर भी किसान अपनी उपज को बाजार में बेचने के लिए स्वतन्त्र रहता है।

यदि किन्ही कारणों से बाजार भाव गिरने लगें और किसानों को हानि होने की सम्भावना रहे तब सरकार न्यूनतम समर्थन मूल्य पर कृषि पदार्थों को खरीदती है। अतः स्पष्ट है कि इन मूल्यों का मुख्य उद्देश्य कृषकों के हितों की रक्षा करना है। न्यूतम समर्थन मूल्य के निर्धारण में कृषि सम्बन्धी लागतों को ध्यान में रखा जाता है।

(2) अधिप्राप्ति या खरीद (Procurement): बिक्री योग्य अतिरेक के कुछ भाग की बाजार कीमत से कम कीमत पर अधिप्राप्ति। इस कीमत को अधिप्राप्ति कीमत का नाम दिया जाता है। सरकार द्वारा फसल की खरीद सार्वजनिक वितरण प्रणाली के सुचारू रूप से संचालन के लिए की जाती है। अधिप्राप्ति कीमत प्रायः सहायता कीमत से अधिक होती है।

(3) सार्वजनिक वितरण प्रणाली (Public Distribution System): सार्वजनिक वितरण प्रणाली के अन्तर्गत राशन की दो पद्धतियाँ अपनाई गई है : अनिवार्य राशन तथा अनौपचारिक राशन। अनिवार्य राशन वाले क्षेत्रों में सम्बद्ध पदार्थों की खुले बाजार में बिक्री खरीद पर रोक लगा दी जाती है। उपभोक्ता को निर्धारित मात्रा में वस्तु उपलब्ध करवाने की जिम्मेदारी सरकार की होती है। अनौपचारिक राशन वाले क्षेत्रों में उपभोक्ता खुले बाजार से भी वस्तु खरीद सकते हैं।

(4) बफर स्टॉक (Buffer Stock): कीमत नीति का एक अन्य प्रमुख उपकरण बफर स्टॉक है। बफर स्टॉक के माध्यम से सार्वजनिक वितरण प्रणाली सुचारू रूप से चलाई जा सकती है एवं खाद्यान्नें की कीमत में अवांछनीय वृद्धि होने पर बफर स्टॉक के माध्यम से विभिन्न खाद्यान्नों की पूर्ति बढ़ाकर कीमतों की वृद्धि में नियन्त्रण रखा जा सकता है।

निष्कर्ष : उपर्युक्त विवेचन से स्पष्ट है कि 1965 के बाद से भारत में कृषि वस्तुओं से सम्बद्ध एक समुचित समन्वित मूल्य नीति का पालन किया गया है। निःसन्देह इस अवधि में कृषि उत्पादन में हुई उल्लेखनीय वृद्धि का श्रेय कुछ हद तक इस नीति को दिया जा सकता है जिसके माध्यम से किसान अधिक उत्पादन करने के लिए प्रेरित होते हैं।

कुछ अर्थशास्त्रियों ने सरकार द्वारा अपनाई गई कृषि मूल्य नीति की आलोचना इस आधार पर की है कि उससे कीमत स्थिर नहीं रखी जा सकती । जमाखोरी, मुनाफाखोरी जैसी बुराइयों पर नियन्त्रण भी नहीं रखा जा सकता।

आवश्यक खाद्यान्नों की कीमतें बढ़ी है जिसके फलस्वरूप उपभोक्ताओं के हितों की रक्षा की जा सकी है। इस कारण यह सुझाव दिया जाता है कि अनावश्यक रूप से सरकार कृषि पदार्थों के बाजार में हस्तक्षेप न करे।

भारत में कृषि मूल्य नीति के अन्तर्गत उठाये गये कदम
(Steps Taken in India Under Agricultural Price Policy)
अथवा
कृषि मूल्य के स्थरीकरण के सम्बन्ध में सरकार द्वारा उठाये गये कदम
(Efforts Made by The Government Towards Agricultural Price Stabilisation)

भारत में कृषि मूल्यों में स्थिरीकरण करने तथा किसानों और उपभोक्ताओं के हितों को सुरक्षा प्रदान करने के उद्देश्य से निम्नलिखित कदम उठाये गये हैं :

(1) कृषि मूल्यों में स्थायित्व लाने हेतु मार्च 1964 में सरकार ने खाद्य अंचलों (Food Zones) की स्थापना की है। देश को आठ गेहुँ अंचलों में विभाजित किया गया। उत्तर भारत में चावल अंचलों का गठन किया गया। परन्तु इसमें सरकार को सफलता नहीं मिली और प्रत्येक राज्य एक पृथक अंचल बना दिया गया। खाद्यान्नों को एक अंचल में चाहे जहाँ लाया ले जाया जा सकता था परन्तु दूसरे अंचल में ले जाने पर पाबन्दी थी।

(2) सरकार कृषि मूल्यों में स्थायित्व लाने की दृष्टि से प्रत्येक वर्ष न्यूनतम समर्थित मूल्य व वसूली मूल्यों की घोषणा करती है। सरकार इन्हें निधारित करते समय किसानों तथा निर्धन उपभोक्ताओं दोनों के हितों का ध्यान रखती है।

(3) कृषि मूल्यों में स्थायित्व लाने के लिए कृषि पदार्थों का आयात किया जाता है। यह आयात खाद्य पदार्थों जैसे : गेहुँ व चावल के अतिरिक्त अन्य कृषि पदार्थों – कपास व जूट आदि में भी किया जाता है।

(4) खाद्यान्नों का वितरण उपभोक्ता को उचित मूल्य पर खाद्यान्नों को उपलब्ध कराने के लिए सरकार ने खाद्यान्नों के वितरण की व्यवस्था कर रखी है। इसको राशनिंग कहते हैं। इस समय देश में सरकार द्वारा निर्धारित 4 लाख दुकानें हैं जो खाद्यान्नों का विक्रय करती हैं।

(5) सुरक्षित भण्डार या बफर स्टॉक खाद्य पदार्थों के मूल्यों की कीमतों में एक निश्चित सीमा से अधिक परिवर्तन नहीं होने देने के लिए सरकार खाद्य पदार्थों का बफर स्टॉक रखती है। यह कार्य भारतीय खाद्य निगम द्वारा किया जाता है।

(6) कृषि आगतों की अनुदानित पूर्ति खाद्यान्नों की बढ़ती मांग को देखकर सरकार उत्पादन वृद्धि के लिए किसानों को अनुदानित दरों पर बीज तथा रासायनिक उर्वरक उपलब्ध करा रही है जिससे भविष्य में पूर्ति करने पर कृषि मूल्यों में बहुत अधिक वृद्धि नहीं हो पायेगी।

(7) विभिन्न एजेन्सियों की स्थापना सरकार ने कृषि पदार्थों के न्यूनतम समर्थित मूल्य व वसूली मूल्यों को लागू करने तथा कृषि पदार्थों के सरकारी क्रय को व्यवस्थित करने हेतु विभिन्न एजेन्सियों की स्थापना की है जिसमें भारतीय खाद्य निगम, भारतीय कपास निगम, भारतीय जूट निगम, कृषि मूल्य आयोग, केन्द्रीय भण्डारण निगम प्रमुख रूप से हैं।

सरकार की कृषि मूल्य नीति का मूल्यांकन

(Evaluation of Government's Agricultural Price Policy)

1965 के बाद से भारत में कृषि वस्तुओं से सम्बद्ध एक समुचित समन्वित मूल्य नीति का पालन किया गया जिसकी प्रमुख उपलब्धियाँ निम्नलिखित रही हैं :

(1) कृषि उत्पादन में आश्चर्यजनक वृद्धि हुई है।

(2) कृषि मूल्य में स्थायित्व को बढ़ावा मिला है।

(3) उचित मूल्य की दुकानों की संख्या में वृद्धि हुई है।

(4) कृषकों को आवश्यक आदान (Input) उपलब्ध कराये गये हैं तथा कृषि क्षेत्र में उन्नत बीजों, खाद्य एवं उच्च तकनीक के प्रयोग को प्रोत्साहन मिला है।

(5) उत्पादन में कमी होने की स्थिति में बफर स्टॉक द्वारा माल की पूर्ति करके मूल्यों में वृद्धि को रोका गया है तथा देश को अकाल की स्थिति से बचाया गया है।

(6) उद्योगों को भी कृषि पदार्थ उचित मूल्य पर उपलब्ध कराये गये हैं जिससे उद्योगों द्वारा निर्मित वस्तुओं के मूल्यो में भी स्थायित्व रहा है तथा औद्योगिक शान्ति रही है।

कृषि मूल्य नीति हेतु सुझाव (Suggestions for Agricultural Price Policy)

कृषि मूल्य नीति की कमियों को दूर करने के लिए निम्नलिखित सुझाव दिये जा सकते हैं :

(1) कीमतों का उचित निर्धारण (Appropriate Determination of Price): कृषि मूल्यों का उचित रूप से निर्धारण किया जाना चाहिये। इनका मूल्य निर्धारित करते समय परिवार श्रम को भी लागत में शामिल किया जाना चाहिए। कृषि के लिए आवश्यक उपादानों (Inputs) की बढ़ती हुई लागत को कीमत निर्धारण करते समय ध्यान में रखा जाना चाहिए।

(2) वसूली कीमत आकर्षक हो (Attractive Procurement Price): विभिन्न अध्ययनों से इस बात की पुष्टि होती है कि उचित कीमत निर्धारण ही कृषकों को अधिक उत्पादन के लिए प्रेरित करता है। अतः वसूली कीमत निश्चित रूप से आकर्षक होनी चाहिए।

(3) उपयुक्त कीमतों के साथ साथ उत्पादकता में वृद्धि (Enhancement in Productivity with Appropriate Price): कृषि पदार्थों की उचित कीमतें निर्धारित करने का तभी लाभ होगा जब उन पदार्थों की उत्पादकता वृद्धि के भी साथ साथ प्रयत्न किये जाये। उदाहरण के लिए तिलहन तथा दालों की उचित कीमतें निर्धारित करने के बावजूद भी इनकी उत्पादकता कम होने के कारण इनके उत्पादन में वृद्धि नहीं हो सकी है। इसलिए कृषि मूल्य नीति तथा कृषि के आधुनिकीकरण की नीति साथ साथ लागू की जानी चाहिए।

(4) लघु कृषकों के हितों की रक्षा (Protecting Interest of Small Farmers) कृषि मूल्य नीति का लाभ समृद्ध किसानों ने अधिक उठाया है। अत: कीमत नीति के निर्धारण में इस बात का भी ध्यान रखा जाना चाहिए कि लघु व सीमान्त कृषकों को भी उसका लाभ मिले।

(5) कृषि विपणन में सुधार (Improvement in Agricultural Marketing): कृषि मूल्य नीति की सफलता के लिए आवश्यक है कि कृषि विपणन की व्यवस्था को अधिक कुशल बनाया जाय। किसानों को मध्यस्थों से बचाया जाए। कृषि पदार्थों के संग्रहण यातायात आदि में सुधार किया जाय।

(6) खाद्यान्नों के अधिकतम मूल्यों का निर्धारण (Determination of Maximum Price of Foodgrains): सरकार द्वारा खाद्यान्नों का अधिकतम मूल्य निर्धारित किया जाना चाहिए और यदि आवश्यक हो तो भारतीय खाद्य निगम इन मूल्यों पर खाद्यान्न की बिक्री के लिए तैयार रहे ताकि उन ग्रामीण उपभोक्ताओं का जो राशन व्यवस्था में सम्मिलित नहीं किये जा सके हैं, शोषण न हो तथा खाद्यान्नों के मूल्य नियन्त्रित रहे।

(7) सार्वजनिक वितरण व्यवस्था में सुधार (Improvement in Public Distribution System): कृषि मूल्य नीति की सफलता के लिए यह भी आवश्यक है कि सार्वजनिक वितरण व्यवस्था में सुधार किया जाना चाहिए। उचित मूल्य की दुकानों पर आवश्यक वस्तुओं की बिक्री उचित मात्रा में निरन्तर की जानी चाहिए। इनके कार्यकर्ताओं को अधिक कुशल तथा ईमानदार बनाया जाना चाहिए। बफर स्टॉक की मात्रा में वृद्धि की जानी चाहिए। कृषि पदार्थों के अधिकतम तथा न्यूनतम मूल्यों में अधिक अन्तर नहीं होना चाहिए।

कृषि मूल्यों में स्थिरता लाने के लिये सूझाव

(Suggestions for stability in Agricultural Prices)

कृषि मूल्यों में स्थिरता लाने के लिये अग्रांकित सुझाव दिये जा सकते हैं:

1. सरकार कृषकों को न्यूनतम मूल्य के सम्बन्ध में गारन्टी दे जिससे कृषि मूल्यों में स्थायित्व आ सके ।

2. कृषि मूलयों का निर्धारण वैज्ञानिक आधार पर हो । दूसरे शब्दों में, कृषि मूल्यों का निर्धारण करते समय कृषि उपजों की माँग व लागत दोनों पहलुओं पर ध्यान दिया जाना

चाहिये । किसी भी दशा में कृषि पदार्थों के बाजार मूल्यों को कृषि की स्थिर लागत से नीचे न गिरने दिया जाये ।

3. कृषि मूल्य के सम्बन्ध में एक राष्ट्रीय नीति की घोषणा की जाये ताकि विभिन्न राज्यों की मूल्य नतियों में समन्वय स्थापित किया जा सके ।

4. कृषि मूल्य के लाभों का उपयोग गकृषि क्षेत्र में उत्पादन बढ़ाने के लिये किया जाये ।

5. मूल्यों का निर्धारण करते समय उपभोक्ताओं के हित को भी ध्यान में रखा जाये ।

6. कृषि मूल्यों का निर्धारण करते समय घरेलू एवं विश्व बाजार दोनों की परिस्थितियों को ध्यान में रखा जाये ।

7. एक फसल में 12 1/2% से अधिक मूल्यों में कमी न होने दी जाये ।

8. उपभोक्ताओं की तरफ से भी यह प्रयास रहना चाहिये कि वे सरकारी कार्यक्रमों को सफल बनाने में सहयोग दें ।

9. किसानों के हित में गैर मूल्य उपाय भी अपनाये जायें ।

प्रश्न

1. कृषि मूल्य नीति का क्या आशय हैं? कृषि मूल्यों में उच्चावचन के प्रमुख कारण क्या है।

   What do you mean by agriculture price policy? What are the main reasons of fluctuation in agricultural price.

2. भारत में कृषि नीति के क्या प्रमुख उद्देश्य रहे है। विभिन्न पंचवर्षीय योजनाओं में अपनायी गयी कृषि नीति की विवेचना कीजिए।

   What have been objectives of agriculture price in India. Discuss agricultural price policy adopted during plans.

3. कृषि लागत तथा मूल्य पर आयोग के कार्यो की संक्षेप में व्याख्या कीजिए।

   Discuss in brief objectives of Commission on Agricultural Cost and Price.

5

कृषि वित्त
(Agriculture Finance)

कृषि वित्त से आशय निवेश किये जाने वाले धन की उस राशि से है जो कृषि उत्पादकता में वृद्धि में सहायक होती है। उत्पादकता वृद्धि के लिए प्राप्त किया गया ऋण एवं उपभोग ऋण कृषकों की दक्षता में वृद्धि करने में सहायक होते हैं, किन्तु कृषकों पर ऋण का इतना अधिक भार रहा है। कि **वुल्फ समिति** ने कहा है कि, "भारतीय किसान ऋण के रूप में जन्म लेता है, अपने जीवन भर ऋणी रहता है और ऋणी रह कर ही मर जाता है।"

कृषि वित्त की आवश्यकता (Need for Agricultural Finance)– कृषकों की सामान्य वित्तीय आवश्यकताएं निकलसन के अनुसार में इस प्रकार हैं, "बीज, खाद आदि खरीदने के लिये, कृषि व्यय, पशुओं, औजारों तथा कच्चे माल की खरीद, नयी भूमि लेने के लिये, या भुमिसुधार, सिंचाई, नाली तथा वृक्षारोपण के लिए, पुराना ऋण चुकाने के लिए, अथवा मुकदमा आदि के लिए किसान को ऋण लेने की आवश्यकता होती है।" कृषकों को अनेक कार्यो के लिए ऋण की आवश्यकता होती है। कभी उसे भूमि हल या बैल खरीदने अथवा सिंचाई सुविधाओं की व्यवस्था करने के लिए ऋण की आवश्यकता होती है, तो कभी सामाजिक कार्यों अथवा जीवन निर्वाह के लिए ऋण लेना पड़ सकता है।

कृषि वित्त के प्रकार (Types of Agricultural Finance)– उपर्युक्त आवश्यकताओं के आधार पर किसानों की ऋण की आवश्यकताओं को तीन भागों में बाँटा जा सकता है :

(1) अल्पकालीन ऋण (Short Term Loan)– सामान्यतया अल्पकालीन ऋण की अवधि एक फसल से दूसरी फसल तक या एक वर्ष की होती है। इस प्रकार के ऋण बीज, खाद, मजदूरी, औजार, जोत आदि के व्ययों का भुगतान करने के लिए प्राप्त किये जाते हैं, और कृषि फसल की बिक्री होते ही चुका दिये जाते हैं। लेकिन अल्पकालीन ऋण के भुगतान की अधिकतम अवधि 15 माह होती है।

(2) मध्यकालीन ऋण (Medium Term Loan)– इन ऋणों की अवधि दो से पाँच वर्ष तक मानी जाती है। इसके अन्तर्गत किसान मवेशियों की खरीद, भूमि सुधार, पम्प लगाने या इसी प्रकार के अन्य औजारों को खरीदने के लिए ऋण प्राप्त करना चाहते हैं। इस ऋण की राशि किसान की साधारण देय क्षमता से अधिक होती है, और वह फसल पर किस्तों द्वारा ही इसका भुगतान कर सकता है। मध्यकालीन ऋण के भुगतान की अधिकतम अवधि 5 वर्ष होती है।

(3) दीर्घकालीन ऋण (Long Term Loan)– इस प्रकार के ऋणों की अवधि पांच वर्ष से बीस वर्ष तक की हो सकती है। इतनी लम्बी अवधि वाले ऋणों की आवश्यकता भूमि में स्थाई सुधार करने के लिए कुँआ खुदवाने, स्थाई नालियाँ बनवाने, जानवरों के लिये गौशाला का निर्माण करने, गोदाम बनवानें, नई भूमि खरीदने, पुराने ऋणों का भुगतान करने आदि के लिए होती है। इन कार्यो में पूँजी नित्रेश से कृषकों को अनेक वर्षो तक निरन्तर आय प्राप्त होती है।

भारत में कृषि वित्त के स्त्रोत (Sources of Agricultural Finance Sources)

भारत में किसान अपनी उपर्युक्त आवश्यकताओं की पूर्ति हेतु दो प्रकार के स्त्रोत से ऋण प्राप्त करता है –

1. गैर संस्थागत स्त्रोत (Non-Institutional Sources) तथा
2. संस्थागत स्त्रोत (Institutional Sources)

गैर संस्थागत स्त्रोत में साहुकार, व्यापारी एवं भू–स्वामी आदि को सम्मिलित किया जाता है। संस्थागत स्त्रोतों में सरकार, सहकारी समितियों तथा वाणिज्यिक बैंकों आदि को सम्मिलित किया जाता है।

कृषि वित्त के इन स्त्रोतों का विस्तृत वर्णन निम्न प्रकार है :

(i) **गैर संस्थागत स्त्रोत** (Non-Institutional Sources)– कृषि वित्त के गैर संस्थागत स्त्रोत में साहूकार, देशी बैंकर्स व भू–स्वामियों को सम्मिलित किया जाता हैं। ये लोग गाँवों में किसानो की अधिकांश वित्त सम्बन्धि आवश्यकताओं की पूर्ति करते हैं। ये व्यक्ति कृषकों को प्राय: अल्पकालीन ऋण देते हैं।

साहूकार तथा देशी बैंकर प्राय: ऋण देने की समान पद्धतियों का प्रयोग करते हैं।

।अन्तर केवल इतना हैं कि देशी बैंकर प्राय: बड़े व्यापारियों को ऋण देते हैं, जबकि साहूकार के ग्राहक सामान्य किसान, मजदूर अथवा मध्यम वर्ग के लोग होते हैं। अनेक बार भूमि, मकान तथा दुकान बन्धक रखकर ऋण दिये जाते हैं। कभी कभी तो ऋणदाता को बन्धक रखी सम्पत्ति का कब्जा नहीं दिया जाता, केवल उसका अधिकार पत्र दिया जाता है, और ऋणी उस सम्पत्ति को बेच भी नहीं सकता।

साहूकारों व भू–स्वामियों की कार्य पद्धति अत्यन्त लोचदार होती है और वह समय, परिस्थिति तथा व्यक्ति के अनुसार उनमें परिवर्तन करता है। उसकी कार्यवाहियों की सर्वत्र आलोचना की गयी है। क्योंकि अनेक बार साहूकार ब्याज की रकम अग्रिम मांगते है। प्राय: यह रकम मूल रकम से काट ली जाती है। यही नहीं इस वर्ग द्वारा हिसाब किताब में

गड़बड़ करने के आरोप भी लगाये जाते हैं। साहुकार न तो प्राप्त रकम के लिए रसीद देता है और न ही ऋणी को यथा समय हिसाब भेजता है। अनेक बार उसके विरूद्ध रकम जमा न करने की शिकायत भी की जाती है। साहूकार ब्याज अधिक लेता है। सामान्य ऋणों पर ब्याज की दरें 12 से लेकर 24 प्रतिशत तक होती है। जबकि किस्त में भुगतान वाले ऋणों पर ब्याज की दर 40 प्रतिशत तक भी पाई जाती है तथा ब्याज की दर क्रमशः अधिक होती हैं।

(ii) **संस्थागत स्त्रोत** (Institutional Sources) – कृषि वित्त के संस्थागत स्त्रोतों में विभिन्न वित्तीय संस्थाओं, सहकारी समितियों व सरकार आदि को सम्मिलित किया जाता है। वर्तमान में लगभग 65 प्रतिशत ऋण संस्थागत स्त्रोतों द्वारा उपलब्ध कराए जाते हैं। संस्थागत स्त्रोतों से कृषि साख की कुल राशि 1992–93 में 15,169 करोड़ रूपये थी, जो 1999–2000 में बढ़कर 44,612 करोड़ रूपये हो गई। 2000–2001 के दौरान वितरण राशि की मात्रा 51,460 करोड़ रूपये हो गई। वर्ष 2001–2002 के लिए कृषि क्षेत्र को 64000 करोड़ रूपये का संस्थागत ऋण उपलब्ध कराने का लक्ष्य निर्धारित किया गया है। 1999–2000 के दौरान कृषि क्षेत्र को दिए गए कुल सस्थागत ऋण में सहकारी बैंकों का अंश 41.31 प्रतिशत, वाणिज्यिक बैंकों का 51.23 प्रतिशत तथा क्षेत्रीय ग्रामीण बैंकों का अंश 7.46 प्रतिशत हैं।

कृषि के कुल संस्थागत ऋण में अल्प कालीन ऋण का अंश वर्ष 1999–2000 में 65 प्रतिशत अनुमानित किया गया था, जबकि मध्यम तथा दीर्घकालीन ऋण का अंश 39 प्रतिशत अनुमानित किया गया था। रिजर्व बैंक के निर्देशों के अनुसार सार्वजनिक क्षेत्र के वाणिज्यिक बैंकों को अपनी कुल साख का 18 प्रतिशत कृषि क्षेत्रों को उपलब्ध कराना होता है, किन्तु मार्च 1999 तक इन बैंकों द्वारा कृषि क्षेत्र को उपलब्ध कराई गई बकाया साख कुल बैंक साख का 14.1 (37631 करोड़ रूपये) प्रतिशत ही रही थी।

भारत में विभिन्न संस्थागत स्त्रोतों द्वारा कृषि क्षेत्र को उपलब्ध करवायी जाने वाली कुल साख में प्रतिशत को तालिका –1 में प्रस्तुत किया गया है:

तालिका–1

भारत में संस्थागत कृषि साख का प्रतिशत विवरण

वर्ष	सहकारी बैंक	क्षेत्रीय ग्रामिण बैंक	वाणिज्यक बैंक	कुल साख में संस्थागत स्त्रोतों का प्रतिशत
1997–98	44	6	50	21
1998–99	43	7	50	15
1999–2000	40	7	53	26
2000–01*	39	8	53	14
2001–02*	42	8	50	21
2002–03 लक्ष्य	43	7	50	28

स्रोत : नाबार्ड द्वारा निर्गमित आँकड़े

भारत में विभिन्न संस्थागत स्रोतों द्वारा कृषि क्षेत्र को उपलब्ध करवायी जाने वाली वास्तविक साख की राशि का विवरण तालिका -2 में प्रस्तुत किया गया है:

तालिका-2
भारत में संस्थागत कृषि साख का विवरण

(करोड़ रूपये)

वर्ष	सहकारी बैंक	क्षेत्रीय ग्रामीण बैंक	वाणिज्यक बैंक	कुल संस्थागत साख
1994-95	9,406	1083	8,255	18,744
1995-96	10,479	1381	10,172	22,032
1996-97	11,944	1684	12,783	26,411
1997-98	14,085	2040	15831	31,956
1998-99	15,957	2460	18443	36,860
1999-2000	18,363	3172	24733	46,268
2000-01*	20,784	4219	27711	52,714
2001-02*	27,080	4956	31964	64,000
2008-09	35,774	25.852	202856	264455

स्रोत : नाबार्ड द्वारा निर्गमित आँकड़े

(क) वित्तीय संस्थाएँ (Financial Institutions)- इनमें मुख्य रूप से नाबार्ड, रिजर्व बैंक, व्यापारिक बैंक, भारतीय स्टेट बैंक, भूमि विकास बैंक, क्षेत्रीय ग्रामीण बैंक, सहकारी बैंक आदि को सम्मिलित किया जाता है। इनका वर्णन निम्न प्रकार है :

1. नाबार्ड (The National Bank for Agriculture and Rural Development -NABARD)- यह देश में कृषि एवं ग्रामीण विकास हेतु वित्त उपलब्ध करने वाली शीर्ष संस्था है। राष्ट्रीय कृषि तथा ग्रामीण विकास बैंक की स्थापना 12 जुलाई 1982 को की गई थी। नाबार्ड की चुकता पूँजी 100 करोड़ रू में भारत सरकार तथा रिजर्व बैंक का बराबर (50 : 50) का योगदान था। वर्ष 1998 में इसे बढ़ाकर 1000 करोड़ रूपये कर दिया गया था। जिसमें रिवर्ज बैंक का योगदान 800 करोड़ रूपये तथा केन्द्र सरकार का 200 करोड़ रूपये था।

नाबार्ड ग्रामीण ऋण ढाँचे में एक शीर्षस्थ संस्था के रूप में अनेक, वित्तीय संस्थाओं (राज्य भूमि विकास बैंक, राज्य सहकारी बैंक, अनुसूचित वाणिज्यिक बैंक, क्षेत्रीय ग्रामीण बैंक) को पुनर्वित सुविधाएँ प्रदान करता है, जो ग्रामीण क्षेत्रों में उत्पादक गतिविधियों के विस्तृत क्षेत्रों को बढ़ावा देने के लिए ऋण देती है। अपनी ऋण सम्बन्धी आवश्यकताओं की पूर्ति के लिए नाबार्ड, भारत सरकार, विश्व बैंक तथा अन्य ऐजेन्सियों से राशियाँ प्राप्त

करता है। यह केन्द्र सरकार की गारण्टी प्राप्त बॉण्ड तथा ऋणपत्र जारी करके भी संसाधन जुटा सकता है। इसके अतिरिक्त यह राष्ट्रीय ग्रामीण साख (स्थिरीकरण) निधि के संसाधनों का भी प्रयोग करता है। 1 अप्रैल 1995 से नाबार्ड के तहत एक नई ग्रामीण आधारित संरचनात्मक विकास निधि (Rural Infrastructure Development Fund) की स्थापना की गई। इस कोष के लिए उन बैंकों से अंशदान स्वीकार किया गया था जो प्राथमिक क्षेत्र (कृषि) को लक्ष्य के अनुरूप साख उपलब्ध नहीं करा सके थे। वर्ष 2001 - 2002 के दौरान एक लाख अतिरिक्त स्व-सहायता समूहों को नाबार्ड से जाड़ने का लक्ष्य निर्धारित किया गया है। नाबार्ड और भारतीय रिजर्व बैंक प्रत्येक के द्वारा 40 करोड़ रूपये के अंशदान से नाबार्ड में एक लघु वित्त विकास निधि की भी स्थापना कर दी गई हैं, RIDF का ऋण देने का क्षेत्र भी बढ़ाया गया है। इससे ग्राम स्तर की संरचनात्मक परियोजनाओं के कार्यान्वयन के लिए ग्राम पंचायत, सेल्फ हैल्फ ग्रुफ तथा गैर सरकारी संगठनों को ऋण उपलब्ध कराया जाता है। वर्ष 1999-2000 के दौरान नाबार्ड द्वारा अनुसूचित व्यापारिक बैंकों तथा क्षेत्रीय ग्रामीण बैंकों को कुल 6080.54 करोड़ रूपये की सहायता उपलब्ध कराई गई।

नाबार्ड ने वाणिज्यिक बैंक, क्षेत्रीय ग्रामीण बैंक तथा सहकारी बैंकों के माध्यम से फरवरी 2001 तक लगभग 110 लाख किसान क्रेडिट कार्ड जारी किए। यह किसान क्रेडिट कार्ड स्कीम एक निरन्तर चलने वाली स्कीम है जिसका उद्देश्य अल्पकालीन फसल ऋण जारी करने में पारम्परिक तरीकों को धीरे धीरे समाप्त करना है। इसके अन्तर्गत दिए जाने वाले ऋणों को कृषि बीमा योजना के अधीन लाया गया है।

2. भारतीय रिजर्व बैंक (Reserve Bank of India) - यह भारत का केन्द्रीय बैक हैं। इसकी स्थापना रिजर्व बैंक ऑफ इण्डिया अधिनियम के तहत 1 अप्रैल 1935 को 5 करोड़ रूपये की अधिकृत पूँजी से हुई थी। इसका राष्ट्रीयकरण 1 जनवरी 1949 को किया गया, जिससे यह देश के कृषि एवं औद्योगिक क्षेत्र के विकास में योगदान दे सके।

रिजर्व बैंक कृषकों को कोई प्रत्यक्ष रूप से वित्तीय सहायता प्रदान नहीं करता है। वर्तमान में रिजर्व बैंक ने कृषि वित्त का समस्त भार नाबार्ड को सौंप दिया है, जो कृषि वित्त सम्बन्धी ऋणों में महत्वपूर्ण भूमिका अदा कर रहा है।

3. व्यापारिक बैंक (Commercial Banks)- सन् 1968 तक व्यापारिक बैंक कृषि में कोई महत्वपूर्ण योगदान नहीं देता था, लेकिन 14 व्यापारिक बैंकों का सन् 1969 को और 6 बैंकों का 15 अप्रैल, 1980 को राष्ट्रीयकरण हो जाने के पश्चात् इन बैंकों के द्वारा अब कृषि वित्त में महत्वपूर्ण योगदान दिया जाने लगा है। इनके अतिरिक्त अन्य व्यापारिक बैंक भी इस सम्बन्ध में नरम नीति का अनुसरण कर कृषि वित्त सुलभ करा रहे हैं। ये बैंक अल्पकालीन व मध्यकालीन दोनो प्रकार के ऋण प्रदान करते हैं। 1969 में देश में बैंकों की शाखाएँ 8,262 थी, जो 30 जून 2000 तक बढ़कर 65,450 हो गई। इससे प्रति बैंक शाखा के पीछे जनसंख्या का अनुपात 64,000 से कम करके 15,000 हो गया है। सन. 1969 से पूर्व ग्रामीण क्षेत्रों में बैंकों की शाखाएँ बहुत कम थी, लेकिन बैंकों के राष्ट्रीयकरण के पश्चात् एवं सरकारी नीति के कारण 30 जून 2000 को 51 प्रतिशत शाखाएँ ग्रामीण क्षेत्रों में थी।

भारत में वाणिज्यिक बैंकों का कृषि साख प्रवाह में अत्यन्त महत्वपूर्ण भूमिका है। तालिका-3 में प्रस्तुत आंकड़े दर्शाते हैं कि वाणिज्यिक बैंकों द्वारा 1994-95 में कुल 8,265 करोड रूपये की साख कृषि क्षेत्र को प्रदान की गई। वाणिज्यिक बैंकों द्वारा कृषि साख

की राशि निरन्तर बढ़ते हुए 2001-02 तक 31,964 करोड़ रूपये हो गई। तालिका-3 में वाणिज्य बैंकों द्वारा कृषि साख का प्रवाह दर्शाया गया है।

तालिका -3

वाणिज्य बैंकों द्वारा कृषि साख प्रवाह

(करोड़ रूपये)

वर्ष	कृषि साख की राशि		
	अल्पकालीन	मध्यकालीन/दीर्घकालीन	कुल
1994-95	अप्राप्त	8265	8265
1995-96	5345	4827	10,172
1996-97	6549	6234	12,783
1997-98	8349	7882	15,831
1998-99	9,622	8821	18,443
1999-2000	11,697	13,036	24,733
2000-01*	13,480	14,231	27,711
2001-02*	16,004	15,960	31,964
2002-03 लक्ष्य	17,073	24,144	41,217

* अन्तरिम, ** अनुमानित

स्रोत - नाबार्ड द्वारा प्रकाशित आंकड़े।

4. भारतीय स्टेट बैंक (State Bank of India)- सार्वजनिक क्षेत्र के बैंकों में भारतीय स्टेट बैंक सबसे बड़ा बैंक है। 30 जून 2000 को इसके सहयोगी बैंकों सहित इसकी 13,306 शाखाएँ थी। 7 सहयोगी बैंकों के समस्त अथवा अधिकांश शेयर पूँजी भारतीय स्टेट बैंक के पास है। स्टेट बैंक तथा उसके सहयोगी बैंक मिलकर देश के कुल बैंकिंग कारोबार का 26.2 प्रतिशत कारोबार संभालते हैं तथा सरकारी क्षेत्र के बैंकों द्वारा किए गए कारोबार का 31.9 प्रतिशत कारोबार सँभालते हैं। यह बैंक अपनी स्थापना से ही कृषि वित्त उपलब्ध कराने का प्रयास कर रहा है। जिसके परिणामस्वरूप यह निम्न प्रकार की सुविधाएँ देता है।

(1) जिन स्थानों पर केन्द्रीय बैंक नहीं है या सहकारी समितियाँ ऋण देने में असमर्थ हैं वहाँ सहकारी समितियों को यह बैंक प्रत्यक्ष ऋण देता है।

(2) यह बैंक सहकारी बैंकों को एक स्थान से दूसरे स्थान पर धन भेजने की निः शुल्क सुविधा प्रदान करता है।

(3) यह कृषि गोदामों को बनाने के लिए ऋण की सुविधा देता है।

(4) कृषकों को ट्रैक्टरों व अन्य मशीन क्रय करने एवं सिंचाई के पम्प सेट लगाने के लिए यह बैंक उनको सीधा ऋण प्रदान करता है।

(5) यह ग्रामीण क्षेत्रों में अपनी शाखाएँ खोलकर कृषि क्षेत्र को प्रत्यक्ष रूप से ऋण देने का प्रयास कर रहा है। इस समय स्टेट बैंक व उसकी सहायक बैंकों की 77.1 प्रतिशत शाखाएँ ग्रामीण या अर्ध ग्रामीण क्षेत्रों में हैं।

स्टेट बैंक ने गाँव अंगीकृत योजना (Village Adoption Scheme) प्रारम्भ की है। इस योजना का उद्देश्य गोद लिये गये अर्थात् अंगीकृत गांव को वित्तीय सुविधा प्रदान करना है।

5. भूमि विकास बैंक (Land Development Banks) - किसानों की दीर्घकालीन वित्तीय आवश्यकताओं की पूर्ति के लिए भूमि विकास बैंकों की स्थापना की गई है। ये बैंक किसानों को भूमि खरीदने, भूमि पर स्थाई सुधार करने अथवा पुराने ऋणों का भुगतान करने आदि के लिए दीर्घकालीन ऋणों की व्यवस्था करते हैं। इन बैंकों का ढाँचा दो स्तर वाला है, राज्य स्तर पर केन्द्रिय भूमि विकास बैंक तथा जिला स्तर पर प्राथमिक भूमि विकास बैंकों की स्थापना की गई है। भूमि विकास बैंक किसानों की अचल सम्पत्ति को बन्धक रखकर ऋण प्रदान करते हैं। साधारणतया प्रतिभूति के मूल्य का 50 प्रतिशत ऋण दिया जाता है।

6. क्षेत्रीय ग्रामीण बैंक (Regional Rural Banks)- समाज के कमजोर वर्गों विशेषकर ग्रामीण क्षेत्रों में किसानों एवं कारीगरों कों सस्थागत उधार उपलब्ध कराने के लिए देश में क्षेत्रीय ग्रामीण बैंकों की स्थापना की गई है। आरम्भ में 2 अक्टूबर 1975 को पांच क्षेत्रीय ग्रामीण बैंक स्थापित किए गए। उत्तर प्रदेश में मुरादाबाद और गौरखपुर, हरियाणा में भिवानी, राजस्थान में जयपुर तथा पश्चिम बंगाल में माल्दा में इन बैंकों की स्थापना की गई। बाद में देश के अन्य भागों में भी इन बैंकों का विस्तार किया गया।

30 जून 2000 को 196 क्षेत्रीय ग्रामीण बैंकों की 23 राज्यों में 480 जिलों के अन्तर्गत 14,459 शाखाएँ कार्य कर रही थीं, जिनमें से 12,158 शाखाएँ ग्रामीण क्षेत्रों में हैं। ये ग्रामीण शाखाएँ अनुसूचित व्यापारिक बैंकों द्वारा प्रदत्त कुल ग्रामीण साख में 37.4 प्रतिशत का योगदान देतीं है।

प्रत्येक ग्रामीण बैंक की अधिकृत पूँजी एक करोड़ रूपये निर्धारित की गई हैं। यह अधिकृत पूँजी केन्द्रीय सरकार, रिजर्व बैंक एवं समर्थक बैंक की सलाह से कम कर सकता है, किन्तु वह 25 लाख रूपये से कम नहीं होगी। प्रत्येक बैंक की निर्गमन पूँजी 25 लाख रूपये होगी। इसमें से 50 प्रतिशत केन्द्रीय सरकार, 15 प्रतिशत राज्य सरकार एवं 35 प्रतिशत समर्थक बैंक द्वारा प्रदान की जाएगी। 12 जुलाई 1982 को इन बैंकों का नियन्त्रण रिजर्व बैंक ने नाबार्ड को सौप दिया था।

7. सहकारी बैंक (Co-operative Banks) - भारत में सहकारी बैंकों का गठन तीन स्तरों वाला है। राज्य सहकारी बैंक सम्बन्धित राज्य में शीर्ष संस्था होती है। इसके बाद केन्द्रिय या जिला सहकारी बैंक जिला स्तर पर कार्य करते हैं। तृतीय स्तर प्राथमिक ऋण समितियों का स्थान होता है, जो ग्राम स्तर पर कार्य करती है।

मार्च 1998 के अन्त में प्राथमिक (शहरी) सहकारी बैंकों की संख्या 1811 थी, तथा उनके कार्यालयों की संख्या 5229 थी। प्राथमिक सहकारी बैंकों (Prim-

Cooperative Banks) का अपने कुल अग्रिमों का 60 प्रतिशत प्राथमिक क्षेत्र की गतिविधियों को तथा कम से कम 25 प्रतिशत कमजोर वर्गों को आवंटित करना होता है।

(i) **प्राथमिक साख समितियाँ** (Primary Credit Societies) - इनकी स्थापना कृषि क्षेत्र की अल्पकालीन ऋणों की आवश्यकता की पूर्ति के लिए की गई है। एक गांव अथवा क्षेत्र के कोई भी कम कम दस व्यक्ति मिलकर एक प्राथमिक साख समिति का निर्माण कर सकते है। ये समितियाँ प्राथमिक कृषि साख समितियाँ भी कहलाती हैं तथा सामान्यतः यह उत्पादक कार्यो के लिए अल्पकालीन (एक वर्ष के लिए) ऋण देती है, परन्तु विशेष परिस्थितियों में इनकी अवधि तीन वर्ष तक के लिए बढ़ाई जा सकती है।

(ii) **केन्द्रीय सहकारी बैंक** (Central Co-operative Banks) - इन्हें जिला सहकारी बैंक भी कहा जाता है, इनका कार्य क्षेत्र एक जिले तक ही सीमित रहता है। केन्द्रीय सहकारी बैंकों को दो भागों में विभाजित किया जा सकता हैं - (1) सहकारी बैंकिंग संघ, तथा (2) मिश्रित केन्द्रीय सहकारी बैंक। सहकारी बैंकिंग संघ की सदस्यता सिर्फ सहकारी समितियों को ही प्राप्त होती हैं, जबकि मिश्रित सहकारी बैंकों के सदस्य सहकारी समितियाँ तथा व्यक्ति दोनों ही हो सकते हैं। भारत के समस्त राज्यों में प्रायः मिश्रित सदस्यता वाले केन्द्रिय सहकारी बैंक हैं। ये बैंक सहकारी साख समितियों को आवश्यकतानुसार ऋण प्रदान करते हैं, जिससे कि ये समितियाँ कृषकों तथा सदस्यों को समुचित आर्थिक सहायता उपलब्ध करा सकें।

केन्द्रीय सहकारी बैंक अपनी चालू पूँजी में राज्य सहकारी बैंक से ऋण लेकर वृद्धि करते हैं तथा सहकारी समितियों को ऋण देते हैं। इनके ऋण की अवधि भी एक वर्ष से तीन वर्ष तक की हो सकती है। इस प्रकार अधिकांश केन्द्रीय बैंक, राज्य सहकारी बैंक तथा प्राथमिक ऋण समितियों के मध्य अन्तर्वर्ती (Mediator) का कार्य करते हैं।

(iii) **राज्य सहकारी बैंक** (State Co-operative Bank) - इस बैंक को राज्य का शीर्ष सहकारी बैंक भी कहते हैं। यह बैंक राज्य के केन्द्रीय सहकारी बैंकों को ऋण देता है, और उनके कार्यों का नियंत्रण भी करता है। यह बैंक रिजर्व बैंक, केन्द्रीय सहकारी बैंक तथा प्राथमिक सहकारी समितियों के मध्य एक महत्वपूर्ण वित्तीय कड़ी का कार्य सम्पन्न करता है।

सहकारी साख संस्थाओं द्वारा कृषि वित्त प्रवाह को तालिका-4 में दर्शाया गया है। इन संस्थाओं द्वारा 1994-95 में 9,406 करोड़ रूपये की कृषि साख का प्रवाह हुआ जिसमें से 7,250 करोड़ रूपये अल्पकालीन कृषि साख तथा 2,156 करोड़ रूपये मध्यकालीन/दीर्घकालीन साख प्रवाह से सम्बन्धित था। विगत कुछ वर्षों में सहकारी साख संस्थाओं द्वारा कृषि साख प्रवाह में महत्वपूर्ण वृद्धि हुई है। सन् 2000-01 तक कुल मिलाकर 35,111 करोड़ रूपये की कृषि साख का प्रवाह हुआ।

तालिका -4

सहकारी साख संस्थाओं द्वारा कृषि साख प्रवाह

(करोड़ रूपये)

वर्ष	कृषि साख की राशि		
	अल्पकालीन	मध्यकालीन/दीर्घकालीन	कुल
1994-95	7250	2156	9,406
1995-96	8331	2148	10,479
1996-97	9328	2616	11,944
1997-98	10,895	3190	14,085
1998-99	12,571	3386	15,957
1999-2000	14,845	3518	18,363
2000-01*	16,564	4220	20,784
2001-02*	21542	5538	27,080
2002-03 लक्ष्य	10,400	24,711	35,111

* अन्तरिम, ** अनुमानित

स्रोत्र - नाबार्ड द्वारा प्रकाशित आंकड़े।

(ब) सरकार (Government) - कृषि साख की व्यवस्था राज्य तथा केन्द्रीय सरकार भी करती है। राज्य द्वारा कृषि भूमि सुधार ऋण अधिनियम, 1383 तथा कृषक ऋण अधिनियम 1884 के अन्तर्गत किसानों को तकावी (ऋण) दिये जाते हैं। तकावी ऋणों का प्रारम्भ अकाल अथवा बाढ़ आदि के उत्पन्न संकट की स्थिति में सहायता देने के लिए किया गया था, परन्तु धीरे धीरे यह सरकार का नियमित कार्य बन गया।

भारत में कृषि वित्त की कमियाँ अथवा दोष

(Shortcomings and Demerits of Agricultural Finance in India)

स्वतन्त्रता के पश्चात् भारतीय अर्थव्यवस्था के महत्वपूर्ण क्षेत्रों को पर्याप्त साख उपलब्धि की दृष्टि से ऐसी वित्तीय संस्थाओं की स्थापना का जाल सा बिछा गया है जो कृषकों के हितों में सर्वथा अनुकूल हो। कृषि क्षेत्र को साख प्रवाह करने वाली संस्थाओं के विशेष प्रयासों के बावजूद आज भी भारतीय कृषि की समस्याओं में अपर्याप्त वित्तीय संसाधनों की आपूर्ति महत्वपूर्ण समस्या है इसके लिए प्रमुख रूप से भारत में कृषि वित्त की कमियां अथवा दोष प्रमुख रूप से उत्तरदायी है। भारतीय कृषि वित्त की प्रमुख कमियां अथवा दोष निम्नलिखित है:

1. कृषक की अधिकांश आवश्यकताएँ आज भी साहुकारों एवं महाजनों द्वारा ही पूरी की जाती है, क्योंकि उन्हें संस्थागत वित्त प्राप्त नहीं होता।
2. कृषि साख की पूर्ति में व्यापारिक बैंक अपने हित साधने के लिए ऋण का अधिक वितरण धनी तथा बड़े कृषकों को करते हैं, जिससे छोटे कृषकों को साहुकारों पर निर्भर रहना पड़ता है।
3. भारतीय कृषक को साहुकार से प्राप्त ऋण की ऊँची ब्याज दर से भुगतान करना पड़ता है।
4. कृषक को साख की संस्थागत पूर्ति की व्यवस्था उचित मात्रा में न होने के कारण किसान को न तो साख का पूरा लाभ मिल पाता है और न ही वह साहुकारों के चंगुल से निकल पाता है।
5. सहकारी ऋणों के वितरण मे अत्यधिक भ्रष्टाचार है, तथा अब यह व्यापारिक बैंकों व क्षेत्रीय ग्रामीण बैंकों में भी पहुँच गया है। इससे ऋण की लागत बढ़ जाती है।

कृषि वित्त व्यवस्था के सुधार हेतु सुझाव

(Suggestions for Improvement in the System of Agricultural Finance)

1. कृषि वित्त प्रदान करने वाली वित्तीय संस्थाओं का प्रबन्ध कुशल ईमानदार व्यक्तियों के हाथों में होना चाहिए।

2. कृषि वित्त प्रदान करने वाली विभिन्न सरकारी व गैर सरकारी संस्थाओं में उचित समन्वय होना चाहिए।

3. ऋण उधार देते समय कृषक की भूमि पर जोर न देकर उसकी उपज अर्थात् ऋण अदायगी पर जोर दिया जाना चाहिए।

4. सहकारी समितियों के पूँजीगत संसाधनों में वृद्धि की जानी चाहिए, जिससे वे किसानों की वित्तीय आवश्यकताओं को पूरा कर सकें।

5. ऋण प्रक्रिया को सरल एवं सुव्यवस्थित बनाया जाना चाहिए।

6. सहकारिता आन्दोलन को और अधिक सुदृढ़, प्रभावी व विश्वसनीय बनाने के हर सम्भव प्रयास किये जाने चाहिए।

अतः भारत में कृषि वित्त की व्यवस्था की दृष्टि से सहकारी साख समितियों को और अधिक मजबूत बनाना चाहिए। इसके लिए निम्न सुझाव प्रस्तुत किये जा सकते हैं:

(1) देश में उपलब्ध सीमित साधनों से अधिकतम लाभ उठाने के लिए प्रारम्भ में चुने हुए क्षेत्रों में ही सहकारी संस्थाओं के भरपुर उपयोग किए जाने पर जोर देना चाहिए।

(2) शिक्षा, अनुसन्धान, गांवों में सामाजिक सुधार व रोजगार के अवसर बढ़ाने की ओर काफी ध्यान देना चाहिए।

(3) इस बात पर विशेष बल दिया गया है कि खेती सम्बन्धी सभी कार्य सहकारी आधार पर किए जाएं, जिससे खेती में उन्नति के साथ-साथ गाँवों में एक नए समाज का भी निर्माण हो सके।

भारत की पंचवर्षीय योजना में भी कृषि विकास के लगभग सभी महत्वपूर्ण उपायों का समावेश किया गया है। योजनाओं में उद्देश्य यह रखा गया है कि करोड़ों किसानों, विशेषकर छोटे व कमजोर खेतिहरों की दशा सुधारने के साथ साथ अनाज के सम्बन्ध में देश को आत्मनिर्भर बनाया जाए और कृषि उत्पादन में वृद्धि लाने की व्यवस्था इस तरह की जाए कि उद्योग और निर्यात की आवश्यकताएँ पूरी हो सके।

क्रेडिट कार्ड (Credit Card)

क्रेडिट कार्ड वर्तमान समय में भुगतान किये जाने की एक अत्यन्त सुविधाजनक प्रणाली सिद्ध हुई है। बढ़ती हुई अराजकता के कारण नकद पैसा सदैव अपने पास रखना कम जोखिमपूर्ण नहीं है ऐसे में बैंकों द्वारा आम आदमी के जीवन को सुगम बनाने के उद्देश्य से क्रेडिट कार्ड की सुविधा प्रदान की गयी है। क्रेडिट कार्ड एक छोटा-सा प्लास्टिक कोटेड कार्ड है जो आसानी से जेब में रखा जा सकता है। इस कार्ड का प्रयोग कर बिना नकद भुगतान किये खरीददारी की जा सकती है। इस कार्ड में एक कोड़ तथा पिन नम्बर अंकित होता है। कार्ड के सम्बन्ध में निर्धारित की गयी सीमा के अन्तर्गत नकद राशि का आहरण अथवा वस्तुओं का क्रय किया जा सकता है। क्रेडिट कार्ड जारी करने वाली बैंक द्वारा क्रेडिट कार्ड की सीमा निर्धारित कर दी जाती है। क्रेडिट कार्ड धारक अपना क्रेडिट कार्ड विक्रेता को दिखाता है और विक्रेता उसका कोड़ नम्बर नोट करके बिल कार्ड जारी कर्त्ता को भेज देता है। बिल का भुगतान ग्राहक के बैंक खाते से हो जाता है

क्रेडिट कार्ड को लोकप्रिय बनाने के उद्देश्य से इसे प्राप्त करने की प्रक्रिया को अत्यन्त सरल बनाया गया है। क्रेडिट कार्ड प्राप्त करने के लिये किसी भी बैंक से आवेदन किया जा सकता है। कार्ड जारी कर्त्ता बैंक न्यूनतम आय और नियमित आय स्रोत पर ध्यान देते हुए क्रेडिट कार्ड जारी कर देते है। क्रेडिट कार्ड के लिये एक बार प्रवेश शुल्क देना पड़ता है। इसके अलावा वार्षिक शुल्क भी देना होता है।

बैंक अपने प्रतिष्ठित ग्राहकों को प्रारम्भ में यह सुविधा मुफ्त भी उपलब्ध कराती है। साधारण क्रेडिट कार्ड पुरे देश में कही भी स्वीकार्य होता है जबकि ग्लोबल या अन्तर्राष्ट्रीय कार्ड विदेशों में भी चल सकता है। क्रेडिट कार्ड से नकद पैसा भी निकाला जा सकता है। यदि क्रेडिट कार्ड खो जाये तो इसकी सुचना तुरन्त बैक को की जानी चाहिए जिससे उसके अवैद्य प्रयोग को रोका जा सके।

किसान क्रेडिट कार्ड (Kisan Credit Card)

किसानों को समय पर और पर्याप्त मात्रा में अल्पावधि ऋणों की उपलब्धता को सुगम बनाने के लिए क्रिसान क्रेडिट कार्ड योजना 1998-99 के दौरान प्रारम्भ की गई।

किसान क्रेडिट कार्ड योजना ना केवल किसानों में बल्कि बैंकों के बीच भी अत्यधिक लोकप्रिय सिद्ध हुई है। किसान कार्ड योजना के प्रारम्भ के पश्चात ऋण की

स्वीकृति में होने वाले प्रक्रियागत विलम्ब और निर्गमन की अनेक समस्याओं का स्वतः ही समाप्त हो जाने के कारण किसानों के लिए ऋण प्रवाह सुगम हो गया है।

किसान क्रेडिट कार्ड की विशेषताएँ (Salient Feature of Kisan Credit Card)

किसान क्रेडिट कार्ड योजना का प्रारम्भ वाणिज्यक बैंकों तथा क्षेत्रिय ग्रामिण बैंकों द्वारा कृषि साख को सुगम बनाने की दृष्टि से 1998-99 से हुआ। किसान क्रेडिट कार्ड योजना की प्रमुख विशेषताएँ निम्न प्रकार है:

1. किसान क्रेडिट कार्ड ऐसे किसानों को निर्गमित किये जायेगें जो 5,000 रू. और इससे अधिक उत्पादन साख और इससे अधिक राशि की उत्पादन साख प्राप्त करने हेतु योग्य है।
2. योग्य किसानों को किसान क्रेडिट कार्ड तथा पास बुक अथवा किसान क्रेडिट कार्ड के साथ पास बुक निर्गमित की जायेगी।
3. किसान क्रेडिट धारकों को घुमती हुई नकद साख (Revolving Cash Credit) की सुविधा प्रदान की जायेगी। किसान अपनी निर्धारित राशि की सीमा में कितनी ही बार आहरण (Drawals) तथा पुनर्भुगतान (Re-payment) की सुविधा प्राप्त कर सकेगा।
4. किसान क्रेडिट कार्ड पर राशि की सीमा निर्धारित करते समय किसान की सम्पूर्ण वर्ष की साख आवश्यकता, कृषि उत्पादन के लिये सहायक क्रियाओं से सम्बन्धित वित्तीय आवश्यकता को ध्यान में रखा जायेगा। यह स्पष्ट किया गया है कि आगे आने वाले समय में कृषि सम्बन्धित समस्त गतिविधियों तथा गैर फार्म कृषि साख आवश्यकता को भी निर्धारित राशि सीमा राशि के निर्धारण में ध्यान रखा जायेगा।
5. बैंक के विवेक के आधार पर किसान कार्ड पर राशि की उप-सीमा (Sub-limit) भी निर्धारित की जायेगी।
6. किसान क्रेडिट कार्ड तीन वर्ष के लिये मान्य होगा, किन्तु इसका प्रत्येक वर्ष पुर्ननिरिक्षण करवाना आवश्यक होगा।
7. किसान क्रेडिट कार्ड के माध्यम से प्राप्त की गई राशि को 12 माह में वापस चुकाना होगा।
8. प्राकृतिक विपदा से कृषि फसल को हानि पहुँचने की स्थिति में ऋणों के परिवर्तन/पुनः सूचियन (Conversion/Resuchedulement) भी मान्य होगा।
9. किसान क्रेडिट कार्ड पर प्रलोभन देने के प्रयोजन से कृषि उत्पादन की बड़ी हुई लागत तथा फसल प्रणाली इत्यादि में हुए अत्यधिक व्यय के सम्बन्ध में किसान क्रेडिट पर निर्धारित सीमा की राशि में वृद्धि की जा सकती हैं।

10. किसान क्रेडिट कार्ड पर सुरक्षा, मार्जिन तथा ब्याज दर भारतीय रिजर्व बैंक के मापदण्डों के अनुसार लागु होंगें।

11. किसान क्रेडिट कार्ड का प्रयोग जिस साखा द्वारा इसे निर्गमित किया गया है अथवा बैंक के विवेक द्वारा किसी अन्य साखा को अधिकृत किया गया है, उसमें ही किया जा सकेगा।

12. किसान क्रेडिट कार्ड पर राशि का आहरण, स्लीप अथवा चैक के द्वारा किया जा सकेगा। इसके साथ किसान क्रेडिट कार्ड को प्रस्तुत करना आवश्यक होगा।

13. भारत में किसान क्रेडिट कार्ड को निर्गमित करने का प्रारम्भिक उत्तरदायित्व 27 वाणिज्यक बैंकों, 183 केन्द्रीय सहकारी बैंकों तथा 144 क्षेत्रीय ग्रामीण बैंकों को सुपूर्द किया गया।

14. किसान क्रेडिट कार्ड धारकों को वैयक्तिक दुर्घटना बीमा की सुविधा प्रदान की गई है। इस सुविधा के अन्तर्गत किसान क्रेडिट कार्ड धारकों को, दुर्घटना से उनकी मृत्यु/स्थायी अपंगता और आंशिक अपंगता के लिए क्रमशः रू. 50,000 और रू. 25,000 का प्रावधान किया गया है।

किसान क्रेडिट कार्ड कारोबार (Kisan Credit Card Business)

किसान क्रेडिट कार्ड योजना 1998-99 में लागु की गयी। कृषकों को अल्पकालीन साख सुविधायें प्रदान करने के सम्बन्ध में यह एक अत्यन्त ही नव प्रवर्तीत योजना सिद्ध हुई है। वर्तमान में इस योजना को अत्यन्त लोकप्रियता प्राप्त हुई है। इस योजना के क्रियान्वयन का उत्तरदायित्व वर्तमान में 27 वाणिज्यक बैंकों, 278 जिला केन्द्रिय सहकारी बैंकों/राज्य सहकारी बैंकों तथा 196 क्षेत्रीय ग्रामीण बैंकों द्वारा सम्पूर्ण देश में लागु की गयी है। इस योजना के अन्तर्गत निर्गमित किये गये किसान क्रेडिट कार्ड तथा उन पर स्वीकृत राशि में उत्तरोत्तर वर्षों में इन्हें लागू किये जाने के पश्चात निरन्तर वृद्धि हुई है।

इस योजना को लागू किये जाने के पश्चात 21 लाख किसान क्रेडिट कार्ड जारी किये जा चुके है जिनमें 64 हजार करोड़ की राशि सितम्बर 2002 तक निहित थी। विभिन्न वित्तीय ऐजेन्सियों द्वारा किसान क्रेडिट कार्ड योजना के सम्बन्ध में की गयी प्रगति को तालिका-5 में दर्शाया गया है।

तालिका-5

किसान क्रेडिट कार्डो की संख्या तथा उन पर स्वीकृत राशि

वर्ष	सहकारी बैंक		क्षेत्रीय ग्रामीण बैंक		वाणिज्यक बैंक		कुल	
	जारी कार्ड (लाख)	स्वीकृत राशि (करोड़)	जारी कार्ड (लाख)	स्वीकृत राशि (करोड़)	जारी कार्ड (लाख)	स्वीकृत राशि (करोड़)	जारी कार्ड (लाख)	स्वीकृत राशि (करोड़)
1998 –99	155	826	7	11	445	1247	607	2084
1999 –00	35.95	3606	1.73	405	13.66	3537	5134	7548
2000 –01	56.14	9412	6.48	1400	23.90	5615	86.52	16427
2004 –05	54.36	N.A	8.33	2382	30.71	7524	93.40	25858

स्रोत – नाबार्ड

किसान क्रेडिट कार्ड व्यवस्था का मुल्याकन

(Evaluation of Kisan Credit Card Scheme)

किसान क्रेडिट कार्ड योजना के कार्यान्वयन के आकलन से यह तथ्य स्पष्ट हुआ है कि किसान क्रेडिट कार्ड, किसान और बैंकर दोनों ही की दृष्टि से अति उत्तम साख उपकरण सिद्ध हुआ है। इसके परिचालन में लचीलापन होने के कारण अनेक बैंको में ऋणों की वसूली में सुधार हुआ है। किन्तु किसान क्रेडिट कार्ड व्यवस्था से कतिपय आधार स्तरीय अडचने भी प्रकाश में आयी है। किसान क्रडिट कार्डो की योजना के सकारात्मक प्रभाव तथा कर्यान्वयन में अड़चनों की निम्न प्रकार व्याख्या की जा सकती है:

(अ) सकारात्मक प्रभाव (The Positive Impact)

1. किसानों और बैंकों में योजना की व्यापक स्वीकार्यता,
2. ऋण की समय पर और पर्याप्त मात्रा में उपलब्धता,
3. ऋण प्रक्रिया और प्रलेखीकरण में आसानी,
4. ऋण-प्रस्तावों को बार-बार प्रोसेस करने से छुटकारा,
5. परिचालनों में लचीलापन,
6. ऋणकर्त्ताओं को अपने इच्छित किसी स्रोत से भी निविष्टियों को खरीदने की छूट,

7. ऋणकर्त्ताओं को किसी भी समय आहरण और अदायगी करने की सुविधा,
8. किसान समुदाय में कार्ड को एक प्रतिष्ठा के प्रतीक के तौर पर लेना,
9. किसानों को 3 वर्ष के लिए ऋण की सुनिश्चित उपलब्धता के साथ-साथ कार्ड के नवीनीकरण के समय, ऋण सीमा में बढ़ोतरी का प्रावधान,
10. बैंकों, ऋणकर्त्ताओं के समय-समय पर अधिकाधिक संपर्क के जरिए ऋणों की वसूली में सुधार,
11. खातों के परिचालन में पारदर्शिता।

(ब) कार्यान्वयन में अड़चने (Constraints in Implementations)

1. लाभार्थियों के चयन में एक खास तरह का दृष्टिकोण अपनाया जाना,
2. एक-फसलीय क्षेत्रों में किसान क्रेडिट कार्ड सुविधा देने में कुछ बैंकों द्वारा आनाकानी करना,
3. किसान क्रेडिट कार्ड के अंतर्गत वस्तुओं के स्थान पर भी नकदी के संवितरण से विद्यमान सहकारी विपणन ढांचे को गंभीर खतरा पैदा होने की आशंका,
4. कुछ राज्यों में केवल जिला मध्यवर्ती सहकारी बैंक की शाखा में ही नकदी वितरण किया जाता है जिसमें नकदी निकालने के लिए लंबी दूरी की यात्रा करनी पड़ती है।
5. कतिपय वाणिज्य बैंकों, क्षेत्रीय ग्रामीण बैंकों द्वारा किसानों को क्रेडिट कार्ड जारी करने के लिए, महंगी दर से सेवाशुल्क (कुछ राज्यों में रू. 25 से रू. 250 तक) लगाया जा रहा है,
6. कुछ राज्य सरकारें किसान क्रेडिट कार्ड योजना के अंतर्गत ऋण देने के लिए स्टैम्प ड्यूटी ले रही हैं जबकि सामान्य फसल ऋणों के लिए ऐसा कोई शुल्क नहीं लिया जाता।

कृषि वित्त के क्षेत्र में किसान क्रेडिट कार्ड का उदय एक अत्यन्त ही अनुठा प्रयास है। यदि इस सुविधा का कृषक वर्ग द्वारा सतर्कता पूर्वक उपयोग किया जाय तो उनकी वित्त की अनेक आवश्यकता की स्वत: ही निर्बाध पूर्ति हो जायेगी। इससे कृषकों में फिजूलखर्ची पर भी रोक रहेगी तथा अवांछित ब्याज से भी सुरक्षा प्राप्त होगी।

कृषि-साख के अन्य स्त्रोत
(Other Sources of Agricultural Finance)

सरकारी तकावी
(Government Loan)

अर्थ तथा आरम्भ - अरबी भाषा में अल्पकालीन ऋण को तकावी कहते हैं। भारत में राज्य सरकारें कृषि कार्यों के लिए भूमि सुधार ऋण अधिनियम, 1883 तथा कृषक ऋण अधिनियम, 1884 के अन्तर्गत किसानों को जो ऋण देती रही हैं उन्हें तकावी ऋण कहा

जाता है। भूमि सुधार के अन्तर्गत 20 वर्ष तक की अवधि के दीर्घकालीन ऋण दिए जाते हैं जबकि कृषक ऋण के अन्तर्गत कृषि की चालू आवश्यकताओं के लिए अल्पकालीन ऋण दिए जाते हैं। ये ऋण तहसीलदार अथवा विकास अधिकारी के माध्यम से दिए जाते रहें हैं।

भारत में तकावी ऋणों का आरम्भ बाढ़, अकाल, सूखा आदि किसी प्राकृतिक आपदा के समय किसानों की सहायता के लिए किया गया था, अर्थात् तकावी ऋणों का उद्देश्य संकट के समय किसानों की आर्थिक सहायता करना था। किन्तु धीरे धीरे ये ऋण सरकार द्वारा नियमित रूप से दिए जाने लगे और किसान इनका प्रयोग कृषि कार्यों में भी करने लगे।

तकावी का वर्तमान स्वरूप - वर्तमान में तकावी ऋण किसानों की खेती सम्बन्धी आवश्यकताओं (जैसे खाद, बीज, हल व बैल खरीदने) की पूर्ति हेतु तथा संकटकाल में जीवन निर्वाह सम्बन्धी आवश्यकताओं को सन्तुष्ट करने के लिए दिए जा रहे हैं। गत कुछ वर्षों में भारत के अनेक राज्यों में कृषि सम्बन्धी ऋणों के वितरण का अधिकार पंचायतों को दे दिया गया है। ऐसे राज्यों में राज्य सरकार द्वारा केवल संकटकालीन ऋणों का वितरण ही किया जाता है। जिन राज्यों में पंचाती राज की स्थापना नहीं हो पाई हैं वहाँ पर तकावी ऋणों का वितरण अब भी राज्य सरकार का राजस्व विभाग करता है।

तकावी ऋण की रकम - भारत में तकावी ऋणों के रूप में प्रतिवर्ष कितनी रकम वितरित की जाती है इसका सही सही अनुमान अभी तक नहीं लगाया जा सका है। ग्रामीण साख सर्वेक्षण समिति के अनुमानानुसार तकावी ऋण भारतीय कृषकों की कुल कृषि साख आवश्यकता का 3 प्रतिशत भाग ही पूरा कर पाते हैं। सरकार तकावी ऋण की मात्रा का निर्धारण किसानों की आवश्यकताओं के अनुसार नहीं करती बल्कि सरकार तो यह निश्चित करती हैं कि उसे कुल कितनी धनराशि ऋण के रूप में वितरित करनी है। तत्पश्चात कुल निर्धारित राशि को किसानों की माँग के अनुपात में वितरित कर दिया जाता है।

तकावी ऋणों के दोष (कमियाँ)

तकावी ऋणों के रूप में मिलने वाली राशि सामान्यतः आवश्यकता से कम रही है। इसका कारण यह है कि तकावी ऋणों की कुल राशि का निर्धारण सरकार अपने बजट को देखकर करती हैं न कि किसानों की आवश्यकताओं को ध्यान में रखकर। तकावी प्रायः राजनीतिक प्रभाव वाले बड़े बड़े किसानों को दी जाती हैं। छोटे किसानों के लिए बहुत कम रकम शेष रहती है। जब से तकावी ऋणों का वितरण अधिकार पंचायत समितियों को दिया गया हैं तब से तकावी ऋणों का लाभ मुख्यतया सत्ताधारी दल से सम्बन्धित व्यक्तियों को ही मिल पाता है। तकावी ऋणों की स्वीकृति तथा भुगतान में पर्याप्त समय लग जाता है। इनकी प्राप्ति में विलम्ब के कारण इनका व्यावहारिक महत्त्व ही समाप्त हो जाता है। इसके अतिरिक्त, तकावी की प्राप्ति के लिए रिश्वत भी देनी पड़ती है जिससे किसानों को मिलने वाली वास्तविक रकम बहुत कम रह जाती है।

तकावी ऋण विशिष्ट कार्यों के लिए ही दिए जाते हैं। किन्तु ऋणराशि के उपयोग की देख-रेख के अभाव के कारण ऋणों के दुरूपयोग की आशंका रहती है। तकावी ऋणों की वसूली में बड़ी सख्ती तथा कठोरता से काम लिया जाता है। कृषकों के हल, बैल तथा अन्य आवश्यक सामान की कुर्की तक करा ली जाती है।

तकावी व्यवस्था में सुधार के लिए सुझाव – तकावी ऋणों की व्यवस्था में सुधार के लिए निम्न उपाए किए जा सकते हैं:

छोटे किसानों को ऋणराशि अधिक मात्रा में दी जानी चाहिए। फसलों के खराब होने पर किसानों को ऋणमुक्त कर देना चाहिए। तकावी का वितरण केवल संकटकाल में होना चाहिए। ऋण सहकारी समितियों के माध्यम से दिया जाना चाहिए। ऋणों के वितरणमें होने वाले विलम्ब को दूर किया जाए। तकावी ऋणों की राशि को बढ़ाया जाए। ऋणों के वितरण में होने वाले भ्रष्टाचार को रोका जाए। ऋण वसूली में उदारता बरतनी चाहिए। किसानों को ऋण प्राप्ति के तरीकों का ज्ञान कराया जाए।

चिट फण्ड
(Chit Fund)

संगठन – चिट फण्ड कुछ व्यक्तियों द्वारा पारस्परिक वित्तीय सहायता प्राप्त करने हेतु गठित ऐच्छिक संगठन होता है। इसकी न्यूनतम सदस्य संख्या 10 होती है तथा इससे अधिक कितने ही सदस्य हो सकते हैं। भारत में ऐसे संगठन बड़े बड़े नगरों जैसे दिल्ली, कोलकाता, मुम्बई, चैन्नई, अहमदाबाद, कानपुर आदि बड़े शहरों में बनाए गए हैं।

भारत में चिट फण्ड कम्पनियों की संख्या इस समय 2000 से ऊपर हैं तथा इनकी जमाएँ लगभग 900 करोड़ रु. हैं। यह वर्ष में लगभग 250 – 300 करोड़ रु. का व्यवसाय करती है।

कार्यविधि – चिट फण्ड के संचालन के लिए एक व्यक्ति व्यवस्थापक होता है जो संगठन का सदस्य भी होता है। इस संगठन द्वारा एक कोष का निर्माण किया जाता है जिसमें सभी सदस्य प्रतिमाह एक निर्धारित धनराशि जमा करते हैं। प्रत्येक सदस्य को हर माह एक चिट दी जाती है जिस पर उसका नाम लिखा रहता है। प्रत्येक माह की एक निश्चित तिथि को लॉटरी निकाली जाती है। जिस सदस्य की चिट-संख्या लॉटरी में निकल आती है उसे उस माह एकत्रित की गई समस्त राशि दे दी जाती है। यह क्रम निरन्तर रूप से तब तक चलता रहता है जब तक कि प्रत्येक सदस्य की लॉटरी नहीं निकल जाती है। चिट फण्ड की व्यवस्था में निम्न दो बातों को विशेष रूप से ध्यान में रखा जाता है:

प्रत्येक माह लॉटरी निकालने के लिए केवल उन्हीं सदस्यों की पर्ची डाली जाती है जिनकी लॉटरी उस माह तक नहीं निकली है, अर्थात् जिन सदस्यों की लॉटरी निकल चुकी होती है उनके नाम की पर्ची नहीं डाली जाती। प्रत्येक माह सभी सदस्यों को (चाहे उनकी लॉटरी निकली हो या नहीं) निर्धारित धनराशि जमा करनी पड़ती है।

उदाहरण – मान लीजिए एक चिट फण्ड के 30 सदस्य हैं और वे प्रत्येक माह 500 रु. जमा करते हैं। इस प्रकार कोष में प्रति माह 15,000 रु. जमा होंगे। पहले माह की लॉटरी खोलने पर चन्द्रपाल की लॉटरी (चिट संख्या) निकल आती है तो उस माह उसे 15,000 रु. दे दिए जायेंगे। अगले माह की लॉटरी में चन्द्रपाल की पर्ची नहीं शामिल की जायेगी।

वैधानिक व्यवस्था - चिट फण्ड के सदस्यों की रक्षा हेतु सन् 1982 में भारत सरकार ने चिट फण्ड अधिनियम, 1982 पारित कराया। इस अधिनियम की वैधता को उच्चतम नयायालय में चुनौती दी गई। किन्तु उच्चतम न्यायालय ने जुलाई 1993 के अपने फैसले में अधिनियम की वैधता को मान्य ठहराया। यह अधिनियम 18 राज्यों तथा केन्द्र शासित क्षेत्रों में लागू हो गया है। शेष राज्यों में इस अधिनियम को लागू करने के लिए कार्यवाही की जा रही है।

चिट फण्ड के लाभ

प्रत्येक सदस्य को प्रति माह की निश्चित तिथि पर निश्चित जमा राशि जमा करनी पड़ती है। इससे बचत की प्रवृत्ति प्रोत्साहित होती है। प्रत्येक सदस्य को लॉटरी निकलने पर एकमुश्त धनराशि मिलती है जिसे वह उपयोगी कार्यों में लगा सकता है। कई बार चिट फण्ड की लाटरी में प्राप्त रकम संकटकाल में सहायक होती है। चिट फण्ड के सदस्य प्रत्येक माह की एक निश्चित तारीख को इकट्ठे होते हैं जिसके परिणामस्वरूप उनमें पारस्परिक सहयोग तथा सद्भावना को बढ़ावा मिलता है।

चिट फण्ड के दोष

अनेक बार व्यवहार में यह देखा गया है कि जिन सदस्यों की लॉटरी निकल जाती है वे बाद में मासिक किस्तों का भुगतान नहीं करते। परिणामतः चिट फण्ड की योजना असफल हो जाती है। कभी-कभी चिट फण्ड की व्यवस्था करने वाले व्यक्ति भोले भोले सदस्यों को धोखा देकर उनकी रकम हड़प कर जाते हैं। व्यवस्था के बिगड़ने पर सदस्यों में आपसी मतभेद, विवाद तथा झगड़े उत्पन्न हो जाते हैं।

सुधार के लिए सुझाव

सभी चिट फण्ड पंजीकृत होने चाहिए। सरकारी स्वीकृति के बाद ही ये खुलने चाहिए। इन पर अधिकृत सत्ता का नियन्त्रण होना चाहिए। सदस्यों के हितों की सुरक्षा की समुचित व्यवस्था होनी चाहिए। इनके लेखों का नियमित अंकेक्षण किया जाना चाहिए।

निधियाँ
(Nidhis)

निधि से अभिप्राय ऐसी संस्था से है जिसे कुछ व्यक्ति मिलकर पारस्परिक आर्थिक सहायता के उद्देश्य से स्थापित कर लेते हैं। इनका पंजीकरण भारतीय कम्पनी अधिनियम के अन्तिर्गत होता है। इसके सदस्य एक कोष बना लेते हैं और उसमें रकम जमा करते रहते हैं। जिस सदस्य को रकम की आवश्यकता होती है उसे निधि से उधार दे दिया जाता हैं। ब्याज दर प्रायः 6 से 8 प्रतिशत वार्षिक होती है। ये संस्थाएँ कम ब्याज पर गैर सदस्यों को भी ऋण प्रदान करती है। ऐसी संस्थाएँ विशेष रूप से तमिलनाडु राज्य में पाई जाती हैं। रिजर्व बैंक द्वारा गैर बैंकिंग संस्थाओं पर नियन्त्रण लगा दिए जाने के कारण ये संस्थाँ घटती जा रही हैं।

निधियों के लाभ

इनका उद्देश्य सदस्यों में बचत की भावना को प्रौत्साहित करना है। इनसे सदस्यों को आवश्यकता या संकट के समय धनराशि उधार मिल जाती है। ये सदस्यों से ऋण पर कम दर से ब्याज वसूल करती हैं। सदस्यों की अनुमति से गैर-सदस्यों को भी ऋण दे दिए जाते हैं।

ऋण कार्यालय
(Loan Offices)

ऋण कार्यालय मिश्रित पूँजी बैंकों तथा स्वदेशी बैंकरों के बीच मध्यस्थ का कार्य करता है। ये जनता से ब्याज पर जमाएँ लेते हैं। ये जमीदारों तथा किसानों को उनकी भूमि को रहन रखकर या आभूषणों को गिरवी रखकर ऋण प्रदान करते हैं। ये कभी-कभी व्यक्तिगत साख पर भी रुपया उधार देते हैं। ऋण कार्यालय मुख्यतः बंगाल में पाए जाते हैं। प्रथम विश्वयुद्ध के बाद इनकी संख्या बढ़ती गयी है।

सुधार के लिए सुझाव

केन्द्रीय बैंकिंग जाँच समिति के सुझाव के अनुसार जो ऋण कार्यालय बैंकिंग व्यवसाय में संलग्न हों उन्हें बैंकिंग अधिनियम 1949 के द्वारा नियन्त्रित किया जाए। इन्हें अपना हिसाब किताब उचित ढंग से रखना चाहिए तथा उसका अंकक्षण करवाना चाहिए। इन्हें संचित कोष भी रखना चाहिए। इनकी सहायता करने तथा सलाह देने के लिए निगम की स्थापना की जानी चाहिए।

नाबार्ड
(NABARD)

भारतीय रिजर्व बैंक द्वारा अपनी स्थापना के प्रारम्भ से ही भारत के कृषि विकास में विशेष रूचि का प्रदर्शन किया गया है। इस बात का स्पष्टीकरण इस तथ्य से सहज ही लगाया जा सकता है कि बैंक ने अपनी स्थापना के साथ इस उद्धेश्य की प्राप्ति हेतु एक पृथक कृषि विकास विभाग की स्थापना अपने संगठन सम्मिलित की। रिजर्व बैंक राज्यीय स्तर के सहकारी बैंकों तथा भूमि विकास बैंकों के माध्यम से कृषि को अल्पकालीन मौसमी उधार के साथ मध्यकालीन एवं दीर्घकालीन उधार की व्यवस्था करता रहा है। इसके साथ ही, रिजर्व बैंक ने कृषि पुनर्वित्त निगम की स्थापना की जिससे कृषि विकास कार्यक्रमों, विशेषतः सावधि-उधार सुविधाओं को विकसित किया जा सके। कालान्तर में भारतीय रिजर्व बैंक के कार्य एवं उत्तरदायित्व में निरन्तर वृद्धि तथा साथ ही कृषि कार्यो में जटिलता तथा कृषि विकास हेतु निरन्तर बढ़ती हुईं वित्तीय आवश्यकता के कारण रिजर्व बैंक में स्थापित विभाग द्वारा यह संभव प्रतित नहीं हुआ कि भविष्य में यह विभाग पूर्व की तरह ही अपने उत्तरदायित्व का निर्वाह कर सके तथा कृषि क्षेत्र को पर्याप्त वित्तीय सुविधाये उपलब्ध करवा सके।

अतः यह आवश्यकता अनुभव की गयी की कृषि एवं ग्रामीण विकास कार्यक्रमों को वित्त प्रदान करने वाली संस्थाओं के कार्य में समन्वय स्थापित करने के लिये एक शिखर स्तर पर अधिक विस्तृत संस्था होनी चाहिए जो न केवल उधार देने वाली संस्थाओं के कार्य में समन्वय स्थापित कर सके वरन उनका मार्ग दर्शन भी कर सके। इस उद्धेश्य से ही कृषि तथा ग्राम विकास राष्ट्रीय बैंक की स्थापना के विचार का उदगम हुआ।

भारत के कृषि एवं ग्रामीण साख के इतिहास में 12 जुलाई 1982 को एक अत्यन्त महत्वपूर्ण तिथि के रूप में सम्मिलित किया गया है जिस दिन राष्ट्रीय कृषि और ग्रमीण विकास बैंक की स्थापना की गई। इस बैंक की स्थापना से यह अपेक्षा की गई की यह कृषि

पुनर्वित विकास बैंकों के कार्य एवं रिजर्व बैंक के सहकारी समितियों एवं क्षेत्रीय ग्रामीण बैंकों से सम्बन्धि पुनर्वित्त के कार्य को सम्भालने में सक्षम होगा। इस बैंक की स्थापना में यह मंशा व्यक्त की गयी थी कि ग्रामीण जनसंख्या की आंकाक्षाओं को पूरा करने तथा सामान्य आर्थिक विकास की दिशा में इस बैंक की स्थापना का निर्णय एक महत्वपूर्ण घटना सिद्ध होगी।

कार्य (Functions)

नाबार्ड कृषि एवं ग्रामीण विकास हेतु वित्तीय सहायता उपलब्ध कराने वाली संस्थाओं में सर्वोच्चय स्तर की संस्था है। निसन्देह सरकार एवं कृषि क्षेत्र को इस बैंक की सफलता पूर्वक भूमिका निर्वाह से अत्यधिक अपेक्षाएँ है। नाबार्ड को सफलतापूर्वक उत्तरदायित्व निर्वाह हेतु निम्नलिखित कार्य सुपूर्द किये गये है।

(1) ग्रामीण क्षेत्रों में समन्वित ग्रामीण विकास को प्रोत्साहित करने के लिये कृषि, छोटे उद्योगों, कुटीर तथा ग्राम उद्योगों, हस्तशिल्पों और ग्रामीण दस्तकारीयों और अन्य सम्बन्धित क्रियाओं के सभी प्रकार के उत्पादन एवं विनियोग के लिए पुनर्वित संस्थान के रूप में कार्य करना।

(2) यह राज्यीय सहकारी बैंकों, क्षेत्रीय ग्रामीण बैंको, भूमि विकास बैंकों एवं रिजर्व बैंक द्वारा मान्यता प्राप्त वित्तीय संस्थानो को अल्पकालीन, मध्यकालीन एवं दीर्घकालीन उधार उपलब्ध करवाना।

(3) यह राज्यीय सरकारों को (20 वर्ष की अवधि तक) दीर्घकालीन उधार देता है जिससे सहकारी उधार समितियों की हिस्सा पूँजी में योगदान दे सके।

(4) यह केन्द्र सरकार द्वारा मान्यता प्राप्त किसी भी संस्थान को उधार दे सकता है या कृषि एवं ग्राम विकास से सम्बन्धीत, किसी भी संस्थान को हिस्सा पूँजी या प्रतिभूतियों के विनियोग में योगदान दे सकता है।

(5) इसे यह दायित्व सौंपा गया है कि यह केन्द्र एवं राज्यीय सरकारों, योजना आयोग और अन्य अखिल भारतीय एवं राज्यीय स्तर के संस्थानों की उन क्रियाओं का समन्वय करे जो लघु स्तर, कुटीर तथा ग्रामीण उद्योगों, ग्रामीण दस्तकारियों, पिद्दी एवं विकेन्द्रीकृत क्षेत्रों में विकास से सम्बन्धित है।

(6) इसे यह दायित्व सौपा गया है कि प्राथमिक सहकारी बैंकों को छोडकर क्षेत्रीय ग्रामीण बैंकों और सहकारी बैंकों का निरीक्षण करे। यह कृषि तथा ग्राम विकास में अनुसंधान को प्रोत्साहन करने के लिये अनुसंधान एवं विकास नीधि ही रखता है ।

संगठन एवं प्रबन्ध (Organisation and Management)

इस बैंक का प्रबन्ध एक संचालन मंडल के द्वारा सम्पन्न होता है। जिसका गठन केन्द्र सरकार द्वारा भारतीय रिजर्व बैंक के परामर्श पर किया जाता है। बैंक के संचालक मण्डल मे अध्यक्ष तथा प्रबन्ध संचालक में निम्नलिखित व्यक्ति होते है:

अध्यक्ष एवं प्रबन्ध संचालक	एक
ग्रामीण अर्थव्यवस्था तथा विकास के विशेषज्ञ निदेशक	दो
रिजर्व बैंक ऑफ इण्डिया के निदेशक	तीन
भारत सरकार के अधिकारी	तीन
राज्य सरकारों के अधिकारी	दो

बैंक के संसाधन (Resources)

नाबार्ड का रिजर्व बैंक से सीधा सम्बन्ध है और इसके लिये रिजर्व बैंक ने इसकी हिस्सा पूँजी में महत्वपूर्ण योगदान दिया है। नाबार्ड की अधिकृत पूँजी 500 करोड़ तथा अभिदान पूँजी 200 करोड़ है। जिसको समान रूप से केन्द्र सरकार तथा भारतीय रिजर्व बैंक द्वारा जुटाया गया है। नाबार्ड द्वारा अपने कोषों की पूर्ति (अ) सरकार द्वारा, (ब) विश्व बैंक द्वारा तथा (स) अन्य संस्थाओं द्वारा की जाती है।

नाबार्ड की भूमिका (Role)

नाबार्ड की स्थापना प्रमुख रूप से ग्रामीण क्षेत्र में कृषि, लघु उद्योग, कुटीर एवं ग्रामीण उद्योग, दस्तकारी एवं अन्य आर्थिक गतिविधियों को प्रोत्साहित करने हेतु आवश्यक साख की व्यवस्था करना है। राष्ट्रीय बैक ग्रामीण साख की वृद्धि हेतु दोहरे प्रयास करता है जैसा कि निम्न विवेचन में स्पष्ट किया गया है।

(1) नाबार्ड कृषि तथा ग्रामीण क्षेत्र में संचालित होने वाली सभी आर्थिक क्रियाओं हेतु साख उपलब्ध कराने से सम्बन्धीत नीति निर्धारण एवं संचालन के क्षेत्र में शीर्ष संस्था का कार्यकर्ता है।

(2) ग्रामीण क्षेत्रों में विकास कार्यक्रमों को प्रोत्साहित करने वाली संस्थाओं को विनियोग हेतु साख प्रदान करने वाली संस्थाओं के सम्बन्ध में शीर्ष संस्था के रूप में कार्य करना।

(3) ग्रामीण साख संस्थाओं के विकास हेतु संस्थागत प्रयास करना इसके अन्तर्गत बैंक द्वारा इन संस्थाओं की नीति निर्धारण कार्यक्रमों का मुल्यांकन, पुनर्गठन एवं कर्मचारियों के लिये प्रशिक्षण कार्यक्रमों का संचालन आदि कार्यो में नाबार्ड द्वारा महत्वपूर्ण भूमिका का निर्वाह किया जाता है।

(4) नाबार्ड द्वारा ग्रामीण क्षेत्रों में साख प्रदान करने वाली अन्य अनेक संस्थाओं की कार्य प्रणाली में समन्वय स्थापित करने का कार्य किया जाता है। इसके द्वारा ग्रामीण क्षेत्र को साख प्रदान करने वाली संस्थाओं की नीतियों के निर्माण के सम्बन्ध में केन्द्र सरकार, राज्य सरकारों एवं भारतीय रिजर्व बैंक के साथ संपर्क स्थापित किया जाता है।

(5) नाबार्ड स्वयं द्वारा पुनर्वित्त संस्थाओं की परियोजनाओं की प्रगति का मुल्यांकन भी किया जाता है।

(6) नाबार्ड द्वारा कृषि एवं ग्रामीण क्षेत्र से सम्बन्धित शोध कार्य की भी व्यवस्था की जाती है।

सहायता का स्वरूप (Form of Assistance)

नाबार्ड द्वारा स्वयं की ऋण नीति के अनुरूप पाई जानी वाली समस्त संस्थाओं को पुनर्वित्त की सुविधा प्रदान की जाती है। नाबार्ड द्वारा निम्न रूपों में वित्तीय सहायता प्रदान की जाती है।

(अ) भूमि विकास बैंक द्वारा निर्गमित विकास ऋण पत्रों में अभिदान करना।

(ब) वाणिज्यिक बैंकों, राज्य सहकारी बैंकों तथा भारतीय रिजर्व बैंक द्वारा अनुमोदित सहकारी संस्थाओं को ऋण प्रदान करना।

नाबार्ड द्वारा उधार के सम्बन्ध में रिजर्व बैंक द्वारा स्वीकृत कृषि उद्देश्यों के अधीन प्रतिपादित नीति की सदैव पालना की है। नाबार्ड द्वारा प्रदान की जाने वाली पुनर्वित्त राशि में विगत वर्षो में निरन्तर वृद्धि दृष्टिगत हुई है। इस वृद्धि के अन्तर्गत छोटी सिंचाई, भूमि विकास, फार्म यन्त्रीकरण, बागान, मुर्गीपालन, भेड़पालन, सुअर पालन, मत्स्य, दुग्ध शालाओं का विकास संग्रहण आदि के लिए सहायता प्रदान की गई है। उद्देश्य के अनुसार विवरण से पता चलता है कि नाबार्ड की ऋण योजनाओं में सबसे महत्वपूर्ण स्थान छोटी सिंचाई योजनाओं का है।

नाबार्ड अपनी नीति के अनुरूप कम विकसित बैंकिंग की दृष्टि से अल्पविकसित राज्यों अर्थात उत्तर प्रदेश, बिहार, मध्य प्रदेश, राजस्थान एवं उड़ीसा में इसी क्रम में अधिकाधिक लाभ पहुँचा रहा है। और इन राज्यों में कृषि क्षेत्र में विनियोग को प्रोत्साहित करने का भरसक प्रयास कर रहा है।

विभाग

* केन्द्रीय सांख्यिकीय सूचना विभाग
* केन्द्रीय सतर्कता कक्ष
* कॉर्पोरेट आयोजना विभाग
* सहकारिता पुनरुत्थान और सुधार विभाग (डीसीआरआर)
* आर्थिक विश्लेषण और अनुसंधान विभाग
* सूचना प्रौद्योगिकी विभाग
* पर्यवेक्षण विभाग
* विकास नीति विभाग-कृषि क्षेत्र
* विकास नीति विभाग - गैर-कृषि क्षेत्र
* वित्त और लेखा विभाग
* सामान्य प्रशासन विभाग

  राजभाषा प्रभाग। शिष्टाचार और सुरक्षा अनुभाग

* मानव संसाधन विकास विभाग
* मानव संसाधन प्रबन्ध विभाग
* निरीक्षण विभाग
* संस्थागत विकास विभाग
* निवेश ऋण विभाग
* विधि विभाग
* सूक्ष्म ऋण नवप्रवर्तन विभाग
* परिसर विभाग
* उत्पादन ऋण विभाग
* परियोजना अनुप्रवर्तन विभाग
* संसाधन संग्रहण विभाग
* सचिव विभाग

  जनसम्पर्क प्रभाग
* राज्य परियोजना विभाग
* तकनीकी सेवा विभाग

केन्द्रीय सांख्यिकीय सूचना विभाग

विभाग की प्रमुख भूमिका केन्द्रीय सरकार, भारतीय रिजर्व बैंक या बैंकिंग कम्पनी या भारत सरकार द्वारा अधिसूचित वित्तीय संस्था से/को, कृषि और ग्रामीण विकास के क्षेत्र में, अपेक्षित सूचना या ऋण की वसूली, प्रक्रिया और उसका प्रसार करना है। यह महत्त्वपूर्ण स्थूल आर्थिक सूचकों का पूर्वानुमान और विश्लेषणात्मक अध्ययन भी करता है। यह आंकड़ा प्रबन्ध और सांख्यिकीय मुद्दों पर अन्य विभागों को तकनीकी मार्गदर्शन प्रदान करता है तथा नाबार्ड में आंकड़ा वेअरहाउस का प्रबन्ध करता है। यह सांख्यिकीय रिपोर्ट और पुस्तिकाएँ भी प्रकाशित करता है।

तकनीकी सेवा विभाग

प्रमख कार्य

तकनीकी सेवा विभाग नाबार्ड में विशेषज्ञों का एक ऐसा केन्द्र स्थल है जो योजनाबद्ध ऋण की योजनाओं को बनाने और उन्हें जमीनी रूप देने में केन्द्रीय भूमिका निभाता है। यह विभाग कृषि व सम्बन्धित क्षेत्रों में विभिन्न निवेशों के लिए राष्ट्रीय राज्य स्तर पर परामर्श देता है, पर्यवेक्षण करता है और सम्पर्क सूत्र का कार्य करते हुए इसके लिए नीतिगत संस्तुतियां भी देता है। विभाग किसानों व उद्यमियों को उनकी आवश्यकतानुरूप तकनीक अपनाने के लिए दिशा निर्देश भी देता है। नाबार्ड द्वारा मुहैया करायी जाने वाली

परामर्श सेवा के लिए यह विभाग अत्यन्त महत्त्वपूर्ण कार्य करता है। प्रौद्योगिकी की अनुपलब्धता के कारण से सामने आने वाली विकराल समस्यों को चिन्हित करने के साथ-साथ यह विभाग सम्बन्धित आवश्यकताओं को पूरा करने के लिए नाबार्ड की अनुसन्धान व विकास निधि से आर्थिक सहायता भी उपलब्ध कराने में सहायक होता है।

नाबार्ड, ग्रामीण विकास हेतु निम्नलिखित प्रमुख कार्यक्षेत्रों के लिए तकनीकी सहायता उपलब्ध कराता है:

* कृषि अभियांत्रिकी/इंजीनियरिंग
* पशुपालन एवं मुर्गीपालन
* जैव प्रौद्योगिकी
* मत्स्यपालन
* वानिकी एवं बंजर भूमि विकास
* भूमि विकास एवं मृदा संरक्षण
* बागान और बागबानी
* जल संसाधन विकास और प्रबंधन

विभाग द्वारा उपर्युक्त कार्यक्षेत्रों से सम्बन्धित निम्नलिखित कार्य किए जाते हैं:

* तकनीकी मूल्यांकन/योजनाओं की संवीक्षा
* अनुसंधान और विकास निधि का परिचालन
* नवीन प्रकृति की तकनीकों को चिन्हित करना एवं नवोन्मेषी परियोजनाओं का विकास
* बाध्यताओं का पता लगाने के लिए विशेष/क्षेत्रीय अध्ययनों का आयोजन
* किसी विशिष्ट योजना से सम्बन्धित अनुप्रवर्तन अध्ययन
* तकनीकी मापदण्डों का मानकीकरण एवं इकाई लागतों (यूनिट कॉस्ट) की समीक्षा
* मॉडेल योजनाओं व ब्रॉशरों को तैयार करना
* टैक्नीकल डायजेस्ट काप्रकाशन
* शोध संस्थानों व प्रमुख (लाईन) विभागों से मेल जोल
* प्रबन्ध तन्त्र व अन्य विभागों को तकनीकी मुद्दों के बारे में सूचित करना
* बलक्षेत्रों (थ्रस्ट एरिया) पर केन्द्रित विशेष कार्यशालाओं/प्रशिक्षण कार्यक्रमों का आयोजन
* भारत सरकार, योजना आयोग व अन्य संगठनों के विशेषज्ञ ग्रुपों/समितियों की सदस्यता

* पीएलपी के अद्यतनीकरण हेतु क्षेत्रीय कार्यालयों को दिशा निर्देश
* अतिथि संकाय सहायता
* नैबकॉन्स – परामर्श कार्य
* वरिष्ठ अधिकारियों द्वारा पब्लिक सेक्टर बैंकों की निवेश ऋण परियोजनाओं की आधार स्तरीय निगरानी

राज्य परियोजना विभाग (एसपीडी)

मुख्य कारोबार

ग्रामीण आधारभूत सुविधा विकास निधि के अन्तर्गत पात्र कार्यकलापों के लिए ग्रामीण आधारभूत सुविधाओं के वित्तपोषण हेतु विभिन्न राज्य सरकारों द्वारा प्रस्तुत परियोजनाओं का मूल्यांकन और मन्जूरी।

सचिव विभाग

विभाग के मुख्य कार्य/परिचालन

* निदेशक मण्डल की बैठकों, कार्यपालक समिति, मन्जूरी समिति और प्रबन्ध समिति की बैठकों की कार्य सूची, कार्यवाही और कार्यवृत्त तैयार करना/को अन्तिम रूप देना एवं उनका परिचालन और निर्णयों/अनुपालन के सम्बन्ध में अनुवर्ती कार्यवाही।
* निदेशक मण्डल के गठन और अध्यक्ष, प्रबन्ध निदेशक, निदेशक मण्डल के निदेशक की नियुक्ति/निदेशक मण्डल की अन्य समितियों (जैसे कार्यपालक समिति, प्रबन्ध समिति, आरआईडीएफ के अन्तर्गत मन्जूरी समिति) के गठन से सम्बन्धित मामले।
* भारत के राजपत्र में वार्षिक लेखों का प्रकाशन
* संसद में प्रस्तुत किये जाने के प्रयोजन से भारत सरकार को वार्षिक रिपोर्टों का प्रेषण
* नाबार्ड अधिनियम, 1981, नाबार्ड जनरल रेगुलेशन्स, 1993 और नाबार्ड (एडीशनल) जनरल रेगुलेशन्स, 1984 में संशोधन से सम्बन्धित कार्य।
* भारतीय रिजर्व बैंक द्वारा किये जाने वाले वित्तीय निरीक्षण का समन्वयन और उसकी अनुवर्ती कार्यवाही, जिसमें अनुपालना की प्रस्तुति शामिल है।
* अध्यक्ष/प्रबन्ध निदेशक द्वारा राज्य सरकारों के साथ विचार-विमर्श के मामले में समन्वयन, बैकग्राउण्ड नोट तैयार करना और अनुवर्ती कार्यवाही
* क्षेत्रीय कार्यालयों (आरओ) से प्राप्त मासिक अर्ध शासकीय पत्रों का समेकन और प्रबन्ध निदेशक की सूचना हेतु उसका सारांश तैयार करना।

संसाधन संग्रहण विभाग

मुख्य कार्य

* बैंक की आवश्यकता के अनुसार निधियों का संग्रहण जिसके लिए यथोचित मात्रा में विभिन्न प्रकार की लिखतें हासिल करना।
* नाबार्ड द्वारा जारी विभिन्न बॉण्डों के निर्गमन से सम्बन्धित सभी कार्य, ग्रामीण आधारभूत सुविधा विकास निधि के लिए प्राप्त जमाराशियों, चाय, कॉफी और रबर कम्पनियों से प्राप्त जमाराशियों और कॉर्पोरेट उधारियों से सम्बन्धित सभी कार्य।
* बॉण्डों को सूचीबद्ध करवाना (लिस्टिंग) और उनकी क्रेडिट रेटिंग करवाना
* निधियों के संग्रहण के लिए नए स्रोतों की तलाश करना

विशेष योजनाएँ/परियोजनाएँ

* नाबार्ड कैपिटल गेन्स बॉण्ड
* ग्रामीण आधारभूत सुविधा विकास निधि की जमाराशियों का रखरखाव
* के डब्ल्यू एफ ऋण (इसके मूल धन और ब्याज की चुकौती यूरो में की जाती है) से सम्बन्धित सभी कार्य

सहयोगी संस्थाएँ

* डेटामैटिक्स फिनांशियल सर्विसेज लिमिटेड
* आई डी बी आई ट्रस्टीशिप सर्विसेज लिमिटेड
* केयर
* क्राइसिल

परियोजना अनुप्रवर्तन विभाग

मुख्य कार्य

आर आई डी एफ परियोजनाओं का अनुप्रवर्तन

आर आई डी एफ के विभिन्न वर्गों के अन्तर्गत मन्जूर की गई परियोजनाओं का अनुप्रवर्तन दो पद्धतियों से किया जाना चाहिए:

* डेस्क अनुप्रवर्तन (स्थलेतर) और
* क्षेत्र अनुप्रवर्तन (स्थल पर)

डेस्क अनुप्रवर्तन का कार्य इस प्रयोजन के लिए निर्धारित विभिन्न विवरणियों और सम्बन्धित राज्य सरकारों द्वारा प्रस्तुत आहरण आवेदनों से प्राप्त जानकारी के आधार पर किया जाता है। डेस्क अनुप्रवर्तन से चुनिंदा आधार पर क्षेत्र अनुप्रवर्तन करना होता है। डेस्क

अनुप्रवर्तन से क्षेत्र अनुप्रवर्तन और क्षेत्र अनुप्रवर्तन से डेस्क अनुप्रवर्तन करने से उभरने वाले मसलों की क्रॉस चेकिंग करने में इससे सुविधा होती है। इससे दोनों प्रकार के अनुप्रवर्तनों का औचित्य बना रहता है और निरंतर समीक्षा भी हो जाती है।

वार्षिक अनुप्रवर्तन योजना तैयार करना

आरआईडीएफ परियोजनाओं के अनुप्रवर्तन के लिए प्रत्येक वित्तीय वर्ष आरम्भ में एक वार्षिक योजना तैयार की जाएगी। परियोजनाओं का वर्गीकरण और उनके चयन के मानदंड निम्नानुसार होंगे:

	आरआईडीएफ ऋण की राशि	चयन के मानदण्ड
परियोजना का वर्ग		
1	5 करोड़ रुपये तक	10 प्रतिशत परियोजनाओं का अनुप्रवर्तन किया जाए। (एक परियोजना का एक वर्ष में सिर्फ एक दौरा)
2	5 करोड़ रुपये से अधिक किन्तु 25 करोड़ रुपये से कम	सभी परियोजनाओं का वर्ष में एक बार अनुप्रवर्तन किया जाए।
3	25 करोड़ रुपये और उससे अधिक	सभी परियोजनाओं का छमाही आधार पर अनुप्रवर्तन किया जाए।

सामाजिक अनुप्रवर्तन

प्रमुख जगहों पर उपयुक्त बोर्ड लगाने से सामाजिक अनुप्रवर्तन के दोनों उद्देश्यों की पूर्ति होगी अर्थात् इससे परियोजना के कार्यान्वयन के बारे में ग्रामीण जनता में अपनत्व की भावना पैदा होगी और परियोजना के कार्यान्वयन में नाबार्ड की सहभागिता के बारे में उन्हें जानकारी भी मिलेगी। इस उद्देश्य के लिए क्षेत्रीय कार्यालय डिस्प्ले बोर्डों का मॉडल तैयार करे जिसमें जहाँ तक हो सके स्थानीय भाषा में परियोजना से सम्बन्धित भौतिक और वित्तीय जानकारी दी जाए।

परियोजना पूर्णता रिपोर्ट (पीसीआर)

क्षेत्रीय कार्यालय द्वारा पीसीआर फार्मेट को सरल बनाया जाए जिससे केवल अति महत्त्वपूर्ण सूचनाओं का संग्रह किया जाए। यदि परियोजना के सभी भौतिक पहलू पूरे हो गए हों, तो विभाग इस आशय के प्रमाण पत्र के साथ पीसीआर प्रस्तुत कर सकता है। इस सरलीकृत तरीके से पीसीआर की प्रस्तुति के स्तर में अवश्य सुधार होगा और वह परियोजना पूर्णता के आँकड़े से मेल खायेगा।

पूर्ण हुई परियोजनाओं का भौतिक सत्यापन

5 करोड़ रुपये तक की पूर्ण हुई परियोजनाओं की केवल 5 प्रतिशत और 5 करोड़ रुपये से अधिक ऋण की पूर्ण हुई 10 प्रतिशत परियोजनाओं का भौतिक सत्यापन क्षेत्रीय कार्यालयों द्वारा पीसीआर की प्राप्ति के तुरन्त पश्चात किया जाए। पीसीआर की प्राप्ति, उससे सम्बन्धित डेस्क संवीक्षा, चयनित पीसीआर का भौतिक सत्यापन आदि से सम्बन्धित मासिक रिपोर्ट, प्रधान कार्यालय को प्रेषित की जाए।

प्रारम्भ न हुई परियोजनाएँ

अब उस परियोजना को चालू नहीं हुई परियोजना माना जाएगा जो मन्जूरी पत्र की तिथि के एक वर्ष के अन्दर शुरू नहीं होती है, भले ही सम्बन्धित राज्य सरकार द्वारा मोबिलाइजेशन अग्रिम प्राप्त किया गया हो या नहीं। कार्यान्वयनकर्त्ता विभाग को शीघ्र कार्यवाही करने में सुविधा हो सके, इसके लिए यह निर्णय लिया गया है कि कार्यान्वयनकर्त्ता विभाग को भी मन्जूरी पत्र की एक प्रति परांकित की जाए। यह भी निर्णय लिया गया है कि 01 जुलाई 2007 से निम्नलिखित दिशानिर्देश भी प्रभावी होंगे:

(1) यदि राज्य सरकार मन्जूरी पत्र की तिथि से 2 वर्ष के भीतर परियोजना को शुरु कराने में असफल रहती है तो उसकी मन्जूरी समाप्त हो जायेगी।

(2) यदि परियोजना शुरु नहीं हो पाती है तो मन्जूरी पत्र की तिथि से एक वर्ष के बाद मोबिलाइजेशन अग्रिम वापस ले लिया जाना चाहिए। यदि आवश्यक हो तो सम्बन्धित राज्य सरकार को सूचित करते हुए अन्य परियोजनाओं के लिए भविष्य में जारी किये जाने वाले ऋण से उक्त मोबिलाइजेशन अग्रिम समायोजित कर लिया जाए।

उच्चाधिकार प्राप्त समिति की बैठकें आयोजित करना

क्षेत्रीय कार्यालय निर्धारित तिमाही अन्तराल पर उच्चाधिकार प्राप्त समिति की बैठके आयोजित करना सुनिश्चित करे। बैठक की अध्यक्षता मुख्य सचिव द्वारा की जाए और उनकी अनुपस्थिति में इसकी अध्यक्षता राज्य सरकार के वित्त विभाग के प्रभारी सचिव द्वारा की जाए।

उत्पादन ऋण विभाग

मुख्य कार्य

उत्पादन, विपणन और अधिप्राप्ति के कार्यों जैसे विभिन्न मदों के लिए नाबार्ड अल्पावधि पुनर्वित्त प्रदान करता है।

प्रदत्त सुविधाएँ

1. मौसमी कृषि परिचालनों (मौकृप) के लिए सभी पात्र जिला मध्यवर्ती सहकारी बैंकों की ओर से राज्य सहकारी बैंकों को समेकित ऋण सीमा के रूप में पुनर्वित्त जिसमें ऐसे कार्यकलाप शामिल है जो फसल उगाने से सम्बन्धित है और प्रकृति से मौसमी होते हैं। अन्य बातों के साथ-साथ इन कार्यों में जुताई और बुआई के लिए भूमि तैयार करना। निराई आवश्यकतानुसार ट्रान्सपलान्टेशन, बीज, उर्वरक आदि जैसी चीजें प्राप्त करना और उनका उपयोग करना, फसल उगाने और उसकी कटाई के लिए खेतों में सभी कार्यों को करने के लिए मजदूरों की व्यवस्था करना शामिल है। बैंकों द्वारा किसानों को प्रदान किए जाने वाले फसल ऋण, फसल ऋण मैनुअल पर आधारित होते हैं। समय-समय पर इन प्रावधानों में परिवर्तन किए जाते हैं।

2. काश्तकार किसानों/मौखिक पट्टेदारों को फसल ऋण प्रदान करने के लिए, स्वयं सहायता समूहों की पद्धति के अनुसार उन्हें समूहों में संगठित कर सभी पात्र जिसमें बैंकों की ओर से राज्य सहकारी बैंकों और क्षेग्रा बैंकों को समेकित ऋण सीमा के रूप में पुनर्वित्त प्रदान करना।

3. ऐसे अनुमोदित अल्पावधि/सहबद्ध और विपणन कार्यकलापों को वित्तपोषित करने के लिए, जिन्हें से सामान्य क्रेडिट जैसे सेक्योर्ड अग्रिमों के अन्तर्गत कवर नहीं किया जाता है। पात्र जिसमें बैंकों की ओर से राज्य सहकारी बैंकों को समेकित ऋण सीमा के रूप में पुनर्वित्त सहायता प्रदान करना।

4. फसलों के विपणन के वित्तपोषण हेतु जिसमें बैंकों और क्षेत्रीय ग्रामीण बैंकों की ओर से रास बैंकों को पुनर्वित्त सुविधा, जिसमें अपनी उपज का लाभकारी मूल्य प्राप्त करने के लिए किसान अपने उत्पाद को कुछ समय तक अपने पास रोक कर रख सके, ऐसे अग्रिमों के लिए अपने गोदामों में रखे गए कृषि उत्पादों की गिरवी के समक्ष भी अनुमति प्रदान की जाती है।

प्रतिउधारकर्त्ता 10 लाख रुपये की उच्चतम ऋण सीमा है।

5. कपड़ा उत्पादन और विपणन के लिए प्राथमिक बुनकर सहकारी समितियों (पी डब्ल्यू सी एस) की कार्यशील पूँजी आवश्यकताओं के वित्तपोषण के लिए पात्र जिला मध्यवर्ती सहकारी बैंकों की ओर से राज्य सहकारी बैंकों को समेकित सीमा के रूप में पुनर्वित्त सहायता प्रदान करना। हथकरघा के क्षेत्र में व्यक्तिगत रूप से लगे बुनकरों की कार्यशील पूंजी आवश्यकताएँ पूरी करने के लिए एवं स्वयं सहायता समूह की तर्ज पर गठित स्वरोजगारी बुनकर समूहों की कार्यशील पूँजी आवश्यकताएँ पूरी करने के लिए जिला मध्यवर्ती सहकारी बैंकों द्वारा सीधे व्यक्तियों को वित्तपोषित करने के लिए सहायता प्रदान करना।

6. कपड़े की अधिप्राप्ति और विपणन को वित्तपोषित करने के लिए राज्य सहकारी बैंकों को सहायता प्रदान करना।

7. धागे के क्रय-विक्रय हेतु शीर्ष/क्षेत्रीय बुनकर सहकारी समितियों को वित्तपोषित करने के लिए राज्य सहकारी बैंकों को पुनर्वित्त सहायता प्रदान करना।

8. प्राथमिक हथकरघा बुनकर समितियों (पीडब्ल्यूसीएल) की कार्यशील पूंजी आवश्यकताओं के वित्तपोषण हेतु अनुसूचित वाणिज्य बैंकों को पुनर्वित्त सहायता प्रदान करना।

9. हथकरघा के सामानों के उत्पादन/अधिप्राप्ति और विपणन के लिए राज्य हथकरघा विकास निगमों (एसएचडीसीज्) और हस्तशिल्प के सामानों के उत्पादन/अधिप्राप्ति तथा विपणन के लिए राज्य हस्तशिल्प विकास निगमों (एसएचडीसी) की कार्यशील पूंजी आवश्यकताएँ वित्तपोषित करने के लिए राज्य सहकारी बैंकों/अनुसूचित वाणिज्य बैंकों को पुनर्वित्त सहायता प्रदान करना।

10. उत्पादन और विपणन कार्यकलापों के लिए कुटीर, ग्रामीण, लघु प्राथमिक औद्योगिक सहकारी समितियों (बुनकर के अलावा) की कार्यशील पूंजी आवश्यकताएँ वित्तपोषित करने के लिए जिला मध्यवर्ती सहकारी बैंकों की ओर से राज्य सहकारी बैंकों को पुनर्वित्त सहायता प्रदान करना।

11. विपणन, सामानों के उत्पादन अथवा प्रसंस्करण और/अथवा छुटपुट वन उत्पादों के संग्रहण और विपणन एवं कुटीर तथा लघु उद्योग के 22 अनुमोदित स्थूल समूहों में से कोई एक अथवा ज्यादा जैसे कार्यों के लिए श्रम ठेका और वन श्रमिक सहकारी समितियों की कार्यशील पूँजी आवश्यकताएँ वित्तपोषित करने के लिए जिला मध्यवर्ती सहकारी बैंकों की ओर से राज्य सहकारी बैंकों को पुनर्वित्त सहायता प्रदान करना।

12. शीर्ष औद्योगिक सहकारी समितियों की अधिप्राप्ति और विपणन कार्यकलापों के वित्तपोषण के लिए राज्य सहकारी बैंकों को पुनर्वित्त सहायता प्रदान करना।

13. प्राथमिक कृषि ऋण समिति/कृषक सेवा समिति/वृहत आदिवासी बहुउद्देश्यीय सहकारी समिति के बुनकर सदस्यों समेत अनुमोदित कुटीर और लघु उद्योगों के 22 स्थूल समूहों में से किसी एक अथवा हथकरघा बुनाई के उद्योग में लगे ऐसे कारीगरों को जो लाभ कमा रहे हो, उनके उत्पादन और विपणन अथवा सेवा कार्यकलापों के लिए ग्रामीण कारीगरों (पैक्स/लैम्प्स/एफएसएस के बुनकर सदस्यों समेत) की कार्यशील पूँजी आवश्यकताएँ वित्तपोषित करने के लिए राज्य सहकारी बैंकों/जिला मध्यवर्ती सहकारी बैंकों को पुनर्वित्त सहायता प्रदान करना।

14. आदिवासियों और अनुसूचित जनजाति से सम्बन्धित व्यक्तियों द्वारा छोटे वन उत्पादों जिसमें सभी प्रकार के छोटे वन उत्पाद शामिल हैं और जिनकी माँग व खपत तेज है और जहाँ ये कार्य वाणिज्यिक आधार पर किए जाते हैं। उनके संग्रहण और विपणन को वित्तपोषित करने के लिए राज्य सहकारी बैंकों/जिला मध्यवर्ती सहकारी बैंकों को पुनर्वित्त सहायता प्रदान करना।

15. प्राथमिक कृषि ऋण समिति (राज्य सहकारी बैंकों के लिए) की मत्स्यपालन समितियों/मछुआरों तथा क्षेत्रीय ग्रामीण बैंकों के मामले में व्यक्तियों के लिए भी उनकी कार्यशील पूँजी आवश्यकताएँ वित्तपोषित करने के लिए जिला मध्यवर्ती सहकारी बैंकों की ओर से राज्य सहकारी बैंकों और क्षेत्रीय ग्रामीण बैंकों को पुनर्वित्त सहायता प्रदान करना।

16. रासायनिक उर्वरकों और अन्य कृषि निविष्टियों की अधिप्राप्ति, स्टाकिंग और वितरण के वित्तपोषण के लिए जिला मध्यवर्ती सहकारी बैंकों की ओर से राज्य सहकारी बैंकों को पुनर्वित्त सहायता प्रदान करना।

17. कृषि ऋण स्थिरीकरण निधि (एसीएसएफ) के अन्तर्गत मौसमी कृषि परिचालनों के वित्तपोषण के लिए नाबार्ड सरकारी प्रतिभूतियों की गिरवी के समक्ष राज्य सहकारी बैंकों को अल्पावधि ऋण सीमा की सुविधा प्रदान करता है।

18. मौसमी कृषि परिचालनों के अन्तर्गत किसानों की उत्पादन ऋण आवश्यकताओं और मौकृप से इतर, जैसे कारीगरों (हथकरघा बुनकरों समेत) और ग्रामीण/कुटीर/लघु क्षेत्र के उद्योगों की उत्पादन ऋण आवश्यकताएँ पूरी करने तथा कमजोर

तबके और व्यापार/कारोबार/सेवा के कार्य में लगे व्यक्तियों को वित्तपोषित करने के लिए क्षेत्रीय ग्रामीण बैंकों को अल्पावधिक पुनर्वित्त सहायता प्रदान करना।

मध्यावधि वित्त

1. 22 अनुमोदित कृषि सम्बन्धि निवेश प्रयोजनों के लिए मध्यावधि (गैरयोजनाबद्ध) ऋण प्रदान करने के लिए राज्य सरकारी बैंकों/जिला मध्यवर्ती सहकारी बैंकों/क्षेत्रीय ग्रामीण बैंकों को पुनर्वित्त प्रदान करना।

2. कृषक सदस्यों द्वारा सहकारी प्रसंस्करण समितियों में शेयर खरीदने को वित्तपोषित करने के लिए जिला मध्यवर्ती सहकारी बैंकों की ओर से राज्य सहकारी बैंकों को मध्यावधि ऋण सीमा के रूप में पुनर्वित्त सहायता प्रदान करना।

3. मध्यावधि स्थिरीकरण व्यवस्था के अन्तर्गत प्राकृतिक आपदा से प्रभावित किसानों के परिवर्तित/पुनर्निधारित/पुनः चरणीकृत ऋणों, जो कि 3 से 5 वर्षों की अवधि तक का होता है। के समक्ष राज्य सहकारी बैंकों तथा क्षेत्रीय ग्रामीण बैंकों को पुनर्वित्त प्रदान करना।

आधार स्तर पर किये जाने वाले ऋण परिवर्तन में हिस्सेदारी

सहकारी बैंकों हेतु : नाबार्ड (60 प्रतिशत), राज्य सरकार (15 प्रतिशत), 25 प्रतिशत की भागीदारी राज्य सहकारी बैंक और जिला मध्यवर्ती सहकारी बैंक द्वारा आपसी सहमति से, ग्रामीण बैंकों हेतु : नाबार्ड (70 प्रतिशत), प्रायोजक बैंक (25 प्रतिशत), क्षेत्रीय ग्रामीण बैंक (5 प्रतिशत)।

दीर्घावधि वित्त

कुछ शर्तों के तहत सहकारी ऋण संस्थाओं (राज्य सहकारी बैंकों, जिला मध्यवर्ती सहकारी बैंकों/राज्य सहकारी कृषि और ग्रामीण विकास बैंकों/प्राथमिक कृषि ऋण समितियों/कृषक सेवा समिति/लैम्प्स) की शेयर पूँजी में अंशदान करने के लिए राज्य सरकार को 12 वर्ष की अवधि के लिए दीर्घावधि ऋण, जिससे इन संस्थाओं का शेयर पूंजी आधार मजबूत बन सके और उनकी उधार लेने की क्षमता बढ़ जाए और वे अधिक ऋण वितरण कर सकें।

लिक्विडिटी सहायता का प्रावधान

माननीय वित्तमन्त्री द्वारा 18 जून को की गई घोषणा के अनुसार आपदाग्रस्त और बकायेदार किसानों के लिए ऋण राहत उपायों के कार्यान्वयन के कारण प्रभावित बैंकों को लिक्विडिटी सहायता प्रदान करने जिला मध्यवर्ती सहकारी बैंकों और क्षेत्रीय ग्रामीण बैंकों की ओर से राज्य सहकारी बैंक को पुनर्वित्त सहायता प्रदान करना।

उपयोग किये गए संक्षेपाक्षर

एससीबी/रास – राज्य सहकारी बैंक

डीसीसीबी/ जिमस – जिला मध्यवर्ती सहकारी बैंक

एसएचजी/ स्वयं सहायता समूह

आरआरबी/ क्षेग्राबै – क्षेत्रीय ग्रामीण बैंक

पीएचडब्ल्यूसीएस – प्राथमिक हथकरघा बुनकर सहकारी समिति

एलएएमपीएस – वृहत आदिवासी बहुउद्देश्यीय प्राथमिक समिति

एीएसएफ – कृषि ऋण स्थिरीकरण निधि

एफएसएस – कृषक सेवा समितियाँ

एससीएआरडीबी – राज्य सहकारी कृषि और ग्रामीण विकास बैंक

पीसीएआरडीबी – प्राथमिक सहकारी कृषि और ग्रामीण विकास बैंक

परिसर विभाग

मुख्य कारोबार

* कार्यालय परिसरों और स्टाफ आवासों के निर्माण हेतु भूमि का अधिग्रहण और परिसरों और स्टाफ आवासों की पैकेज डील आधार पर खरीद
* विद्यमान परिसरां की देखभाल और अनुरक्षण

कार्यान्वित की गई विशेष परियोजनाएँ/योजनाए

* बान्द्रा-कुर्ला कॉम्प्लेक्स स्थित नाबार्ड हाउस का निर्माण
* उत्तरप्रदेश क्षेत्रीय कार्यालय लखनऊ भवन का निर्माण
* असम क्षेत्रीय कार्यालय, गुवाहाटी भवन का निर्माण
* केरल क्षेत्रीय कार्यालय भवन, तिरूवनंतपुरम का निर्माण

विभाग द्वारा शुरू की गई अन्य महत्वपूर्ण परियोजनाएँ

* सॉल्ट लेक कोलकाता में एनआरएमसी और पश्चिम बंगाल क्षेत्रीय कार्यालय भवन का निर्माण
* इटानगर क्षेत्रीय कार्यालय भवन और स्टाफ आवास का निर्माण
* बंगलूर में कार्नाटक क्षेत्रीय कार्यालय भवन का निर्माण
* जम्मू में जम्मू क्षेत्रीय कार्यालय भवन का निर्माण
* चंडीगढ़ क्षेत्रीय कार्यालय भवन को वातानुकूलित करना

सुक्ष्म ऋण नवप्रवर्तन विभाग

मुख्य कार्य

* नीति आयोजना और सूक्ष्म वित्त कार्यक्रम का अनुप्रवर्तन
* स्वयं सहायता समूहों की संवर्धन और ऋण सहबद्धता हेतु स्वयं सहायता संवर्धन संस्थाओं के लिए सहायता

* सूक्ष्म वित्त पणधारियों (स्टेकहोल्डरों) की क्षमता का निर्माण
* स्वयं सहायता समूहों के सदस्यों के बीच सूक्ष्म उद्यमों को बढ़ावा देना।
* सूक्ष्म वित्त संस्थाओं का श्रेणी निर्धारण/पूँजी/इक्विटी/परिक्रामी निधि सहायता

इसके बाह्य सहयोगी है

Deutsche Gesellschaft fur Technische Zusammenarbeit (GTZ)

संगठन का परिचय

जीटीजेड अन्तर्राष्ट्रीय सहकारिता उद्यम है। जो विश्व व्यापी परिचालनों के माध्यम से स्थायी विकास का कार्य करती है। यह सर्वभौम विश्व में राजनैतिक, आर्थिक, पर्यावरणिक और सामाजिक विकास के लिए व्यवहार्य, भावी समाधान प्रदान करता है। अन्तर्राष्ट्रीय सहकारिता का मुख्य ध्यान तथाकथित तकनीकी सहयोग पर है। इसका कार्पोरेट उद्देश्य लोगों की जीवन-निर्वाह की दशा में स्थायी आधार पर सुधार करना है।

ऐसे संगठन की परियोजनाएँ

ग्रामीण वित्त कार्यक्रम के अन्तर्गत सहयोग

विधि विभाग

प्रमुख कार्य

* विधि विभाग, मुख्य रूप में एक सलाहकार विभाग है जो नाबार्ड को प्रत्येक तरह का विधि सम्बन्धी परामर्श देता है।
* यह विभाग, विभिन्न परिचालन विभागों के निकट समन्वय में कार्य करता तथा नीति एवं परिचालनात्मक मामलों में कानूनी सलाह देता है जो मुख्य रूप से स्टाफ, सतर्कता (विजीलेंस), अनुशासन, दीर्घावधि व अल्पावधि ऋण, आधारभूत ढाँचा ऋण, संसाधन जुटाना, परिसर, क्षेत्रीय ग्रामीण बैंक व सहकारी बैंकों से जुड़े मामलों से सम्बन्धित होती है।
* नाबार्ड से सम्बन्धित नियम, विनियम एवं अधिनियम का मसौदा तैयार करता है।
* समर्झाता कार्यवाहियों में श्रम आयुक्त के सम्मुख, उपभोक्ता फोरम के सम्मुख एवं ाध्यस्थम सुनवाइयों (आर्बिटर्शेन हियरिंगस्) के दौरान उपस्थित रहता है।
* महत्त्वपूर्ण मामलों में उच्च न्यायालय, उच्चतम न्यायालय के वरिष्ठ वकीलों अथवा सेवानिवृत्त न्यायाधीशों को, उनके मत प्राप्त करने के लिए पक्षसार (ब्रीफ) तैयार करता है।
* पुनर्वित्त करारों, प्रतिभूति दस्तावेजों, सह-वित्तपोषण और आधारभूत ढाँचा वित्तपोषण सम्बन्धी दस्तावेजीकरण करता है।

* जहां कानूनी मुद्दों हों वहां बैंक की ओर से बातचीत करने के लिए भाग लेता है।
* ऋण मुहैया कराने, गारन्टी व जमानत लेने सम्बन्धी परिपत्रों की जांच करता है।
* कानून बनाने सम्बन्धी मसौदे की जांच करता है और उसकी कानूनी बैधता की पड़ताल करता है, जो कृषि और ग्रामीण विकास से जुड़े हैं और भारत सरकार द्वारा जारी किए गए हैं।
* कानून बनाने सम्बन्धी उन मसौदों की भी जांच करता है, उनकी कानूनी बैधता की पड़ताल करता है, जो कृषि एवं ग्रामीण विकास से सम्बन्धित हैं तथा राज्य सरकारों द्वारा भेजे गए हैं।
* विभिन्न परिचालनात्मक विभागों द्वारा जारी किए जाने वाले दस्तावेजों के मसौदे तैयार करता है और उनकी जांच करता है।

संशोधित नाबार्ड एक्ट के अन्तर्गत कार्य के नए आयाम

* सहायक संस्थाओं का विकास
* ऋण का प्रतिभूतिकरण
* बिलों की पुनर्भुनाई
* गारन्टियां जारी करना
* ग्रामीण आवास एवं बीमा व्यवसाय
* खुदरा बैंकिंग
* बांड जारी करना (कैपिटल गैनस बांड)
* सह वित्तपोषण

विधिक क्षेत्र में महत्त्वपूर्ण कार्य – परिचालनात्मक मामले

क्षेत्रीय ग्रामीण बैंकों, संस्थागत विभाग-सहकारी संस्थाएँ, निवेश ऋण विभाग, उत्पादन ऋण विभाग, राज्य परियोजना विभाग और मानव संसाधन प्रबन्ध विभाग के न्यायालों से सम्बन्धित मामलें और सन्दर्भ।

सम्पत्ति सम्बन्धी मामले

* स्वानित्व के सम्बन्ध में जाँच
* करार-पूर्व कार्य (अर्थात् निविदा प्रलेखों की जाँच)
* करार और स्वामित्व हस्तातंरण
* अभिमत बनाना
* विवाचन

कानूनों में समय-समय पर संशोधन होता रहता है और अधिनियमित नए कानूनों का सम्बन्ध बैंक से हो सकता है। विभाग ने नैबलॉ नामक तिमाही पत्रिका तैयार कर प्रकाशित और परिचालित करने का प्रयास किया है। इसमें लोक महत्त्व के मुद्दे होते हैं जोकि न केवल नाबार्ड के कार्य व्यवहार के लिए बल्कि हमारी ग्राहक संस्थाओं के लिए भी उपयोगी होते हैं।

निवेश ऋण विभाग

निवेश ऋण विभाग का मुख्य कार्य कृषि और कृषीतर दानों ही क्षेत्रों के कार्यकलापों के लिए 18 माह से 25 वर्ष तक की अवधि के लिए सावधि ऋण के समक्ष पुनर्वित्त प्रदान करना है। पुनर्वित्त केवल पात्र संस्थाओं यथा रासकृग्रावि बैंकों, रास बैंकों या अनुसूचित बैंक अथवा नाबार्ड अधिनियम की धारा 25 के अधीन परिभाषित, भारतीय रिजर्व बैंक द्वारा अनुमोदित किसी अन्य वित्तीय संस्था को जारी किया जाता है।

नाबार्ड के पुनर्वित्त कार्यकलापों में लघु सिंचाई, भूमि विकास, शुष्क भूमि कृषि, वाटरशेड विकास, कृषि यन्त्रीकरण, बागान और बागवानी, मुर्गीपालन, डेयरी/अन्य पशुपालन सम्बन्धी कार्यकलाप, मत्स्यपालन, बायोगैस, वानिकी, भंडारण तथा बाजार केन्द्र और कृषितर क्षेत्र (लघु उद्योग, अत्यन्त लघु कुटीर ग्रामोद्योग) स्वयं सहायता समूह, स्वयं रोजगार/व्यावसायिक व्यक्ति, सड़क और जल परिवहन के छोटे परिचालक, कृषि क्लीनिक एवं कृषि व्यवसाय केन्द्र, कृषि निर्यात क्षेत्र/ठेके पर खेती/जैव कृषि/कृषि प्रसंस्करण, गैर परम्परागत ऊर्जा, ग्रामीण आवास, सरकार द्वारा प्रायोजित कार्यक्रमों इत्यादि के लिए वित्तपोषण करना शामिल है।

किसी विशेष क्षेत्र में किसी खास तरह की परियोजनाओं के लिए सम्भावना और माँग को ध्यान में रखकर, नाबार्ड राज्य सरकार के सम्बन्धित विभागों और क्षेत्र के बैंकरों के साथ परामर्श करके क्षेत्र विकास परियोजनाओं तैयार करता है। इन क्षेत्र विकास परियोजनाओं के अन्तर्गत, लक्ष्य निर्धारित किए जाते हैं तथा आवधिक अन्तरालों पर उपलब्धियों का अनुप्रवर्तन किया जाता है।

नाबार्ड अधिनियम, 1981 की धारा 30 के अधीन निवेश ऋण विभाग ने उन परियोजनाओं के लिए सह-वित्तपोषण के माध्यम से प्रत्यक्ष ऋण वितरण के लिए एक पटल (विडों) भी शुरू किया है। जिनमें सनराइज प्रौद्योगिकी/राष्ट्रीय प्राथमिकताएँ/कृषि प्रसंस्करण/अधिक परिव्यय वाली परियोजनायें/लम्बी छूट की अवधि वाली परियोजनायें/लम्बी चुकौती अवधि वाली परियोजनायें जैसे महत्त्वपूर्ण क्षेत्र शामिल है।

संस्थागत विकास विभाग

दीर्घावधि और अल्पावधि ढाँचे के अन्तर्गत सहकारी संस्थाएँ

* दीर्घावधि और अल्पावधि ढाँचे से सम्बन्धित नीतिगत मामलों के विविध पक्ष
* दीर्घावधि और अल्पावधि ढाँचे की सहकारी संस्थाओं के कामकाज की समीक्षा
* सहकारी संस्थाओं से सम्बन्धित विषयों पर शीर्षस्थ बैंकों और राज्य सरकारों के बीच सहमति

* ज्ञापन
* कमजोर सहकारी बैंकों के पुनरुत्थान की योजनाओं की निगरानी
* सहकारिता विकास निधि का प्रबन्धन और इस निधि से बुनियादी ढाँचा विकास और अन्य अनुमोदित कार्यों के लिए सहकारी संस्थाओं को सहायता देना
* सहकारी संस्थाओं के लिए उत्कृष्ट काम करने के उपलक्ष्य में पुरस्कार
* भारत सरकार, भारतीय रिजर्व बैंक, संसदीय समितियों और अन्य विविध एजेंसियों के लिए नीति सम्बन्धी नोट तैयार करना
* सहकारी संस्थाओं से सम्बन्धित विषयों पर शीर्षस्थ सहकारी ऋण संस्थाओं, राज्य सरकारों और भारत सरकार के साथ समन्वय, तथा सहकारी समितियों के रजिस्टरों और राज्य सहकारी बैंकों और राज्य सहकारी कृषि और ग्रामीण विकास बैंकों के मुख्य कार्यपालक अधिकारियों की आवधिक बैठकों का आयोजन।
* सहकारी ऋण संस्थाओं से सम्बन्धित आँकड़ों का प्रबन्धन, भारत में सहकारिता आन्दोलन से सम्बन्धित सांख्यिकी का प्रकाशन
* सहकारी ऋण संरचना के सम्बन्ध में विभिन्न अध्ययनों का आयोजन
* दूसरे राज्यों की अनुकरणीय प्रथाओं से सहकारिता कार्यकर्त्ताओं को परिचित कराने के लिए सहकारिता कार्यकर्त्ता जागरूकता कार्यक्रम की योजना

क्षेत्रीय ग्रामीण बैंक (क्षेग्राबैंक)

* क्षेग्राबैंकों के सम्बन्ध में भारत सरकार की नीतियों के बारे में नीति-निर्धारण और उनके बारे में मार्गनिर्देश/उनकी व्याख्या
* क्षेग्रा बैंकों के अध्यक्ष की नियुक्ति और भारत सरकार की नीतियों, क्षेत्रीय ग्रामीण बैंक अधिनियम और स्टाफ विनियमावली जन्य स्टाफ प्रबन्धन के विविध मामले
* भारत सरकार के लिए नीतिविषयक नोट तैयार करना और विभिन्न संसदीय समितियों और संसदीय प्रश्नों का उत्तर देना
* क्षेग्रा बैंकों से सम्बन्धित विषयों पर भारत सरकार/भारतीय रिजर्व बैंक द्वारा गठित कार्यकारी समूहों/समितियों की सहायता करना
* शाखा लाइसेंसिंग नीति के अन्तर्गत क्षेग्रा बैंकों के सम्बन्ध में प्रस्तावों का विश्लेषण
* क्षेग्रा बैंकों में लेखापरीक्षकों की नियुक्ति
* क्षेग्रा बैंकों से सम्बन्धित आँकड़ों का प्रबन्धन

* क्षेग्रा बैंकों से सम्बन्धित विषयों पर प्रायोजक बैंकों और राज्य सरकारों के साथ समन्वय, प्रायोजक बैंकों की आवधिक बैठकों का संयोजन और भारत सरकार द्वारा आयोजित समीक्षा बैठकों के लिए कार्यसूची तैयार करना
* क्षेग्रा बैंकों के सम्बन्ध में विविध विशेष अध्ययनों का आयोजन
* क्षेग्रा बैंकों के समामेलन के लिए प्राप्त प्रस्तावों की संवीक्षा करना और इस विषय में भारत सरकार को अनुशंसाएँ प्रेषित करना
* विभिन्न मुद्दों के हल के लिए प्रायोजक बैंकों और क्षेग्रा बैंकों के बीच समन्वय करना

विशेष परियोजनाएँ/योजनाएँ

सहकारिता विकास निधि का प्रबन्धन

मानव संसाधन प्रबन्ध विभाग

उद्देश्य/लक्ष्य

मानव संसाधनों को संस्थान के उद्देश्य एवं युक्तिपूर्ण लक्ष्यों से जोड़ना जिससे कि उसके कारोबार का निष्पादन बढ़ाया जा सके और ऐसी सांगठनिक संस्कृति का विकास करना जो नवोन्मेषों और आवश्यक बदलावों को बढ़ावा दे।

कार्यनीतियां

* पर्याप्त अनुक्रमिक आयोजन के साथ एक अति प्रतिबद्ध एवं सक्षम कार्यदल का विकास करना।
* अपने मानव संसाधनों के विशेष कौशल अथवा दक्षता का पता लगाना और उचित नियोजन द्वारा इनकी पूरी क्षमता का संगठन के हित में उपयोग करना
* सुनिश्चित मानव संसाधन योजना के आधार पर भर्ती/चयन एवं पदस्थापना करना। विकास का एक प्रभावी घटक होना एवं निरन्तर परिवर्धित रणनीति तथा कार्य निष्पादन के मूल्यांकन की कार्यपणाली अपनाकर मानव संसाधन विकास प्रक्रिया में वस्तुनिष्ठता लाना।
* संगठन की कार्यनीति निर्माण में मानव संसाधन को एक अनुकूल भागीदार के रूप में उपयोग करना।
* विविध सांस्कृतिक परिवेश से आये कार्यदल का प्रबन्धन तथा कर्मचारी उन्मुख संस्कृति एवं माहौल तैयार करने के लिए परामर्शी भूमिका निभाना।

सामान्य प्रशासन विभाग

सामान्य प्रशासन विभाग सभी प्रशासनिक मामले देखता है। इसमें कार्यालय के सुचारू कार्य निष्पादन के लिए टेलीफोन, लेखन सामग्री कम्प्यूटर, जड़ वस्तुएँ, कार्यालय में

प्रयोग के उपकरण फर्नीचर उपलब्ध कराना शामिल है। यह विभाग कार्यालय उपयोग की वस्तुओं, जैसे प्रिंटिंग पेपर, कम्प्यूटर हार्डवेयर आदि की खरीद भी करता है।

यह विभाग स्टाफ की जरूरतों जैसे वेतन, आवास, निजी टेलीफोन, हॉलीडे होम, विजिटिंग ऑफिसर्स फ्लैट्स के आबंटन का काम भी देखता है।

वित्त एवं लेखा विभाग

प्रधान कार्यालय स्थिति वित्त और लेखा विभाग के प्रमुख कार्य निम्नानुसार है:

* निधिप्रबन्धन
* बैंक के तिमाही और वार्षिक वित्तीय परिणामों को तैयार और प्रस्तुत करना
* भारतीय रिजर्व बैंक/भारत सरकार को सांख्यिकीय विवरणियाँ भेजना।

यह विभाग बैंक के वित्तीय बजट, कॉर्पोरेट आयकर, ऋण परिचालन, आस्ति देयता प्रबन्धन, आदि से सम्बन्धित कार्यों को भी सम्पादित करता है एवं नैबकॉन्स एवं 3 राज्यों में राज्य स्तरीय कृषि वित्त विकास कम्पनियों जैसी सहायक संस्थाओं के वित्तीय कार्यकलाप का अनुप्रवर्तन भी करता है।

नाबार्ड के लेखांकन की कार्यविधियों एवं उसके विवाचन से सम्बन्धित सभी नीतिगत मुद्दों की जिम्मेदारी भी इसी विभाग की है।

विशेष:

* बैंक के वार्षिक तुलनपत्र को अन्तिम रूप देना, जिसके अन्तर्गत–
* लाभ व हानि लेखा
* तुलन पत्र
* समेकित तुलनपत्र (सहायक कम्पनियाँ सहित) तैयार करना
* तिमाही परिणाम (लाभ-हानि लेखा और तुलपनपत्र) प्रस्तुत करना

विकास नीति विभाग – गैर कृषि क्षेत्र

विहगावलोकन

ग्रामीण गैर-कृषि क्षेत्र देश के तीव्र आर्थिक विकास में एक अहम भूमिका अदा करता है। जीविकास की तलाश में ग्रामीण आबादी के शहरी क्षेत्रों में पलायन को रोककर, ग्रामीण क्षेत्रों में रोजगार उत्पन्न करने और आय बढ़ाने की इसमें विश्वासपूर्ण सम्भाव्यता है। अतः नाबार्ड ने एक थ्रस्ट एरिया के रूप में ग्रामीण गैर कृषि क्षेत्र के वित्तपोषण, विकास और संवर्धन की पहचान की है।

गत वर्ष में नाबार्ड ने विभिन्न पुनर्वित्त और संवर्धनात्मक योजनाएँ विकसित की हैं तथा क्षेत्र स्तरीय जरूरतों को ध्यान में रखते हुए नाबार्ड इन योजनाओं को उदार, व्यापक आधार युक्त, परिमार्जित/युक्तिसंगत बनाने के लिए निरन्तर प्रयास करता रहा है। ग्रामीण क्षेत्रों

के विकेन्द्रित सेक्टर में लघु, कुटीर और ग्रामोद्योग, हस्तशिल्प, अन्य ग्राम्यशिल्प और सेवा क्षेत्र को अधिक ऋण प्रवाह और लिंकेज की व्यवस्था करने पर नाबार्ड का ध्यान केन्द्रित रहा है।

नाबार्ड अपनी ग्रामीण नवोन्मेष निधि (आरआईएफ) के माध्यम से कृषि, गैर कृषि और सूक्ष्म ऋण क्षेत्रों में ग्रामीण नवोन्मेष का भी संवर्धन करता है।

विकास नीति विभाग – कृषि क्षेत्र

नाबार्ड ने ग्रामीण विकास में एक महत्त्वपूर्ण भूमिका अदा की है। समय के साथ इसने ग्रामीण और कृषि ऋण का प्रवाह बढ़ाने के लिए विभिन्न महत्त्वपूर्ण योजनाओं और नवोन्मेषी विचारों की शुरूआत की है। नाबार्ड, निवेश ऋण के अन्तर्गत कृषि सम्बन्धी विभिन्न गतिविधियों हेतु ग्रामीण ऋण एजेन्सियों द्वारा आधास्तरीय ऋण प्रवाह बढ़ाने हेतु कृषि क्षेत्र की विभिन्न पहलों के लिए नीतिगत सहायता प्रदान करता है ताकि ऋण और अनुदान सहायता के माध्यम से कृषि उत्पादन और उत्पादकता, ग्रामीण रोजगार सृजन, प्राकृतिक संसाधन प्रबन्ध और ग्रामीण गरीबी उन्मूलन में वृद्धि की जा सके। इसके अलावा, ग्रामीण क्षेत्र में विकास और समृद्धि लाने के उद्देश्य से नाबार्ड, प्राकृतिक संसाधन प्रबन्ध की पहलों को सहायता प्रदान करता है और इस प्रक्रिया में इसने विशिष्ट मौडल विकसित किए हैं जो अपने संम्बन्धित क्षेत्रों में ''बेंच मार्क'' बन चुके हैं।

इस आशय से विकास नीति विभाग – कृषि क्षेत्र का प्रमुख कार्य निवेष ऋण के अन्तर्गत कृषि सम्बन्धी विभिन्न गतिविधियों हेतु ग्रामीण ऋण एजेन्सियों द्वारा आधार स्तरीय ऋण प्रवाह बढ़ाने हेतु कृषि की विभिन्न गतिविधियों के लिए नीतिगत और संवर्धनात्मक सहायता प्रदान करना है जिससे कि ऋण और सहायता के माध्यम से कृषि उत्पादन और उत्पादकता में वृद्धि ग्रामीण रोजगार सृजन और ग्रामीण गरीबों का जीवन–स्तर ऊपर उठाया जा सके। इसके अलावा, ग्रामीण क्षेत्र में स्थायी और सम्यक् विकास करने के उद्देश्य से यह विभाग विकास मॉडलों के कार्यान्वयन हेतु प्राकृतिक संसाधन प्रबन्ध की पहलों को सहायता प्रदान करता है।

पर्यवेक्षण विभाग

बैंककारी विनियमन अधिनियम 1949 के प्रावधानों के अन्तर्गत, नाबार्ड को राज्य सहकारी क्षेत्रीय ग्रामीण बैंकों, जिला मध्यवर्ती सहकारी बैंकों तथा क्षेत्रीय ग्रामीण बैंकों का निरीक्षण करने की सांविधिक जिम्मेदारी सौंपी गई है। इसके अतिरिक्त, नाबार्ड राज्य स्तरीय सहकारी संस्थाओं जैसे राज्य सहकारी कृषि एवं ग्रामीण विकास बैंकों, शीर्षस्थ बुनकर समितियों, विपणन महासंघों आदि का निरीक्षण स्वैच्छिक आधार पर करता रहा है।

* निरीक्षण के उद्देश्य
* पर्यवेक्षण के माध्यम
* पर्यवैंक्षण की कार्य नीति
* वर्तमान बल क्षेत्र

* स्थलेतर/परोक्ष निगरानी पद्धति
* पर्यवेक्षण बोर्ड
* अन्य पहल

क्षेत्रीय कार्यालयों का ढाँचा

निरिक्षण के उद्देश्य

* वर्तमान तथा भावी जमाकर्त्ताओं के हितों की रक्षा करना।
* सुनिश्चित करना कि इन बैंकों द्वारा अपना कारोबार सम्बद्ध अधिनियमों/नियमों/विनियमों/नियमावली आदि के प्रावधानों के अनुसार किया जाता है।
* सुनिश्चित करना कि नाबार्ड/भारतीय रिजर्व बैंक/सरकार द्वारा बताए तथा जारी किए गए नियमों, दिशा निर्देशों आदि का पालन किया जाता है।
* बैंकों की वित्तीय सुदृढ़ता की जाँच पड़ताल करना।
* इन संस्थाओं को सुदृढ़ बनाने हेतु ऐसे तरीके सुझाना, जिन्हें अपनाकर वे ग्रामीण ऋण के क्षेत्र में अपनी भूमिका पहले से अधिक कुशलतापूर्वक निभा सके।

पर्यवेक्षण के माध्यम

* 31 रास बैंकों, 367 जिमस बैंकों, 19 रासकृग्रावि बैंकों तथा 96 क्षेग्रा बैंकों (विलयन प्रक्रिया के अन्तर्ग्रत) एवं अन्य शीर्षस्थ सहकारी संस्थाओं का आवधिक प्रत्यक्ष निरीक्षण करना।
* अनुपूरक मूल्यांकन
* स्थलेतर/परोक्ष निगरानी पद्धति
* संविभाग निरीक्षण/प्रणालियों का अध्ययन

पर्यवेक्षण की कार्यनीति

बैंकिंग क्षेत्र के सुधारों के मे नजर, वाणिज्यिक बैंकों को बदलते परिदृश्य में अधिक स्पर्धाशील तथा दीर्घकालिक बनाने के उद्देश्य से नए अन्तर्राष्ट्रीय मानदण्ड तथा प्रथाएँ उन पर लागू की गई। भारत सरकार/भारतीय रिजर्व बैंक द्वारा लागू किए गए वित्तीय सुधारों के मे नजर उभर रहे बैंकिंग के माहौल में सहकारी बैंकों और क्षेत्रीय ग्रामीण बैंकों को भी कार्य करना था। तद्नुसार, अलग-अलग चरणों में मानदण्ड उन पर लागू किए गए। अभी पूँजी पर्याप्तता मानदण्ड इन बैंकां पर लागू नहीं किए गए हैं तथापि अन्य मानदण्ड अर्थात् आय की पहचान, परिसम्पत्ति वर्गीकरण तथा प्रावधानन आदि जो रिजर्व बैंक ने पहले

वाणिज्यिक बैंकिंग क्षेत्र पर लागू किए थे। 1995-96 में क्षेत्रीय ग्रामीण बैंकों 1996-97 में राज्य सहकारी बैंकों जिला मध्यवर्ती सहकारी बैंकों तथा 1997-98 में राज्य सहकारी कृषि व ग्रामीण विकास बैंकों पर लागू किए गए। नाबार्ड सुनिश्चित तथा समयबद्ध पर्यवेक्षक कार्यनीति के द्वारा बैंकों को मदद करता है कि वे नए वित्तीय अनुशासन के अनुसार चल सकें ताकि निर्धारित विवेकपूर्ण मानदण्ड को व्यवहार में उतारा जा सके।

वर्तमान बल

संशोधित कार्यनीति के अन्तर्गत नाबार्ड ने निरीक्षण में, बैंक के प्रमुख/मूल कार्यों जैसे पूँजी पर्याप्तता, आस्तियों की गुणवत्ता प्रबन्धन, आय, तरलता तथा पद्धतियाँ का अनुपालन आदि पर पहले से अधिक ध्यान केन्द्रित किया गया। इस प्रकार अपने प्रत्यक्ष सांविधिक निरीक्षणों में नाबार्ड ने मूल मूल्यांकन पर बल दिया है। संपार्श्विक मूल्यांकन अनुपूरक निरीक्षणों के लिए छोड़ दिया गया। सूक्ष्म स्तर के पहलुओं पर ध्यान, बैंक स्वयं अपने आन्तरिक निरीक्षण में देगे या अन्य अभिकरण जैसे लेखा-परीक्षक इस दिशा में, नाबार्ड ने सहकारी बैंकों के मुख्य कार्यपालक तथा मुख्य लेखा-परीक्षकों के साथ समय-समय पर कार्यशालाएँ तथा बैठकें आयोजित करके यह सुनिश्चित करने का प्रयास किया कि बैंकों की कार्यप्रणाली के अन्य पहलू जैसे आन्तरिक जाँच व नियन्त्रण प्रणालियाँ, राजस्व तथा ऋण व जमाराशियाँ पर ब्याज के रूप में आय की वसूली तथा सामान्य बैंकिंग लेन-देन करने सम्बन्धी नेमी पद्धतियाँ को सम्बद्ध बैंक तथा उनकी संगामी/सांविधिक लेखा-परीक्षा प्रणालियों में अपनाई जा रही थी।

स्थलेतर निगरानी पद्धति

पर्यवेक्षण की नई कार्यनीति के अन्तर्गत प्रत्यक्ष निरीक्षण के अनुपूरक के रूप में अप्रत्यक्ष/स्थलेतर निगरानी पद्धति लागू की गइै है। इसके उद्देश्य सतत आधार पर महत्त्वपूर्ण आंकड़े प्राप्त करना व उनका विश्लेषण करना पर्यवेक्षण सम्बन्धी गम्भीर मों की पहचान करना तथा ऐसे मामलों जिनकी ओर गहन ध्यान दिए जाने की जरूरत है, के सम्बन्ध में चेतावनी संकेत देना। इस प्रणाली के अन्तर्गत मूलत: सहकारी बैंकों तथा क्षेत्रीय ग्रामीण बैंकों की सांविधिक तथा गैर-सांविधिक विवरणियों के आधार पर उनकी कार्यप्रणाली की डेस्क संविक्षा की जाती है। जहाँ समय-समय पर किए जाने वाले प्रत्यक्ष निरीक्षणों से निर्धारित अवधि में बैंकों के कार्यनिष्पादन का समग्र मूल्यांकन करने का प्रयास किया जाता है। वही अप्रत्यक्ष/स्थलेतर निगरानी पद्धति के द्वारा लगातार पर्यवेक्षण किया जाता है और यह पद्धति प्रत्यक्ष निरीक्षण के अनुपूरक के रूप में कार्य करती है।

पर्यवेक्षण बोर्ड (रास./जिमस बैंकों तथा क्षेग्रा बैंकों के लिए)

नाबार्ड अधिनियम, 1981 की धारा 13(3) के अन्तर्गत पर्यवेक्षण बोर्ड (रास/जिमस/क्षेग्रा बैंकों के लिए) का गठन निदेशक मण्डल की आन्तरिक समिति के रूप में किया गया है। पर्यवेक्षण बोर्ड के अधिकार तथा कार्य मोटे तौर पर निम्नानुसार है:

* निरीक्षण पर्यवेक्षण सम्बन्धी नीतिगत मामलों के सम्बन्ध में निर्देश तथा मार्गदर्शन देना, निरीक्षण के निष्कर्षों की समीक्षा करना तथा समुचित सुधारात्मक उपायों के सुझाव देना।

* धोखाधड़ी तथा आन्तरिक जाँच व नियंत्रण सम्बन्धी मामला पर, पर्यवेक्षण बोर्ड द्वारा की गई अनुवर्ती कार्यवाही की समीक्षा करना।
* सहकारी बैंकों/क्षेग्रा बैंकों की कार्यप्रणाली में उभर रहे पर्यवेक्षण सम्बन्धी मुद्दों जैसे गैरनिष्पादक आस्तियाँ वसूली, निवेश संविभाग, ऋण अनुप्रवर्तन व्यवस्था प्रबन्धन प्रथाएँ, धोखाधड़ी के मामले आदि की पहचान करना।
* यथावश्यक अनुवर्ती कार्यवाही के उपाय सुझाना।
* नाबार्ड के निरीक्षण कर्त्ता अधिकारियों को यथावश्यक कौशल तथा ज्ञान देने के उद्देश्य से समुचित प्रशिक्षण के बारे में सिफारिशें करना।
* पर्यवेक्षण विभाग के सुदृढ़ बनाने हेतु उपाय सुझाना।
* बोर्ड के अधिक्रमण, भारतीय रिजर्व बैंक द्वारा लाइसेन्स देने से इनकार आदि के सम्बन्ध में निदेशों तथा अन्य विनियामक कार्यवाही की सिफारिशें करना।
* किए गए निरीक्षणों तथा उनकी रिपोर्टों की गुणवत्ता का पर्यवेक्षण करना।
* स्थलेतर निगरानी व अन्य अनुपूरक तरीकों से प्राप्त जानकारी तथा उन पर की गई कार्यवाही की समीक्षा करना।
* नाबार्ड के निदेशक मण्डल द्वारा समय-समय पर सौंपे गए अन्य कार्य, जो भी हो, करना।

पर्यवेक्षण बोर्ड ने अपनी स्थापना के समय अर्थात 20 नवम्बर, 1999 से 30 जून, 2096 तक 33 बैठके आयोजित की हैं और उनमें सहकारी बैंकों तथा क्षेग्रा बैंकों के कार्य निष्पादन की समीक्षा की है। पर्यवेक्षण बोर्ड के प्रेक्षणों (अब्जरवेशन्स) के आधार पर सम्बद्ध प्राधिकारियों को कमियों से अवगत करा दिया गया है ताकि वे यथावश्यक सुधार उपाय कर सकें और भारतीय रिजर्व बैंक के यथोचित विनियामक कार्यवाही करने हेतु संस्तुतियाँ की जा सके।

अन्य पहलें

पर्यवेक्षित बैंकों की दैनन्दिन कार्यप्रणाली का अनुप्रवर्तन भारतीय रिजर्व बैंक/नाबार्ड द्वारा निर्धारित विभिन्न सांविधिक विवरणियों, जिनमें स्थलेतर निगरानी की विवरणियाँ भी शामिल हैं, के आधार पर किया जाता है।

पर्यवेक्षण की नीतिगत तथा परिचालनगत मामलों पर चर्चा करने हेतु समय-समय पर ग्रामीण आयोजना व ऋण विभाग, भारतीय रिजर्व बैंक के साथ बैठकें आयोजित की जाती हैं।

राज्य स्तर पर पंजीयक सहकारी समितियाँ, शीर्षस्थ बैंक, सहकारिता व वित्त विभाग, राज्य सरकार, लेखा परीक्षा निदेशक तथा बैंककारी विनियमन अधिनियम, 1937 की धारा 2 (यथा) का अनुपालन न कर रहे बैंकों आदि के प्रतिनिधियों सहित इस प्रकार के

समूह गठित किए गए हैं ताकि उनकी बैठकों में धारा 2 का अनुपालन न करने वाले बैंकों के सम्बन्ध में यथोचित कार्यनीति बनाई जा सके और उन बैंकों द्वारा बनाई गई कार्य योजना का अनुप्रवर्तन किया जा सके और इस प्रकार वे धारा 2 का अनुपालन फिर से कर सकें।

समय-समय पर नाबार्ड के प्रबन्ध निदेशक, शीर्षस्थ बैंकों, पंजीयक सहकारी समितियाँ राज्य सरकार आदि से विचार विमर्श किया जाता है।

क्षेत्रीय कार्यालयों का ढाँचा

क्षेत्रीय कार्यालयों के स्तर पर पर्यवेक्षण अनुभागों में यथोचित तथा पर्याप्त संख्या में अधिकारी पर्याप्त किए जाते हैं जो पर्यवेक्षण विभाग, प्रधान कार्यालय के दिशा-निर्देशों के अनुसार सम्पर्क करें। बैंकों का निरीक्षण, निरीक्षण रिपोर्ट जारी करने, अनुवर्ती कार्यवाही जैसे समीक्षा, अनुप्रवर्तन, अनुपालना तथा स्थलेतर निगरानी आदि का कार्य देखते हैं।

सूचना प्रौद्योगिकी विभाग

यह विभाग सूचना और प्रौद्योगिकी से सम्बन्धित नाबार्ड की आवश्यकताओं के लिए सेवा प्रदाता की भूमिका अदा करता है ताकि उपयोगकर्त्ता अनवरत रूप से अपने काम में आधुनिकतम टेक्नॉलॉजी का उपयोग करते रह सकें और एक अद्यतन ऑर्पोरेट डेटाबेस तैयार किया जा सके।

आथिक विश्लेषण और अनुसंधान विभाग

मुख्य कारोबार

आर्थिक विश्लेषण और अनुसंधान विभाग राष्ट्रीय बैंक के विशेषज्ञों का विभाग हैं जो कृषि और ग्रामीण विकास के सवर्धन हेतु विविधीकृत कार्यकलापों को सम्पादित करता है।

इन कार्यकलापों में निम्नलिखित शामिल हैं

* विशिष्ट क्षेत्र की अनुसंधान परियोजनाओं और अध्ययनों को सम्पादित करना
* अन्तर्राष्ट्रीय और राष्ट्रीय संगोष्ठियों, कार्यशालाओं और विचार गोष्ठियों का आयोजन करना।
* सामयिक महत्त्व के आलेखों का प्रकाशन

ये कार्यकलाप ग्रामीण क्षेत्रों के विकास को और अधिक गति देते हैं। कृषि उत्पादों, खासकर निर्यात के उत्पादों के लिए बाजार के अवसरों को प्रचारित करते हैं जिससे ग्रामीण बुनियादी सुविधाओं और अन्य गैर-कृषि क्षेत्र के विकास के लिए मार्ग प्रशस्त होता है।

राष्ट्रीय बैंक में आर्थिक विश्लेषण और अनुसंधान विभाग अत्यधिक सक्रियता से कार्य करने वाला विभाग है। आन्तरिक और बाहरी स्रोतों के माध्यम से महत्त्वपूर्ण क्षेत्रों पर बदलते आर्थिक परिदृश्य के अनुरूप अनुसंधान को बढ़ावा देने के अलावा यह विभाग आमतौर पर किए गए अध्ययनों के निष्कर्षों के आधार पर प्रबन्ध तंत्र को नीतिगत सुझाव देता है।

विशेष परियोजनाएँ/योजनाएँ

कृषि और ग्रामीण विकास की परियोजनाओं के अनुप्रवर्तन, मध्यावधि मूल्य निरूपण और मूल्यांकन अध्ययन प्रशिक्षित विशेषज्ञों के सहयोग से डियर ने लगभग 150 अध्ययन करवाए और उनकी रिपोर्ट नाबार्ड द्वारा प्रकाशित कराई गई।

मूल्यांकन अध्ययनों के मुख्य विषय निम्नलिखित थे

* फार्म मशीनीकरण
* शीत भण्डारगृह
* सूक्ष्म वित्त
* वानिकी
* लघु सिंचाई
* पशुपालन
* बागबानी विकास
* कृषि उद्योग

आर्थिक अनुसंधान और विकास विभाग ने हाल ही में अपनी कार्यसूची में नए उभरते क्षेत्रों जैसे जैव तकनीकी, पण्य विशिष्ट अध्ययन, नवीकरणीय ऊर्जा, कृषि प्रसंस्करण, कृषि निर्यात, ग्रामीण क्षेत्रों में सूचना प्रौद्योगिकी, सामाजिक क्षेत्र से सम्बन्धित स्वास्थ्य, शिक्षा और गृहनिर्माण तथा ग्रामीण क्षेत्रों में वित्तीय सेवाओं को शामिल किया है।

कारपोरेट आयोजन विभाग

कारपोरेट आयोजन विभाग, संस्था के कारपोरेट लक्ष्य निर्धारित करता है और भारत सरकार तथा अन्य ऐजन्सियों के साथ 'सम्पर्क विभाग' का काम करता है। यह विभाग विदेशी सहायता प्राप्त परियोजनाओं के लिए निधियों को चैनलाइज करने का काम भी करता है।

मुख्य कार्य

* बैंक की वार्षिक व्यवसाय योजना तैयार करना
* भारत सरकार/योजना आयोग के साथ सम्पर्क रखना
* भारतीय रिजर्व बैंक के साथ सम्पर्क रखना
* अन्तर्राष्ट्रीय एजेन्सियों के साथ सम्पर्क रखना
* संसदीय मुद्दों के सम्बन्ध में समन्वय करना
* सूचना अधिकार अधिनियम से सम्बन्धित संदर्भों पर कार्यवाई करना
* जिला स्तरीय आयोजना के लिए नीति निर्धारित करना

* जिला विकास प्रबंधकों से सम्बन्धित मुद्दों पर मार्गदर्शन एवं समन्वय
* पूर्वोत्तर क्षेत्र से सम्बन्धित मुद्दों पर समन्वय
* बैंकों के साथ समय-समय पर बैठकें
* आधार स्तर पर ऋण प्रवाह का अनुप्रवर्तन

बैंक की वार्षिक व्यवसाय योजना तैयार करना

वार्षिक व्यवसाय योजना तैयार करने के लिए बैंक के विभिन्न कार्यों के सम्बन्ध में वार्षिक आयोजना कार्यों का समन्वय इस विभाग द्वारा किया जाता है।

भारत सरकार/योजना आयोग के साथ सम्पर्क रखना और कृषि ऋण से सम्बन्धित सभी विषयों पर उन्हें सूचना उपलब्ध कराना

भारत सरकार के विभिन्न मन्त्रालयों, योजना आयोग से सम्बन्धित सभी मुद्दों/पत्राचार/बैठकों आदि, विशेष रूप से कृषि ऋण से सम्बन्धित मुद्दों पर कार्यवाही करना।

ग्रामीण ऋण आयोजना से सम्बन्धित विषयों पर भारतीय रिजर्व बैंक से सम्पर्क

कृषि और ग्रामीण विकास से सम्बन्धित मुद्दों पर भारतीय रिजर्व बैंक के सम्पर्क में रहना ताकि नीतिगत विषयों को सुगम बनाया जा सके और कठिनाइयों को दूर किया जा सके।

अन्तर्राष्ट्रीय एजेन्सियों के साथ सम्पर्क

नाबार्ड के लिए उपयोगी परियोजनाओं के लिए सहायता प्राप्त करने हेतु अन्तर्राष्ट्रीय डोनर एजेन्सियों से सम्पर्क करना, डोनर एजेन्सियों के साथ होने वाली सभी बैठकों में शामिल होने, करार की जिम्मेदारियों के सम्बन्ध में बातचीत करने आदि का समन्वय इस विभाग द्वारा किया जाता है।

संसदीय मुद्दों के सम्बन्ध में समन्वय करना

संसद और संसदीय समितियों को सूचना उपलब्ध कराना तथा संदीय समितियों के दौरो के सम्बन्ध में नोडल विभाग के रूप में कार्य करना।

सूचना अधिकार अधिनियम से सम्बन्धित सन्दर्भों पर कार्यवाही करना

सूचना अधिकार अधिनियम के तहत सूचना उपलबध कराने के लिए नोडल विभाग के रूप में कार्य करना।

जिला स्तरीय आयोजना कार्य तथा राज्य स्तरीय ऋण आयोजना पेपर के लिए नीति तैयार करना

नाबार्ड वार्षिक रूप से जिला स्तरीय सम्भाव्यतायुक्त योजनाएं और राज्य फोकस पेपर तैयार करता है।

नाबार्ड के ज़िला विकास प्रबन्धकों से सम्बन्धित मुद्दों पर मार्गदर्शन एवं समन्वय

देशभर के जिला विकास प्रबन्धकों के कार्यों का समन्वय एवं मार्गदर्शन

पूर्वोत्तर क्षेत्र से सम्बन्धित मुद्दों पर समन्वय

पूर्वोत्तर क्षेत्र से सम्बन्धित सभी संन्दर्भों का समन्वय करना तथा बैंकों एवं नाबार्ड के क्षेत्रीय कार्यालयों को समुचित मार्गदर्शन देना।

बैंकों के साथ समय समय पर बैठकें

कृषि ऋण और तत्सम्बन्धी नीति से सम्बन्धित महत्त्वपूर्ण मुद्दों पर विचार विमर्श हेतु बैंकों के साथ समय-समय पर बैठकों की व्यवस्था करना।

कृषि और ग्रामीण क्षेत्र के लिए आधार स्तरीय ऋण प्रवाह का अनुप्रवर्तन

कृषि और ग्रामीण ऋण के आधार स्तरीय प्रवाह से सम्बन्धित आंकड़ों का संग्रह, मिलान और अनुप्रवर्तन करना। भारत सरकार द्वारा घोषित कृषि ऋण पैकेज के तहत हुई प्रगति का अनुप्रवर्तन करने हेतु नाबार्ड को नोडल एजेन्सी बनाया गया है।

कार्यनिष्पादन (Performance)

नाबार्ड द्वारा अपनी स्थापना के ठीक दो दशक पूरे किये जा चुके है। इस दिर्घ अवधि में कृषि एवं ग्रामीण क्षेत्र में पर्याप्त वित्तीय सहायता का प्रवाह कर अपनी स्थापना की सार्थकता को सिद्ध करने का प्रयास किया गया है।

1. संवितरित ऋण (Disbursement) - नाबार्ड द्वारा विगत वर्षो के दौरान विभिन्न ऋण एजेन्सियों, यथा सहकारी बैंकों, क्षेत्रीय ग्रामीण बैंकों एवं वाणिज्यिक बैंकों द्वारा कृषि और सम्बद्ध गतिविधियों के लिए संवितरित कुल आधार स्तरीय ऋण जो 1997-98 में 31,956 करोड़ रूपये था बढ़कर 2000-01 में 53,504 करोड़ रूपये तक बढ़ जाना अनुमानित है। कृषि और सम्बद्ध गतिविधियों के लिए विगत वर्षो के दौरान संवितरित आधारस्तरीय ऋण का एंजेन्सीवार संवितरण तालिका 1 में दर्शाया गया है।

तालिका -1

विभिन्न एंजेसियों द्वारा (1997-98 से 2001-02 तक) कृषि और सम्बद्ध गतिविधियों के लिए आधारस्तरीय ऋण का संवितरण

(रू. करोड़ में)

एंजेन्सी/वर्ष	1997-98	1998-99	1999-00*	2000-01@	2000-02$
सहकारी बैंक	14,085	15,957	18,429	21,909	27,080
क्षेत्रीय ग्रामीण बैंक	2,040	2,460	3,320	3,807	4,956
वाणिज्य बैंक	15,831	18,443	22,854	27,788	34,735
कुल	31,956	36,860	44,612	53,504	66,771
पिछले वर्ष की तुलना में वृद्धि दर (%)	21	15	21	20	25

*अनंतिम @ अनुमानित $पूर्वानुमान

2. पुनर्वित सहायता (Refinance Support)- नाबार्ड द्वारा सहकारी बैंकों, क्षेत्रीय ग्रामीण बैंकों तथा वाणिज्य बैंकों को दी गयी पुनर्वित सहायता एवं राज्य सरकार तथा गैर सरकारी संगठनों को प्रदत्त ऋणों का कुल योग 1999-2000 में 14,178 करोड़ रूपये था जो बढ़कर वर्ष 2000-01 में 16,461 करोड़ रूपये हो गया। नाबार्ड द्वारा संवितरित कुल संवितरित पुनर्वित का एंजेन्सीवार संवितरण तालिका-2 में दर्शाया गया है।

तालिका–2
नाबार्ड द्वारा पुनर्वितरण सहायता का एजेन्सीवार वितरण

(करोड़ रूपये में)

गतिविधियां	1997-98	1998-99	1999-00*	2004-05@
I. **फसल ऋण** (अल्पावधि उत्पादन ऋण)	20640	23903	28862	76,062
II. **मियादी ऋण** **(मध्यावधि+दीर्घावधि)** निवेश ऋण				49,247
1. लधु सिंचाई	1584	1790	2410	4,186
2. भुमि विकास	173	217	322	840
3. फार्म मशीनीकरण	3566	3936	4046	4,555
4. बागान और बागवानी	755	767	754	1,720
5. डेयरी, मुर्गीपालन और भेड़, बकरी, सुअरपालन	1763	1996	2177	3,097
6. मत्स्यपालन	338	448	405	1,301
7. उच्च तकनीकी कृषि	1101	1339	1360	6,648
8. अन्य	2036	2464	4276	26,900
उप–जोड	11316	12957	15750	NA
कुल जोड (I + II)	31956	36860	44612	1,25,309

3. प्रयोजनवार संवितरण – नाबार्ड द्वारा विगत वर्षो में प्रयोजनवार पुनर्वित्त संवितरण में महत्वपूर्ण रूचि दर्शायी गयी है जैसा कि तालिका –3 के विश्लेषण से स्पष्ट है।

आधुनिक प्रवृत्तियाँ (Recent Trends)

राष्ट्र कृषि एवं ग्रामीण विकास बैंक की स्थापना कृषि एवं ग्रामीण क्षेत्र को ऋण प्रदान करने के सम्बन्ध में एक वरदान सिद्ध हुआ है। इसके प्रमाणस्वरूप उपरोक्त विवेचन में अनेक तर्क प्रस्तुत किये जा चुके है। बैंक अब भी निरन्तर कृषि वित्त के क्षेत्र में अपनी और अधिक सार्थक भूमिका सिद्ध करने की दिशा में प्रयत्नशील है। विगत कुछ वर्षो में बैंक के कार्यकलापों में कतिपय प्रवृत्तियां दृष्टिगत हुई है। जिनका विवरण निम्न प्रकार है:

(1) आदिवासियों को अल्पावधि ऋण प्रवाह – राष्ट्रीय बैंक ने पिछले वर्षो के दौरान अजा/अजजा किसानों को अल्पावधि कृषि ऋण का प्रवाह बढ़ाने हेतु कई कदम उठाए

है। अजा/अजजा किसानों और समाज के अन्य कमजोर वर्गों की व्याप्ति एवं उनके लिए अधिक ऋण उपलब्ध कराने की जरूरत से जिमस बैंकों और क्षेत्रीय ग्रामीण बैंकों को अवगत कराया गया। ऐसे किसानों के लिए अधिक मात्रा में त्रृण प्रवाह सुनिश्चित करने के लिए बैंकों से वार्षिक ऋण योजना बनाते समय क्षेत्र विशेष आधारित कार्यनीति पर अधिक ध्यान देने को कहा गया है।

(2) किसानों को दो पहिया वाहनों के लिए वित्त पोषण – वाणिज्यिक बैंकों से अभ्यावेदन मिलने पर, कृषि क्षेत्र के तहत वित्तीय वर्ष 2000–01 से प्रायोगिक आधार पर किसानों को दो पहिया वाहनों के लिए वित्त प्रदान करने हेतु वाणिज्यिक बैंकों और क्षेत्रीय ग्रामीण बैंकों को पुनर्वित्त सुविधा देने का निर्णय लिया गया। यह आशा की गई कि किसानों द्वारा दो पहिया वाहन खरीदने से उनकी गतिशीलता में वृद्धि होगी, यात्रा पर लगने वाला समय बचेगा तथा साथ ही यात्रा की लागत भी कम हो जाएगी। इससे किसानों को समय पर निवेश प्राप्त करने में सहायता मिलेगी, उत्पादन में क्षति कम होगी। बाजार तक जाना आसान होने के साथ साथ कृषि कार्यो का पर्यवेक्षण अधिक प्रभावी ढंग से हो सकेगा।

(3) सेवा क्षेत्र का विस्तार– ग्रामीण क्षेत्रों में अपनी सुविधाओं को साइबर कैफे/साइबर ढाबों/साइबर सूचना केन्द्रों के रूप में विकसित करने के लिए एसटीडी / पीसीओ परिचालकों के वित्तपोषण को सेवा क्षेत्र की अनुमोदित गतिविधि के तहत पुनर्वित हेतु पात्र बना दिया गया।

(4) ग्रामीण पर्यटन को प्रोत्साहन – जल परिवहन, बोट हाउस, छोटे होटल/ पर्यटक गृह/ लॉज, पर्यटक सूचना केन्द्रों आदि जैसी पूर्व में विनिर्दिष्ट न की गई ऐसी गतिविधियों को, जो सेवा क्षेत्र गतिविधियों के तहत अनुमोदन के मानदण्ड पूरी करती हो, भी ग्रामीण पर्यटन को बढ़ावा देने के उद्धेश्य से राष्ट्रीय बैंक की पुनर्वित्तीय सहायता के दायरे में शामिल कर लिया गया।

(5) नाबार्ड अधिनियम 1981 में संशोधन – नाबार्ड अधिनियम 1981, में वर्ष 2000 में व्यापक संशोधन किये गये है। ये संशोधन बैंक द्वारा भविष्य में अधिक कारगर भूमिका निभाने में महत्वपूर्ण सिद्ध होंगे। इन संशोधनों में प्रमुख है :

नाबार्ड को स्पष्ट रूप से **'विकास बैंक का दर्जा'** प्रदान किया गया है।

इसकी पूंजी सीमा 500 करोड़ से बढ़ाकर 5000 करोड़ रूपये कर दी गयी है।

बैंक के निदेशक मण्डल में गठन कर बदलाव लाया गया है। राज्य सरकार का प्रतिनिधित्व 2 से 4 किया गया है तथा अन्य अंशधारकों के लिए 4 तक निर्देशक होंगे।

बैंक को विदेशी मुद्रा में उधार देने की छुट प्रदान की गयी है।

आधारभूत सुविधाओं के लिये राज्य सरकारों के अतिरिक्त व्यक्तियों तथा अन्य को वित्त पोषण की छुट प्रदान की गयी है।

बैंक को विशेष परिस्थितियों सीधे वित्त पोषण की सुविधा प्रदान की गयी है।

नाबार्ड को अपनी अनुसंषगी संस्थायें स्थापित करने की स्वतन्त्रताएँ प्रदान की गयी है।

(6) विदेशी सहायता - राष्ट्रीय कृषि एवं ग्रामीण विकास बैंक की अनेक योजनाओं के संचालन में अन्तर्राष्ट्रीय वित्तीय संस्थाओं द्वारा सहायता प्रदान किया जाना स्वीकार किया जा चुका है। इस दिशा में अन्तर्राष्ट्रीय विकास संघ द्वारा 1994 के पश्चात अनेक योजनाओं में भागीदारी निभायी गयी है।

बैंक का कार्यनिष्पादन - नवीन आयाम

बैंक के कार्य निष्पादन के नवीन आयामों के अन्तर्गत वर्ष 2006-07 में बैंक की बैंलेंस शीट में 20 प्रतिशत की वृद्धि हुई है। पिछले वर्षों में यह वृद्धि वार्षिक रूप से 8 प्रतिशत से 10 प्रतिशत के बीच रहती आई है। इस तथ्य की पुष्टि नाबार्ड की बैंलेंस शीट 67,705 करोड़ से बढ़कर 81,000 करोड़ रुपये होने से भी होती है।

यह निवेश ऋण पुनर्वित्त, उत्पादन ऋण पुनर्वित्त और ग्रामीण बुनियादी ढाँचे के लिए राज्य सरकारों को दिए गए ऋणों के रूप में तीन दिशाओं से परिलक्षित होती है। इन तीनों घटकों में हुई बढ़ोतरी समग्र रूप से बैंलेन्स शीट की वृद्धि में दिखाई देती है। उत्पादन ऋण पुनर्वित्त में 53 प्रतिशत, ग्रमीण बुनियादी ढाँचे के लिए राज्य सरकारों को दिए गए ऋणों में 32 प्रतिशत और निवेश ऋण में 4 प्रतिशत की वृद्धि हुई है। जिसे निम्न तालिका में दर्शाया गया है:

तालिका

बकाया धनराशि (रु. करोड़)

	2005-06	2006-07
उत्पादन ऋण	9617	14758
राज्य सरकारों को ऋण	15142	20005
निवेश ऋण	33329	34748

बैंक के परिचालन अधिशेष से व्यवसाय में हुई प्रगति का पता चलता है। लगभग 81,000 करोड़ रुपये के व्यवसाय पर राशि 1128 करोड़ रुपये है।

प्रति कर्मचारी व्यवसाय में हुई वृद्धि से भी प्रगति का पता चलता है। 2005-06 वर्ष के 19.30 कराड़ रु. प्रति कर्मचारी की तुलना में वर्ष 2006-07 में यह राशि 24.13 करोड़ रु. प्रति कर्मचारी है। इसके परिणामस्वरूप बैंक की प्रति कर्मचारी उत्पादकता में वृद्धि हुई है।

यह उपलब्धि कार्यशील निधियों के समक्ष 1 प्रतिशत प्रशासनिक लागत की सर्वोत्तम प्रणाली को बिना तोड़े हुए प्राप्त की गई है (0.73 प्रतिशत)।

वर्ष 2007-08 में नाबार्ड अपनी रजत जयन्ती मनाएगा। इस वर्ष हम अपनी बैंलेन्स शीट को 6 अंकों तक ले जाने का भरसक प्रयास किये जाने का लक्ष्य निर्धारित किया गया है।

निवेश ऋण पुनर्वित्त के तरह 75 प्रतिशत पुनर्वित्त कृषि क्षेत्र में निवेश की सहायता के लिए जाता है और 25 प्रतिशत गैर-कृषि क्षेत्र को जाता है। गैर-कृषि क्षेत्र में 1/4 अत्यन्त महत्त्वपूर्ण है क्योंकि 40 प्रतिशत ग्रामीण परिवार कृषि कार्य नहीं करते हैं और वे गैर-कृषि गतिविधियों में संलग्न हैं। यह क्षेत्र असंगठित है और बड़ी मात्रा में वित्तीय दायरे के बारह है। बैंक पुनर्वित्त क्रेडिट प्लस अवधारणा युक्त है जिसका लक्ष्य वित्तीय दायरे से बाहर रहने वालों की संख्या कम करना है। गैर कृषि क्षेत्र की मुख्य गतिविधियाँ कृषि प्रसंसकरण (55 प्रतिशत) ग्रामिण आवास (17 प्रतिशत) हैं।

कृषि क्षेत्र के मुख्य घटकों में कृषि मशीनीकरण (21 प्रतिशत), सूक्ष्म वित्त (15 प्रतिशत), लघु सिंचाई (7.6 प्रतिशत) और डेरी विकास (5.7 प्रतिशत) शामिल हैं।

उत्पादन ऋण पुनर्वित्त के सम्बन्ध में भारत सरकार की नीति के अनुसार आधार स्तर पर किसानों को 7 प्रतिशत ब्याज दर पर फसली ऋण उपलब्ध कराने पर केन्द्रित रहा है। इस लक्ष्य को ध्यान में रखते हुए नाबार्ड ने आधार स्तर पर ऋण के लिए पुनर्वित्त की उपलब्धता बढ़ाकर 40 प्रतिशत कर दी है। पुनर्वित्त के लिए अधिक संख्या में सहकारी बैंक की पात्रता को सुगम बनाया है। सहकारी बैंकों का 2.5 प्रतिशत पर और क्षेग्राबैंक को 4.5 प्रतिशत की रियायती ब्याज दर पर पुनर्वित्त उपलब्ध कराया गया है तथा सहकारी ऋण ढाँचे को मजबूत बनाने के लिए पुनर्वित्त को संस्थागत सुधारों से जोड़ा गया है। इससे वर्ष 2006-07 में उत्पादन ऋण पुनर्वित्त बढ़कर 14,758 करोड़ रुपये हो गया। वर्ष 2005-06 में यह धनराशि 9617 करोड़ रुपये थी (53 प्रतिशत की वृद्धि)।

उपर्युक्त विवेचन में बैंक व्यवसाय परिचालन के स्तर पर ध्यान केन्द्रित किया गया है। तथापि नाबार्ड के व्यवसाय परिचालनों को अन्य मानकों पर भी परखा जाना चाहिए जैसे:

1. बैंक द्वारा दी गई संवर्धन एवं विकास सहायता।
2. संस्थागत सुधार।
3. ग्रामीण बुनियादी ढाँचे का निर्माण।
4. बैंकों का पर्यवेक्षण।

संवर्धन एवं विकास सहायता के सन्दर्भ में दो शीर्षों के तहत उल्लेख किया जा सकता है।: गैर कृषि क्षेत्र और कृषि क्षेत्र।

जैसा कि उपर्युक्त विवेचन में उल्लेखित किया जा चुका है कि 40 प्रतिशत ग्रामीण परिवार खेती न करने वाले परिवार हैं। ये परिवार बड़ी संख्या में वित्तीय दायरे से बाहर है अतः संवर्धन और विकास पहलों के रूप में गैर कृषि क्षेत्र के लिए दी जाने वाली बैंक सहायता अत्यन्त महत्त्वपूर्ण है।

गैर-कृषि क्षेत्र के अन्तर्गत बैंक द्वारा चार मुख्य पहले की हैं। इनमें, जिलावार ग्रामीण औद्योगीकरण कार्यक्रम (ड्रिप), गतिविधि क्लस्टरों का विकास, उद्यमिता विकास कार्यक्रम की सहायता के माध्यम से रोजगार के लिए ग्रामीण युवकों को प्रशिक्षण देना और ग्रामीण विपणन शामिल हैं।

बैंक द्वारा प्रायोजीत जिला ग्रामीण उद्यमिता विकास कार्यक्रम अब 106 जिलों में चलाया जा रहा है और इसके अन्तर्गत 2,077 करोड़ रुपये की पुनर्वित्त सहायता से कुल 13,363 करोड़ रुपये का ऋण उपलब्ध कराया जा चुका है। इसकी मदद से अब तक 12 लाख व्यावसायिक इकाईयाँ स्थापित की जा चुकी है। जिनमें 26 लाख लोगों को रोजगार मिला है।

केवल पिछले वर्ष के दौरान ही बैंक द्वारा 18 राज्यों में 42 क्लस्टरों की पहचान की, उन्हें बढ़ावा दिया और विकसित किया। इन क्लस्टरों में हथकरघा, हस्तशिल्प, रेशम, बागवानी, बाँस, चमड़े के उत्पादों, जूट आदि शामिल हैं।

ग्रामीण युवकों के प्रशिक्षण के मामलें में 2005-06 में बैंक 663 उद्यमिता विकास कार्यक्रम चलाए। इनके लिए लगभग 4.43 करोड़ रुपये की राशि अनुदान सहायता के रूप में दी गई। संचयी रूप से अब तक कुल 2.42 लाख युवकों को स्वरोजगार के लिए प्रशिक्षित किया गया है।

कृषि क्षेत्र को बढ़ावा देने के लिए किए गए उपायों में वाटरशेड विकास, आदिवासी विकास कार्यक्रम और सुक्ष्म ऋण सम्बन्धी पहले शामिल हैं। नाबार्ड ने 200 करोड़ की वाटरशेड विकास निधि बनायी है और उसे केएफडब्ल्यू इण्डो जर्मन वाटरशेड विकास परियोजना से भी मदद मिलती है। वर्ष 2006-07 के दौरान हमारा लक्ष्य 4 राज्यों के 31 आपदाग्रस्त जिलों में 15000 हैक्टेयर प्रति जिला वाटरशेड क्लस्टर स्थापित करना था। इस कार्यक्रम से मृदा और नमी संरक्षण की समस्या सुलझेगी और आपदाग्रस्त इलाकों में कृषि प्रणालियों को सुधारने में भी मदद मिलेगी। इसके अलावा, इण्डों जर्मन वाटरशेड विकास कार्यक्रम को महाराष्ट्र, आन्ध्र प्रदेश और गुजरात में भी चलाया जा रहा है। इस कार्यक्रम में महाराष्ट्र के सभी जिलों तथा आन्ध्र प्रदेश और गुजरात के 4-4 जिलों को शामिल किया गया है।

नाबार्ड के पास 50 करोड़ रुपये की आदिवासी विकास निधि है जिसका उपयोग आदिवासी बस्तियों में बागानों के विकास के लिए किया गया है। नाबार्ड ने 9 राज्यों में 11 परियोजनाओं के लिए 21.16 करोड़ रुपये की सहायता मंजूर की है।

नाबार्ड ने एक दशक के दौरान भारत में सूक्ष्म ऋण आंदोलन को डिजाइन करके इसका पोषण किया है। वर्ष 2006-07 के दौरान 3.85 स्वयं सहायता समूहों को ऋण से जोड़ने के लक्ष्य के समक्ष 3.12 लाख नए और पहले से विद्यमान 2.41 लाख स्वयं सहायता समूहों को ऋण से जोड़ने के कार्य को सुगम बनाया गया। बैंक ऋण 2922 करोड़ रुपये वितरित किया गया और इसके लिए नाबार्ड ने 1161 करोड़ रुपये की पुनर्वित्त सहायता दी। 31 मार्च, 2007 तक संचयी रूप से 25.50 लाख समूहों को बैंक ऋण से जोड़ा गया है।

इनको 14320 करोड़ रुपये के बैंक ऋण और नाबार्ड से 5320 करोड़ रुपये की पुनर्वित्त सहायता दी गई है। यह उल्लेखनीय है कि स्वयं सहायता समूह आदोलन में दक्षिण के राज्यों से इतर राज्यों का हिस्सा 2000-01 के 29 प्रतिशत से बढ़कर 2006-07 में 50 प्रतिशत हो गया है। स्वयं सहायता समूहों को संवर्धित करने तथा ऋण प्रदान करने, गैर-सरकारी संगठनों के कार्मिकों, बैंकों/सरकारी अधिकारियों तथा स्वयं सहायता समूह के सदस्यों के प्रशिक्षण और क्षमता निर्माण के लिए बैंकों और गैर सरकारी संगठनों को अनुदान सहायता प्रदान कर नाबार्ड इस कार्यक्रम के लिए सहायता देता रहा है। 9 राज्यों में परिपक्व स्वयं सहायता समूहों को सूक्ष्म उद्यम समूहों में बदलने के लिए नाबार्ड ने एक प्रायोगिक परियोजना भी आरम्भ की है।

संस्थागत सुधार

मुख्य रूप से एक सक्षम तथा वित्तीय रूप से मजबूत सहकारी बैंकिंग ढाँचे के निर्माण पर ध्यान केन्द्रित किया जाता रहा है। अल्पावधि सहकारी ऋण ढाँचे के पुररूद्धार पैकेज इस समय 10 राज्यों में कार्यान्वित किया जा रहा है। सुधार पैकेज के कार्यान्वयन हेतु 7 और राज्यों ने सिद्धान्ततः अपनी सहमति प्रदान की है। पैकेज में परिकल्पित सुधारों को लागू करने के लिए आन्ध्र प्रदेश ने सहकारी समितियाँ अधिनियम में संशोधन किया है और कई अन्य राज्यों में सहकारी समितियाँ अधिनियम में संशोधन की प्रक्रिया जारी है। समितियों की विशेष लेखा परीक्षा शुरू हो गई है। सहकारी समितियों और बैंक कार्मिकों के लिए प्रशिक्षण मॉड्यूल तैयार किए गए हैं। एक सामान्य लेखांकन और प्रबन्ध सूचना प्रणाली को अन्तिम रूप दिया जा रहा है और पैकेज के कार्यान्वयन की मॉनीटरिंग राष्ट्रीय स्तर पर गठित मॉनीटरिग समिति द्वारा की जा रही है। क्षेग्रा बैंकों के सम्बन्ध में राज्य स्तर पर प्रायोजक बैंक वार इनके विलय का काम लगभग पूरा हो गया है।

आगामी वर्षों के लिए योजना

इस विवेचन में बैंक की उन कार्य योजनाओं का विवरण प्रस्तुत किया गया है जिनका क्रियान्वयन अगामी वर्षों में प्रस्तावित है। इनमें पहला कदम, सहकारी ऋण ढाँचे में संस्थागत सुधार लागू करना है। आपको ज्ञात ही है कि 10 राज्यों ने नाबार्ड के साथ सहमति ज्ञापन पर हस्ताक्षर किए हैं। विशेष लेखा परीक्षा का काम चल रहा है औरपूँजीकरण की पहली समूह राशि शीघ्र ही जारी की जाएगी। इसी के साथ साथ हम मानव संसाधन विकास सामान्य लेखांकन प्रणाली, प्रबन्ध सूचना प्रणाली और अच्छी गवर्नेन्स प्रक्रियाओं को लागू करने पर ध्यान केन्द्रि करेंगे। निःसन्देह सहायता की धनराशि विशेष लेखा परीक्षा पर निर्भर करेगी।

यह सर्वविदित हैं कि भारत में एक चौथाई कृषि ऋण सहकारी संस्थाओं द्वारा दिया जाता है और 50 प्रतिशत कृषि ऋण खाते इन संस्थाओं में है। अतः यह बहुत महत्त्वपूर्ण है कि इन संस्थाओं को लाभ में लाया जाए और प्रबंध, गवर्नेन्स आदि से सम्बन्धित हानियों से इन्हें मुक्त कराया जाए।

दूसरे नाबार्ड से सृजित की जाने वाली इस प्रस्तावित निधि के माध्यम से वित्तीय समावेश की सीमाएं बढ़ाएंगे, यह निधि लगभग 500 करोड़ रुपये की होगी और इसका उपयोग विशेष रूप से समाज के कमजोर वर्गों की ऋण लेने की क्षमता बढ़ाने में किया जाएगा। बैंक शाखाओं को समय के साथ-साथ ऋण और अन्य सेवाएं, जिनमें कृषि परामर्शी सेवाएं, वित्तीय सूचना सेवाएँ, तकनीकी जानकारी, बाजार की जानकारी इत्यादि शामिल हैं आदि-आदि देने में सक्षम बनाने के सजग प्रयास किये जायेंगे।

वित्तीय समावेश के सम्बन्ध में एक प्रौद्योगिकी निधि भी बनाई जा रही है और इससे प्रौद्योगिकी के उपयोग और बिजनेस करेसपॉन्डेन्ट मॉडल को अपनाने से समावेश के स्तर में काफी सुधार होगा।

आगामी वर्षों के दौरान सह-वित्तपोषण की भूमिका प्रमुख होगी कि डेरी लाखों छोटे किसानों की पूरक आय का एक महत्तवपूर्ण साधन है। फसल उत्पादन की तुलना में आय का यह स्रोत अपेक्षाकृत स्थायी होता है। इस क्षेत्र की श्रम शक्ति में लगभग 70 प्रतिशत महिलाएं हैं। अनुमान है कि वर्ष 2021-22 में दूध की मांग बढ़कर लगभग 172 मिलियन टन जाएगी। इस मांग को पूरा करने के लिए दूध का उत्पादन 4 प्रतिशत वर्ष की दर से बढ़ाना होगा। अर्थात पिछले 15 वर्षों में 2.5 मिलियन टन प्रति वर्ष की तुलना में 5 मिलियन टन का वृद्धिशील उत्पादन करना होगा। राष्ट्रीय डेरी विकास बोर्ड के सहयोग से नाबार्ड, एक राष्ट्रीय डेरी योजना की शुरूआत करेगा। ताकि चुने हुए 325 जिलों में दुग्ध उत्पादन, सार-सम्भाल, प्रसंस्करण और विपणन से सम्बन्धित गतिविधियों को सहायता प्रदान की जा सके। योजना में अच्छी नस्ल के दुधारू पशु पालने, आवश्यक संस्थागत ऋण सहायता, चारे का अच्छा उपयोग और चारे की उपलब्धता बढ़ाने तथा अच्छी पशु स्वास्थ्य सेवाएं आदि उपलब्ध करवाकर उत्पादकता बढ़ाने और उत्पादन की लागत को उपयुक्त स्तर पर लाने का लक्ष्य है।

कृषि क्षेत्र में निवेश को प्रेरित करने के लिए नाबार्ड अन्य संस्थाओं के साथ साझेदारी भी करेगा। चालू वित्तीय वर्ष के दौरान हमने सह-वित्तपोषण हेतु 600 करोड़ रुपये का समग्र बजट बनाया है।

गाँवों को अपनाना

नाबार्ड के रजत जयंती वर्ष के अवसर पर बैंक गाँव अपनाने और सम्पूर्ण विकास योजना का महत्त्वाकांक्षी कार्यक्रम शुरू करने जा रहे हैं। यह एकीकृत और सम्पूर्ण विकास का कार्यक्रम होगा। जिन 400 जिलों में हमारे जिला विकास प्रबंधक कार्यालय हैं, वहाँ प्रत्येक जिले में एक गाँव को अपनाया जाएगा। इसके अतिरिक्त सम्बन्धित जिले के शीर्ष बैंक से भी अनुरोध किया जाएगा कि वे 2/3 गाँवों को गोद लें। विकास की योजना में 100 प्रतिशत वित्तीय समावेशन की दृष्टि से सामाजिक और आर्थिक बुनियादी सुविधाओं से सम्बन्धित योजनाएं बनाने और उनके कार्यान्वयन की रूपरेखा होगी। इसमें अन्य बातों के साथ साथ ऋण के बारे में परामर्श, वित्तीय शिक्षा, मूल्यों की जानकारी के लिए केन्द्र, बीज

बलदना, जाँच और गुणवत्ता प्रमाणन, प्रसार प्रणालियाँ, स्वयं सहायता समूहों का सबलीकरण आदि शामिल होगा। मेरा मानना है कि ग्रामीणों के लिए वित्त सम्बन्धी शिक्षण और परामर्श, ऋण के बारे में सलाह देना अत्यन्त महत्त्वपूर्ण है और इस लक्ष्य की प्राप्ति के लिए प्रयास किया जाना प्रस्तावित है।

सुक्ष्म वित्त विधेयक

20 मार्च को संसद में सुक्ष वित्त विधेयक पेश किया गया है और यह विधेयक चयन समिति के पास विचाराधीन है।

तालिका
कार्यक्षेत्र-वार पुनर्वित्त संवितरण

(रु. करोड़)

क्षेत्र	2003-04	2004-05	2005-06
लघु सिंचाई	651.45 (8.6)	680.12 (7.9)	540.90 (6.3)
भूमि विकास/बारानी खेती	185.56 (2.4)	291.28 (3.4)	637.22 (7.4)
कृषि मशीनीकरण	827.51 (10.9)	1,054.80 (12.3)	1,712.96 (19.9)
बागान और बागवानी	250.75 (3.3)	235.71 (2.8)	322.36 (3.7)
डेरी विकास	669.15 (8.8)	754.11 (8.8)	694.72 (8.1)
मुर्गी/भेड़, बकरी, सुअर पालन/पशुपालन-अन्य	280.37 (3.7)	361.57 (4.2)	231.53 (2.7)
मत्स्यपालन	23.25 (0.3)	25.63 (0.3)	38.49 (0.4)
वानिकी	10.94 (0.1)	9.56 (0.1)	7.47 (0.1)
भण्डारण एवं मण्डी स्थल	25.38 (0.3)	32.91 (0.4)	52.49 (0.6)
स्वग्रास्व योजना	229.45 (3.0)	483.15 (5.6)	252.52 (2.9)
गैर-कृषि क्षेत्र	2,363.22 (31.1)	2,542.58 (29.6)	2,285.98 (26.5)
अजा/अजजा कार्रवाई योजना	73.61 (1.0)	79.62 (0.9)	69.90 (0.8)

स्वयं सहायता समूह	705.44 (9.3)	967.76 (11.3)	1,067.72 (12.4)
अन्य	1,309.21 (17.2)	1,058.66 (12.4)	708.11 (8.2)
जोड़ #	7,605.29 (100.0)	8,577.46 (100.0)	8,622.37 (100.0)

: ग्रामीण गोदाम और शीतगृह, दोपहिया, घर के आसपास खेती, ठेका कृषि, बैलगाड़ी, बायो-गैस आदि शामिल है।

कोष्ठक में दिए गए आंकड़े कुल राशि में इनका प्रतिशत दर्शाते हैं।

ग्रामीण बुनियादी ढाँचा

विगत 12 वर्षों में ग्रामीण बुनियादी सुविधाओं का विकास नाबार्ड का एक महत्त्वपूर्ण कार्य बन चुका है। ग्रामीण आधारभूत सुविधा विकास निधि (आरआईडीएफ) की 12वीं श्रृंखला इस समय चल रही है। विभिन्न राज्य सरकारों को बुनियादी ढाँचे में निवेश के लिए अब तक 60,000 करोड़ रुपये से अधिक की राशि मन्जूर की जा चुकी है। परियोजनाओं की समयावधि के अनुसार मन्जूर की राशि का लगभग 72 प्रतिशत वितरित हो चुका है। वर्ष 2006-07 के दौरान आरआईडीएफ 12वीं के अन्तर्गत विभिन्न राज्य सरकारों को 10,571 करोड़ रुपये राशि की 42000 परियोजनाएँ मन्जूर की गई। इनमें ग्रामीण सड़क पूल आदि (36 प्रतिशत), सिंचाई (32 प्रतिशत) और सामाजिक क्षेत्र की परियोजनाएँ (19 प्रतिशत) निवेश के प्रमुख संवर्ग रहे हैं। इसके अलावा भारत निर्माण के ग्रामीण सड़क घटक के लिए निधि उपलब्ध कराने हेतु नाबार्ड में आरआईडीएफ के तहल अलग से व्यवस्था की गई है। इससे वर्ष 2009 तक 1000 से अधिक की आबादी (पहाडी और आदिवासी क्षेत्रों के मामले में 500) वाले सभी गाँवों में सभी मौसमों में उपयोग होने योग्य सड़कों का निर्माण करने में मदद मिलेगी। आरआईडीएफ (2007-08) की समूह निधि (कॉरपस) को बढ़ाकर 12,000 करोड़ रुपये किया गया है और भारत निर्माण के लिए इसमें 4000 करोड़ रुपये और जुड़ जाएँगे।

क्षेत्रीय ग्रामीण बैंक
(Regional Rural Banks)

स्थापना - भारत सरकार ने 26 सितम्बर, 1975 को एक अध्यादेश जारी करके देश में क्षेत्रीय ग्रामीण बैंक स्थापित करने की घोषणा की। 2 अक्टूबर, 1975 को पाँच क्षेत्रीय ग्रामीण बैंक मुरादाबाद, गोरखपुर (उ.प्र.) भिवानी (हरियाणा), जयपुर (राजस्थान) और मालदा (प. बंगाल) में स्थापित किए गए। इन बैंकों की स्थापना ग्रामीण क्षेत्र के कमजोर वर्गों, छोटे व सीमान्त किसानों, भूमिहीन मजदूरों, दस्तकारों तथा छोटे उद्यमियों की ऋण सम्बन्धी आवश्यकताओं को पूरा करने के लिए की गयी है। इन बैंकों की स्थापना भारत सरकार, राज्य सरकारों तथा राष्ट्रीयकृत बैंकों के संयुक्त प्रयासों से की गई है। इन बैंकों को पृथक्-पृथक् राष्ट्रीयकृत बैंकों द्वारा प्रायोजित (Sponsored) किया गया है।

ग्रामीण बैंकों की आवश्यकता

क्षेत्रीय ग्रामीण बैंकों की आवश्यकता मुख्यत: दो कारणों से अनुभव की गई। ग्रामीण क्षेत्र के कमजोर वर्गों, छोटे तथा सीमान्त किसानों, भूमिहीन मजदूरों, दस्तकारों तथा छोटे उद्यमियों की ऋण सम्बन्धी आवश्यकताओं को पूर्ण करने में राष्ट्रीयकृत व्यापारिक बैंक तथा सहकारी बैंक असमर्थ रहे हैं। अत: ऐसी साख संस्था की आवश्यकता थी जो इन वर्गों को साख प्रदान कर सके। व्यापारिक बैंकों की कार्यप्रणाली काफी जटिल है। ये बैंक अपना अधिकांश अंग्रेजी भाषा में करते हैं। इसलिए ग्रामीण क्षेत्रों के लिए विशेष प्रकार के बैंकों की आवश्यकता अनुभव की गई। आधुनिक व्यापारिक बैंकों में ऐसे कर्मचारियों का अभाव है जिनकी पृष्ठभूमि या मनोवृत्ति ग्रामीण है।

क्षेत्रीय ग्रामीण बैंकों का उद्देश्य

देश में क्षेत्रीय ग्रामीण बैंकों की स्थापना मुख्यतया निम्न उद्देश्यों को लेकर की गई है। ग्रामीण क्षेत्रों में कृषि उत्पादंन में वृद्धि के लिए साख सुविधाओं का विस्तार करना। छोटे तथा सीमान्त किसानों को साख सुविधाएँ सरलता से उपलब्ध कराना। ग्रामीण क्षेत्रों में कुटीर एवं लघु उद्योगों के विकास के लिए वित्तीय आवश्यकताओ की पूर्ति करना। कृषि मजदूरों तथा ग्रामीण कारीगरों के आर्थिक कल्याण हेतु ठोस कार्य करना।

क्षेत्रीय ग्रामीण बैंकों के कार्य

ऐसे बैंकिंग कार्यों में से एक या अधिक कार्यो को करना जो बैंकिंग नियमन अधिनियम 1949 के अन्तर्गत किसी बैंक द्वारा किए जा सकते हैं। सामान्य कार्यों के अतिरिक्त ये बैंक विशेष रूप से निम्न प्रकार का व्यवसाय कर सकते हैं-विशेष रूप से लघु एवं सीमान्त किसानों तथा खेतिहर श्रमिकों को व्यक्तिगत तथा सामूहिक रूप से ऋण व अग्रिम प्रदान करना। कृषि सम्बन्धी उद्देश्यों या कृषि कार्यकलापों अथवा उनसे सम्बन्धित अन्य उद्देश्यों के लिए सहकारी समितियों को ऋण तथा अग्रिम प्रदान करना। बैंक के स्थानीय क्षेत्र में व्यापार, वाणिज्य, उद्योग तथा अन्य उत्पादक क्रियाओं में संलग्न कारीगरों, छोटे उद्यमियों तथा अल्प साधन वाले व्यक्तियों को विशेष रूप से ऋण व अग्रिम देना। केवल शिक्षा तथा स्वास्थ्य के लिए उपभोग ऋण प्रदान करना।

पूँजी तथा प्रबन्ध - प्रत्येक क्षेत्रीय ग्रामीण बैंक की अधिकृत पूँजी एक करोड़ रु. तथा चुकता पूँजी 25 लाख रु. है जिसमें से 50 प्रतिशत केन्द्रिय सरकार, 15 प्रतिशत सम्बन्धित राज्य सरकार तथा शेष 35 प्रतिशत प्रायोजित करने वाले राष्ट्रीयकृत बैंक द्वारा प्रदान की गई है। प्रत्येक बैंक का प्रबन्ध एक निदेशक मण्डल द्वारा किया जाता है जिसके 9 सदस्य होते हैं। निदेशक मण्डल के अध्यक्ष तथा 3 सदस्यों की नियुक्ति केन्द्रीय सरकार करती है। शेष सदस्यों की नियुक्ति राज्य सरकार तथा संस्थापक बैंक द्वारा की जाती है।

बैंकों की कार्यप्रणाली - इन बैंकों का कार्यक्षेत्र एक जिले से पाँच जिलों तक सीमित होता हैं। ये छोटे किसानों, भूमिहीन किसानों, देहाती कारीगरों एवं सीमान्त किसानों को ऋण देते हैं। ये ऋणों पर सहकारी समितियों द्वारा ली जाने वाली ब्याज दर के बराबर ब्याज लेते हैं। इन बैंकों की कार्यप्रणाली सरल है और लेखा जोखा स्थानीय भाषा में रखा

जाता है। इन्हें 25 प्रतिशत तरल कोष तथा 3 प्रतिशत नकद कोष ही रखने पड़ते हैं। ये बैंक 15 लाख रु. की जमाराशि पर एक करोड़ रु. के ऋण दे सकते हैं।

क्षेत्रीय ग्रामीण बैंकों पर 12 जुलाई, 1982 से नाबार्ड का नियन्त्रण हो गया है। ये बैंक अपने कोषों में वृद्धि करने के लिए जनता से जमाएँ स्वीकार करने के अतिरिक्त नाबार्ड, प्रायोजक बैंक, भारतीय औद्योगिक विकास बैंक तथा अन्य संस्थाओं से ऋण भी ले सकते हैं।

क्षेत्रीय ग्रामीण बैंकों तथा वाणिज्यिक बैंकों में अन्तर

यद्यपि क्षेत्रीय ग्रामीण बैंक भी अनुसूचित वाणिज्यिक बैंक हैं तथापि ये अनुसूचित वाणिज्यिक बैंकों से अनेक पहलुओं में भिन्न हैं जैसा कि निम्न बातों से स्पष्ट हैं :

वाणिज्यिक बैंकों की अपेक्षा क्षेत्रीय ग्रामीण बैंकों का कार्यक्षेत्र सीमित होता है। ग्रामीण बैंकों का कार्यक्षेत्र किसी एक राज्य तक अथवा एक से अधिक जिलों के एक विशेष क्षेत्र तक सीमित होता है। ग्रामीण बैंक अपने कार्यक्षेत्र के छोटे व सीमान्त किसानों, भूमिहीन श्रमिकों, कारीगरों तथा अन्य उत्पादकों को अग्रिम तथा ऋण प्रदान करते हैं। इनके द्वारा ग्रामीण सहकारी समितियों को भी ऋण दिए जा सकते हैं। इसके विपरीत, व्यापारिक बैंक प्रायः व्यापारियों तथा उद्योगपतियों को ऋण देते हैं।

ग्रामीण बैंकों की ब्याज दरें उस राज्य में कार्यरत सहकारी साख समितियों द्वारा वसूल की जाने वाली ब्याज दरों से अधिक नहीं होती हैं। किन्तु वाणिज्यिक बैंकों पर ऐसा कोई प्रतिबन्ध नहीं है। ग्रामीण बैंकों की कार्यप्रणाली वाणिज्यिक बैंकों से भिन्न तथा सरल है। अनुसूचित वाणिज्यिक बैंकों की अपेक्षा ग्रामीण बैंकों को रिजर्व बैंक तथा नाबार्ड से अधिक सुविधाएँ प्राप्त होती है।

क्षेत्रीय ग्रामीण बैंक अपेक्षाकृत कम लागत पर बैंकिंग सुविधाएँ प्रदान करते हैं। वाणिज्यिक बैंकों पर रिजर्व बैंक का नियन्त्रण है जबकि क्षेत्रीय ग्रामीण बैंकों के कार्यकलापों पर नाबार्ड का नियन्त्रण है। क्षेत्रीय ग्रामीण बैंकों के कर्मचारियों की सेवा शर्तें वाणिज्यिक बैंकों के कर्मचारियों की सेवा शर्तों से भिन्न है।

वर्तमान स्थिति – 31 मार्च 2004 को देश में 196 ग्रामीण बैंक कार्य कर रहे हैं। जिनकी 14,507 शाखाएँ थी। केलकर समिति की सिफारिशों को ध्यान में रखते हुए सरकार ने अप्रेल 1987 के बाद से कोई नया क्षेत्रीय ग्रामीण बैंक स्थापित नहीं किया। सन् 2001-2002 में 167 बैंकों ने लाभ अर्जित किया जबकि 29 बैंकों ने हानि प्रदर्शित की। अनुसूचित व्यापारिक बैंकों द्वारा प्रदत्त कुल ग्रामीण साख में क्षेत्रीय ग्रामीण बैंक 37 प्रतिशत का योगदान देती हैं। सिक्किम तथा गोआ में क्षेत्रीय ग्रामीण बैंक नहीं खोले गए हैं।

बैंकों के दोष तथा समस्याएँ

यद्यपि क्षेत्रीय ग्रामीण बैंकों ने ग्रामीण जनता की आय तथा रोजगार में वृद्धि करने के प्रयास किए हैं तथापि इन बैंकों के निम्न दोष उभर कर सामने आए हैं। इन बैंकों की ऋणों की वसूली दर काफी धीमी है जिस कारण इनकी बकाया राशि निरन्तर बढ़ती गई है। ऋणों की धीमी वसूली के कारण इन बैंकों की ऋण देने की क्षमता भी घटती गई है। इन

बैंकों की हिस्सा पूँजी में केन्द्रीय सरकार, राज्य सरकार तथा प्रायोजित बैंक का हिस्सा होता है। इन बैंकों के निदेशक मण्डल में भी इन सभी के सदस्य होते हैं।

इस बहु-एजेन्सी नियन्त्रण व्यवस्था के कारण इन बैंकों की शीघ्र निर्णय लेने की क्षमता पर प्रतिकूल प्रभाव पड़ता है। 196 में से 147 क्षेत्रीय ग्रामीण बैंक घाटे में चलाए जा रहे हैं। अनेक बैंकों की अंश पूँजी तथा संचित राशि ही समाप्ति हो चुकी है। बैंकों को इस संकट से उबारने के लिए 1993-94 में पूनर्पूंजीकरण प्रक्रिया प्रारम्भ की गई।

क्षेत्रीय ग्रामीण बैंकों का पुर्नगठन करके तथा इनकी समस्याओं का समाधान करके इनकी कार्यक्षमता को बढ़ाया जा सकता है।

प्रश्न

1. चिटफण्ड क्या होते हैं? इसकी कार्यप्रणाली के दोष बताइए तथा सुधार के लिए सुझाव दीजिए।
2. चिट फण्ड से आप क्या समझते हैं? इसके लाभों एवं दोषों का वर्णन कीजिए। चिट फण्ड की कार्यप्रणाली में सुधार के लिए सुझाव दीजिए।
3. भारत में ग्रामीण बैंकों के कार्यों को समझाइए। किसानों को इनसे कहाँ तक लाभ हुआ है?
4. भारत में ग्रामीण बैंकों की स्थापना क्यों की गई? इससे देश को क्या लाभ हुआ है?
5. भारत में क्षेत्रीय ग्रामीण बैंकों की स्थापना के क्या उद्देश्य थे? इन उद्देश्यों को प्राप्त करने में वे किस हद तक सफल हुए हैं?
6. ग्रामीण बैंकों के प्रमुख कार्य कौन-कौन से हैं? क्या आप इन बैंकों के क्रियाकलापों से सन्तुष्ट हैं?
7. क्षेत्रीय ग्रामीण बैंक तथा वाणिज्यिक बैंकों में अन्तर स्पष्ट कीजिए। ग्रामीण बैंकों की भारत के सन्दर्भ में विशेषताएँ बताइए।
8. राष्ट्रीय कृषि एवं ग्रामीण विकास बैंक (नाबार्ड) की स्थापना का उद्देश्य बताइए। इसकी प्रगति एवं उपलब्धियों पर प्रकाश डालिए।
9. निम्न पर संक्षिप्त टिप्पणी लिखिए-

   (अ) निधियाँ

   (ब) चिट फण्ड

   (स) सरकारी तकावी

   (द) क्षेत्रीय ग्रामीण बैंक

10.व्यापारिक बैंकों और ग्रामीण बैंकों में क्या अन्तर हैं? भारत के ग्रामीण विकासमें ग्रामीण बैंकों के योगदान का मूल्यांकन कीजिए।

11. राष्ट्रीय कृषि ग्रामीण विकास बैंक (नाबार्ड) के उद्देश्य तथा कार्यों का संक्षेप में वर्णन कीजिये।

Discuss briefly objectives and functions of NABARD.

12. भारतीय कृषि साख वितरण में राष्ट्रीय कृषि ग्रामीण विकास बैंक (नाबार्ड) की भूमिका का संक्षेप विवेचन कीजिये।

Discuss briefly role of NABARD in distribution of Agricultural Credit in India.

13. राष्ट्रीय कृषि ग्रामीण विकास बैंक (नाबार्ड) का एक शीर्ष कृषि एवं ग्रामीण विकास साख प्रदान करने वाली संस्था के रूप में कार्य निष्पादन का विवरण प्रस्तुत कीजिये।

Give account of National Bank for Agricultural and Rural Development (NABARD) as an apex institution for distribution of rural credit in India.

6

कृषि के लिये उधारदान की तकनीक
[Techniques of Lending for Agriculture]

कृषि-क्षेत्र के लिये उधारदान की उपयुक्त तकनीक निर्धारित करते समय भारत में कृषि तथा कृषि तथा कृषि-वित्त की विशेषताओं पर विचार करना आवश्यक है। कृषि-वित्त की आवश्यकता सतत् एवं स्थिर होती है, जो उत्पादन को मात्रा की बजाय कृषि-क्रियाओं की प्रकृति पर निर्भर करती है । कृषि का उत्पादन मानसून, मौसम तथा दूसरी प्राकृतिक दशाओं के अनुसार घटता-बढ़ता रहता है, किन्तु कृषि कार्यों के लिये वित्त की आवश्यकता लगभग समान बनी रहती है । कृषि-तकनीक में परिवर्तन से वित्त की आवश्यकता अवश्य बढ़ गई है तथा जैसे-जैसे नई तकनीक का विस्तार होगा, कृषि के वित्त की आवश्यकता बढ़ती जायेगी ।

एक उद्योगपति या व्यवसायी माल के स्टॉक, मशीनरी आदि (जिसे सरलतापूर्वक नकदी में बदला जा सकता है) के विरूद्ध उधार लेने में समर्थ होता है । परन्तु एक किसान के पास ऋण की जमानत के रूप में केवल उसकी भूमि होती है, जिसे शीघ्रता एवं सरलतापूर्वक नकदी में परिणित नहीं किया जा सकता । यदि किसानों को अपने विपणन योग्य अतिरेक के विरूद्ध उधार लेने के लिये तैयार कर लिया जाए, तब उनके लिए बैंक से उधार प्राप्त करना सुगम हो जायेगा । परन्तु भारत में अभी इसका चलन नहीं है। किसानों को धन की आवश्यकता खेतीबारी तथा दूसरे उत्पादक कार्यों के लिये पड़ती हैं । भूमि के सिवाय किसी 'उपयुक्त प्रकट प्रतिभूति का अभाव' तथा 'विपणन की बजाय उत्पादन के लिये उधार लेने की प्रवृत्ति' ऐसे दो महत्त्वपूर्ण कारण हैं जिन्होंने व्यापारिक बैंकों को भूतकाल में किसानों के लिए वित्तीय सहायता उपलब्ध कराने से रोके रखा है । तकनीकी परिवहन एवं हरित क्रान्ति के बावजूद, भारतीय कृषि की मानसूनी निर्भरता और इसके फलस्वरूप उत्पादन की

अनिश्चितता के कारण व्यापारिक बैंकों तथा बीमा कम्पनियों के लिये कृषि अत्यधिक जोखिमपूर्ण व्यवसाय रही है ।

भारतीय किसानों और विशेष रूप से छोटे किसानों के लिये वित्त की आवश्यकता केवल उत्पादन-कार्यों के लिये ही नहीं होती, अपितु उपभोग-कार्यों के लिए भी होती है। छोटी किसानों के लिये साख की आवश्यकता बुवाई के मौसम के साथ-साथ ऐसे समय भी पड़ती है, जब उनकी फसल अनावृष्टि, अतिवृष्टि या ओलावृष्टि के कारण पूर्णतया नष्ट हो जाती है। भारतीय कृषक जन्म मृत्यु, विवाह तथा दूसरे सामाजिक-धार्मिक उत्सवों पर भी अपनी सामर्थ्य से अधिक खर्च करने के अभ्यस्त हैं। मुकदमेबाजी उनके लिये साख की दूसरी महत्त्वपूर्ण अनुत्पादक आवश्यकात है । जहाँ सहकारी समितियाँ उन्हें केवल उत्पाद-साख ही उपलब्ध कराती हं, वहीं साहूकार उनकी उत्पादक एवं अनुत्पादक समस्त आवश्यकताओं की पूर्ति के लिये धन उपलब्ध करा देता है ।

छोटे और सीमान्त किसानों, भूमिहीन मजदूरों तथा ग्रामीण दस्तकारों (ग्रामीण समाज के कमजोर वर्ग) की समस्याएं अपने आप में अनखी हैं । अधिकांश बड़े किसानों के पास या तो अपना बचाया हुआ धन होता है या वे सहकारी समितियों तथा व्यापारिक बैंकों से सुविधापूर्वक ऋण प्राप्त करने में समर्थ होते हैं । परन्तु ग्रामीण समाज के कमजोर वर्गों के लिये संस्थागत स्त्रोतों से अपनी आवश्यकताओं की पूर्ति कठिन होती है, क्योंकि उनके पास न तो ऋण के विरूद्ध देने के लिये उपयुक्त प्रतिभूति होती है और न उनमें ऋण-अदायगी की पर्याप्त सामर्थ्य ही होती हैं । सहकारी समितियाँ भी उनके साथ भेद भाव बरतती हैं । बाध्य होकर उन्हें साहूकार की शरण में जाना पड़ता है। 'ग्रामीण ऋणग्रस्तता' तथा 'बँधुवा श्रम का अविर्भाव' कमजोर वर्गों के लिये सस्ती साख सुविधाओं की अनुपस्थिति के प्रत्यक्ष परिणाम माने जा सकते हैं ।

भारतीय किसानों की मूलभूत आवश्यकता समस्ती साख हैं, जो पर्याप्त मात्रा में तथा ठीक समय पर उपलब्ध होनी चाहिये । सहकारितायें, जिन्हें कृषकों की वित्तीय आवश्यकतायें पूरी करने का उत्तरदायित्व सौंपा गया था, उन्हें सस्ती साख तो प्रदान करती हैं, किन्तु किसानों के लिए उनकी सहायता पर्याप्त नहीं मिल पाती है और जिन्हें मिलती भी हैं, वह उनकी समस्त आवश्यकताओं की पूर्ति की दृष्टि से अपर्याप्त होती हैं । सरकारी ऋण भी किसानों के लिए सस्ते सिद्ध हो सकते हैं । परन्तु ये समय परनहीं मिल पाते । इनकी स्वीकृति में ही बहुत अधिक समय लग जाता है। चूँकि अपर्याप्त साख या विलम्ब से मिली साख के कारण उत्पादन की प्रक्रिया अवरूद्ध हो सकती है, इसीलिए किसान और विशेष रूप से छोटे किसान साहूकार का आश्रय पकड़ते हैं, जो ऋण की राशि पर बहुत ऊँचा ब्याज वसूल करता है और अन्ततोगत्वा किसानों की बन्धक भूमि को हड़प लेता है । साहूकार-प्रदत्त साख में लोच और शीघ्र-प्राप्ति के गुण तो होते हैं, किन्तु यह ऋणकर्त्ता के लिए बहुत महँगी पड़ती हैं । इस तरह, भारत में ग्रामीण साख का मूलभूत दोष ठीक मात्रा में ठीक समय पर तथा ब्याज की उचित दरों पर साख की अनुपलब्धता ।

स्पष्टतया कृषि-वित्त की वर्तमान प्रणाली में सुधार की नितान्त आवश्यकता है। सर्वप्रथम, प्राइवेट साख पर निर्भरता पूर्णतः समाप्त की जानी चाहिए । धनों एवं निर्धन किसान, भूमिहीन मजदूर और ग्रामीण दस्तकार सभी के लिए संस्थागत साख उपलब्ध होनी चाहिए । दूसरे, संस्थागत साख को सफल बनाने के लिए सहकारी साख समितियों, क्षेत्रीय ग्रामीण बैंकों तथा व्यापारिक बैंकों की ग्रामीण शाखाओं का प्रबन्ध सुप्रशिक्षित, कर्त्तव्यपराण तथा ग्रामीणों की आवश्यकतायें एवं कठिनाइयाँ समझने वाले कर्मचारियों के हाथ में होना चाहिए । तीसरे, ग्रामीण साख का ाधार भूमि की बजाय शीघ्र भुनाई जा सकने वाली प्रतिभूति होनी चाहिये, जैसे—खेती की उपज । चौथे, ग्रामीण साख का उपभोग केवल उत्पादक उद्देश्यों के लिए होना चाहिए, जिसका अर्थ यह है कि किसानों को उपभोग उद्देश्यों के लिए उधार लेने से हतोत्साहित किया जाना चाहिए । सामान्यतया ग्रामीण साख नकदी की बजाय किस्म अर्थत् बीज, उर्वरक, कीटनाशक, उपकरण आदि के रूप में होनी चाहिए । पाँचवें, छोटे और सीमान्त किसानों, भूमिहीन श्रमिकों और ग्रामीण दस्त, कारों के लिए उपभोग-ऋण कुछ सीमा तक अत्यावश्यक माने जा सकते हैं । इनकी व्यवस्था होनी चाहिए । छठे, कृषि-ऋणों पर ब्याज की दर सामान्य रूप से नीची होनी चाहिए । साथ ही ग्रामीण समाज के विभिन्न उपयोगों के लिए विभेदात्मक ब्याज की दरें भी आवश्यक हैं । छोटे किसानों को नई तकनीक तथा उन्नत कृषि-पद्धतियाँ अपनाने का प्रोत्साहन देना के लिए भी विभेदात्मक तकनीक तथा उन्नत कृषि-पद्धतियाँ अपनाने का प्रोत्साहन देने के भी विभेदात्मक ब्याज की दरें अपेक्षित हैं । अन्त में, ऋणों की नियमित अदायगी को प्रोत्साहित किया जाना चाहिए । ग्रामीण समाज के विभिन्न वर्गों के लिए ऋण-अदायगी की शर्तों में उपयुक्त संशोधन किया जाना चाहिए ।

व्यावसायिक सिद्धान्तों पर ऋण प्रदान किए जाने का आशय है, साख की उपयुक्त राशि, उपयुक्त ऋणी का ऋण प्रदान किया जाना, सही समय पर ऋण प्रदान किया जाना उपयुक्त प्रकार से ऋण प्रदान किया जाना, ऋण का उपयुक्त कार्य के लिए प्रयोग, कृषि उत्पादकता तथा उत्पादन में वृद्धि, कृषि ऋण की उपयुक्त अवधि में पुनः भुगतान, ऋण का उपयुक्त लागत पर उपयुक्त आकार।

ऋण प्रदान करने की तकनीक को निम्न प्रकार बतलाया जा सकता है-

1. ऋण प्रदान करने के सामान्य नियम,
2. उत्पादन साख का मूल्यांकन,
3. निवेश साख का मूल्यांकन,
4. वितरण की विधि,
5. साख प्रदान करने के पश्चात् निरीक्षण,
6. ऋणों का पुनः भुगतान।

इनका विस्तृत विवरण निम्न प्रकार है:

(अ) ऋण प्रदान करने के सामान्य नियम – इसके अन्तर्गत प्रमुखत: निम्न को सम्मिलित किया जाता है:

(1) योग्यता,

(2) ऋण आवेदन-पत्र,

(3) ऋण प्रस्तावों का रिकार्ड बनाना,

(4) खानापूर्ति

इनका संक्षिप्त विवेचन निम्न प्रकार हैँ:

(1) योग्यता – ऋण प्राप्तकर्त्ता को निम्न वर्गों में विभाजित किया जा सकता है।

(अ) स्वामी कृषक,

(ब) किराएदार कृषक,

(स) पुश्तैनी अधिकार प्राप्त किराएदार कृषक,

(द) मौखिक पट्टेदार, तथा

(घ) भूमिहीन कृषि श्रमिक।

एक व्यक्ति जो पूणत्त: अथवा प्रमुख रूप से सहायक (कृषि से) व्यवसायों में संलग्न हो, ऋण प्राप्त करने हेतु योग्य माना जाता है। ये समस्त ऋण प्राप्तकर्त्ता गारण्टी कवर के लिए साख योग्यता हेतु, ऋणदाता अकेल व्यक्ति अथवा एक संयुक्त हिन्दू परिवार अथवा समूह अथवा व्यक्तियों का संगठन जो कि कोई कम्पनी अथवा सहकारी समिति नहीं है, योग्य समझे जाते हैं। वाणिज्यिक बैंक इन वर्गों को दी जाने वाली साख की राशि का निर्धारण इन वर्गों की ऋण राशि पुन: चुकाने की क्षमता से करती है। सामान्यत: बैंक उन ऋणों से सम्बन्ध में यह नीति अपनाते हैं जो मौसमी प्रकृति के तथा जो कम राशि तथा साख गारण्टी योजना के अन्तर्गत परिवर्तनीय हो। भूमिहीन कृषकों (श्रमिकों) को हल जोतने के लिए पशु, कृषि आदानों आदि को खरीदने के लिए साख प्रदान की जाती है। इसका उद्देश्य इन लोगों को उपयुक्त सेवा शर्तों पर कार्य दिलवाने में सहायता प्रदान करना है।

वाणिज्यिक बैंक द्वारा कृषि के लिए ऋण प्राप्त करने हेतु अनेक व्यक्तियों को अयोग्य भी समझा जाता है। इनमें से प्रमुख हैं प्राथमिक कृषि साख समितियों के सदस्य, किसान जिसने इसी कार्य के लिए किसी अन्य वित्तीय संस्था से ऋण प्राप्त कर रखा हो, ऐसे व्यक्ति जिनका व्यक्तित्व सन्देहप्रद हो अथवा खराब हो। इसके अतिरिक्त बैंक को ऐसे व्यक्ति को भी कोई नया ऋण प्रदान नहीं करना चाहिए जो उसी बैंक का ऋण पुन: चुकाने के सम्बन्ध में चूक है तथा जिसने इस सम्बन्ध में बैंक को कोई सन्तोषजनक कारण नहीं बतलाया है तथा बैंक ने उसके आवेदन पत्र पर निर्णय कर उसे ऋण चुकाने से छूट न दी हो।

(2) ऋण आवेदन – ऐसे कृषक जो बैंकों से कृषि कार्यों के लिए ऋण प्राप्त करना चाहते हैं उन्हें एक निर्धारित आवेदन पत्र भरकर बैंक को प्रेषित करना पड़ता है। आवेदनकर्त्ता को आवेदन पत्र में दर्शायी गयी व्यवस्था के अनुरूप अपने उत्पादन कार्यक्रम को दर्शाना होता

है। 1973 में रिजर्व बैंक ऑफ इण्डिया द्वारा समस्त वाणिज्यिक बैंको को ऋण आवेदन पत्रों के तीन नमूने भेजे गए थे – अ शुद्ध (केवल कृषि साख) ब (सूअर भेड़/बकरी पालन-पोषण के लिए साख) तथा स (डेयरी/मुर्गी पालन फार्म की स्थापना, विस्तार अथवा क्षेत्रीय आवश्यकता के अनुरूप उनमें किसी प्रकार के आधुनिकीकरण के लिए साख)। ऋण आवेदनकर्त्ता को ऋण आवेदन पत्र के साथ विभिन्न दस्तावेज विभिन्न जानकारियों के साथ प्रेषित करना होता है। इसका अध्ययन इसी प्रश्न में हम बाद में करेंगे कि किन दस्तावेंजों को ऋण आवेदन पत्र के साथ संलग्न करना अनिवार्य होता है।

वाणिज्यिक बैंकों को चाहिए कि वे ऋण आवेदन पत्रों को क्षेत्रीय भाषाओं में छपवायें। बैंकों को आवेदकों के आवेदन पत्र भरवाने की भी व्यवस्था (क्योंकि अधिकांश आवेदनकर्त्ता निरक्षर होते हैं) करनी चाहिए। बैंक को उन मदों के प्रभाव के बारे में आवेदनकर्त्ता को बतला देना चाहिए जो आवेदन पत्र में वर्णित है। बैंकों को यह भी ध्यान में रखना चाहिए कि ऋण आवेदन पत्र, समझने में सरल तथा भरे जाने में स्पष्ट होना चाहिए। साख प्रदान किए जाने में तत्परता के लिए यह अत्यन्त आवश्यक है।

(3) ऋण प्रस्तावों का रिकार्ड बनाना – प्राय: सभी बैंकों के पास तकनीकी दृष्टि से कुशल तथा अनुभवी व्यक्ति होते हैं, जो क्षेत्रीय कृषि अधिकारी के पद पर नियुक्त किए जाते हैं। ये लोग कृषि ऋण आवेदन पत्रों में दी गई सूचनाओं के आधार पर रिकार्ड तैयार करते हैं तथा कृषि प्रदान करने सम्बन्धी अन्य कार्यवाही को पूरा करते हैं। ये लोग ऋण आवेदन पत्रों में आवेदक द्वारा दी गई सूचनाओं की सत्यता की जाँच करते हैं। ये लोग स्वयं को इस बात से भी सन्तुष्ट करते हैं कि जिस कार्य के लिए ऋण मांगा जा रहा है वह तकनीकी दृष्टि से सम्भाव्य तथा आर्थिक दृष्टि से जीवन योग्य है। ये अधिकारी ऋण आवेदनकर्त्ता की ऋण पुन: भुगतान करने की क्षमता की भी जाँच करते हैं। अन्त में वे ऋण आवेदन पत्रों पर सामान्य टिप्पणी तथा अपनी सिफारिश करते हैं।

(4) खानापूर्ति – बैंक कार्यालय को प्रमुख कार्यालय द्वारा निर्धारित समस्त दस्तावेज ऋण प्राप्तकर्त्ता से प्राप्त कर लेने चाहिए। सामान्यत: निम्न दस्तावेज इस सम्बन्ध में आवश्यक समझे जाते हैं।

(अ) ऋण आवेदन पत्र के साथ पटवारी के रिकार्ड की एक प्रति जिसमें भूमि के स्वामित्व तथा उस पर खेती करने का अधिकार दर्शाया गया हो।

(ब) यह घोषण कि ऋण प्राप्तकर्त्ता ने किसी फसल विशेष अथवा उसी उद्देश्य के लिए किसी सहकारी समिति अन्य बैंक/अन्य स्त्रोत से ऋण प्राप्त नहीं किया है।

(स) मांग (एकल/संयुक्त अथवा विभिन्न जैसी भी स्थिति हो) अनुप्रणित करना।

(द) बिना वचन पत्र को प्रस्तुत किए भुगतान करने की घोषणा का प्रपत्र।

(य) फसल के अनुबन्धन का प्रपत्र तथा /अथवा गारन्टी संलेख जो गारण्टीदाता द्वारा प्राप्त किया गया हो तथा/अथवा भूमि का रेहन संलेख (जो भी लागू होता हो) प्राप्त करना।

(र) अभिसंधान/भुगतान वाऊचर

(ल) प्रषण पत्र/नकद पत्र आदानों की पूर्ति किये जाने के सम्बन्ध में अथवा कृषि मशीनरी/उपकरण की आपूर्ति किये जाने के सम्बन्ध में विक्रेता का मूल बीजक (जो भी लागू होता है)।

ऋण राशि के सम्पूर्ण भाग से सम्बन्धित दस्तावेज प्रदान किए गए ऋण को ऋण प्राप्तकर्त्ता को किसी भी किस्त देने से पूर्व प्राप्त कर लिया जाना चाहिए।

(2) उत्पादन साख का मूल्यांकन

उत्पादन साख का मूल्यांकन करते समय निम्नलिखित पांच बातों का प्रमुख रूप से ध्यान रखा जाना चाहिये:

(1) ऋण का प्रयोजन

(2) राशि,

(3) पुनः भुगतान की क्षमता, तथा

(4) अवधि

(5) सुरक्षा, यदि कोई आवश्यक हो।

इनका संक्षिप्त विवरण निम्न प्रकार है:

(1) ऋण का प्रयोजन – वाणिज्यिक बैंक कृषि के लिए अल्पाकलीन उत्पादन साख की पूर्ति करते हैं। यह साख कृषि आदानों के क्रय जैसे उन्नत बीज, उर्वरक, खाद आदि खरीदने हेतु प्रदान की जाती है। यह ऋण उत्पादन कार्य के लिए कृषि भूमि को उपयोगी बनाने तथा छोटी राशि के फार्म उपकरण क्रय करने के लिए भी प्रदान किए जाते है। सामान्यतः बैंक उत्पादन कार्यों के लिए ही ऋ्रण प्रदान करते हैं, किन्तु इधर कुछ वर्षों में बैंकों की विचारधारा में कुछ परिवर्तन हुआ है जिसके कारण उपभोग ऋण भी प्रदान किये जाने लगे हैं, जिससे कृषक साहूकारों की गिरफ्त में कम से कम आए।

(2) ऋण राशि – कृषकों को प्रदान किये जाने वाली ऋण राशि उनके द्वारा चाही गई आवश्यकता से अवश्य मेल खानी चाहिए। ऋण की राशि न तो अनुमान से अधिक और न कम होनी चाहिए। यद्यपि ऋण की वास्तविक राशि का अनुमान लगाना अत्यन्त ही कठिन कार्य है। वस्तुतः कृषि ऋण की आवश्यकता एक क्षेत्र से दूसरे क्षेत्र, एक फसल से दूसरी फसल यहां तक कि एक किसान से दूसरे किसान के सम्बन्ध में भिन्न भिन्न हो सकती है। फिर भी ऋण प्रदान करने के सम्बन्ध में बैंकों को कुछ मापदण्ड जैसे वित्त का पैमाना विभिन्न फसलों के लिए प्रति एकड़ समान क्षेत्रों के लिए निर्धारित कर लेना चाहिए। वित्त का पैमाना निर्धारित करते समय निम्न मापदण्डों को ध्यान में रखना चाहिए:

1. फसल का नाम
2. विभिन्नता
3. बोने का समय

8. श्रमिक खर्चे
9. सिंचाई सम्बन्धी खर्चे
10. अन्य सहायक खर्चे

4. काटने का समय
5. बीजों की लागत
6. उर्वरकों की लागत
7. खेत पर संरक्षात्मक उपायों की लागत
11. उपज की सम्पूर्ण लागत
12. विशुद्ध आय
13. प्रति एकड़ वित्त का पैमाना

उपर्युक्त गणना करते समय कुछ औसत कृषकों से सम्बन्धित आंकड़ों को नमूने के रूप प्रयुक्त किया जाना चाहिए। वित्त प्रदान करने का पैमाना न केवल उत्पादन आवश्यकता के अनुरूप तथा गहन कृषि में सहायक हो वरन् कृषक की पुनः भुगतान क्षमता की सीमा में भी होना चाहिए। एक निश्चित अवधि के पश्चात् तथा फसल कार्यों के प्रारम्भ होने से ठीक पूर्व संशोधित किया जाना चाहिए। वित्त के पैमाने में संशोधन हेतु बैंकों को सदैव कृषि वित्त विशेषज्ञों के सम्पर्क में रहना चाहिए।

साख की आवश्यकता का अनुमान लगाते समय यह ध्यान रखना चाहिए कि प्रदान की जाने वाली साख का कुछ भाग नकद में दिया जाए क्योंकि स्वयं कृषकों को कुछ नकद भुगतान करने होते हैं। उपर्युक्त वर्णित मद संख्या 8, 9 तथा 10 को इस वर्ग के अन्तर्गत सम्मिलित किया जाता है। ऋण राशि के सम्पूर्ण भाग में नकद वितरित की जाने वाली राशि का भाग उत्पादित की जाने वाली वस्तु की औसत मूल्य 1/3 भाग से अधिक नहीं होनी चाहिए। इसका निर्धारण यह मानकर किया जाना चाहिए कि कृषि उत्पादन के परम्परागत तरीके प्रयुक्त किये जाएंगे न कि आधुनिक व्यावहारिक रूप से उत्पादन के बाजार आधिक्य के मूल्य के आधे के बराबर राशि को नकद रूप में देना उपर्युक्त होता है।

ऋण राशि का अनुमान लगाते समय कृषक द्वारा स्वयं के साधनों से उत्पादन कार्य हेतु प्रयुक्त की जाने वाली राशि का भी अनुमान लगा लिया जाना चाहिए। अपेक्षाकृत बड़े आकार वाले कृषकों को ऋण प्रदान करने के सम्बन्ध में यह बात विशेष रूप से लागू होती है।

(3) ऋण की राशि – फसल सामान्यतः किसी वर्ष में एक अथवा दो बार अथवा इस अवधि के मध्य उगती है। फसल उगाने तथा विपणन का समय ऋण की अवधि के समकालीन होना चाहिए जिसके लिए ऋण प्रदान किये जाते हैं। सामान्यतः यह 6–12 माह पुनः भुगतान चक्र के समतुल्य होना चाहिए।

(4) पुनः भुगतान क्षमता – लगभग सभी ऋण आवेदन पत्रों के सम्बन्ध में ऋण स्वीकृत करने अथवा अस्वीकृत करने के सम्बन्ध में मापदण्ड, ऋण प्राप्तकर्त्ता की पुनः भुगतान किये जाने की क्षमता से निर्धारित होना चाहिए। पुनः भुगतान क्षमता का निर्धारण ऋण प्राप्तकर्त्ता की आधिक्य आय से किया जाना चाहिए। पुनः भुगतान क्षमता के निर्णय पर अत्यन्त सावधानी से पहुँच जाना चाहिए।

कृषि पूर्णतः जलवायु पर निर्भर होती है। जलवायु सम्बन्धी स्थिति कभी भी स्थिर नहीं रहती तथा न ही उसका अनुमान लगाया जा सकता है। मानसून के कारण कृषि उत्पादन की मात्रा अत्यन्त ही अनिश्चित होती है। अतः फसलों के प्रतिरूप में परिवर्तन से उत्पादन प्रभावित हो सकता है तथा मूल्यों में उतार चढ़ाव सम्भव है।

उत्पादन बढ़ाने के सम्बन्ध में दिए जाने वाले प्रलोभन अनेक कारणों पर निर्भर करते हैं जैसे

(अ) लाभ-लागत विश्लेषण, लागत से अधिक लाभ

(ब) किरायेदार कृषक की स्थिति में उत्पादन में पर्याप्त भाग, तथा

(स) कृषक तथा उसके परिवार के लिए उपभोग्य वस्तुओं तथा सेवाओं की उपलब्धता।

अनुमानित आय तथा वास्तविक आय के मध्य महत्त्वपूर्ण अन्तर की समस्या के समाधान हेतु यह आवश्यक है कि उपलब्ध आधिक्य को लगभग 40 प्रतिशत अपस्फीतिकरण किया जाए। कृषक की पुनः भुगतान क्षमता का निर्धारण करने के लिए यह आवश्यक है। कृषक की पुनः भुगतान क्षमता का निर्धारण हम निम्न प्रकार कर सकते हैं:

प्रस्तावित उपज से सकल वार्षिक आय (-) कुल दायित्व = उपलब्ध आधिक्य (-) 40 प्रतिशत = शुद्ध पुनः भुगतान क्षमता

सकल वार्षिक आय वास्तविक विद्यमान बाजार कीमत पर उत्पादन की कुल लागत के बराबर होंगी। कुल दायित्वों की संरचना आदानों पर खर्च, श्रम खर्च, मरम्मत खर्च तथा भूमि लगान, 40 रुपये प्रति व्यक्ति के हिसाब से वार्षिक पारिवारिक खर्च, तथा अन्य दायित्व (अवधि ऋणों के सम्बन्ध में किश्त तथा फसल ऋण पर ब्याज भी अन्य दायित्वों में सम्मिलित होते हैं) से संरचना होती है। विकासशील अर्थव्यवस्था में पुनः भुगतान क्षमता को निर्धारित करते समय किसानों की प्रबन्धकीय क्षमता एवं विचारधारा को भी विशेष महत्त्व दिया जाना चाहिए।

(5) सुरक्षा - रिजर्व बैंक ऑफ इण्डिया के निर्देशानुसार 5,000 रुपये तक के लिए भूमि को रहन नहीं रखा जाना चाहिए तथा ऐसे ऋण केवल फसल की जमानत के आधार पर ही दिए जाने चाहिए। इसके विकल्प के रूप में ऐसे ऋण स्वच्छ ऋणों के रूप में ऋण राशि को देखते हुए तृतीय पक्षकार की गारण्टी के आधार पर भी दिये जा सकते हैं। तृतीय पक्षकार की गारण्टी उतनी राशि तक के लिए ही मानी जाती है जितनी राशि के लिए वह स्वयं फसल पर ऋण प्राप्त करने के योग्य है। सीमान्त तथा छोटे कृषकों के सम्बन्ध में गारण्टी देने वाला उसी राज्य की समिति से सम्बन्धित होना चाहिए जिससे ऋण प्राप्तकर्त्ता सम्बन्धित है। 5,000 रुपये से अधिक के ऋण भूमि के रेहन के आधार पर दिये जाते हैं।

यद्यपि यह देखा गया कि बैंक 5,000 रुपये तक के ऋण भी बिना किसी प्रतिभूति के नहीं देते हैं। इस सम्बन्ध में यह कहा जा सकता है कि बैंकों को यह समझ लेना चाहिए कि संतुलन पत्र नीति अब पुरानी हो चुकी है अतः बैंकों को अब ऋण प्रदान करते समय साख की उपयुक्तता पर अधिक ध्यान देना चाहिए।

ब्याज दर -कृषि ऋणों के सम्बन्ध में अल्पकालीन ऋणों के सम्बन्ध वाणिज्यिक बैंकों द्वारा ब्याज निम्न प्रकार लिया जाता है:

कृषकों को अल्पकालीन कृषि ऋण

(अ) 5,0000 रुपये तक	12.5 प्रतिशत
(ब) 5,000 रुपये से ऊपर तथा 25,000 रुपये तक	15 प्रतिशत से अधिक नहीं
(स) 25,000 रुपये से अधिक	17.5 प्रतिशत से अधिक नहीं।

(3) निवेश साख का नूल्यांकन

पुनः हम उन मानदण्डों का विवेचन करेगें जिन्हें उत्पादन साख के मूल्यांकन में प्रयुक्त किया जाता है:

(1) ऋण का उद्देश्य – वाणिज्यिक बैंक सामान्यतः अल्पकालीन ऋण प्रदान करते हैं। ये ऋण कृषि मशीनों को क्रय करने तथा कृषि मशीनों को क्रय करने तथा कृषि विनियोग जैसे ट्रैक्टर, थ्रेसर, पम्प सैट आदि खरीदने के लिए दिए जाते हैं। अतः सर्वप्रथम ऋण का उद्देश्य पता लगाया जाना चाहिए।

(2) ऋण को राशि – कृषकों को दिये जाने वाला ऋण भूमि पर सुधार कार्य करने अथवा मशीनरी तथा औजारों पर विनियोग करने के सम्बन्ध में पर्याप्त होना चाहिए।

(3) ऋण की अविध – वाणिज्यिक बैंक सामान्यतः ऋणों का अधिकतम समय निर्धारित कर देते हैं। मध्यकालीन ऋणों की अवधि 5 वर्ष दीर्घकालीन ऋणों की अवधि 10 वर्ष होती है।

(4) सुरक्षा – जैसा कि उपर्युक्त विवेचन में स्पष्ट किया जा चुका है, भारतीय कृषि अत्यन्त ही अनिश्चित है। अतः ऋणों के पुनः भुगतान में पर्याप्त जोखिम होती है। इसलिए वाणिज्यिक बैंकों को ऋण प्रदान करते समय पर्याप्त सुरक्षा बरतनी चाहिए।

(5) ब्याज दर – मध्यकालीन तथा दीर्घकालीन ऋणें पर ली जाने वाली ब्याज दर को निम्न तालिका में दर्शाया गया है:

ब्याज दर ढाँचा

मध्यकालीन ऋण	
(1) छोटी सिंचाई तथा भूमि विकास	10.5 प्रतिशत
(2) विविधिकरण कार्य	11.5 प्रतिशत
(3) उपर्युक्त (2) के अतिक्ति	
(अ) छोटे कृषक	11.5 प्रतिशत
(ब) अन्य	12.5 प्रतिशत
दीर्घकालीन ऋण	
(1) छोटी सिंचाई तथा भूमि विकास	10.25 प्रतिशत
(2) अन्य कार्यँ	
(अ) छोटे कृषक	10.25 प्रतिशत
(ब) अन्य	12.5 प्रतिशत

4. ऋण वितरण कार्य

ऋण राशि के दुरुपयोग को रोकने के लिए यह आवश्यक है कि ऋण राशि का अधिकांश भाग वस्तुओं के सम्बन्ध में वितरित किए जाए। किन्तु जिनका भुगतान कृषकों को नकद करना है, उतनी मात्रा में ऋण नकद दिया जाना चाहिए।

5. ऋण के पश्चात् निरीक्षण

बैंक का कार्य केवल ऋण प्रदान करने के साथ ही समाप्त नहीं हो जाता है। अत: बैंकों को यह चाहिए कि वे ऋण के प्रयोग पर भी पूरा-पूरा ध्यान रखे। इससे ऋणों के दुरुपयोग पर रोक लगेगी तथा अतिदेय ऋणों की समस्या भी उत्पन्न नहीं होगी।

6. ऋण का पुन: भुगतान

ऋण प्रक्रिया का यह अन्तिम किन्तु अत्यन्त महत्त्वपूर्ण एवं कठिन कार्य है। यह सर्वविदित है कि वाणिज्यिक बैंकों की वसूली 50 प्रतिशत से अधिक नहीं है। अत: यह आवश्यक है कि ऋण प्रदान करते समय ऋण के पुन: भुगतान के सम्बन्ध में पूरा-पूरा ध्यान रखा जाए।

निष्कर्ष – कृषि ऋणों के सम्बन्ध में उपर्युक्त वर्णित तकनीकों का पालन करके यदि ऋण प्रस्तावों पर विचार किया जाएगा तो इस बात की सम्भावना है कि उपयुक्त ऋण उपयुक्त प्राप्तकर्त्ता को प्राप्त होंगें तथा अतिदेय ऋणों की समस्या भी अधिक विकराल नहीं हो सकती।

कृषि-क्षेत्र के लिये उधारदान की तकनीक—ग्रामीण समाज के कमजोर वर्गों सहित, कृषि-क्षेत्र के लिये उधारदान की उपयुक्त तकनीक में निम्न विशेषताएं सम्मिलित होनी चाहियें—

(1) प्रस्तावित योजना की तकनीकी साध्यता एवं आर्थिक व्यवहार्यता—ऋण अस्वीकृत करने समय ऋणदाता संस्था को इस बात का ध्यान रखना चाहिये कि जिस योजना (उद्देश्य या कार्य) के लिये ऋण की माँग की गई हैं, वह तकनीकी दृष्टि से साध्य (औचित्यपूर्ण) तथा आर्थिक दृष्टि से व्यवहार हो । 'तकनीकी साध्यता' का अर्थ यह है कि प्रस्तावित योजना से ऋणकर्त्ता को कम से कम इतनी आय आवश्यक प्राप्त हो कि वह उपयुक्त समय पर अपने दायित्व (मूलधन और ब्याज की अदायगी) से मुक्त हो सके । उदाहरण के लिये, फसल-ऋण की तकनीकी साध्यता जानने के लिये सुधरे हुये बीजों, उर्वरकों, कीटनाशकों, सिंचाई के साधनों आदि, की उपलब्धता तथा ऋणकर्त्ता को इनके प्रयोग की तकनीकी जानकारी पर ध्यान देना होगा । यदि ऋण की मांग दुधारू पशु खरीदने के लिये की जा रही है, तब ऐसे ऋण की तकनीकी साध्यता जानने के लिये हरे चारे एवं पशु-आहार की उपयुक्त व्यवस्था पशुों की चिकित्सा एवं बीमा सुविधा की उपलब्धता, दूध की विपणन-व्यवस्था, आदि बातों पर ध्यान देना । प्रस्तावित योजना की आर्थिक व्यवहार्यता उससे सम्भावित आय एवं उस पर सम्भावित खर्च का अनुमान लगाकर जानी जा सकती है ।

(2) प्रतिभूति का स्वरूप—प्राथमिक कृषि-साख समितियाँ दो सहयोगी सदस्यों की जमानत पर ऋण प्रदान करती हैं, जबकि भूमि विकास बैंक किसानों की भूमि बन्धक रखकर ऋण प्रदान करते हैं । व्यापारिक बैंक भी ऋण के विरूद्ध प्रकट जमानत की माँग करते

हैं । आवश्यकता इस बात की है कि ऋणदाता सस्थाएँ छोटे और सीमान्त किसानों, भूमिहीन मजदूरों और ग्रामीण किसानों, भूमिहीन मजदूरों और ग्रमीण दस्तकारों को दिये जाने वाले ऋणों के विरूद्ध किसी प्रकार की भौतिक (प्रकट) प्रतिभूति की माँग न करें ।

ग्रामीण समाज के कमजोर वर्गों के सन्दर्भ में ऋणकर्त्ता का चरित्र, उसकी ईमानदारी तथा उसके द्वारा प्रस्तावित योजना की आर्थिक व्यवहार्यतका की जाँच-परख के जाने वाले फसल-ऋण के विरूद्ध फसलों की बन्धक ही पर्याप्त प्रतिभूति समझी जानी चाहिये । ऐसे किसानों से भौतिक प्रतिभूति की माँग केवल मध्यकालन एवं दीर्घकालीन ऋणों के विरूद्ध की जानी चाहिये ।

(3) ऋण की पर्याप्त राशि—ऋण पर्याप्त मात्रा में उपलब्ध कराया जाना चाहिये। यदि ऋण की राशि प्रस्तावित योजना की वित्तयी आवश्यकता से कम है, तब शेष रकम के लिये ऋणी को साहूकार का आश्रय लेना पड़ेगा । यह भी सम्भव है कि ऋणकर्त्ता उपलब्ध ऋणराशि (अपर्याप्त) का मूल प्रस्तावित योजना में प्रयोग ही न कर पाये तथा उसे अनुत्पादक कार्यों पर खर्च कर दे । ऐसी स्थिति में ऋण की वसूली लगाकर उसे पर्याप्त मात्रा में रकम उपलब्ध करायी जानी चाहिये । ऋण की रकम ऋणी की आवश्यकता से अधिक भी नहीं होनी चाहिये, अन्यथा ऋणी पर अनावश्यक भार पड़ेगा तथा ऋणदाता संस्था के लिये ऋण पर अनावश्यक भार पड़ेगा ऋणदाता संस्था के लिये ऋण की वसूली कठिन हो जायेगी ।

(4) ऋण का स्वरूप—ऋण यथासम्भव नकदी की बजाय किस्म के रूप में उपलब्ध कराये जाने चाहियें । किसानों को 'फसल-ऋण' बीज, उर्वरक, श्रमिों की मजदूरी का भुगतान, औजारों की मरम्मत तथा दूसरे खर्चों के लिये नकदी में भी दिया जा सकता है । इसी प्रकार, ग्रामीण दस्तकारों को ऋण कच्चा माल, उपकरण आदि के रूप में दिया जाना चाहिये ।

(5) उपयुक्त समय पर ऋण की उपलब्धता—ऋण की राशि न केवल पर्याप्त होनी चाहिये, अपतु यह उपयुक्त समय पर उपलब्ध भी कराई जानी चाहिये । ऋण की स्वीकृति एवं वितरण में अनावश्यक विलम्ब ऋणराशि के उत्पादक उपयोग में बाधक सिद्ध हो सकता है । उसका उत्पादन प्रक्रिया पर भी प्रतिकूल प्रभाव पड़ सकता है । अत: किसानों को 'फसल-ऋणों' बुवाई का मौसम आरम्भ होते ही उपलब्ध कराया जाना चाहिये । दूसरी ओर उन्हें 'विपणन-ऋण' फसल की कटाई का मौसम आरम्भ होते ही उपलब्ध कराया जाना चाहिये, ताकि उन्हें अपनी फसल ऐसे समय बेचने के लिये विवश होना न पड़े, जबकि उसका बाजार-मल्य सामान्यतया बहुत नीचा होता है ।

(6) ऋण की उदार शर्तें—कृषि-क्षेत्र के लिय ऋण की शर्ते सामान्य रूप से उदार होनी चाहियें । ऋणों पर ब्याज की दर भी नीची होनी चाहिये । ग्रामीण समाज के कमजोर वर्गों के लिये ऋण विभेदात्मक शर्तों एवं ब्याज की दरों पर उपलब्ध कराया जाना चाहिये । कच्चा माल, औजार, बीज, उर्वरक, कृषि-मशीनरी आदि का भुगतान बैंक द्वारा सीधे आपूर्तिकर्त्ता फर्म को किया जा सकता है । भूमि की बन्धक पर दिये जाने वाले ऋण के

सम्बन्ध में बैंक का प्रयास यह होना चाहिये कि किसान अपनी समूची जोत बैंक के पास बन्धक रख दे, ताकि वह किसी दूसरे स्त्रोत से ऋण लेने की तलाश में नहीं रह सके।

(7) ऋणराशि के प्रयोग की निगरानी—कृषि-क्षेत्र को ऋण देने का मुख्य उद्देश्य उन्नत आगतों एवं उत्पादन तकनीक के प्रयोग को बढ़ावा देना होना चाहिये । ग्रामीणों को यथासम्भव अनुत्पादक उद्देश्यों के लिये उधार लेने से सतोत्साहित किया जाना चाहिये । ऋणराशि के उत्पादक उपयोग पर पूरी निगरानी रखी जानी चाहिये । ऋणराशि के उत्पादक उपयोग पर पूरी निगरानी रखी जानी चाहिये । ऋणराशि के उत्पादक उद्देश्यों के लिये उधार लेने से हतोत्साहित किया जाना चाहिये । ऋणराशि के उत्पादक उपयोग पर पूरी निगरानी रखी जानी चाहिये । इसके लिये किस्म के रूप में ऋण देना तथा ऋणकर्त्ता से निरन्तर सम्पर्क बनाये रखना आवश्यक है । ग्रामीण समाज के कमजोर वर्गों के लिये थोड़ी-बहुत मात्रा में उपभोग-ऋणों की व्यवस्था भी आवश्यक है ।

(8) ऋण-वसूली का सुनिश्चित कार्यक्रम—ऋणों की वसूली का कार्यक्रम सुनिश्चित होना चाहिये । किसानों को दिये गये ऋणों की वसूली के समय तथा उनकी फसल की बिक्री के समय के बीच तालमेल होना चाहिये । वसूली के प्रयास परिपक्वता—तिथि से पहले ही शुरू कर दिये जाने चाहियें । इसके लिये ऋणों से निरन्तर सम्पर्क बनाए रखने की आवश्यकता है ।

भारत में ट्रैक्टर की खरीदारी की वित्तीय व्यवस्था में निहित कदम
(Steps involved in financing purchase of tractors in India)

राष्ट्रीयकरण के पश्चात् कृषि-वित्त के क्षेत्र में व्यापारिक बैंकों का योगदान बढ़ता जा रहा है । व्यावहारिक बैंक प्रत्यक्ष एवं परोक्ष रूप से बड़े स्तर पर कृषि-क्षेत्र की वित्त-व्यवस्था कर रहे हैं । वे कृषि यन्त्रों की खरीदारी हेतु किसानों की प्रत्यक्ष वित्त प्रदान करने के अतिरिक्त, वे कृषि यन्त्रों की खरीदारी हेतु किसानों को प्रत्यक्ष वित्त प्रदान करने के अतिरिक्त, कृषि-यन्त्रों के उत्पादन एवं वितरण में संलग्न फर्मों तथा किराया-खरीद आधार पर या दूसरी तरह से कृषि-यन्त्रों की आपूर्ति में संलग्न एजेन्सियों एवं सहकारिताओं को भी वित्तीय सहायता उपलब्ध करा रहे हैं । इसके फलस्वरूप भारतीय कृषि में आधुनिक यन्त्रों के प्रयोग को बढ़ावा मिला है ।

ट्रैक्टर एवं पावरटिलर की खरीद की वित्त-व्यवस्था—ट्रैक्टर या पावरटिलर (भूमि की जुताई का शक्ति-चालित यन्त्र) की खरीददारी के लिए ऋण स्वीकृति करते समय समय सर्वप्रथम बैंक को प्रस्तावित योजना के तकनीकी-साध्यता एवं आर्थिक व्यवहार्यता पहलुओं पर विचार करना पड़ता है । 'तकनीकी साध्यता' का अर्थ यह है कि प्रस्तावित योजना (जिसके लिये ऋण की मांग की जा रही है) को उपलब्ध कृषि-वातावरण के अन्तर्गत तथा तकनीकी जानकारी के माध्यण शए अणल (व्यवहार) में लाना सम्भव होना चाहिये । दूसरी ओर, 'आर्थिक व्यवहार्यता' का अर्थ है कि प्रस्तावित योजना से ऋणी को कम से कम इतनी आय अवश्य हो जाएगी कि वह अपने ऋण-दायित्व (मूलधन और ब्याज) को पूरा करने के

बाद भी अपने धन्धे में लगा रहे अर्थात् योजना का लाभ उठाता रहे । यदि प्रस्तावित योजना से इतनी पर्याप्त आय मिलने की सम्भावना नहीं है, तब उसे आर्थिक दृष्टि से व्यवहार्य अर्थात् जीवन-योग्य नहीं माना जा सकता । प्रस्तावित योजना की आर्थिक व्यवहार्यता उससे सम्भावित आय तथा उस पर सम्भावित व्यय का अनुमान लगाकर जानी जा सकती है ।

ट्रैक्टर या पावरटिलर की तकनीकी साध्यता जानने के लिए ऋणकर्त्ता की कार्यशील जोत का आकार, उसके निजी स्वामित्व की भूमि, सिंचाई की सुविधा, नए कृषि-यन्त्र का स्थानीय परिस्थितियों में प्रयोग करने की सम्भावना, किसानों को अमुक यन्त्र से परिचालन की तकनीकी जानकारी, डीजल एवं मरम्मत की सेवाओं की सुगम उपलब्धि, पक्की सड़क की उपलब्धता आदि बातों पर विचार करना होता है । कुल मिलाकर, प्रस्तावित योजना का मूल उद्देश्य उन्नत तकनीक के प्रयोग द्वारा भूमि की उत्पादकता तथा उत्पदन की मात्रा में सुधार लाना चाहिये ।

अकेले कृषि-यन्त्रों का प्रयोग उत्पादकता एवं उत्पादन में वृद्धि नहीं ला सकता । अकेले कृषि-यन्त्रों का प्रयोग उत्पादकता एवं उत्पादन में वृद्धि नहीं ला सकता । इसके लिए दूसरे उन्नत कृषि आगतों (अधिक उपज देने वाली किस्म के बीज, रासायनिक उर्वरक, कीटनाशक, सिंचाई आदि) का प्रयोग भी आवश्यक है । अत: ट्रैक्टर या पावरटिलर की तकनीकी साध्यता पर विचार करते समय दूसरे कृषि-आगतों (पम्परा या आधुनिक के प्रयोग का प्रचलन भी ध्यान में रखा चाना चाहिये ।

सिंचाई की पर्याप्त सुविधा उपलब्ध होने पर अपेक्षाकृत कम आकार वाली जोत भी ट्रैक्टर या पारवरटिलर के प्रयोग हेतु तकनीक दृष्टि से उपक्त मानी जाएगी । परन्तु सिंचाई की सुविधा अनुपलब्ध होने पर अपेक्षाकृत बड़े आकार की जोत भारी कृषि-यन्त्र के प्रयोग हेतु तकनीकी दृष्टि से उचित माननी पड़ेगी ।

ट्रैक्टर या पावरटिलर की आर्थिक व्यवहार्यता जानने के लिये एक ओर नए यन्त्र के प्रयोग से कृषक की कुल आय सम्भावित वृद्धि का अनुमान लगाना होगा तथा दूसरी ओर नए यन्त्र की क्रय-लागत के साथ-साथ उसके रख-रखाव एवं परिचालन पर आने वाली लागत का अनुमान लगाना होगा । कृषक की कुल आय में सम्भावित वृद्धि इतनी अवश्य होनी चाहिए कि वह ऋण की किश्तों का भुगतान सुगमतापूर्वक करता रहे तथा खरीदे गए यन्त्र की रख-रखाव एवं परिचालन लागत भी पूरी होती रहे ।

कृषक की आय में सम्भावित वृद्धि का अनुमान उसकी वर्तमान आय के आधार पर लगाया जा सकता है। उसकी वर्तमान आय के आधार पर लगाया जा सकता है । उसकी वर्तमान आय उसके फार्म की सकल उपज तथा उस पर आई कुल लागत के अन्तर के बराबर होती है । सकल उपज में प्रमुख उत्पाद के साथ-साथ गौण उत्पादों को भी सम्मिलित किया जाता है। उपज का मौद्रिक-मूल्य फसल की कटाई के समय बाजार में प्रचलित कीमत के आधार पर आँका जा सकता है । उपज के मौद्रिक-मूल्य में से खेतीहर श्रमिकों की मजदूरी, बीज, बौध सिंचाई, उर्वरक एवं कीटनाशकों पर किया गया खर्च, भूमि के सुधार पर किया

गया खर्च एवं सरकार को चुकाई गई कर-राशि घटाकर कृषक की निवल आय ज्ञात की जा सकती है ।

प्रस्तावित योजना की तकनीकी साध्यता एवं आर्थिक व्यवहार्यता पर विचार करने के अतिरिक्त, व्यापारिक बैंक प्रस्तावित योजना के लिये ऋण स्वीकृत, करने से पूर्व आवेदक द्वारा प्रस्तुत प्रतिभूति पर भी विचार करता है, ताकि ऋण की वसूली में सुविधा नहीं हो । ट्रैक्टर या पावरटिलर के लिये बैंक के विशेषज्ञ बन्धक रखी जाने वाली भूमि पर आवेदक के स्वामित्व-अधिकारी की जाँच-परख करने के बाद इस बात का पता लगाते हैं कि अमुक भूमि की बन्धक पर किसी दूसरे स्रोत से तो ऋण नहीं लिया गाय है ।

बन्धक भूमि का बाजार-मूल्य आंका जाता है तथा सामान्यता इस मूल्य से कम राशि ही ऋण के रूप में स्वीकृति की जाती है । ऋण की राशि आवेदक को नहीं दी जाती, अपितु ट्रैक्टर या पावरटिलर सप्लाई करने वाली ऐजेन्सी को सीधी भुगतान कर दिया जाता है । ऐसे ऋण की वसूली छमाही या वार्षिक किस्तों में की जाती हैं ।

सिंचाई योजना के सन्दर्भ में साख योजनाओं की तकनीकी साध्यता एवं आर्थिक व्यवहार्यता

(Technical feasibility and economic viability of the credit schemes with reference to the irrigation scheme)

'तकनीक साध्यता' एवं 'आर्थिक्र व्यवहार्यता' कृषि-क्षेत्र के लिये उधारदान से सम्बन्धित दो मार्गदर्शी सिद्धान्त हैं, जिनका व्यापारिक बैंकों द्वारा पालन किया जाता है । कृषि-क्षेत्र की किसी योजना के लिए ऋण स्वीकृत करते समय बैंक अमुक योजना की तकनीकी साध्यता एवं आर्थिक व्यवहार्यता पर विचार करते हैं । यदि प्रस्तावित योजना (जिसके लिए ऋण की माँग की जा रही हैं) तकनीकी दृष्टि से साध्य तथा आर्थिक दृष्टि से व्यवहार्य नहीं है, तब ऐसी योजना के लिए बैंक कोई सहायता स्वीकृत नहीं करेगा । प्रस्तावित योजना 'तकनीकी दृष्टि से साध्य' उस समय मानी जाती है, जबकि उपलब्ध कृषि-वातावरण के अन्तर्गत तथा तकनीकी जानकारी के आधार पर उसे व्यवहारिक रूप देना सम्भव हो । दूसरी ओर, प्रस्तावित योजना 'आर्थिक दृष्टि से व्यवहार्य' उस समय मानी जाती है, जबकि प्रस्तावित योजना के पूरा होने पर उससे कम से कम इतनी आय मिलनी सम्भावित हो कि ऋणी के लिए मूलधन और ब्याज की निश्चित किस्त का भुगतान करना सम्भव हो सके । प्रस्तावित योजना की आर्थिक व्यवहार्यता उससे सम्भावित आय तथा उस पर सम्भावित व्यय (निर्माण लागत, रख-रखाव की लागत तथा परिचालन-लागत) के आधार पर आंकी जा सकती है । यदि प्रस्तावित योजना तकनीकी दृष्टि से असाध्य है, तब उसका आर्थिक दृष्टि से व्यवहार्य (जीवन-योग्य) होने का प्रश्न ही नहीं उठाता । अतः सर्वप्रथम प्रस्तावित योजना की तकनीकी साध्यता पर विचार करना होता है । तकनीकी दृष्टि से साध्य मानी जाने पर ही अमुक योजना की आर्थिक व्यवहार्यता पर विचार किया जाता है ।

सिंचाई कार्यों की तकनीकी साध्यता—किसानों द्वारा बैंक से ऋण की माँग लघु सिंचाई कार्यों के लिए ही की जाती हैं, जैसे—कुआँ या नलकूप का निर्माण, पुराने कुएं को गहरा करना, पक्की नालियों का निर्माण, पम्पसैट की खरीदारी, आदि । पहले लघु सिंचाई कार्यों के अन्तर्गत उन सिंचाई कार्यों के अन्तर्गत उन सिंचाई-स्कीमों को सम्मिलित किया जाता था, जिनकी लागत 25 लाख रूपये से कम हो । परन्तु 1978-79 से योजना आयोग द्वारा प्रस्तुत नये वर्गीकरण के अनुसार लघु सिंचाई कार्यों की श्रेणी में सिंचाई की उन स्कीमों को गिना जाता है, जिनका अधिक से अधिक कृषि योग्य कमाण्ड क्षेत्र 2 हजार हैक्टेयर हो ।

लघु सिंचाई-कार्य के तकनीकी-साव्यता पहलू के अन्तर्गत इन बातों को सम्मिलित किया जाता है—प्रस्तावित स्कीम का सामान्य वितरण, योजना-स्थल की लम्बाई और चौड़ाइ, जिला मुख्यालय या प्रमुख शहर से योजना स्थल की दूरी, योजना-स्थल का पक्की सड़क से सम्पर्क, परियोजना-क्षेत्र की जनसंख्या तथा इससे लाभान्वित हो सकने वाले किसानों की संख्या । सिंचाई की जो भी स्कीम (परियोना) बैंक-साख के लिए प्रस्तावितकी जाए, उसका मूल उद्देश्य उन्नत कृषि-तकनीक के प्रयोग को बढ़ावा देना चाहिये ।

अतः सिंचाई परियोजना की तकनीकी-साध्यता जानने के लिए इन बातों पर भी ध्यान दिया जाना चाहिये । उन्नत कृषि-तकनी की उपलब्धता तथा ऐसी तकनीक को स्थानीय परिस्थितियों में प्रयुक्त करने की सम्भावनायें, स्थानीय किसानों की उन्नत तकनीक की जानकारी या उनमें अमुक तकनीक समझने की योग्यता एवं तत्परता, तकनीकी-प्रसार के लिए उपयुक्त ढाँचा आदि ।

सिंचाई कार्यों की आर्थिक व्यवहार्यता—लघु सिंचाई कार्यों की आर्थिक व्यवहार्यता जानने के लिये खेती-बारी की सम्भावित लागत एवं आय का अनुमान जाना चाहिए । खेती-बारी की निवल आय कुल उपज के मौद्रिक मूल्य तथा उस पर आई मौद्रिक-लागत के अन्तर के बराबर होती है । सकत उपज में प्रमुख उत्पादन के साथ-साथ गौण उत्पाद (जैसे-चारा) भी सम्मिलित किया जाना चाहिए ।

कृषि-उपज का मौद्रिक -मूल्य फसल की कटाई के समय बाजारों में उपज की प्रचलित कीमत के आधार पर आंका जा सकता है । कृषि-उपज की कुल मौद्रिक लागत खेतीहर श्रमिकों को चुकाई गई मजदूरी, भारवाही पशुओं के रख-रखाव पर व्यय, कृषि-उपकरणों एवं यन्त्रों के रख-रखाव एवं परिचालन पर व्यय, भूमि-सुधार कार्यों तथा बीज या पौध, सिंचाई, उर्वरकों और कीटनाशकों पर किया गया व्यय, सरकार को चुकाये हुये कृषि-कर की राशि आदि को जोड़कर जानी जा सकती है ।

सिंचाई कार्यों की वित्त-व्यवस्था की स्कीम के तकनीक-साध्यता एवं आर्थिक व्यवहार्यता पहलुओं पर विचार करते समय बैंक द्वारा वास्तविक मान्यतायें ही अपनाई जानी चाहियें । अवास्तविक मान्यताओं के आधार पर प्रस्तावित योजना (जिसके लिए बैंक से ऋण की मांग की जा रही है) की तकनीकी-साध्यता या आर्थिक व्ययहार्यता का ठीक-ठीक मूल्यांकन असम्भव है । इसका ऋण की वसूली पर भी प्रतिकूल प्रभाव पड़ सकता है ।

प्रश्न

1. ग्रामीण समाज के कमजोर वर्गों के लिये विशेष सन्दर्भ सहित कृषि-क्षेत्र के लिये उधारदान की तकनीकों का विवेचन कीजिये ।

   Discuss the techniques of lending for the farm sector with special reference to weaker sections of the rural society.

2. 'ट्रैक्टर एवं पावरटिलर की खरीदारी की वित्त-व्यवस्था की स्कीम के आर्थिक व्यवहार्यता पहलुओं' पर संक्षिप्त टिप्पणी लिखिए ।

   Write Short note on the 'Economic viability aspects of scheme for financing for purchase of tractor and powertiler.'

3. 'सिंचाई योजनाओं के सन्दर्भ में साख योजनाओं की तकनीकी साध्यता एवं आर्थिक व्यवहार्यता' पर संक्षिप्त टिप्पणी लिखिए ।

   Write short note on the 'Technical feasibility and economic viability of the credit sechemes with reference to the irigation scheme.'

□□□

7

अतिदेय की समस्याएँ तथा कृषि ऋणों की वसूली

(Problems of Overdues and Recovery of Loans)

नियोजनकाल में ग्रामीण साख का तेजी से संस्थागतकरण हुआ है। आजकल संस्थागत एजेन्सियाँ ग्रामीण क्षेत्र की 40 प्रतिशत से अधिक साख-आवश्यकतायें पूरी कर रही हैं, जबकि नियोजन के प्रारम्भ में साख की दो प्रमुख संस्थागत ऐजेन्सियाँ हैं । राष्ट्रीयकरण के पश्चात् ग्रामीण साख के क्षेत्र में व्यापारिक बैंक का कार्यकलाप तेजी से बढ़ा है, यद्यपि ग्रामीण साख की आपूर्ति में सहकारिताओं का स्थान आज भी उनसे ऊँचा हैं । दोनों संस्थागत एजेन्सियों के काम करने के तरीके अलग-अलग हैं तथा दोनों के बीच आपसी सामांजस्य का अभाव है । अतः बहुत से व्यक्ति समान प्रतिभूति के आधार पर दोनों संस्थाओं से ऋण लेते रहते हैं । इसे ऋणों की वसूली असुविधाजनक हुई है तथा अतिदेयों की समस्या उग्र धारण कर गई हैं ।

अवधिपार ऋण साख संस्थाओं के मध्य एक सचेतक संकेत है। साख के विस्तार के साथ अवधिपार ऋणों की समस्या भी विस्तृत होती जाती है। कृषि ऋणों की वसूली की विकट समस्या वाणिज्यिक बैंकों में भी देखने को मिलती है। विश्लेषण कर कुछ महत्वपूर्ण निष्कर्ष निकाले जा सकते हैं। प्रथम प्रत्यक्ष साख के सम्बन्ध में अवधिपार ऋणों की समस्या अधिक विकट है। द्वितीय, ऋण वसूली की दर वाणिज्यिक बैंकों के सम्बन्ध में श्रेष्ठ है। इससे यह स्पष्ट है कि वाणिज्यिक बैंकों में ऋण वसूली की व्यवस्था प्रभावशाली है। तृतीय, कुल मिलाकर मांग पर भुगतान के लगभग 50 प्रतिशत ऋण अवधिपार हो चुके हैं।

अतिदेयों में वृद्धि के कारण—ग्रामीण क्षेत्रों में सहकारिताओं और व्यापारिक बैंकों के बढ़ते हुए अतिदेयों के मुख्य कारण अग्रलिखित हैं—

(1) ऋण-अदायगी की अनिच्छा—ग्रामीण समाज का साधन-सम्पन्न वर्ग अपने राजनीतिक प्रभाव के आधार पर व्यापारिक बैंकों और सहकारिताओं द्वारा उपलब्ध कराई गई साख-सुविधाओं का अधिकांश भाग स्वयं हथिया लेता है । वह ऋण-राशि के हड़पने की चेष्टा में रहता है तथा जानबूझकर ऋण का भुगतान न नहीं करता, यद्यपि वह अपने दायित्वों से मुक्ति पाने की स्थिति में होता है ।

(2) ऋण-अदायगी की असमर्थता—कुछ ऋणी अपने दायित्वों से मुक्ति पाना चाहते हुए भी मुक्त नहीं हो पाते, क्योंकि ऋण-राशि का प्रयोग करने के बावजूद, उनकी आर्थिक स्थिति ऐसी नहीं होती कि वे ऋण का भुगतान कर सकें । ऋण-राशि के प्रयोग से प्राप्त होने वाली आय अनेक बार ऋणकर्त्ता की प्रत्याशा से कम रह जाती है । कुछ क्षेत्रों में यह लाभदायक निवेश-अवसरों के अभाव का परिणाम हो सकती है, जबकि अन्य क्षेत्रों में यह प्राकृतिक विपदाओं की उपस्थिति या आगतों की अपर्याप्त आपूर्ति तथा विपणन-व्यवस्था एवं दूसरी सेवाओं की अनुपलब्धता का परिणाम हो सकती है ।

(3) दोषपूर्ण उधारदान नीति—ऋणदाता संस्थाओं के लिए बहुधा ग्रामीणों की आवश्यताओं एवं ऋण की शर्तों में तालमेल बिठाना सम्भव नहीं होता, जिसके कारण अनेक बार ऋण की अदायगी में असुविधा हो जाती हैं । अनेक बार ऋण की स्वीकृति राशि या तो पर्याप्त होती है या ऋणकर्त्ता को विलम्ब से मिल पाती है । दोनों ही दशाओं में ऋण-राशि का उत्पाद-उपयोग नहीं हो पाता है, जिससे ऋण की वसूली में कठिनाई होती है। कभी-कभी ऋण आवण्टन का निर्धारित लक्ष्य पूरा करने के विचार शीघ्रता में अर्थात् ऋणकर्त्ताओं के चरित्र एवं भुगतान-सामर्थ्य की ठीक जाँच-परख किए बिना ऋण स्वीकृत कर दिए जाते हैं । इस प्रकार ऋणदाता संस्थाओं की दोषपूर्ण उधार नीति अतिदेयों की बढ़ती हुई राशि के लिए पर्याप्त सीमा तक उत्तरदायी है ।

(4) अपर्याप्त निगरानी—ऋण बाँट देने के बाद बहुधा ऋणदाता संस्थायें अपने कर्त्तव्य की इतिश्री समझ लेती हैं । वे ऋण-राशि के प्रयोग पर निगरानी नहीं रखतीं, जिसके लिए ऋणी के साथ निरन्तर सम्पर्क बनाये रखना होता है ।

(5) वसूली के प्रभावहीन तरिके—साख संस्थाओं द्वारा ऋणों की वसूली के लिए अपनाए जाने वाले तरीके प्रभावहीन सिद्ध हुए हैं । साख समितियाँ प्रायः ब्याज की रकम लेकर ऋणों का नवीनीकरण कर देती हैं । अड़ियल सदस्यों के विरूद्ध कार्यवाही करने में समिति का प्रबन्ध बहुधा उदासीनता दर्शाता है । वसूली के कठोर उपायों को प्रभावी बनाने के सुझाव राज्य सरकार के स्तर पर प्रायः लागू ही नहीं पाते । यदि बैंक द्वारा किसी ऐसे व्यक्ति की भूमि नीलाम कराई जाती है, तब बहुत कम व्यक्ति उसकी भूमी खरीदने को तैयार हो पाते हैं । सावधि ऋण से निर्मित परिसम्पत्ति के प्रयेग हेतु बैंको से अपर्याप्त कार्यशील पूँजी की उपलब्धता भी ऋणों की समय पर वसूली में बाधक रही है ।

अतिदेयों में वृद्धि के दुष्परिणाम—ग्रामीण क्षेत्रों में साख संस्थाओं के निरन्तर बढ़ते हुए अतिदेयों के निम्न दुष्परिणाम प्रकट हुए हैं—

(1) **साख-प्रवाह में गतिहीन**—अतिदेय ऋणों से जुड़ी समस्या यह है कि कृषि क्षेत्र के लिए संस्थागत साख की आपूर्ति बहुत धीमी गति से बढ़ पा रही है अर्थात् संस्थागत साख का प्रवाह लगभग गतिहीन बन गया है । ऋणों की वसूली न हो पाने के कारण वित्तीय संस्थाओं की उदारदेय निधि में गिरावट आई है । दूसरी ओर बैंकों पर उधारदान को वसूली-निष्पादन पर आधारित करने को लागू किया गया वित्तीय अनुशासन साख की परिणात्मक वृद्धि में रूकावट सिद्ध हुआ है ।

(2) साख संस्थाओं की कमजोर इकाइयों में वृद्धि—बढ़ते हुए अतिदेयों ने ग्रामीण क्षेत्र की साख संस्थाओं की उधारदान क्षमता को सीमित करके अव्यवहार्य इकाइयों की संख्या बढ़ाइ है। सहकारिताओं की कमजोर वित्तीय स्थिति के लिए अतिदेयों में वृद्धि विशेष रूप से उत्तरदायी है ।

(3) **पुनर्वित्त सेवाओं में बाधा**—कृषि-क्षेत्र की वित्त-व्यवस्था के लिए सहकारी बैंकों तथा व्यापारिक बैंकों को नेबार्ड से पुनर्वित की सुविधा प्राप्त होती है । अतिदेयों में वृद्धि के कारण ग्रामीण क्षेत्र की साख संस्थाओं के लिये पुनर्वित की सुविधाओं का क्षेत्र सीमित रह गया है । इसका साख-संस्थाओं के कार्य-व्यापार एवं विकास पर प्रतिकूल प्रभाव पड़ा है ।

(4) साख संस्थाओं के उत्साह में क्षीणता—बढ़ते हुए अतिदेय के कारण नये उधारदान के प्रति बैंकों का उत्साह क्षीण हुआ है। बैंक के प्रबन्धक ऋण की शर्तों को कठोर बनाने के लिए बाध्य हुए हैं । परिणामत: ग्रामीण क्षेत्र के लिए संस्थागत वित्त के विस्तार में बाधा उपस्थित हुई है ।

(5) **साख की लागत में वृद्धि**—अतिदेयों में वृद्धि के कारण साख उपलब्ध कराने की लागत बढ़ गई है, क्योंकि साख संस्थाओं का स्टॉक वसूली के काम में उलझा रहता है । साख संस्था को बकाया ऋणों की वसूली के लिए कानूनी कार्यवाही करने में अनावश्यक रूप से खर्च करना पड़ता है ।

(6) कमजोर वर्गों पर सबसे घातक प्रभाव—बढ़ते हुए अतिदेयों का सबसे घातक प्रभाव ग्रामीण समाज के कमजोर वर्गों पर पड़ा है, यद्यपि इस स्थिति के लिये वे उत्तरदायी भी नहीं ठहराये जा सकते । कमजोर वर्गों के लिये संस्थागत साख की उपलब्धि और भी कठिन बन गई है ।

खराब वसूली के कारण

ऋणों की वसूली की खराब स्थिति के कारण ग्रामीण साख संस्थाओं में अवधि पार ऋणों की समस्या एक सामान्य विशेषता बन गई है।

सहकारी संस्थाओं के सम्बन्ध में अवधिपार ऋणों की समस्या अत्यन्त विकराल रूप धारण कर चुकी है। यह समस्या प्रमुख रूप से प्राथमिक स्तर पर सहकारी बैंकों को प्रभावित कर रही है। अवधिपार ऋणों की बढ़ती हुई मात्रा ने सहकारी बैंकों की कार्यशील की मात्रा को भी प्रभावित किया है। सहकारी साख संस्थाओं के अवधिपार ऋणों की सर्वप्रमुख विशेषता यह है कि अधिकांश बकाया ऋण धनिक कृषक तथा बड़े बड़े भू-स्वामियों की ओर से प्रमुखतः सिंचित क्षेत्र में निवास करने वाले रिजर्व बैंक द्वारा नियुक्त एक समिति के अनुसार अवधिपार ऋणों के प्रमुख उत्तरदायी कारण निम्नलिखित थे:

(1) ऋण प्रदान करने के सम्बन्ध में अपनायी गयी दोषपूर्ण नीतियाँ तथा ऋण कार्यक्रमों में भेदभाव,

(2) अपर्याप्त निरीक्षण तथा उपयुक्त प्रबन्ध का अभाव,

(3) साख को विपणन से जोड़ने की व्यवस्था की असफलता,

(4) प्रबन्धकों द्वारा ऋण वसूली के प्रति जागरूकता का अभाव अथवा ऋण न चुकाने वालों के विरूद्ध किसी प्रकार की कठोर कार्यवाही का अभाव,

(5) प्रबन्धकों तथा ऋण प्राप्तकर्त्ता दोनों द्वारा वित्तीय विषयों के सिद्धान्तों की अवहेलना,

(6) कुछ राज्य सरकारों द्वारा बकाया भुगतानों के सम्बन्ध में उदासीनता की नीति अपनाना,

जब वाणिज्यिक बैंकों द्वारा कृषि के लिए ऋण देना प्रारम्भ किया गया तब यह सोचा गया कि ये बैंक सहकारी बैंकों की तुलना में परिचालनात्मक तथा प्रबन्धकीय रूप से अधिक कुशल होंगे क्योंकि वाणिज्यिक बैंक राजनीतिक हस्तक्षेप तथा निहित हितों के प्रभावों से पूर्णतः मुक्त होते हैं। वाणिज्यिक बैंक सहकारी बैंकों की तरह अनेक कमजोरियों से भी प्रभावित नहीं होते। कृषि पुनःवित्त तथा विकास निगम द्वारा अप्रैल 1979 में वाणिज्यिक बैंकों के माध्यम से कृषि ऋणों पर एक स्थायी समिति का गठन किया गया। इस समिति ने अवधिपार ऋणों की बढ़ती हुई मात्रा के सम्बन्ध में निम्न कारणों को बतलाया:

(1) दोषयुक्त प्रणाली/ऋण प्राप्तकर्त्ता को पहचानने/चुनाव के सम्वन्ध में अपनाया जाना,

(2) ऋण आवेदन पत्रों का रिकार्ड बनाने तथा ऋण वितरण की प्रक्रिया में कमजोरी,

(3) साख के प्रयोग के सम्बन्ध में निरीक्षण का अभाव,

(4) इच्छा से चूक,

(5) प्राकृतिक कारण, तथा

(6) व्यर्थ के विनियोग

प्रत्येक वाणिज्यिक बैंक के 30 खातों का अध्ययन करने से यह पता चला कि इन खातों में कुल अवधिपार ऋणों का 84 प्रतिशत भाग बाहरी कारणों (जिनके सम्बन्ध में बैंकों को किसी प्रकार से उत्तरदायी नहीं ठहराया जा सकता है।) जैसे इच्छा से चूक, प्राकृतिक आपदाएँ, अनुत्पादक विनियोग, सम्पत्तियों की चोरी आदि के कारण थे। इसके अतिरिक्त इस सम्बन्ध में बैंकों की कुछ अन्य शिकायतें भी थी जैसे सरकार की तरफ से प्रशासनिक तथा विधायी सहयोग का अभाव, राजनीतिक हस्तक्षेप, कुछ राज्य सरकारों द्वारा अवधिपार ऋणों को बट्टे खाते डालने के सम्बन्ध में भेदभाव की नीति अपनाया जाना, ऋण वसूल करने के सम्बन्ध में अनायास विलम्ब करना, क्षेत्रीय स्तरीय सहकारी संस्थाओं द्वारा असहयोग आदि।

इससे पूर्व कि हम सहकारी बैंकों व वाणिज्यिक बैंकों के सम्बन्ध में कमजोर वसूली के कारणों के विवेचन को समाप्त करें, यह उपयुक्त होगा कि भारतीय कृषि की विशेषताओं का अध्ययन करे। यह सर्वविदित है कि भारतीय कृषि पूर्णतः मानसून पर आश्रित है तथा जिस वर्ष मानसून समय पर नहीं आता उस वर्ष कृषकों की पुनः भुगतान क्षमता प्रभावित होती है। द्वितीय, भारतीय कृषकों में अधिकांश कृषक सीमान्त अथवा छोटे हैं। इन कृषकों के खेतों में उपज से कुल आय इतनी नहीं होती जिससे कि कृषक अल्पकाल में ही गरीबी रेखा से ऊपर उठ सकें।

सुधारात्मक उपाय

सहकारी संस्थाएँ

प्राथमिक कृषि साख समितियों के सम्बन्ध में अवधिपार ऋणों की समस्या से निपटने के लिए यह आवश्यक है कि अनिवार्य रूप से कमजोर इकाइयों का बड़े आकार आत्मनिर्भर तथा वित्तीय दृष्टिकोण से जीवन योग्य इकाइयों के साथ एकीकरण कर दिया जाए। जिला सहकारी बैंकों के सम्बन्ध में भारत सरकार द्वारा 1972 में केन्द्रीय क्षेत्रीय नियोजन योजना तैयार की गई जिसका उद्देश्य छोटे तथा सीमांत कृषकों के प्राथमिक कृषि साख समितियों में बकाया ऋणों के सम्बन्ध में जिला सहकारी बैंकों को वित्तीय सहायता प्रदान कर डूबत ऋण खाते में लिखा जाना था। भूमि विकास बैंकों के सम्बन्ध में सहकारी भूमि विकास बैंकों पर नियुक्त समिति (रिजर्व बैंकद्वारा गठित समिति) ने इन बैंकों की ऋण प्रक्रिया तथा नीति में परिवर्तन हेतु निम्नलिखित सुझाव प्रस्तुत किए:

(1) ऋण प्रस्तावों का रिकार्ड बनाने के सम्बन्ध में वैज्ञानिक मूल्यांकन पद्धति को अपनाना,

(2) ऋण प्रस्तावों का तकनीकी मूल्यांकन, प्रमुख रूप से उन ऋणों सम्बन्ध में जो लघु सिंचाई कार्यों अथवा भूमि सुधार, भू-संरक्षण, मेंड़ निर्माण, बागवानी के लिए दिए जाते हैं ।

(3) ऋण पुनः भुगतान क्षमता की गणना तथा वास्तविक अर्थ ऋणों के पुनः चुकाने की अवधि का निर्धारण.

(4) रिजर्व बैंक द्वारा समय-समय पर सुझाए गये उपायों को सुरक्षात्मक उपायों के रूप में अपनाना जबकि विभिन्न कार्यों जैसे लघु सिंचाई योजनाओं के लिए ऋण का वितरण, भूमि सुधार, कृषि मशीनरी को बन्धक तथा सम्पत्तियों जैसे पम्प सैट तथा ट्रेक्टर के बीमा के सम्बन्ध में ऋण प्रदान किये जाते हैं।

(5) मशीनरी इत्यादि के क्रय के सम्बन्ध में सीधे पूर्तिकर्त्ता को भुगतान देना,

(6) ऋणों को प्रयोग किये जाने की अवधि का पता लगाने की विधि की खोज करना

(7) दीर्घकालीन ऋणों के सम्बन्ध में ऋण वापस मांगने की तिथि का निर्धारण करना,

जैसा कि उपर्युक्त विवेचन में स्पष्ट किया जा चुका है कि जान-बुझकर ऋण चुकाने की चूक की समस्या सभी सहकारी साख संस्थाओं में सामान्यतः तथा प्राथमिक कृषि साख समितियों में विशिष्टतः दृष्टिगत होती है। चतुर्थ योजना के लिए सहकारिता सम्बन्धी प्रस्ताव तैयार करने के लिए नियुक्त एक कार्यकारी दल ने दीर्घकाल से चले आ रहे अतिदेयों द्वारा उत्पन्न परिस्थितियों से निपटने के लिए निम्नांकित सुझाव दिये थे:

(अ) प्रत्येक प्राथमिक समिति में विगत अतिदेयों की व्यक्तिगत परीक्षा की जाए और उन्हें जाने बुझे और अन बुझे वर्गों में बाँटा जाए।

(ब) जान बूझकर त्रुटि करने वालों के विरूद्ध उत्पीड़क कार्यवाही की जाय।

(स) अनबूझे त्रुटिकर्त्ताओं को पुनः निम्न भांति वर्गीकृत किया जाय:

(1) पिछले वर्षों के अतिदेय

(2) प्राकृतिक आपदाओं के कारण अतिदेय, जिनके लिये स्थानीयकरण आवश्यक था परन्तु स्थायीकरण प्रदान नहीं किया गया, और

(3) विगत अनबुझे अतिदेय, जो कि प्राकृतिक आपदाएं विगत वर्षों में बार-बार आने के कारण उदय हुए है और इसलिए उनके सम्बन्ध में धराहत की व्यवस्था करना आवश्यक है।

वाणिज्यिक बैंक

वाणिज्यिक बैंकों में कृषि ऋणों की वसूली की स्थिति में सुधार को दो दृष्टिकोणों से देखा जाना चाहिए। सर्वप्रथम हमें ऋण प्राप्तकर्त्ता के स्तर पर समस्या का पता लगाकर उसके समाधान हेतु उपयुक्त कदम उठाने का प्रयास करना चाहिए।

1. क्षेत्रीय कार्य के लिए उपयुक्त संगठन - विभिन्न बैंकों द्वारा अपने क्षेत्रीय कर्मचारियों के सम्बन्ध में अपनाए गए मानदण्डों में विस्तृत अन्तर है। अधिकांश अधिकारियों को क्षेत्रीय पर्यवेक्षको के स्थान पर नियुक्त किया गया है। लागत वृद्धि के दृष्टिकोण से बैंक इस कार्य हेतु पर्याप्त कर्मचारियों की नियुक्ति भी नहीं करते [illegible] इस कार्य के लिए कर्मचारी नियुक्त किए गए है वे अपनी बैंक शाखा कार्य के अतिरिक्त इस कार्य को प्रमुख

कार्यालय के निर्देशन में करते हैं। प्रायः यह देखा गया है कि ग्रामीण क्षेत्रों में स्थित बैंक शाखाओं के कर्मचारियों में कार्य करने के प्रति अरूचि होने के कारण बैंक तथा ऋण प्राप्तकर्त्ता के मध्य भावनात्मक तथा सन्देशवाहन सम्बन्ध अत्यन्त ही कमजोर होता है। अधिकांशतः कर्मचारी बैंक कार्यालय पर ठहरते ही नहीं हैं जिससे वे ऋण प्राप्तकर्त्ता के पास बार-बार नहीं जा पाते हैं।

अतः क्षेत्रीय संगठन को प्रभावशाली बनाने के लिए तीन बातों की आवश्यकता है। प्रथम, पर्याप्त तथा प्रशिक्षित (जो स्थानीय भाषा, रीति रिवाज तथा समस्याओं से पूर्णतः परिचित हो) कर्मचारियों की नियुक्ति। द्वितीय, प्रभावशाली तथा विश्वासयोग्य सूचना प्रणाली की स्थापना, जिसके अन्तर्गत क्षेत्रीय कर्मचारी ऋण के प्रयोग तथा प्रभावशीलता तथा आय उत्पत्ति से निरन्तर अवगत रह सकें। ऐसा प्रमुख रूप से वहाँ आवश्यक है जहाँ ऋण प्राप्तकर्त्ता का व्यक्तिगत रूप से बार बार निरीक्षण करना सम्भव न हो। तृतीय, बैंकों तथा ऋण प्राप्तकर्त्ताओं के मध्य भावात्मक सम्बन्धों की स्थापना। बैंक कर्मचारियों को प्रशिक्षित करने में शैक्षणिक संस्थाओं का सहयोग भी प्राप्त किया जा सकता है। अन्य दो के लिए यह आवश्यक है कि बैंक कर्मचारियों से यह कहा जाए कि वे या तो ग्रामीण क्षेत्र अथवा उसके समीप के क्षेत्र में रहे तथा ग्रामीण क्षेत्रों में भ्रमण के समय रात्रि विश्राम करें।

2. ऋण प्रदान करने की नीति तथा प्रणाली - इस सम्बन्ध में विद्यमान परम्परा की बदलने की भी आवश्यकता है:

(1) साख प्रदान करने में पर्याप्तता तथा समय का पर्याप्त ध्यान रखा जाना चाहिए। यदि साख अपर्याप्त तथा असमय होगी तो यह उपचार न होकर अभिशाप ही सिद्ध होगी। साख की पर्याप्त मात्रा का पता लगाने के लिए ऋण प्रदान करने का पैमाना तथा परियोजना आय की गणना वास्तविक अर्थ में की जानी चाहिए। यदि किसी भी स्तर पर किसी भी प्रकार का निम्न अनुमान दृष्टिगत हो तो बैंक को साख प्रस्ताव का पुनः मुल्यांकन कर साख की राशि बढ़ाने में झिझकना नहीं चाहिए।

(2) **ऋणों का पुनः भुगतान** - उस समय ऋण का पुनः भुगतान किया जा सकता है जब आय की उत्पत्ति तथा कोषों की उपलब्धि हो। फसल ऋणों के सम्बन्ध में कोई समस्या उत्पन्न नहीं होती कृषि की विशेषताओं तथा कृषक के दृष्टिकोण का अनुमान लगाना कठिन होता है। इस सम्बन्ध में कुछ कमियां निम्न प्रकार है:

(अ) यह मानते हुए कि प्रत्येक ऋण प्राप्तकर्त्ता की ऋण पुनः चुकाने की क्षमता समान होती है, बैंकों को समान विनियोग के सम्बन्ध में एक समान अनुसूची का पालन करना चाहिए। इस सम्बन्ध में व्यक्तिगत किसान की मिट्टी की स्थिति, फसल प्रतिरूप, पारिवारिक आवश्यकताओं में विभिन्नताओं को ध्यान नहीं रखना चाहिए।

(ब) पुनः भुगतान की अनुसूची तैयार करते समय परिपक्व अवधि का पता लगाते समय बैंकों को विषम परिस्थितियों को पूर्णतः ध्यान में रखना चाहिए।

(3) वितरण की अवधि - ऋण राशि के सदुपयोग के लिए यह आवश्यक है कि ऋण राशि का अधिकांश भाग वस्तुओं के रूप में दिया जाए। किसानों को केवल वह भाग ही नकद में दिया जाना चाहिए जिसे उसे स्वयं नकद में भुगतान करना है।

(4) उपभोग ऋण - यह अब सर्व स्वीकार्य है कि कृषकों को उपभोग ऋण की भी आवश्यकता पड़ती है। इससे वह स्वयं को वित्तीय दृष्टि से सुरक्षित समझता है। किन्तु इस प्रकार के ऋण नियम की अपेक्षा अपवाद स्वरूप ही दृष्टिगत होते हैं।

अतः यह आवश्यक है कि कृषकों को उपभोग ऋण भी प्रदान किए जाएं, बशर्ते कि उनका पुनः भुगतान हो जाए।

3. बैंक तथा वसूली - ऋणों की वसूली के सम्बन्ध में निरन्तर अभियान चलाये जाने चाहिए। यह कार्य केवल मौसमी ही नहीं होना चाहिए।

4. सरकार का सहयोग - रिजर्व बैंक द्वारा 1978 में गठित विशेषज्ञों की समिति ने अतिदेय कृषि ऋणों की वसूली में सरकार का सहयोग भी महत्त्वपूर्ण माना है।

ग्रामीण साख की वसूली में सुधार हेतु सुझाव—ग्रामीण क्षेत्र के लिये संस्थागत साख के विकास में सहकारिताओं एवं व्यापारिक बैंकों के उत्तरोत्तर बढ़ते हुए अतिदेय प्रमुख बाधा सिद्ध हुए हैं । बढ़ते हुए अतिदेय ने ग्रामीण साख के समूचे संस्थागत ढ़ाँचे की जड़ें खोखली कर दी हैं । इससे संस्थागत साख का चक्राकार प्रवाह लगभग गतिहीन हो गया है । एक ओर वित्तीय साधनों की सीमीतता तथा दूसरी ओर तेजी से कृषि-उत्पादन बढ़ाने की आवश्यकता को देखते हुए ग्रामीण साख को वसूली में सुधार करना नितन्त वांछनीय है ।

कृषि-उत्पादकता एवं उत्पादन में वृद्धि के लिये सस्ती संस्थागत साख की उपलब्धता परमावश्यक शर्त है । यह साख न केवल मात्रा में पर्याप्त होनी चाहिए, अपितु उपयुत समय पर उपलब्ध भी होनी चाहिए । परन्तु यह सब तभी सम्भव है, जबकि साख संस्थाओं से ऋण की सुविधा पाने वाले ग्रामीण अपने ऋण-दायित्वों का समय पर निपटारा करें ।

साख संस्थाओं के वित्तीय साधन सीमित हैं । अतः उनके लिये यह सम्भव नहीं है कि एक ओर उनके बकाया ऋणों तथा अतिदेय ऋणों (अवधि-पर ऋणों) की मात्रा निरन्तर बढ़ती रहे तथा दूसरी ओर, वे ग्रामीणों को बढ़ाती हुई दर पर ऋण-सहायता उपलब्ध करती रहें । साख संस्थाओं की सीमाओं और कठिनाइयों को देखते हुए उनके ऋणों की समय पर

अदायगी आवश्यक है, जो ऋणी व्यक्तियों का नैतिक कर्त्तव्य भी है । ग्रामीण साख की वसूली में सुधार के लिये निम्न सुझाव दिये जाते हैं—

(1) जमाराशियाँ आकर्षित करना—सहकारी संस्थाओं और व्यापारिक बैंकों को ग्रामीण क्षेत्रों से अधिकाधिक जमाराशियाँ जुटाने का प्रयास करना चाहिये । जब ग्रामीणों से प्राप्त जमाराशियाँ ही उन्हें उधार देने में प्रयोग की जायेंगी, तब इसका ऋणकर्त्ताओं पर अनुकूल मनोवैज्ञानिक प्रभाव उपस्थित होगा । उधार में मिली रकम को अपने ही भाइयों द्वारा जमा कराई गई बचत मानते हुए, वे ऋण-राशि के उत्पादक-उपयोग के लिये प्रयत्नशील रहेंगे तथा अवसर मिलते ही दायित्व से मुक्त होना चाहेंगे ।

(2) बैंकिंग सेवाओं में सुधार—ग्रामीण क्षेत्र में बैंकिंग सेवायें अत्यन्त दूषित एवं असन्तोषप्रद हैं । बैंक से ऋण प्राप्त करने के लिये जो औपचारिकतायें निर्धारित हैं, उन्हें पूरी करने पर ग्रामीणों को बहुत सारा पैसा, समय और शक्ति खर्च करना पड़ता है। दूसरी ओर, गैर-संस्थागत स्त्रोतों से उन्हें अत्यन्त सुविधापूर्वक ऋण प्राप्त हो जाता है ।

इसीलिये वे गैर-संस्थागत स्त्रोतों से उन्हें अत्यन्त सुविधापूर्वक ऋण प्राप्त हो जाता है । इसीलिये वे गैर-संस्थागत स्त्रोतों से प्राप्त ऋणों को पहले लौटाना चाहते हैं, क्योंकि वे अपने लिये इस दरवाजे को सदा खुला रखना चाहते हैं । यदि उन्हें संस्थागत स्त्रोतों से भी सुगमतापूर्वक ऋण मिलने लगें, तब संस्थागत स्त्रोतों के प्रति ग्रामीण का व्यवहार भी निश्चित रूप से बदलेगा अर्थात् वे संस्थागत ऋणों को भी समय पर लौटाने के लिये प्रयत्नशील होंगे । अत: ग्रामीण क्षेत्रों में बैंकिंग सेवाओं में सुधार अपेक्षित हैं ।

(3) अतिदेयों को रद्द करना—विगत कुछ वर्षों से किसन भी संगठित होते जा रहे हैं तथा उनकी यूनियन ने सहकारी समितियों और व्यापारिक बैंकों के किसानों पर बकाया ऋणों को रद्द करने की माँग की है । छोटे और सीमान्त किसानों को राहत पहुँचाने के उद्देश्य से कुछ राज्य सरकारों ने उनके समस्त दयित्व रद्द भी कर दिये हैं ।

वस्तुत: ग्रामीण समाज के न विपन्न वर्गों पर बकाया ऋणों की समस्या का स्वरूप सम्पन्न वर्गों पर बकाया ऋणों की समस्या के स्वरूप से भिन्न हैं । ये वर्ग समय पर ऋण लौटाना तो चाहते हैं, किन्तु कभी-कभी अपनी असमर्थता के कारण ऐसा नहीं कर पाते, जबकि सम्पन्न वर्ग जानबूझकर ऋण नहीं लौटाता ।

अत: कमजोर वर्गों के अतिदेयों को रद्द करने का सुझाव पर्याप्त अंश तक सही जान पड़ता है । परन्तु इससे गलत परम्परा पड़ने की भी सम्भावना है, जिसका चालाक व्यक्ति अनुचित लाभ उठायेंगे ।

इस नीति से उन ईमानदार व्यक्तियों की भावना को गहरी ठेस पहुँचेगी, जो नियमित रूप से ऋण लौटाते रहते हैं । कमजोर वर्गों को राहत पहुँचने का सम्मानजनक

तरीका उनके अतिदेयों को रद्द करना नहीं है, अपितु उनके आर्थिक उत्थान के लिए आवश्यक कार्यक्रमों को प्रभावशाली ढंग से लागू करना है।

(4) ऋणों का रूपान्तरण या विस्तार—प्राकृतिक विपदा के कारण फसल नष्ट हो जाने के समय किसानों से ऋणों के भुगतान की आशा रखना व्यर्थ है। ऐसे समय किसानों को उल्टे राहत देने की आवश्यकता होती है अर्थात् न केवल पिछले ऋण का भुगतान स्थगित करने अपितु अगली फसल के लिये किसानों को नया ऋण देने की भी आवश्यकता होती है। प्राकृतिक विपदा के समय बैंकों और सहकारी समितियों को पिछले अल्पकालीन ऋणों को मध्यमकालीन ऋणों में बदल देना चाहिये ।

ऐसे समय व्यापारिक बैंकों तथा भूमि विकास बैंकों को सावधि ऋणों की वसूली का कार्यक्रम भी बदल देना चाहिये अर्थात् मूलधन एवं ब्याज की किस्त की वसूली का समय पुनः निर्धारित करना चाहिये ।

व्यापारिक बैंकों द्वारा अपने ग्रामीण ऋणों के सम्बन्ध में रूपान्तरण और विस्तार की नीति का पालन किया भी जा रहा है । प्राकृतिक विपदा के समय बैंकों द्वारा किसानों के पिछले अल्पकानी ऋणों में (जिनका भुगतान 3 वर्षों में करना होता है) बदल दिया जाता है तथा उन्हें नया फसल-ऋण दे दिया जाता है । किसानों को दिये गये सवधि ऋणों की किस्त वसूली भी भविष्य के लिये स्थगित कर दी जाती हैं ।

(5) ऋण-राशि के प्रयोग पर मिगरानी—सहकारी समितियों और व्यापारिक बैंकों को ऋण-राशि के प्रयोग पर पूरी निगरानी रखनी चाहिये, ताकि ऋण की रकम उसी कार्य में खर्च हो जिसके लिये ऋण माँगा गया था। ऋण-राशि के प्रयोग पर निगरानी रखने के लिये ऋणियों में निरन्तर सम्पर्क बनाये रखने की आवश्यकता है।

(6) ऋण-वसूली के तरीकों में सुधार—साख संस्थाओं के लिये अपने ऋण-वसूली के तरीकों में सुधार करना भी आवश्यक है । वसूली का समय ऐसा होना चाहिये, जो किसानों द्वारा अपनी उपज बेचने के समय से मेल खाता हो। सहकारी संस्थायें कृषि-साख को कृषि-विपणन से जोड़कर वसूली के कार्य में सफल हो सकती हैं ।

व्यापारिक बैंकों को चाहिये कि वे समय से पहले ही वसूली के लिये प्रयास आरम्भ कर दें । प्राकृतिक विपदा या प्रतिकूल मौसम की स्थिति में बैंक का वसूली कार्यक्रम पर्याप्त लचीला होना चाहिये । प्रत्येक क्षेत्र में एवं प्रत्येक मौसम के लिये वसूली का एक-सा कार्यक्रम उचित नहीं है ।

(7) जानबूझकर बने बकायदारों के विरूद्ध कठोर कार्यवाही—जो व्यक्ति जानबूझकर सहकारी समिति या व्यापारिक बैंक का ऋण लौटाना नहीं चाहते, उनके विरूद्ध कठोर कार्यवाही की जानी चाहिए ।

प्रश्न

1. "ग्रामीण साख के विकास में एक प्रमुख बाधा बढ़ते हुए अतिदेय हैं, जिन्होंने ग्रामीण साख का समूचा ढाँचा हिला दिया है।" इस कथन का औचित्य सिद्ध कीजिये तथा साधन-सीमितता एवं कृषि-उत्पादन बढ़ाने की आवश्यकता से सम्बद्ध इस महत्त्वपूर्ण चरम में ग्रामीण साख की वसूली में सुधार के लियें सुझाव दीजिए।

"One of the major constraints in the development of rural credit has been the mounting overdues which Threatened the very structure of rural credit." Justify this statement and discuss the measures to improve the recovery performance in the field of ural credit at this crucial stage of resource-constraint and need for increasing farm output.

अथवा

2,ग्रामीण भारत में बैंकों द्वारा दिए गए ऋणों की वसूली से सम्बन्धित मामलों का आलोचनात्मक परीक्षण कीजिये । वसीली की निष्पादनता को सुधारने के लिये बैंकों ने क्या विशिष्ट प्रयास किये हैं ? बैंकों को सरकार से ग्रामीण क्षेत्रों में वसूली के प्रयास में क्या सहायता मिल रही है ? वसूली की निष्पादनता में सुधार के लिए क्या किया जाना चाहिये ?

Examine critically the cases related to the recovery of loans disbursed by the banks in rural India. What special efforts have been done by the banks to improve the recovery of loans ? What help are the banks getting from the Government in regard to their recovery efforts in rural areas ? What should be done to improve the recovery performance ?

अथवा

'ग्रामीण भारत में बैंक-ऋणों की प्रभावी वसूली के उपाय पर संक्षिप्त टिप्पणी लिखिये।"

Write short note on 'measures for effective recovery of bank's loans in Rural India ?

3. वर्तमान में वित्तीय संस्थाओं के अवधिपार ऋणों की क्या स्थिति है? बकाया ऋणों की कमजोर वसूली के क्या कारण हैं? अवधि पर ऋणों की समस्या के समाधान हेतु सुझाव दीजिए।

What is the present position of overdues of financial institutions? Account for the reasons of poor recovery of outstanding loans. Suggest remedial measures to eliminate overdues.

8

खाद्य अर्थव्यवस्था
(Food Economy)

भोजन का महत्त्व

किसी भी देश में 'रोटी, कपड़ा और मकान' जनता की प्राथमिक आवश्यकताएँ समझी जाती हैं और इनमें से एक का भी अभाव राष्ट्र की सम्पूर्ण आर्थिक, सामाजिक तथा राजनीतिक सत्ता को झकझोर देने के लिए पर्याप्त है। इन तीनों में भी भोजन की आवश्यकता तीव्रतम होती है क्योंकि मनुष्य कम वस्त्र तथा कम अथवा बिना मकान किसी जीवित रह सकता है परन्तु भोजन के बिना मनुष्य की सभी इन्द्रियाँ शिथिल पड़ जाती हैं और कुछ समय पश्चात् ही उसकी जीवन-लीला समाप्त हो जाती है। अत: भोजन मनुष्य की आधारभूत आवश्यकता है जिसकी पूर्ति किये बिना किसी भी व्यक्ति अथवा सरकार का बने रहना असम्भव है।

विकास कार्यों पर प्रभाव - खाद्यान्न का दूसरा महत्त्व इस दृष्टि से है कि यदि इसका अभाव होता है तो इसके आयात को प्राथमिकता देना आवश्यक होता है जिससे देश के विदेशी विनिमय का एक (कभी-कभी महत्त्वपूर्ण) अंश अन्य विकास कार्यों से खिंचकर उदरपूर्ति में लग जाता है। इस प्रकार खाद्यान्नों का अभाव देश के अन्य आर्थिक क्षेत्रों को निरन्तर प्रभावित करता रहता है।

राष्ट्रीय स्वास्थ्य - खाद्यान्न पदार्थों के अभाव का तीसरा प्रभाव देश की जनता के सामान्य स्वास्थ्य पर पड़ता है। यदि लोगों को दोनों समय यथेष्ट मात्रा में गुणयुक्त भोजन उपलब्ध न हो तो स्वाभाविक रूप में उनका स्वास्थ गिरने लगता है, उनकी सहन शक्ति कम हो जाती है, जिससे उन्हें क्षय जैसे दुष्ट रोगों का शिकार होना पड़ता है। अस्वस्थ शरीर का प्रभाव समाज की मानसिक एवं बौद्धिक शक्ति पर भी पड़ता है जिससे जनता की कार्यशक्ति

क्षीण हो जाती है। इस प्रकार दुर्बल राष्ट्रीय स्वास्थ्य अन्ततः देश की कृषि तथा उद्योगों के उत्पादन तथा देश की प्रबन्ध एवं व्यवस्थात्मक क्षमता पर प्रभाव डालता है।

उपर्युक्त विचारों से स्पष्ट है कि खाद्यान्नों के अभाव से देश की सम्पूर्ण व्यवस्था पर व्यापक प्रभाव पड़ता है, अतः इस समस्या का गम्भीरपूर्वक अध्ययन कर उसका यथोचित हल निकालना आवश्यक है।

भारत की खाद्य-समस्या – किसी भी देश की खाद्य-समस्या का अध्ययन तीन पहलुओं से करना आवश्यक है। प्रथम, संख्यात्मक अथवा परिमाणात्मक पहलू, दूसरा गुणात्मक पहलू, और तीसरा व्यवस्थात्मक पहलू।

(1) परिमाणात्मक पहलू – सन् 1880 के अकाल आयोग ने यह मत प्रकट किया था कि भारत प्रतिवर्ष अपनी आवश्यकता से लगभग 50 लाख टन अधिक अन्न उत्पन्न करता है। वस्तुतः उस समय भारत की जनसंख्या केवल 25 करोड़ के लगभग थी और श्रीलंका तथा ब्रह्मा भारत के ही अंग थे। यद्यपि जनसंख्या की निरन्तर वृद्धि के कारण, विशेषकर 1921 के पश्चात् भारत में खाद्यान्नों का अतिरेक कम हो गया किन्तु अन्न का निर्यात प्रायः द्वितीय महायुद्ध के प्रारम्भ से पूर्व तक (1939) निरन्तर होता रहा। इस अवधि के कुछ वर्षों में जबकि भारत में अकाल की स्थिति थी, विदेशों से अन्न आयात भी करना आवश्यक हो गया था।

द्वितीय महायुद्ध और उसके पश्चात् भारत में अन्न का सदा अभाव रहा है। इसका अनुमान निम्नलिखित अंकों से लग सकता है: सन् 1951 में प्रति व्यक्ति खाद्यान्नों की (दालों सहित) उपलब्धि 13.92 औंस दैनिक थी, 1961 में यह उपलब्धि 16.50 औस दैनिक हो गयी और 1970 में 15.71 औंस दैनिक रह गयी।

उपर्युक्त अंकों से स्पष्ट है कि गत वर्षों में अन्न का निरन्तर अभाव रहा है और इस अभाव की पूर्ति विदेशों से अन्न आयात द्वारा की गयी है। फोर्ड फाउण्डेशन दल ने, जिसे 1958 में भारत की खाद्य समस्या का अध्ययन कर उसके समाधान के लिए सुझाव देने भारत बुलाया गया था, यह अनुमान लगाया था कि यदि अन्नोत्पादन के विकास की तत्कालीन गति बनी रही तो तृतीय योजना के अन्तिम वर्ष तक भारत में अन्न का उत्पादन आवश्यकता से लगभग 2.8 करोड़ टन कम रह जायेगा।

अनुमान भ्रामक – फोर्ड फाउण्डेशन दल ने अंक देकर यह सिद्ध करने का प्रयत्न किया कि देश में खाद्यान्नों का उत्पादन तथा आवश्यकता में अन्तर नियमित रूप में बढ़ रहा था अतः यदि उत्पादन में वृद्धि न हुई तो 1965-66 तक कुल कमी 2.8 करोड़ टन तक हो जायेगी। परन्तु दल का यह अनुमान आवश्यकता से अधिक निराशावादी प्रमाणित हुआ क्योंकि 1956-57 के पश्चात भी अन्न के उत्पादन में लगभग 1.25 करोड़ टन की वृद्धि हुई है। इसके अतिरिक्त दल का यह भी अनुमान था कि 1965-66 तक देश की जनसंख्या 48 करोड़ हो जायेगी। यह अनुमान सही है अतः अन्न की आवश्यकता 11 करोड़ टन हो गयी है। इस दृष्टि से भारत में अन्न की कमी आगामी कई वर्षों तक बनी रहने की आशंका है। भारतीय योजना आयोग ने तृतीय योजना के समापन तक देश में अन्न उत्पादन का लक्ष्य 10 करोड़ टन

निर्धारित किया था जबकि वास्तविक उत्पादन लगभग 7.3 करोड़ टन हुआ। चतुर्थ योजना के अन्त तक खाद्यान्नों का उत्पादन 129 मिलियन टन तक पहुँचाने का प्रावधान किया गया है।

(2) गुणात्मक पहलू - खाद्य समस्या का गुणात्मक पहलू यह है कि समाज के प्रत्येक व्यक्ति को यथेष्ट पौष्टिक भोजन उपलब्ध होता है या नहीं। इस सम्बन्ध में व्यक्तियों की न्यूनतम आवश्यकता के अनेक अनुमान हैं। उदाहरणतः एक अनुमान यह लगाया गया है कि घर पर रहकर काम करने वाली स्त्रियों के लिए प्रतिदिन 2,100 कलरी युक्त पौष्टिक भोजन की आवश्यकता है जबकि एक क्लर्क अथवा अध्यापक की दैनिक आवश्यकता कम से कम 2,600 कलरी, एक सामान्य सक्रिय व्यक्ति तथा डॉक्टर, इंजीनियर अथवा दर्जी की आवश्यकता 3,000 कलरी तथा एक औद्योगिक श्रमिक की दैनिक आवश्यकता 3,600 कलरी है। इससे स्पष्ट है कि भोजन की पोष्टिक शक्ति की इकाइयाँ भिन्न भिन्न कार्य करने वाले व्यक्तियों के लिए भिन्न-भिन्न मात्रा में आवश्यक होती हैं।

अन्य अनुमान -डॉ. आयकरोयड के अनुमान के अनुसार भारत में एक स्वस्थ व्यक्ति के लिए प्रतिदिन कम से कम 2,860 कलरीयुक्त भोजना मिलना चाहिए।

यह अनुमान देशवासियों के स्वास्थ्य को अच्छे ऊँचे स्तर बनाये रखने की दृष्टि से नहीं बल्कि सामान्य स्तर की दृष्टि से लगाये गये हैं, अतः यह किसी भी दृष्टि से बहुत अधिक नहीं कहे जा सकते।

भारतीयों को उपलब्ध पौष्टिकता - यदि न्यूनतम उपलब्धि के आधार पर भी विचार करें तो हमें ज्ञात होगा कि भारतवासियों को प्रतिदिन 15.7 औंस अन्न तथा 5 औंस दूध उपलब्ध होता है। देश की अधिकांश जनता को साग-सब्जी, दालें, घी, तेल तथा अन्य वस्तुओं की उपलब्धि मात्रा सर्वथा नगण्य है। फलतः एक भारतीय को औसत दैनिक भोजन केवल 1,880 कलरी प्राप्त होती है जो सामान्य स्तर तथा अन्य देशों की तुलना में बहुत कम है।

क्षेत्रीय भिन्नता - भारत के विभिन्न राज्यों में भी प्रति व्यक्ति भोजन की उपलब्धिसमान नहीं है, कुछ क्षेत्र ऐसे हैं जहाँ अत्यधिक गरीबी है अतः उनमें पौष्टिकता की उपलब्धि कम तथा अन्य क्षेत्रों में अधिक है।

इससे पता चलता है कि पंजाब तथा मध्य प्रदेश के निवासियों का जीवन स्तर अन्य राज्यों से ऊँचा है और यह न्यूनतम आवश्यकता से कम नहीं हैं। महाराष्ट्र, बिहार, तमिलनाडु, आन्ध्र प्रदेश तथा गुजरात के निवासियों को पौष्टिकता की उपलब्धि बहुत कम है जबकि केरल में यह न्यूनतम है।

अभाव के क्षेत्र - खाद्यान्न जाँच समिति, 1957 के अनुसार भारत के चार मुख्य क्षेत्र हैं जो अग्रलिखित हैं:

(अ) घनी जनसंख्या - इस प्रकार के वे क्षेत्र हैं जिसमें अत्यन्त घनी जनसंख्या, छोटे खेत तथा प्रति व्यक्ति आय बहुत कम है। इन क्षेत्रों में अनेक बार बाढ़ का प्रकोप भी होता रहता है। पूर्वी उत्तर प्रदेश तथा उत्तरी बिहार इस वर्ग में सम्मिलित किये गये हैं।

(आ) नगरों का दबाव - कुछ क्षेत्र ऐसे हैं जिनमें उत्पत्ति तो पर्याप्त है किन्तु आसपास के नगरों से खाद्यान्नों की माँग अत्यधिक रहती है जिसके परिणामस्वयप इन क्षेत्रों में

अन्न का अभाव उत्पन्न हो जाता है। इस वर्गीकरण में पश्चिमी बंगाल में कलकत्ता के आसपास स्थित क्षेत्र सम्मिलित हैं।

(इ) सूखे क्षेत्र – देश के कुछ भाग ऐसे हैं जिनमें वर्षा नियमित रूप से कम होती है और ज्वार, बाजरा तथा अन्य सूखे जलवायु वाले अन्न उत्पन्न किये जाते हैं। इन क्षेत्रों में प्रति एकड़ उत्पादन भी बहुत कम है। पश्चिमी भारत में राजस्थान, पंजाब तथा उत्तर प्रदेश के कुछ भाग इस श्रेणी में वर्गीकृत किये गये हैं।

(ई) आदिवासी क्षेत्र – अभावग्रस्त क्षेत्रों के चौथे वर्ग में आसाम तथा मध्य भारत के अविकसित भू-खण्ड सम्मिलित है जहाँ के निवासियों की औसत आय बहुत कम है तथा यातायात के साधन दुर्गम अथवा बहुत महँगे हैं।

इस विवरण से स्पष्ट है कि भारत के सभी भागों में खाद्यान्न के अभाव की स्थिति नहीं है, यह मूलतः कुछ क्षेत्रों में केन्द्रित है और इन क्षेत्रों में भी अभाव कहीं अधिक और कही कम है।

(3) व्यवस्थापक पहलू – खाद्यान्न समस्या का तीसरा पहलू प्रबन्धात्मक अथवा व्यवस्था सम्बन्धी है। इसका अर्थ यह है कि देश में जितने खाद्यान्न उपलब्ध हैं उन्हें जनता में उचित मूल्य पर यथासमय वितरित कर दिया जाय। व्यवस्थात्मक पहलू में मुख्यतः निम्न कार्य सम्मिलित किये जा सकते हैं:

(क) देश में खाद्यान्नों की पूर्ति का शुद्ध अनुमान लगाना।

(ख) खाद्यान्नों की माँग का सही अनुमान लगाना।

(ग) संकल-काल के लिए समय से पूर्व ही खाद्यान्नों के यथोचित भण्डार निर्मित करना।

(घ) खाद्यान्नों के भण्डार को गोदामों में सुरक्षित रखने की व्यवस्था करना।

(ङ) कमी वाले स्थानों पर यथासमय यथेष्ट खाद्यान्न भेजने का प्रबन्ध करना।

(च) खाद्यान्नों के मूल्य निर्धारित करना तथा उचित स्थान पर बनाये रखने की चेष्टा करना।

(छ) उचित मूल्य पर जनता को ठीक समय पर अन्न देने की व्यवस्था करना।

उपर्युक्त व्यवस्था न करने से अनेक बार देश में अन्न का अभाव न होने पर भी उसकी कमी दिखायी पड़ती है। भारत में भी कुछ व्यक्तियों का ऐसा विश्वास है कि देश में अन्न की वास्तविक कमी नहीं हैं, बल्कि अभाव का कारण सरकार की अदूरदर्शिता एवं प्रशासन व्यवस्था बताया जाता है।

भारत में खाद्यान्नों के अभाव के कारण

यद्यपि भारत की खाद्य समस्या परिमाणात्मक एवं गुणात्मक दोनों दृष्टिकोण से गम्भीर है किन्तु गुणात्मक पहलू भी परिमाणात्मक कमी पर निर्भर करता है। अतः

परिमाणात्मक अभाव के कारणों पर गम्भीरतापूर्वक विचार करना उचित होगा। ये कारण निम्नलिखित हैं:

(1) जनसंख्या की वृद्धि - योजना काल (1951-71) में भारत की जनसंख्या में 18 करोड़ की वृद्धि हुई है। वर्तमान में वृद्धि की गति 2.5 प्रतिशत वार्षिक है। इस प्रकार प्रति वर्ष 1 करोड़ से अधिक व्यक्ति भारतीय जनसंख्या में जुड़ जाते हैं जिनके लिए कम से कम 15-16 लाख टन अतिरिक्त अन्न की वार्षिक आवश्यकता होगी। यह निश्चिय ही एक गम्भीर स्थिति है। इधर भारतीय कृषि व्यवसाय में घटती हुई उत्पत्ति का नियम लागू हो गया है। अत: खाद्यान्नों के उत्पादन में वृद्धि करना बहुत कठिन है, किन्तु वैज्ञानिक कृषि-प्रणाली के सहयोग से ऐसा किया जा सकता है।

(2) प्रति एकड़ उत्पादन कम - कृषि की कृषि की समस्याएँ सम्बन्धी अध्याय में यह स्पष्ट किया जा चुका है कि भारत में प्रति एकड़ उत्पादन अन्य देशों की तुलना में बहुत कम है जिसके फलस्वरूप देश में खाद्यान्नों का प्राय अभाव रहता है। उदाहरणत:, जापान में चावल का औसत उत्पादन भारत से लगभग चार गुना, मिस्त्र में गेहूँ का औसत उत्पादन भारत से लगभग चार गुना तथा मक्का का औसत उत्पादन 2.5 गुना है।

(3) अन्न की बरबादी - भारत में अनेक व्यक्ति धार्मिक वृत्ति के हैं जिसके कारण वह अन्न को नष्ट करने वाले कीटाणुओं, चूहों, बन्दरों तथा अन्य जीव-जन्तुओं को मारने के विरोधी हैं, अत: देश में उत्पन्न अन्न का एक महत्त्वपूर्ण भाग कीटाणुओं तथा जीव-जन्तुओं द्वारा नष्ट कर दिया जाता है।

एक अनुमान के अनुसार भारतीय कृषि उत्पादन का लगभग 5 प्रतिशत भाग टिड्डियों द्वारा नष्ट कर दिया जाता है। व्यावसायिक मालगोदामों के एक सर्वेक्षण में कहा गया है कि इन गोदामों में रखे गये अन्न के 5 से 25 प्रतिशत भाग का कीटाणुओं द्वारा विनाश कर दिया जाता है। इतना ही नहीं, यह जन्तु कुछ अन्न तो खा ही जाते हैं, शेष को कीटाणुयुक्त कर देते हैं, जिसका प्रयोग खतरे से खाली नहीं है। विदेशों में खाद्यान्नों को कीटाणुओं से बचाने के लिए अनेक प्रकार के कीटाणुनाशक रसायन प्रयुक्त किये जाते हैं लेकिन उनका प्रयोग करने में बहुत सावधानी रखने की आवश्यकता होती है क्योंकि उनके असावधानीपूर्ण उपयोग से वह अन्न को भी विषमय बना सकते हैं जो स्वास्थ्य के लिए अधिक हानिकारक हो जाता है।

(4) भोजन की आदतें - भारत में खाद्यान्नों की कमी का एक महत्त्वपूर्ण कारण यह भी है कि देश में लोगों की भोजन की आदतें बहुत भिन्न तथा अपरिवर्तनशील है। बंगाल, आसाम, बिहार, उत्तर प्रदेश, मद्रास, केरल, आन्ध्र प्रदेश तथा मैसूर के अधिकोश व्यक्ति चावल खाने के अभ्यस्त हैं और उन्हें गेहूँ, मक्का, जवार या बाजरा खाने की रुचि नहीं हैं। कुछ व्यक्तियों के लिए तो चावल के सिवाय अन्य खाद्यान्न स्वास्थ्य के अनुकूल नहीं है अत: वे उसका उपभोग नहीं कर सकते।

सामिष एवं निरामिष भोजन - भोजन की आदत में एक अन्य विशेषता यह है कि भारतीय जनसंख्या का एक बहुत बड़ा भाग निरामिषभोजी है अत: यदि किसी वर्ष खाद्यान्नों का अभाव हो तो उसकी पूर्ति मांस, मछली, आदि वस्तुओं से नहीं की जा सकती।

पाश्चात्य देशों में प्रायः सारी जनता मासांहारी है अतः वहाँ कमी का समाधान करना अपेक्षाकृत सरल है। भारत में चावल तथा गेहूँ की ही अत्यधिक कमी रहती है।

(5) सरकारी नीति – खाद्यान्नों की कमी का एक महत्त्वपूर्ण कारण यह है कि देश में खाद्यान्नों के सम्बन्ध में कोई निश्चित नीति नहीं अपनायी गयी है। जब भी खाद्यान्नों का अभाव होता है, कुछ अस्थायी कदम उठा लिये जाते हैं, कुछ अन्य विदेशों से आयात कर लिया जाता है, अन्न के वितरण पर मूल्य-नियन्त्रण तथा राशन–व्यवस्था लागू कर दी जाती है और अधिक अन्न उपजाने सम्बन्धी प्रचार के लिए कुछ पुस्तिकाएँ छपवाकर बँटवा दी जाती हैं। इन क्रियाओं के अतिरिक्त सरकारी नीति अन्य कई दृष्टिकोण से दोषपूर्ण है:

(अ) कड़ी कार्यवाही का अभाव - खाद्यान्न के अभाव की तनिक–सी आशंका से व्यापारी–वर्ग अन्न का संग्रह करने लगता है और स्टॉक को रोक लेने के कारण देश में एक कृत्रिम अभाव की स्थिति उत्पन्न हो जाती है। सरकार प्रायः राजनीतिक अथवा परम्परागत अकुशलता के कारणों से व्यापारियों की इस राष्ट्रद्रोही नीति के विरुद्ध यथोचित कार्यवाही करने में सफल रहती है। गत कुछ वर्षों से सरकार की प्रभावहीन नीति के कारण ही अन्न का अभाव दृष्टिंगोचर हो रहा है।

(ब) प्रबन्ध में ढिलाई - अनेक बार ऐसा भी होता है कि सरकार यह निश्चित तो कर लेती है कि अमूक मात्रा में अन्न विदेशों से मँगवाना है किन्तु प्रबन्ध व्यवस्था की शिथिलता के कारण उसके मँगवाने में अवांछनीय देर हो जाती है। कभी–कभी तो यहाँ तक होता है कि सरकार के पास अन्न के यथेष्ट भण्डार हैं किन्तु उन्हें समय पर विक्रय के लिए बाजार में प्रस्तुत नहीं किया जाता।

(स) मूल्य नियन्त्रण - गत दशाब्द में (तथा उससे पहले भी) भारत सरकार खाद्यान्नों के मूल्य नियमन करने में सर्वथा असमर्थ रही है। गत चार–पाँच वर्षों में भी सभी खाद्यान्नों के मूल्यों में निरन्तर वृद्धि होती रही है। सन् 1964–65 तथा 1965–66 में तो खाद्य पदार्थों के मूल्य में 52 प्रतिशत तक वृद्धि हो गयी किन्तु सरकार एक दर्शकमात्र बनकर जनता के आर्थिक संकट को देखती रही है। मूल्यों पर उचित नियन्त्रण न होने के कारण जनता तथा व्यापारियों को सरकारी नीति में विश्वास नहीं रहता जिसके फलस्वरूप सरकार द्वारा निरन्तर विश्वास दिलाये जाने पर भी कि 'देश में अन्न का अभाव नहीं हैं,' लोग अन्न को आवश्यकता से अधिक मात्रा में खरीदने लगते हैं। फलतः अन्न के अभाव की स्थिति दृष्टिगोचर होने लगती है।

(द) रिजर्व बैंक की साख नीति - भारतीय रिजर्व बैंक को व्यापारिक बैंकों की साख नीति पर नियन्त्रण रखने के व्यापक अधिकार हैं। इन अधिकारों के द्वारा रिजर्व बैंक चाहे जब बैंकों को खाद्यान्नों अथवा अन्य वस्तुओं की धरोहर पर ऋण देने की मनाही कर सकता है अथवा उनकी सीमा निश्चित कर सकता है। किन्तु भारत में देशी बैंकर तथा साहूकार रिजर्व बैंक के नियन्त्रण में नहीं हैं अतः वह जितना ऋण देते हैं उसकी कोई सीमा निर्धारित नहीं की जा सकती।

रिजर्व बैंक की साख नीति की एक महत्त्वपूर्ण दुर्बलता यह है कि साख नियन्त्रण करने सम्बन्धी कोई भी कदम न तो समय पर उठाया जाता है और न ही उसका प्रभावशाली

ढंग से प्रयोग किया जाता है। फलतः अन्न के मूल्यों में उतार-चढ़ाव होते हैं तथा अभाव न होने पर भी अभाव का वातावरण बना रहता है।

(6) जनता की निर्धनता - भारत में लोगों की प्रति व्यक्ति आय बहुत कम होने के कारण वह चावल, गेहूँ अथवा अन्य पौष्टिक वस्तुएँ खरीदने की स्थिति में नहीं हैं। जब अनाज के भाव महँगे हो जाते हैं तो निर्धन व्यक्तियों के लिए इनके खरीदने की समस्या अधिक गम्भीर हो जाती है। ऐसी स्थिति में देश में काफी अन्न होने पर भी लोग भूख से पीड़ित होकर मरने लगते हैं। 1943 का बंगाल का अकाल इसका एक ज्वलन्त उदाहरण है।

सामाजिक कुरीतियों का प्रभाव भी देश की अन्न व्यवस्था पर पड़ता है क्योंकि ग्रामीण लोग ऋण लेकर मृतक भोज अथवा विवाह आदि सम्पन्न करते हैं। फिर उन्हें खाद्य पदार्थों के लिए भी ऋण लेना पड़ता है और प्रायः निम्नतम किस्म का अन्न व्यवहार में लाना पड़ता है।

सरकार द्वारा किये गये प्रयत्न

अभाव का आरम्भ - भारत में ब्रह्मा के पृथक होने से पूर्व खाद्यान्नों की कोई समस्या नहीं थी क्योंकि ब्रह्मा में चावल का उत्पादन काफी था और वह शेष अभावग्रस्त भागों की आवश्यकता की पूर्ति कर देता था। ब्रह्मा के अलग होने पर देश में लगभग 14 लाख टन अन्न का अभाव अनुमानित किया गया। फलतः भारत आवश्यक मात्रा में ब्रह्मा से चावल का आयात करता रहा किन्तु द्वितीय युद्ध-काल में (विशेषतः 1942 तथा उसके पश्चात्) ब्रह्मा से चावल का आयात करना असम्भव हो गया क्योंकि ब्रह्मा के अधिकांश भागों पर जापान का अधिकार हो गया था।

खाद्य विभाग की स्थापना - ब्रह्मा से आयात बन्द होने के फलस्वरूप भारत सरकार को अन्न की कमी का सामना करना पड़ा। अनाज, विशेषकर चावल के मूल्यों में वृद्धि हो गयी और जनता में खाद्यान्न नीति के प्रति असन्तोष में वृद्धि होने लगी। इन परिस्थितियों का सामना करने के लिए सरकार ने केन्द्र में खाद्य विभाग की स्थापना की।

खाद्य विभाग के मुख्य कार्य निम्नलिखित रहे हैं:

(1) खाद्यान्नों के मूल्य निर्धारित करना,

(2) खाद्य पदार्थों की पूर्ति तथा वितरण की उचित व्यवस्था करना,

(3) खाद्यान्नों के सेना तथा सामान्य जनना द्वारा प्रयोग में उचित सामंजस्य स्थापित करना।

(4) खाद्यान्नों की वसूली, खरीद, यातायात तथा संग्रह की उचित व्यवस्था करना।

वस्तुतः इस विभाग का उद्देश्य देश में खाद्यान्नों की वास्तविक आवश्यकता का अनुमान लगाकर उसकी हर सम्भव साधन से पूर्ति करना था।

खाद्यान्न नीति समिति, 1943 - खाद्य विभाग की स्थापना के पश्चात् भारत सरकार ने खाद्य समस्या के समाधान के लिए उचित सुझाव देने हेतु एक विशेषज्ञ समिति नियुक्ति की। इस समिति ने मुख्यतः तीन सुझाव प्रस्तुत किये। पहला सुझाव यह था कि देश के नगरों में सर्वत्र खाद्य पदार्थों की राशन-व्यवस्था लागू कर दी जाय। समिति के दूसरे सुझाव में खाद्यान्नों के आवश्यक आयात करने तथा देश में ही सरकार द्वारा अन्न खरीदने की सिफारिश

की गयी। तीसरा सुझाव यह था कि देश में 'अधिक अन्न उपजाओं आन्दोलन' चलाया जाय और खाद्यान्नों की उत्पादन वृद्धि के लिए अधिकाधिक सुविधाएँ दी जायें।

सन् 1952 में 'अधिक अन्न उपजाओं आन्दोलन' का लेखा-जोखा करने की दृष्टि से एक समिति नियुक्त की गयी जिसने योजना में अनेक परिवर्तन करने के सुझाव दिये तथा सिफारिश की कि राज्य सरकारों को सामान्य सिंचाई योजनाओं के लिए 10 करोड़ रूपये के और ऋण दिये जायँ।

बंगाल का अकाल-सन् 1943 में बंगाल में भीषण अकाल पड़ा। इस अकाल की विशेष बात यह थी कि चावल के मूल्य बहुत ऊँचे चढ़ गये और जनता के पास इतने मँहगे चावल खरीदने के लिए यथेष्ट मुद्रा नहीं थी। तत्कालीन सरकार ने इस अभाव को दूर करने के लिए यथासम्भव प्रयत्न नहीं किये जिसके फलस्वरूप लाखों व्यक्ति (विभिन्न अनुमानों के अनुसार 20 से 35 लाख) क्षुधा की ज्वाला में स्वाहा हो गये।

बंगाल सरकार ने अन्न के मूल्य पर नियन्त्रण तथा राशन-व्यवस्था लागू कर दी तथा संकटकाल के लिए अन्न संग्रह का कार्यक्रम भी आरम्भ किया। यह व्यवस्था देश के अन्य प्रदेशों में भी लागू कर दी गयी और जिस समय देश स्वतन्त्र हुआ, लगभग 14.5 करोड़ व्यक्ति राशन तथा मूल्य नियन्त्रण व्यवस्था के अन्तर्गत खाद्यान्न प्राप्त कर रहे थे।

खाद्यान्न नीति समिति, 1947 - भारत सरकार ने खाद्यान्नों के अभाव की जाँच करने तथा सुझाव देने के लिए 1947 में एक समिति नियुक्त की जिसने यह मत व्यक्त किया कि 'अधिक अन्न उपजाओं आन्दोलन' असफल हो गया है। समिति ने अन्न पर से नियन्त्रण हटाने का सुझाव दिया जिसे सरकार ने स्वीकार कर लिया किन्तु नियन्त्रण हटाने का सुझाव दिया जिसे सरकार ने स्वीकार कर लिया किन्तु नियन्त्रण हटाते ही अन्न के मूल्यों में अत्यधिक वृद्धि होनी आरम्भ हो गयी। फलतः नियन्त्रण दोबारा लगाने आवश्यक हो गये।

समिति ने कुछ और भी सिफारिशें की जो निम्नलिखित हैं:

(1) बहुमुखी योजनाओं के अन्तर्गत 1.9 करोड़ एकड़ भूमि पर सिंचाई की और व्यवस्था की जाय।

(2) केन्द्र तथा राज्य स्तर पर कृषि आयोजन मण्डल बनाये जाये।

(3) ऊसर भू-खण्डों को खेती योग्य बनाया जाय।

(4) 50 करोड़ रुपये की पूँजी से एक भूमि साफ करने सम्बन्धी संगठन निर्मित किया जाय।

भारत सरकार ने इस समिति की सिफारिश पर 24 सितम्बर, 1948 को नवीन खाद्यान्न नीति की घोषणा की जिसके फलस्वरूप एक राज्य से दूसरे राज्य में खाद्यान्न का आवागमन रोक दिया गया। देश में राशन-व्यवस्था सर्वत्र लागू कर दी गयी तथा खाद्यान्नों के व्यापार के लिए लाइसेंस लेना अनिवार्य कर दिया गया। राज्य सरकारों को बाजार से खरीदकर संग्रह किये जाने वाले अन्न पर आठ आने प्रति मन की सहायता देने की व्यवस्था की गयी।

इतना सब होने पर भी 1948 में लगभग 28 लाख टन अन्न विदेशों से आयात करना पड़ा।

सन् 1951 और उसके बाद - भारत सरकार ने यह निश्चय किया कि 1951 तक देश में खाद्यान्नों में आत्मनिर्भरता प्राप्त कर ली जायेगी और अन्न केवल संकटकाल के लिए भण्डार निर्मित करने हेतु आयात किया जायेगा। किन्तु दुर्भाग्य से उस वर्ष फसलें बहुत खराब हो गयीं और सर्वाधिक अन्न (लगभग 230 करोड़ रुपये का) विदेशों से मँगवाना पड़ा।

सरकार ने अन्न की कमी की पूर्ति करने के लिए नियन्त्रण तथा राशन व्यवस्था को कड़ा कर दिया और अन्न का संग्रह तथा चोरबाजारी करने वालों को कड़े दण्ड देने की व्यवस्था की गयी। जो व्यक्ति भूमि को खेती किये बिना खाली छोड़ रहे थे उनके लिए भी दण्ड देने का प्रावधान किया गया। इन दोनों कार्यों के अतिरिक्त सरकार ने उचित मूल्य पर अन्न खरीदकर भण्डार बनाने का कार्य भी आरम्भ कर दिया ताकि यह भण्डार संकटकाल में काम आ सके।

योजनाकाल और खाद्य समस्या

प्रथम योजना के प्रारम्भ में देश में खाद्यान्नों का उत्पादन 5 करोड़ टन था जो 1961-62 में लगभग 8 करोड़ टन हो गया। तृतीय योजना के अन्त तक उत्पादन 10 करोड़ टन तक बढ़ाने का लक्ष्य रखा गया था किन्तु 1965-66 में उत्पादन केवल 7.23 करोड़ टन हुआ। 1970-71 में खाद्यान्नों का उत्पादन 10.5 करोड़ टन अनुमानित किया गया है।

योजनाकाल में खाद्यान्नों का उत्पादन बढ़ाने के लिए अनेक प्रयत्न किये गये हैं जो निम्नलिखित हैं:

(1) जापानी ढंग की चावल की खेती - भारत में मुख्यतः चावल का ही अभाव है अतः चावल का प्रति एकड़ उत्पादन बढ़ाने की अत्यन्त आवश्यकता थी। इस उद्देश्य की पूर्ति के लिए भारत सरकार ने 1953-54 में जापानी ढंग की चावल की खेती का प्रचार आरम्भ किया जिसके फलस्वरूप लगभग 60 लाख एकड़ भूमि में जापानी ढंग की खेती आरम्भ की गयी है।

जापानी पद्धति से चावल की खेती के उद्धरण में यह स्मरण रखना चाहिए कि जापान एक एकड़ भूमि में भारत से 3-4 गुना चावल उत्पन्न करना है।

(2) सुधरे हुए बीजों को व्यवस्था - भारत में अनेक सरकारी फार्म हैं जहाँ खाद्यान्नों तथा अन्य कृषि फसलों के लिए अधिक उत्पत्ति देने वाले बीज तैयार किये जाते हैं। द्वितीय योजना काल में देश भर में ऐसे 3,600 फार्म स्थापित किये गये जिनमें अधिकांश ने उत्पादन आरम्भ कर दिया है। तृतीय योजना के समापन काल तक लगभग 15 करोड़ एकड़ खाद्यान्नों वाली भूमि में उन्नत किस्म के बीज प्रयोग किये जाने लगे।

राष्ट्रीय बीज निगम - भारत में जुलाई 1963 में राष्ट्रीय बीज निगम स्थापित किया गया है जिसका उद्देश्य किसानों में अच्छे बीजों का प्रचार करना है। निगम ने उत्तर भारत में हेमपुर फार्म (नैनीताल जिला) में एक आधारभूत इकाई स्थापित की है। उत्तर प्रदेश सरकार द्वारा इस फार्म के लिए 750 एकड़ भूमि दी गयी हैं। दूसरी इकाई कर्नूल (आन्ध्र प्रदेश) के पास 500 एकड़ भूमि में स्थापित की गयी है। इन दोनों इकाइयों में सर्वोत्तम किस्म के बीज उत्पन्न किये जा रहे हैं, जिन्हें अन्य फार्मों तथा किसानों को दिया जायेगा। अनुमान लगाया गया है कि लगभग 50 प्रतिशत भारतीय फसलें सुधरे हुए बीजों पर आधारित हो गयी है परन्तु

उनसे अभी बहुत सन्तोषजनक परिणाम उपलब्ध नहीं हुए हैं। अतः बीजों के समुचित प्रयोग की दिशा में अधिक सक्रिय कदम उठाये जाने आवश्यक हैं।

(3) खाद की व्यवस्था - पिछले एक अध्याय में रासायनिक खाद की कमियों तथा असुविधाओं की ओर संकेत किया जा चुका है। वह महँगी हैं तथा उनसे उत्पन्न अन्न की किस्म घटिया होती है। सम्भवतः इसी दृष्टि से तृतीय योजनाकाल में हरी खाद और कम्पोस्ट तथा गोबर की खाद का प्रयोग बढ़ाने का निश्चय किया गया।

गोबर तथा मूत्र और गैस आदि का भूमि में प्रयोग उत्पत्ति के लिए सबसे अधिक उपयोगी है किन्तु इनकी कुल उपलब्धि के केवल 6 प्रतिशत भाग का ही खाद के लिए उपयोग होता है, शेष जला दिया जाता है अथवा व्यर्थ जाता है। एक अनुमान के अनुसार भारत में जितना गोबर ईंधन के रूप में जला दिया जाता है उससे सिन्द्री खाद फैक्टरी के उत्पादन की बारह गुना खाद प्राप्त हो सकती है। वस्तुतः गोबर का प्रयोग खाद के लिए करने में सबसे बड़ी बाधा ईंधन का अभाव है, जिसे दूर किये बिना किसान को गोबर जलाने से रोकना कठिन है। इस दृष्टि से यह समस्या काफी गम्भीर है। अतः इसके समाधान के लिए सोच-समझकर सक्रिय कदम उठाने की आवश्यकता है।

रासायनिक खाद - इस प्रकार की खाद के अनेक दोष होते हुए भी सबसे बड़ा गुण यह है कि उत्पत्ति बढ़ाने में अत्यधिक सहायता मिल सकती है। इस समय भारत को उत्पत्ति बढ़ाने की तीव्र आवश्यकता है। इस दृष्टि से भारत सरकार ने एक रासायनिक खाद निगम स्थापित कर दिया है। फलतः सिन्द्री (बिहार), नांगल (पंजाब), आल्वे (ट्रावनकोर), तथा गोरखपुर की खाद उत्पन्न करने वाली इकाइयाँ निगम के अन्तर्गत आ यगी हैं। 1999-70 के अन्त तक इनसे लगभग 7 लाख टन नाइट्रोजन खाद मिलने लगी है।

(4) विनाश से बचत - भारत में प्रायः प्रति वर्ष अरब, मिस्त्र आदि देशों की ओर से टिड्डी दल आते रहते हैं। यह जहाँ भी बैठ जाते हैं, अन्न का तो कहना ही क्या, उस क्षेत्र के फूल पत्ते तक साफ कर देते हैं।

(5) भारत सरकार ने एक विशेष विभाग निर्मित किया है जिसका कार्य टिड्डी दलों को समाप्त करना है। इस विभाग के कार्यालय देश के उन भागों में स्थापित कर दिये गये हैं जहाँ टिड्डी दलों का विशेष प्रकोप होने की आशंका रहती हैं। वर्षा आरम्भ होते ही इस विभाग के कर्मचारी सावधान हो जाते हैं और वायुयानों, जीपों तथा अन्य साधनों से टिड्डियों, उनके अण्डों अथवा बच्चों का विनाश कर दिया जाता है। गत वर्षों में इस विभाग की तत्परता के कारण टिड्डयों के विनाश से बहुत अधिक अन्न की रक्षा की जा सकी हैं।

टिड्डियों के अतिरिक्त चूहों तथा अन्य जीव जन्तुओं से भी अन्न की रक्षा करने के लिए जन्तु नाशक पदार्थ पंचायतों के माध्यम से बाँटे जाते हैं।

खाद्यान्नों को संग्रह करने के लिए अच्छी किस्म के गोदामों का भी निर्माण किया गया है, जिनमें अन्न खराब होने का कोई भय नहीं रहता। यद्यपि इन गोदामों की संग्रह शक्ति अभी केवल 50 लाख टन है तो भी यह प्रवृत्ति उचित एवं उत्साहजनक है।

(5) खाद्यान्नों की वितरण व्यवस्था – भारत में खाद्यान्नों का अभाव कभी-कभी मनुष्य-मिर्मित होता है अर्थात संग्रह अथवा स्थानान्तरण द्वारा कृत्रिम अभाव उत्पन्न कर दिया जाता है। इस स्थिति का सामना करने के लिए भारत सरकार ने समय-समय पर खाद्यान्नों की वितरण व्यवस्था को अपने हाथ में लिया है। खाद्यान्नों का गमनागमन तथा पूर्ति नियन्त्रित रखने के लिए समय-समय पर खाद्यान्न क्षेत्र बनाये जाते रहें हैं। इन क्षेत्रों में अनाज स्वतन्त्रतापूर्वक लाया ले जाया जा सकता है किन्तु एक क्षेत्र से दूसरे क्षेत्र में अनाज ले जाने के लिए सरकारी अनुमति आवश्यक हैं।

(6) खाद्यान्नों का आयात - यह एक सामान्य स्वीकृत तथ्य हो गया है कि भारत में खाद्यान्नों का अभाव अभी कुछ वर्ष तक चलता रहेगा क्योंकि उत्पादन वृद्धि की गति यथोचित नही हो पायी है। इससे पूर्व खाद्यान्नों के अभाव (अर्थात् आयात) के अंक दिये जा चुके हैं। 1970 में अन्न का आयात लगभग 36 लाख टन किया गया जो पिछले वर्षों से कम है।

(7) खाद्यान्नों की आदतें - सरकार ने खाद्यान्नों की वितरण तथा प्रचार व्यवस्था इस प्रकार की बनाने की चेष्ट की है कि जनता में सभी प्रकार के अन्न उपभोग की आदत पड़ जाय। उदाहरणत: नियन्त्रण तथा राशन के समय प्राय: चावल खाने वाले क्षेत्रों में गेहूँ तथा गेहूँ खाने वाले क्षेत्रों में चावल वितरण करने की व्यवस्था की जाती है।

वितरण व्यवस्था के अतिरिक्त अण्डे, मछली तथा अन्य वस्तुओं का उपभोग करने का भी प्रचार निरन्तर किया गया है। पाश्चात्य सभ्यता के प्रभाव से भी सामिष भोजन का प्रचार अधिक हुआ है। इस दिशा में उल्लेखनीय तथ्य यह है कि माँस, मछली, अण्डे आदि का उत्पादन भी बहुत काफी नहीं है। अत: उसे बढ़ाने का प्रयत्न किया जाना आवश्यक है।

(8) भारतीय खाद्य निगम - अशोक मेहता समिति ने 1957 में यह सुझाव दिया था कि भारत सरकार द्वारा 100 करोड़ रुपये की पूँजी से एक खाद्यान्न स्थिरीकरण संगठन स्थापित किया जाना चाहिए। इस संगठन का उद्देश्य खाद्यान्नों के प्रचुर भण्डार रखकर खाद्यान्नों के मूल्य स्थिर रखना था। खाद्यान्नों के बढ़ते हुए मूल्यों पर रोक लगाने के लिए 1 जनवरी, 1965 से भारतीय खाद्यान्न निगम की स्थापना कर दी गयी है।

निगम के कार्य - खाद्यान्न निगम द्वारा क्रमश: निम्नलिखित कार्य सम्पादित किये जा रहे हैं:

(1) अन्न भण्डार - निगम द्वारा अन्न के यथेष्ट भण्डार निर्मित करना ताकि उपभोक्ताओं को उचित मूल्य पर अन्न मिल सके और अन्न उत्पादन करने वालों को भी उचित दाम मिल सके।

(2) उत्पत्ति को प्रोत्साहन - निगम किसानों को दिये जाने वाले ऋणों की गारण्टी करता है तथा कृषि उत्पादन में वृद्धि के लिए खाद तथा कीटाणुनाशक पदार्थों का प्रबन्ध करता है।

(3) शोध - निगम द्वारा कृषि फसलों तथा प्राविधियों में शोध की जायेगी जिसकी सहायता से कृषि फसलों की प्रति एकड़ उत्पत्ति बढ़ायी जा सके और फसलों को कीटाणुओं एवं रोगों से बचाया जा सके।

(4) कृषि प्रबन्ध - किसानों की कुशलता में वृद्धि करने के उद्देश्य से निगम द्वारा कृषि प्रबन्ध सम्बन्धी नयी प्राविधियों का विकास कर किसानों को उनमें प्रशिक्षित करने की व्यवस्था है।

(5) वैज्ञानिक प्रयोग - निगम इस बात का प्रयत्न कर रहा है कि खेती में नवीनतम वैज्ञानिक रीतियों का प्रयोग हो तथा खेती का यथासम्भव एवं यथावश्यक यन्त्रीकरण हो सके।

(6) सहायक पदार्थों का विकास - निगम मुर्गीपालन, फल, साग-सब्जी, मछली तथा माँस, आदि सहायक खाद्य पदार्थों की उत्पत्ति का विकास करने की दिशा में कदम उठा रहा है।

(7) गोदाम व्यवस्था - निगम द्वारा खाद्यान्नों को सुरक्षित गोदामों में रखने की दिशा में कार्य किया जा रहा है।

(8) खाद्यान्न उद्योगों को प्रौतसाहित करना - निगम द्वारा खाद्यान्नों से सम्बन्धित उद्योगों (बिस्कुट, मिठाई आदि) को प्रोत्साहित करने की व्यवस्था है तथा वह उनसे उत्पन्न वस्तुओं के पैंकिंग एवं सुरक्षित रखने का कार्य करेगा।

(9) खाद्यान्नों का सन्तुलित उपयोग - निगम द्वारा खाद्यान्नों का उपभोग सन्तुलित करने की चेष्टा की जायेगी।

(10) परिवहन - आवश्यकता पड़ने पर निगम अपनी परिवहन व्यवस्था भी करेगा।

(11) खाद्यान्न संग्रह - निगम द्वारा देश-विदेश से खाद्यान्नों का संग्रह कर भण्डार निर्मित किये जो रहे हैं। इस संग्रह का प्रयोग कमी के समय किया जाता हैं।

गत वर्षों में खाद्य निगम का कार्यक्षेत्र बढ़ता जा रहा है। खाद्यान्नों की वसूली, संग्रह, बन्दरगाहों पर तथा देश के आन्तरिक भागों में खाद्यान्न सम्बन्धी कार्य मार्च 1969 से इस निगम के सुपुर्द कर दिये गये हैं। यह निगम महाराष्ट्र राज्य के अतिरिक्त प्रत्येक राज्य में कार्यशील है। निगम ने सन् 1867 में 45 मिलियन टन, 1968 में 6.8 मिलियन टन तथा सन् 1969 में 6.1 मिलियन टन खाद्यान्नों की वसूली की। सन् 1968-69 में निगम ने 7.9 मिलियन टन अनाज, जिसकी कीमत 651 करोड़ रुपये थी, का व्यापार किया। सन् 1969-70 में निगम ने 10 मिलियन टन अनाज, जिसकी कीमत 863 करोड़ रुपये थी, का व्यापार किया।

खाद्य समस्या हल करने के उपाय

भारत की खाद्य समस्या का समाधान करने के लिए समय-समय पर विद्वानों तथा विशेषज्ञों द्वारा अनेक उपाय सुझाये गये हैं, जिनका सारांश नीचे प्रस्तुत किया जा रहा है:

(1) प्रबन्ध व्यवस्था - खाद्य-समस्या के हल के लिए सबसे महत्त्वपूर्ण कार्य यह है कि सरकारी व्यवस्था में जो भ्रष्टाचार, चोरबाजारी तथा लालफीताशाही पैठ गयी है उसे समाप्त किया जाय। इसके लिए जहाँ तक सम्भव हो, नियन्त्रण तथा राशन-व्यवस्था लागू

नहीं की जानी चाहिए क्योंकि ऐसा न करने से भी ऊपर बताये गये दोषों को प्रोत्साहन मिलता है। सरकार द्वारा मूल्यों की सीमाएँ निर्धारित कर देनी चाहिए और अनाज के यथेष्ट भण्डार रखने चाहिए ताकि उन्हे आवश्यकता के समय कमी दूर करने में प्रयोग किया जा सके।

दण्ड की व्यवस्था - खाद्यान्न वितरण व्यवस्था में बहुत तपे हुए अनुभवी व्यक्ति रखे जाने चाहिए, तथा नियमों क़ी अवहेलना करने वालों को अत्यन्त कड़े दण्ड दिये जाने चाहिए। उदाहरणतः रुस में खाद्य पदार्थों में मिलावट करने के लिए दोषी व्यक्ति को प्राणदण्ड दिया जाता है। इस प्रकार की कड़ाई किये बिना भारत में भी खाद्य समस्या का समाधान होना असम्भव है क्योंकि यहाँ घी, दूध, अनाज, आटा, मसाले, शक्कर आदि पदार्थों में अत्यधिक मिलावट की जाती है, और अपराधियों को सामान्य अर्थदण्ड देकर छुटकारा मिल जाता है।

मिलावट करने वालों के अतिरिक्त अन्न संग्रह करने चोरबाजारी करने तथा उसे बिना आज्ञा इधर-उधर भेजने वालों गो अत्यधिक कड़े दण्ड देने की व्यवस्था की जानी चाहिए। इस सम्बन्ध में महत्त्वपूर्ण तथ्य यह है कि कड़े दण्ड की व्यवस्था भी तभी सफल हो सकती हे जबकि सरकारी व्यवस्था निष्पक्ष, कुशल एवं विश्वासोत्पादक हो। अतः सम्पूर्ण शासन व्यवस्था में क्रान्तिकारी परिवर्तन किये बिना किसी सुधार योजना का सफल होना सम्भव नहीं है।

(2) आयात एवं भण्डार व्यवस्था - सरकार द्वारा अभाव की राशि का अनुमान लगाकर अन्न के आधिक्य वाले देशों से नियमित आयात एवं भण्डार निर्माण की व्यवस्था कर लेनी चाहिए। यह भण्डार अभावग्रस्त क्षेत्रों में ही निर्मित किये जाने चाहिए ताकि संकटकाल में अन्न भेजने में अधिक समय न लगे।

भारत में जो अन्न आयात होता है वह प्रायः बहुत घटिया किस्म का होता है जबकि सरकार (अथवा जनता) उसका पूरा मूल्य चुकाती है। अतः खाद्यान्न आयात के लिए कुछ इस प्रकार की व्यवस्था की जानी चाहिए कि आयात होने वाले खाद्यान्न अच्छी किस्म के हों। खाद्यान्नों का संग्रह करने के लिए गोदामों, निगमों तथा सहकारी संस्थाओं द्वारा अधिक तीव्र गति से प्रयत्न करना आवश्यक है।

(3) मूल्य स्थिरता - फोर्ड फाउण्डेशन दल का यह मत था कि भारत में फसल के समय तथा उसके बाद अन्न के जो मूल्य रहते हैं उनमें अत्यधिक अन्तर रहता है जो किसी भी प्रकार से न्यायसंगत नहीं है। इसका एक कारण तो यह है कि किसान के पास अन्न संग्रह के यथोचित साधन नहीं हैं, अतः वह फसल तैयार होते ही अधिकांश माल बेचने के लिए बाध्य हो जाता है। इससे किसी समय विशेष में बाजार में अधिक माल आ जाता है जिससे किसान को उसका मूल्य कम मिलता है। फसल के समय व्यापारी लोग बैंकों से ऋण लेकर मालगोदामों में भर लेते हैं और उसे रोककर मूल्य में वृद्धि करते रहते हैं। कभी-कभी यह वृद्धि अन्याय की सीमा तक पार कर जाती है।

अशोक मेहता समिति ने भी कुछ इसी प्रकार का सुझाव दिया है। समिति का मत है कि खाद्यान्नों के अभाव के कारण उनका व्यापार सर्वथा स्वतन्त्र नहीं छोड़ा जा सकता और व्यवस्थात्मक कठिनाइयों के कारण उन पर सम्पूर्ण नियन्त्रण लगाना भी उचित नहीं है, अतः

मध्यम मार्ग अपनाना उचित होगा। समिति ने मूल्य स्थिरता के लिए निम्नलिखित उपाय सुझाये हैं:

(1) नियमित क्रय विक्रय - सरकार द्वारा चावल तथा गेहूँ का नियमित क्रय विक्रय किया जाना चाहिए।

(2) थोक व्यापार - सरकार द्वारा अन्न के थोक व्यापार को आंशिक रूप में स्वयं अपनाना चाहिए।

(3) लाइसेंस - अन्न का व्यापार लाइसेंस प्राप्त व्यापारियों के हाथ में होना चाहिए तथा सरकार द्वारा उनके स्टॉक आदि पर पूरा नियन्त्रण रखा जाना चाहिए।

(4) आयात - सरकार द्वारा गेहूँ तथा चावल के भण्डार निर्मित किये जाने चाहिए तथा इस कार्य के लिए खाद्यान्नों के आयात की नियमित व्यवस्था की जानी चाहिए।

(5) प्रचार - सरकार द्वारा प्रचार आदि की सहायता से जनता द्वारा मोटे अनाजों का प्रयोग प्रोत्साहित किया जाना चाहिए।

(6) विशेष परिस्थितियाँ - समिति ने यह सुझाव दिया है कि अकाल अथवा युद्ध जैसी विशेष परिस्थितियों में मूल्य तथा माँग नियन्त्रण सम्बन्धी विशेष कदम उठाये जा सकते हैं।

(7) मूल्य स्थिरीकरण मण्डल - समिति ने मूल्यों को स्थिर रखने तथा तत्सम्बन्धी नीति निर्धारित करने के लिए एक मूल्य स्थिरीकरण मण्डल बनाने का सुझाव दिया है। यह मण्डल समय-समय पर खाद्यान्नों सम्बन्धी मूल्य नीति निश्चित करेगा तथा उस नीति के परिपालन की व्यवस्था करेगा।

(8) खाद्यान्न स्थिरता संगठन - समिति ने स्थिरीकरण मण्डल के अतिरिक्त एक खाद्यान्न स्थिरता संगठन गठित करने का सुझाव दिया, जिसका कार्य मूल्य स्थिरीकरण मण्डल की नीति को कार्यान्वित करना होना चाहिए। यह संगठन देश भर में खाद्यान्नों की पूर्ति की व्यवस्था के लिए उत्तरदायी होना चाहिए। इस कार्य के लिए संगठन द्वारा अपने प्रादेशिक कार्यालय, मालगोदाम तथा एजेन्सियाँ स्थापित की जा सकती है।

(9) समंक एवं शोध विभाग - समिति ने खाद्य मन्त्रालय में एक समंक एवं शोध विभाग स्थापित करने का सुझाव दिया जो खाद्यान्नों के उत्पादन, वितरण, भण्डार, खपत तथा मूल्यों आदि के सम्बन्ध में आवश्यक तथ्य एकत्रित करता रहे और शेष दोनों संगठनों को अपने शोध कार्य के आधार पर अन्न सम्बन्धी नीति निर्धारित करने में सहायक हो।

(4) उत्पत्ति बढ़ाने की सुविधाएँ एवं प्रयत्न - देश की खाद्य समस्या दीर्घकालीन एवं स्थायी प्रकार की है, स्थायी साधनों के साथ-साथ स्थायी कदम भी उठाना आवश्यक है। इनमें सबसे महत्त्वपूर्ण कदम उत्पादन बढ़ाने के प्रयत्न करना है। इस उद्देश्य की पूर्ति के लिए निम्नलिखित कार्य सहायक हो सकते हैं:

(1) भूमि का स्वामित्व - देश के अनेक किसानों के पास भूमि नहीं है, अनेक व्यक्ति केवल श्रमिक के रूप में खेती करते हैं। इस प्रकार के व्यक्तियों को यथाशीघ्र भूमि

दिलवाने की व्यवस्था करना आवश्यक है। भूदान अथवा ग्रामदान में प्राप्त की गयी भूमि या वन तथा दलदलों को साफ कर प्राप्त की गयी भूमि को तत्काल भूमिहीनों में बाँटने की व्यवस्था की जानी चाहिए।

(2) ऋण, बीज आदि – सरकार अथवा सहकारी समितियों द्वारा कृषि विकास के लिए सस्ते एवं सरल ऋण सुलभ कराने का प्रबन्ध करना चाहिए। सेवा सहकारी समितियों द्वारा हल, बैल, खाद, बीज तथा अन्य आवश्यक सुविधाओं की व्यवस्था ग्रामों में ही कर देनी चाहिए ताकि किसानों को इनके लिए इधर-उधर भटकने की आवश्यकता न हो।

(3) पंचायतों द्वारा लक्ष्य निर्धारण – ग्राम तथा जिला पंचायतों द्वारा अपने-अपने क्षेत्रों में खाद्यान्नों के उत्पादन के लक्ष्य निश्चित करने चाहिए और इनकी पूर्ति के लिए कृत-संकल्प होकर निश्चित प्रयत्न किये जाने चाहिए। इन संस्थाओं द्वारा अपने क्षेत्र के खाद्यान्न उत्पादन सम्बन्धी आँकड़े भी रखने चाहिए ताकि उनके आधार पर आयोजन करने में सुविधा हो।

(5) शोध कार्य – भारत में अधिकांश शोध-कार्य केवल डिगरी प्राप्त करने की दृष्टि से होते हैं और सरकार अथवा विश्वविद्यालय इन कार्यों में विशेष रुचि नहीं दिखाते। यह एक गम्भीर स्थिति है क्योंकि देश का असीमित धन एवं शक्ति के व्यय का फल केवल कागज के पन्नों में लिखा रह जाता है। अन्य देशों में सरकार तथा व्यावसायिक संस्थाएँ विशेष समस्याओं पर शोध कार्य के लिए वैज्ञानिकों अथवा समाजशास्त्रियों को आमन्त्रित करती हैं, उनके कार्य सम्बन्धी पूरे खर्च की व्यवस्था करती हैं तथा उन्हें सम्पूर्ण सुविधा प्रदान करती हैं। फलतः समस्या का जो कुछ भी हल निकलता है, उसका प्रयोग देश के आर्थिक विकास में किया जाता है।

इस दृष्टि से केन्द्र तथा राज्य सरकारों को खाद्यान्नों के विभिन्न पक्षों पर विश्वविद्यालयों में काम करने वाले वैज्ञानिकों तथा अन्य विशेषज्ञों के शोध करवानी चाहिए। इस शोध के परिणामों की पुष्टि सरकार की प्रयोगशालाओं में की जा सकती है। इस प्रकार की शोध के लिए विश्वविद्यालयों में कृषि अर्थ केन्द्र भी स्थापित किये जा सकते हैं, जो सम्बन्धित विषय पर अन्य देशों में होने वाली शोध का भी लाभ उठा सकते हैं।

(6) सहायक उद्योग तथा रोजगार –भारत के किसान की अशिक्षा, अज्ञानता, रूढ़िवादिता तथा निर्धनता भारतीय कृषि की सबसे गम्भीर समस्या है। अतः किसान को सबल, सशक्त एवं मानसिक तथा आर्थिक दृष्टि से धनी बनाये बिना भारत की कृषि सबल नहीं हो सकेगी। वस्तुतः यह एक विषम चक्र है। अतः प्रारम्भ में किसान को खाली समय कुछ उद्योग अथवा व्यवसाय के लिए प्रेरणा तथा सहायता दी जानी चाहिए। इस अतिरिक्त आय से यह कृषि का विकास करने का प्रयत्न कर सकेगा। सरकार को केवल किसान की कृषि सम्बन्धी आवश्यकताओं को पूरा करने की दिशा में सजग रहना पड़ेगा, शेष समस्या स्वयं हल हो जायेगी।

भारत सरकार की खाद्य नीति

खाद्य समस्या के समाधान के लिए उचित खाद्य नीति की आवश्यकत है। सरकार की खाद्य नीति में समय-समय पर परिवर्तन होते रहे हैं। सरकार की खाद्य नीति के सम्बन्ध

में समय-समय पर विभिन्न समितियों ने अलग-अलग सुझाव दिये। ये सुझाव पूर्ण अनियन्त्रण से लेकर पूर्ण नियन्त्रण तक रहे हैं। परन्तु सरकार ने खाद्य नीति के निर्माण में सदैव मध्य मार्ग अपनाया है। सरकार की वर्तमान खाद्य नीति वस्तुतः खाद्यान्न नीति समिति, 1966 के सुझावों पर आधारित है। इस समिति ने उचित खाद्य नीति के तीन अंग बतलाये हैं: (1) उत्पादन में आत्मनिर्भरता प्राप्त करना, (2) उपलब्ध खाद्यान्नों का न्यायोचित वितरण, तथा (3) खाद्यान्नों के मूल्यों में उत्पादन तथा वितरण दोनों के सन्दर्भ में कीमतों में स्थिरता लाना। इन उद्देश्यों की पूर्ति के लिए समिति ने निम्नलिखित सुझाव दिये थे:

(1) खाद्यान्नों की पूर्ति की नियोजित प्रबन्ध व्यवस्था,

(2) खाद्यान्नों की वसूली,

(3) सार्वजनिक वितरण व्यवस्था, तथा

(4) खाद्यान्नों के समीकरण कोष की व्यवस्था करना।

वर्तमान समय में सरकार की नीति इन तत्वों पर ही आधारित है। सरकार खाद्यान्नों के आयात को सन् 1971-72 से समाप्त करने के लिए प्रयत्नशील है। साथ ही साथ, सरकार उत्पादकों तथा उपभोक्ताओं के साथ खाद्यान्नों के सम्बन्ध में न्यायपूर्ण व्यवहार करने की नीति अपना रही है। सरकार उत्पादकों को उचित प्रोत्साहन देने का प्रयत्न करती है। प्रति वर्ष कृषि मूल्य आयोग के सुझावों के अनुसार विभिन्न कृषि वस्तुओं की वसूली कीमत तथा सहायता कीमत निश्चित करती है। गत वर्षों में वसूली कीमतें प्रति वर्ष बढ़ती रही है।

खाद्यान्नों के सार्वजनिक वितरण का उद्देश्य कीमतों में वृद्धि को रोकना तथा उपलब्ध खाद्यान्नों का उचित वितरण करना है।

सार्वजनिक वितरण व्यवस्था के लिए खाद्यान्नों का समीकरण स्टॉक, आन्तरिक वसूली तथा आयात द्वारा रखा जाता है। खाद्यान्नों की वसूली खाद्य निगम द्वारा की जाती है। सन 1967 में 4-5 मिलियन टन खाद्यान्नों की वसूली की गयी। खाद्य निगम का कार्यक्षेत्र प्रति वर्ष बढ़ता जा रहा है।

सरकार खाद्य निगम के माध्यम से समीकरण स्टॉक रखती है। सन् 1967 में खाद्यान्नों के सरकारी स्टॉक की मात्रा 3.8 मिलियन टन तथा सन् 1969 में 4.2 मिलियन टन थी। सन् 1970-71 के अन्त में सरकारी स्टॉक की मात्रा का अनुमान 4.9 मिलियन टन लगाया गया है।

मई 1970 में भारतीय राष्ट्रीय कांग्रेस अधिवेशन ने खाद्य नीति के सम्बन्ध में निम्नलिखित सुझाव दिये हैं:

(1) दाल, तिलहन, दूध तथा पशुओं से प्राप्त अन्य खाद्य वस्तुओं के उत्पादन में वृद्धि करना जिससे जनता को पौष्टिक भोजन प्राप्त हो सके।

(2) फलों तथा सब्जियों के उत्पादन में वृद्धि करना जिससे प्रति व्यक्ति भोजन की कलरीज में वृद्धि की जा सके।

(3) देश के विभिन्न क्षेत्रों के लिए विभिन्न मौसमों के लिए कम कीमत पर भोजन उपलब्ध कराना। ऐसा करते समय सन्तुलित आहार तथा बाजार मूल्य को ध्यान में रखा जाना चाहिए।

(4) जनता द्वारा खाद्य पदार्थों को सही ढंग से रखने की शिक्षा की व्यवस्था की जानी चाहिए।

(5) सन् 1971 के अन्त तक पी.एल.480 के अन्तर्गत किये जाने वाले खाद्यान्नों का आयात बन्द किया जाना चाहिए तथा समीकरण स्टॉक के द्वारा खाद्यान्नों की कीमतों में स्थिरता लाई जानी चाहिए।

उपसंहार - भारत में खाद्य की मूल समस्या परिमाण अथवा मात्रा की है। इस समस्या के समाधान के लिए युद्ध स्तर पर प्रयत्न करने की आवश्यकता है। इसके लिए कृषि सम्बन्धी समस्त समस्याओं का समाधान आवश्यक है। खाद्यान्नों के उत्पादन में वृद्धि के लिए सर्वागीण तथा सतत प्रयत्नों की आवश्यकता है तभी देश आत्मनिर्भर हो सकेगा। मानसून तथा मौसम की अनिश्चितता की आड़ में प्रश्रय लेने की नीति घातक सिद्ध होगी। इस सम्बन्ध में हमारे राष्ट्रपति श्री वी.वी.गिरि के शब्द सर्वथा उपयुक्त हैं-We are not free from the vagaries of monsoons and imponderables in the agricultural situation. We have to tackle the formidable problem of agricultural organisation in all its aspects if we are to ensure continuing self-sufficiency."

प्रश्न

1. भारत में हाल की खाद्य कमी पर प्रकाश डालिए। सरकार द्वारा अपनायी गयी विभिन्न कार्यवाइयों की आलोचनात्मक जाँच कीजिए।
2. भारत सरकार की वर्तमान खाद्य नीति पर प्रकाश डालिए।

□□□

9

कृषि पदार्थों का विक्रय
[Agriculture Marketing]

कृषि विपणन से आशय
(Meaning of Agricultural Marketing)

प्रारम्भ में कृषि जीवन निर्वाह का साधन मात्र थी। धीरे -धीरे कृषि का व्यावसायीकरण होता गया और अब कृषि एक व्यवसाय बन गया है। किसान को कृषि उत्पादन में अतिरेक प्राप्त होने लगा है । अत: उसके सामने इस अतिरेक के विक्रय की समस्या उतत्पन्न हो गयी है ।

विपणन से आसय इस अतिरके के लिये खरीदार प्राप्त करना है । दूसरे शब्दों में विपणन से आशय उत्पादक और उपभोक्ता को एक साथ एकत्रित करके मांग और पूर्ति में सन्तुलन स्थापित करना है । कृषि विपणन के अन्तर्गत एकत्रित करके मांग और पूर्ति में सन्तुलन स्थापित करना है । कृषि विपणन के अन्तर्गत उत्पादक से उपभोक्ता तक कृषि उपज को पहुंचाने की प्रक्रियाओं को शामिल किया जाता है । ये प्रक्रियायें हैं—उपज को एकत्रित करना, उनका श्रेणीयन व प्रमापीकरण करा, उसे भण्डारों में रखना, मण्डी तक पहुँचाना तथा उसका विक्रय करना । इस आधार पर एक अच्छी विपणन पद्धति की निम्नलिखित विशेषतायें होनी चहियें :—

(1) वस्तु की किस्म का अच्छा होना (Good Quality of the commodity)—जो भी वस्तुयें बेची जायें वे शुद्ध व किस्म की हों तथा उनमें किसी प्रकार की मिलावट न हो । कार्य उत्तम बीज, उत्तम कृषि तथा उपज के श्रेणीकरण द्वारा सफलता से हो सकता है ।

(2) विक्रेता की अच्छी आर्थिक स्थिति (Good Economic Condition of the Seller)—किसान की आर्थिक स्थिति ऐसी हो कि वह उपज को कुछ समय तक अपने पास रख सेक और अनुकूल भाव आने पर उन्हें बेच सके ।

(3) भण्डार गृहों की व्यवस्था (Facility of Ware-houses)—कृषि उपज के उचित विपणन के लिये मण्डियों में भण्डार गृहों की व्यवस्था होनी चाहिये जिससे कृषक अपनी उपज को इन भण्डारों में रख सके तथा उचित समय आने पर इसका विपणन कर सके ।

(4) यातायत के साधनों की उचित व्यवस्था (Proper Arrangement of Means of Transportation)—फसल को एक स्थान से दूसरे स्थान को भेजने के लिये शीघ्रगामी और सस्ते साधनों का होना आवश्यक है ताकि फसल कम व्यय पर शीघ्रता से मण्डियों तक पहुँचाई जा सके ।

(5) बाजार का विशिष्ट ज्ञान (Knowledge abour the Market)—बाजार सुसंगठित होना चाहिये ताकि किसान के बाजार के भावों का निरन्तर ज्ञान होता रहे और वह ऊंचे मूल्यों का लाभ उठा सके ।

(6) नियन्त्रित मण्डियों का निकट होना (Nearnes to the Controled Mandis)—ग्रामों के निकट ही नियन्त्रित बाजार व मण्डियाँ होनी चाहियें जिससे फसल को बेचते समय कोई भी धोखा न हो ।

(7) मध्यस्थों की अनुपस्थिति (Absence of Intermediaries)—कृषक व उपभोक्ताओं के बीच मध्यस्थों की संख्या न्यूनतम होनी चाहिये ताकि उपभोक्ता की जैब से पैसा निकाला है और उत्पादक की जेब में जो पैसा जाता है उसमें कम से कम अन्तर हो । मध्यस्थों की अनुपस्तिति में कृषक और उपभोक्ता दोनों के हितों की रक्षा होगी ।

1. विपणन योग्य अतिरेक तथा आर्थिक विकास

भारतीय कृषि का स्वरूप आर्थिक विकास के साथ ही साथ बदलता जा रहा है। पहले, भारत में कृषि जीवन-निर्वाह के लिए की जाती थी। कृषि की इस दशा में कोई विशेष परिवर्तन नहीं हुआ, फिर भी अब धीरे-धीरे कृषि का स्वरूप बदलता जा रहा है। योजनाओं के अन्तर्गत कृषि का विकास हुआ है तथा उत्पादन में वृद्धि हुई है। उत्पादन वृद्धि के कारण अब किसानों के पास (कम से कम बड़े किसानों के पास) बिक्री योग्य अतिरेक होता है जिसे बेचकर वे मुद्रा प्राप्त करते हैं। इस बिक्री योग्य अतिरेक का आर्थिक विकास में महत्त्वपूर्ण स्थान है।

सामान्य रूप से यह कहा जा सकता है कि विपणन योग्य अतिरेक कुल उपज का वह भाग है जो किसान अपनी आवश्यकता से अधिक समझकर बाजार में विक्रय हेतु प्रस्तुत करता है। "सिद्धान्ततः यह अतिरेक उत्पादक की वास्तविक पारिवारिक उपभोग की आवश्यकताओं तथा वस्तु रूप में मजदूरी के भुगतान, बीज और पशुओं के खाद्य रूप में प्रयुक्त तथा नष्ट होने से बची हुई वह मात्रा है जिसे उत्पादक बेच सकता है। सामान्य रूप से

यह उपज की वह मात्रा है जो नयी फसल के आने पर बाजारों में ले जायी जाती है।" एक अर्द्ध-विकसित देश के आर्थिक विकास में कृषि वस्तुओं का विपणन योग्य आधिक्य बहुत सहायक होता है। आर्थिक विकास में इसके महत्त्व का अध्ययन निम्नलिखित शीर्षकों के अन्तर्गत किया जा सकता है:

(1) औद्योगिकरण के लिए खाद्य पदार्थों का आधिक्य — प्रो. लेविस के अनुसार आर्थिक विकास के लिए, विशेषकर औद्योगिकरण के लिए कृषि वस्तुओं के विक्रय योग्य अतिरेक का होना आवश्यक है। आर्थिक विकास के साथ औद्योगिकरण होता है तथा ग्रामीण व शहरी जनसंख्या के अनुपात में परिवर्तन होता है। शहरों की संख्या तथा निवासियों की संख्या बढ़ती है। यदि देश में कृषि क्षेत्र में उत्पादन नहीं किया जाय तथा किसान बाजार में खाद्य-वस्तुओं को नहीं बेचे तो शहरी जनसंख्या की खाद्य आवश्यकताओं की पूर्ति नहीं हो पायेगी जिससे औद्योगिकरण के मार्ग में बाधाएँ उपस्थित होंगी तथा आर्थिक विकास अवरूद्ध हो जायगा।

(2) उद्योगों के लिए कच्चा माल —अधिकांश उद्योगों के लिए कच्चा माल कृषि से ही प्राप्त होता है जैसे जूट, चीनी, वस्त्र उद्योग आदि। यदि कृषि उत्पादन में वृद्धि नहीं की जाय तथा किसानों के पास विपणन योग्य आधिक्य नहीं हो तो उद्योगों के लिए कच्चे माल की पूर्ति नहीं हो पायेगी जिससे देश में उद्योगों का विकास नहीं किया जा सकेगा। वस्तुत: औद्योगीकरण की आधारशिला कृषि पर ही अवलम्बित है। कृषि के विकास तथा फलस्वरूप विपणन योग्य अतिरेक में वृद्धि के बिना औद्योगिकरण अत्यन्त ही कठिन है।

(3) आर्थिक विकास के लिए साधन — आर्थिक विकास के लिए पूँजी की आवश्यकता होती है। अर्द्ध-विकसित देश कृषि प्रधान तथा निर्धन होते है। ऐसे देशों में जब तक कृषि उत्पादन में वृद्धि नहीं जा जायेगी तथा किसानों के पास विपणन योग्य अतिरेक नहीं होगा तब तक देश के आर्थिक विकास के लिए यथेष्ट मात्रा में पूँजी उपलब्ध नहीं हो सकेगी। जापान तथा रूस का आर्थिक विकास इसका प्रमाण है। जापान में पहले कृषि का विकास किया गया तथा कृषि से प्रास आय का उपयोग औद्योगीकरण के लिए किया गया। रूस में अनिवार्य रूप से सामूहिक फार्मों से कृषि पदार्थ वसूल किये गये तथा आर्थिक विकास के लिए साधन एकत्रित किये गये।

(4) निर्यात के लिए विपणन योग्य आधिक्य — अर्द्ध-विकसित देशों को आर्थिक विकास के लिए पूँजीगत वस्तुओं तथा वैज्ञानिक व प्राविधिक ज्ञान का आयात करना पड़ता है। इस आयात का भुगतान दीर्घकाल में निर्यात द्वारा ही सम्भव है। ऐसे देश औद्योगिक वस्तुओं का निर्यात करने में असमर्थ होते हैं। अत: यह आवश्यक है कि वे कृषि उत्पादन में वृद्धि कर, विपणन योग्य आधिक्य का सृजन कर कृषि वस्तुओं का निर्यात करें तथा बदले में पूँजीगत वस्तुओं का आयात करें।

(5) औद्योगिक वस्तुओं के लिए बाजार — कृषि उत्पादन में वृद्धि के फलस्वरूप कृषि वस्तुओं के विपणन योग्य आधिक्य में वृद्धि होती है। इस प्रकार किसानों की आय का क्रय शक्ति बढ़ती है जिससे वे औद्योगिक वस्तुओं को खरीदने में समर्थ होते हैं। इस प्रकार औद्योगिक वस्तुओं की माँग में वृद्धि होती है जो देश के औद्योगिक विकास के लिए आवश्यक है।

उपर्युक्त विवरण से स्पष्ट है कि देश के औद्योगिकरण तथा आर्थिक विकास में कृषि पदार्थों के विपणन योग्य आधिक्य का महत्त्वपूर्ण स्थान है। "यदि उत्पादन में वृद्धि के साथ ही साथ विपणन योग्य आधिक्य में वृद्धि नहीं होती तो यह विकास की गति में एक मूलभूत बाधक तत्त्व होगा क्योंकि नगरों के उपभोग और उद्योगों तथा निर्यात के लिए उपलब्ध पूर्तियाँ कम हो जायेगी।"

2. माल के विक्रय का अर्थ

ऐसा कहा जाता है कि एक अच्छे किसान की एक आँख हल पर तथा दूसरी मण्डी पर होती है किन्तु वर्तमान व्यावसायिक जगत में यह कहना अधिक उचित है कि एक अच्छे किसान के दोनों हाथ हम पर और दोनों आँखे बाजार पर होती है। इसका तात्पर्य यह है कि किसान का कार्य न केवल कृषि पदार्थ उत्पन्न करना है बल्कि बाजार की स्थितियों से परिचित रहकर उनका मूल्य भी प्राप्त करना है।

उपर्युक्त विवरण से स्पष्ट है कि किसान का कार्य फसल उत्पन्न करने पर ही समाप्त नहीं होता बल्कि उसे अन्तिम उपभोक्ता तक पहुँचाने का भार भी उसी के कन्धों पर होता है। इस प्रकार क्रेता तथा विक्रेताओं को निकट लाने की क्रिया ही विक्रय क्रिया कहलाती है परन्तु यह कार्य सरल नहीं है। यदि गम्भीरतापूर्वक विचार किया जाय तो विक्रय अथवा विपणन के अन्तर्गत निम्नलिखित सब कार्य सम्मिलित होते हैं:

(1) माल का एकत्रीकरण,

(2) सँवारना,

(3) वर्गीकरण करना,

(4) गोदाम में रखना,

(5) मण्डी तक ले जाना,

(6) विक्रय करना,

(7) वित्त व्यवस्था करना, तथा

(8) जोखिम उठाना।

इन सब कार्यों की उचित व्यवस्था किये बिना उपज का विक्रय यथोचित नहीं हो सकता। वास्तव में, भारतीय किसान की आर्थिक स्थिति में सुधार करने के लिए कृषि उपज

की बिक्री का ठीक प्रबन्ध करना अत्यन्त आवश्यक है क्योंकि ऐसा करने से उसे अपने माल का उचित मूल्य मिल सकेगा। भारतीय कृषि को सही व्यावसायिक रूप देने के लिए विक्रय प्रबन्ध नियमित एवं व्यवस्थित करना पड़ेगा।

(3) विक्रय की आवश्यकता

प्राचीन भारत में प्राय: सभी गाँव आत्म निर्भर इकाइयाँ थीं और वस्तुओं का लेन-देन गाँव में ही सरलतापूर्वक हो जाता था। अत: उस समय माल को ग्राम से मण्डी तक ढोने तथा साहूकारों अथवा व्यापारियों के हाथ बेचने की कोई समस्या नहीं थी। किन्तु यह स्थिति औद्योगिक क्रान्ति के पश्चात् परिवर्तित होने लगी क्योंकि कृषि, व्यापार, उद्योग तथा अन्य अनेक क्षेत्रों में विशिष्टीकरण का प्रभाव स्पष्ट दृष्टिगोचर होने लगा जिसके फलस्वरूप ग्रामों का माल मण्डियों में जाकर बिकना आरम्भ हो गया। प्रारम्भ में यह माल व्यापारी गाँव से खरीदकर मण्डियों में बड़े व्यापारी अथवा उद्योगपतियों के प्रतिनिधियों के हाथ बेचने लगे किन्तु कालान्तर में कृषकों का स्वयं ही मण्डियों में जाने के लिए बाध्य होना पड़ा क्योंकि धीरे धीरे उनकी आवश्यकता की वस्तुएँ भी अधिकतर कस्बों तथा नगर में ही जाकर बिकने लग गयी थी।

इस परिवर्तन का परिणाम यह हुआ कि आत्मनिर्भर किसान अब न केवल अपनी आवश्यकताओं के लिए पराधीन हो गया बल्कि उसे अपना खून-पसीना एक कर उत्पन्न किये गये पदार्थों के स्वतन्त्र विक्रय की भी छूट नहीं रही। फलत: किसान अब एक ऐसी अवस्था में पहुँच गया है जबकि उसे अपनी खेती की उपज नगर के व्यापारी की सुविधा एवं शर्तों के अनुसार बेचनी पड़ती है जिससे उसे अपने परिश्रम का पूरा प्रतिफल नहीं मिल पाता। व्यापारी तो उसकी दुर्बलता का लाभ उठाते ही हैं, अनेक मध्यस्थ भी उसके प्रतिफल के भागी बन जाते हैं। इस प्रकार किसान को कम मूल्य मिलता है, उपभोक्ता को अधिक मूल्य देना पड़ता है तथा मध्यस्थ आशातीत लाभ कमाते हैं। यह स्थिति किसी भी दृष्टि से सन्तोषजनक नहीं कहीं जा सकती।

4. विक्रय संगठन

कृषि उपज की बिक्री प्राय: दो स्थानों पर की जाती है—

(1) गाँव में, अथवा

(2) मण्डी में।

1. गाँव में बिक्री — किसान प्राय: महाजन से रुपया उधार लेते है अत: फसल तैयार होने पर वह महाजन को ही सारी उपज बेच देना श्रेयस्कर समझते हैं क्योंकि ऐसा करने से उनका ऋण अपने आप चुकता हो जाता है। कभी-कभी ऐसा भी होता है कि उधार देते समय महाजन किसान से यह तय कर लेता है कि फसल उसे ही बेची जायगी अत: वचनबद्ध होने के कारण वह महाजन को ही फसल बेचना उचित समझता है।

(क) महाजन — कभी-कभी किसान बीज अथवा खाने के लिए अन्न ही उधार लेता है। इस प्रकार के लेन-देन की प्राय: यह शर्त होती है कि फसल के समय किसान महाजन से उधार लिये गये अन्न का सवाया अथवा ड्योढ़ा चुका देगा, कहीं-कहीं यह शर्त दुगुने तक पहुँच जाती है। इस प्रकार भुगतान की शर्त को सवायी बाढ़ी, ड्यौढ़ी बाढ़ी अथवा दुगुनी बाढ़ी कहते हैं। अत: यदि किसान ने अन्न उधार लिया हो तो उसे अपनी कुल उपज का एक भाग तो महाजन को चुका ही देना पड़ता है, शेष भाग भी वह महाजन को ही बेचने में सुविधा समझता है।

नकद ऋण, कृषि पदार्थ में भुगतान —महाजन को गाँव में ही कृषि फसल बेचने का एक कारण यह भी है कि कभी-कभी महाजन किसान को बीच के लिए खाद्यान्न अथवा अन्य कोई वस्तु उधार देता है। उधार दी गयी वस्तु का प्रचलित दरों पर मूल्य लगाकर किसान के नाम लिख दिया जाता है। ऐसे ऋणों में प्राय: यह शर्त होती है कि किसान इसका भुगतान कृषि पदार्थों में ही करेगा। फलत: किसान को दोहरी हानि उठानी पड़ती है। क्योंकि जब वह ऋण लेता है तब वस्तुओं के भाव महँगे होते हैं अत: ऋण चुकाने के लिए किसान को अधिक कृषि पदार्थ देने पड़ते हैं। इनके परिणामस्वरूप उसके पास बहुत कम कृषि पदार्थ बेचते हैं जिन्हें लेकर मण्डी जाना अमितव्ययतापूर्ण होता है अत: वह शेष भाग को भी गाँव में ही बेच देता है।

(ख) व्यापारी अथवा ऐजण्ट — महाजन अथवा साहूकार प्राय: गाँव का निवासी होता है अथवा उसका ग्रामीणों से यथेष्ट सम्पर्क होता है किन्तु अनेक बार व्यापारी, उद्योगपति अथवा मिल के प्रतिनिधि अपने ट्रक या अन्य वाहन लेकर ग्राम में पहुँच जाते हैं। यह लोग अपना काँटा, बाट तथा तोलने वाले व्यक्ति को साथ रखते हैं और किसान की सम्पूर्ण फसल खेत में ही खरीदने का सौदा कर लेते हैं।

इस प्रकार किसान फसल को उठाकर घर तक अथवा सीधे मण्डी में ले जाने में जो असुविधा एवं व्यय होता है उससे छूटकारा मिल जाता है। इसके बदले व्यापारी अथवा उसके प्रतिनिधि किसान को कम मूल्य देते हैं तथा कभी-कभी तोल में भी गड़-बड़ कर लेते हैं । इन व्यक्तियों को फसल बेचने का सबसे बड़ा प्रलोभन यह होता है कि किसान को माल की पूर्ण विक्रय राशि नकद मिल जाती है।

ग्रामीण साख सर्वेक्षण समिति ने अनुमान लगाने का प्रयत्न किया था कि कृषि फसलों का कौन-सा भाग गाँव में ही बेचा जाता है। समिति का यह मत था कि कुल फसल का लगभग 65 प्रतिशत भाग उत्पत्ति स्थान पर ही विक्रय कर दिया जाता है। श्री हुसैन ने अपनी पुस्तक में यह अनुमान लगाया है कि पंजाब में गेहूँ का 60 प्रतिशत, रुई का 35 प्रतिशत तथा तिलहन का 70 प्रतिशत भाग ग्रामों अथवा ग्रामीण बाजारों में ही बेच दिया जाता है। उत्तर प्रदेश में इन वस्तुओं का ग्रामी विक्रय प्रतिशत क्रमश: 80, 40 तथा 75 है। बिहार, उड़ीसा तथा बंगाल में भी तिलहन की 85 प्रतिशत तथा पटसन की 90 प्रतिशत उपज गाँव में ही बेच दी जाती है।

भारतीय अर्थव्यवस्था में कृषि विपणन का महत्त्व
(Importance of Agricultural Marketing in Indian Economy)

भारतीय अर्थव्यवस्था में कृषि विपणन के महत्त्व को निम्न प्रकार स्पष्ट किया जा सकता है—

(1) उद्योग के लिये कच्चा माल (Raw Material for Industries)—अर्द्ध-विकसित देशों में उपभोक्ता उद्योगों (जैसे—सूती वस्त्र, जूट, चीनी उद्योग) का आधिक्य होता है । इन उद्योगों के लिये कच्चे माल की पूर्ति कृषि पर निर्भर करती है । यदि विपणन योग्य आधिक्य होता है तो इन उद्योगों का तीव्र गति से विकास किया जा सकता है ।

(2) खाद्यन्न पूर्ति (Supply of Food Grains)—आर्थिक विकास की प्रक्रिया आरम्भ होने पर कृषि पर जनसंख्या का भार कम होने लगता है और गैर कृषि जनसंख्या बढ़ने लगती है । अतः गैर कृषि जनसंख्या के लिये खाद्यान्न पूर्ति खाद्यान्न उत्पादकों के पर्याप्त विपणन आधिक्य पर ही निर्भर करती है ।

(3) पूँजी निर्माण का आधार (Basis of Capital Formation)—पूँजी निर्माण की दर में वृद्धि करने की दृष्टि से यह आवश्यक है कि उत्पादकता और विपणन आधिक्य में वृद्धि हो ।

(4) पूँजीगत वस्तुओं का आयात (Basis of Capital Formation)—अर्द्ध-विकसित देशों में निर्यातों में कृषि पदार्थों का आधिक्य होता है । कृषि उत्पादन बढ़ाने एवं विपणन आधिक्य होने से निर्यातों में वृद्धि की जा सकती है और देश के आर्थिक विकास के लिये पूँजीगत वस्तुओं का सरलता से आयात किया जा सकता है ।

(5) आन्तरिक बाजार का विस्तार (Expansion of Internal Market)—विपणन अतिरेक की मात्रा पर ही आन्तरिक बाजार का विस्तार निर्भरता करता है । विपणन अतिरेक अधिक होने पर कृषकों की आय और वस्तुओं की मांग बढ़ेगी जिससे बाजार का विस्तार हो जायेगा ।

गाँव में फसल बेचने का कारण —किसान द्वारा गाँव में फसल बेचने के मुख्य कारण निम्नलिखित हैं:

(1) सुविधा — गाँव में फसल बेचने में उसे मण्डी तक माल ले जाने की असुविधा से छुटकारा मिल जाता है। देश की अधिकांश मण्डियाँ अव्यवस्थित होने के कारण किसान को वहाँ माल बेचने में अनेक अवांछनीय क्रियाओं का शिकार होना पड़ता है अतः वह गाँव में ही माल बेच जाता है।

(2) जोखिम— गाँव में फसल बेचने का एक लाभ यह है कि उसे माल बेचकर मण्डी से गाँव तक रुपया लाने की जोखिम नहीं उठानी पड़ती। वह अपने महाजन को ही माल बेचता है जिससे उसका ऋण अपने आप चुकता हो जाता है।

(3) यातायात — भारत में ग्रामों से मण्डियों तक अच्छी सड़कों का सर्वथा अभाव है वर्षा ऋतु में तो अधिकांश कच्ची सड़क बहुत ही खराब हो जाती है और उन पर बैलगाड़ी चलाने में बहुत कठिनाई होती है। इसके अतिरिक्त कुछ किसान इतने निर्धन होते हैं कि उनके पास अपनी गाड़ी नहीं होती अत: मण्डी तक माल ले जाना भी बहुत कठिन होता है। अत: वह अपनी अधिकांश उपज गाँव में बेचना श्रेयस्क समझते हैं।

उपर्युक्त कारणों से किसान अपनी फसल गाँव में ही बेच देता है किन्तु ऐसा करने में उसे बहुत हानि होती हे, जो निम्न तथ्यों से स्पष्ट हैं:

किसान को हानि — (1) किसान को प्राय: कम मूल्य प्राप्त होता है क्योंकि उसे बाजार भाव का विशेष ज्ञान नहीं होता जबकि व्यापारी बाजार मूल्यों से पूर्णत: परिचित होते हैं।

(2) किसान को गाँव में ही फसल बेच देने पर व्यापारी प्राय: अधिक माल तोल लेते हैं क्योंकि बाँट और तराजू व्यापारियों के अपने होते हैं।

इस प्रकार कृषि पदार्थों का मूल्य कम मिलने के कारण किसान अपना ऋण सरलता से नहीं चुका सकते।

2. मण्डियों में बिक्री

यातायात के साधनों के विकास तथा आर्थिक जागृति के कारण बहुत से किसान अब अपनी कृषि उपज मण्डियों में ले जाकर बेचने लगे हैं। व्यवस्थित विक्रय स्थल अथवा मण्डियाँ प्राय: तीन प्रकार की होती हैं:

(क) हाट अथवा शन्दी,

(ख) थोक बाजार अथवा मण्डी, तथा

(ग) फुटकर बाजार।

(क) हाट अथवा शन्दी —हाट अथवा अठवाड़ा ऐसा बाजार होता है जो सप्ताह में एक या दो बार लगता है। शन्दी अथवा लम्बी अवधि वाली हाटें केवल विशेष अवसरों पर लगती हैं। ग्रामीण साख सर्वेक्षण समिति का अनुमार है कि भारत में 22,000 से अधिक हाटें अथवा शन्दियाँ लगती हैं। बम्बई, तमिलनाडु तथा हैदराबाद की हाटों में कृषि पदार्थ एवं पशुओं का लेन-देन होता है जबकि पश्चिमी बंगाल, उत्तर प्रदेश और बिहार की हाटें केवल कृषि उपज में व्यापार करती हैं।

हाट प्राय: किसी खुले भू-खण्ड पर लगती हैं जहाँ एक-दो या आसपास के कई गाँवों से कृषि पदार्थ बिकने के लिए आते हैं। इनमें खाद्यान्नों के अतिरिक्त तिलहन, दालें, गुड, तम्बाकू तथा साग-सब्जी बिकने के लिए लायी जाती हैं। इनकी प्रबन्ध व्यवस्था ग्राम अथवा उस क्षेत्र के किसी अधिकारी द्वारा की जाती है। प्रत्येक विक्रेता से उसके विक्रय स्थल का शुल्क ले लिया जाता है और इस प्रकार प्राप्त आय का एक भाग इन हाटों के प्रबन्ध में व्यय

कर दिया जाता है। इन हाटों में लगभग 4 लाख मन कृषि उपज प्रति वर्ष बेची जाती है।

(ख) मण्डी —भारत में लगभग 3,300 मण्डियाँ हैं, जिनमें से अधिकांश उत्तर प्रदेश में हैं। मण्डियों की व्यवस्था निजी व्यक्तियों, संस्थाओं अथवा मण्डलों के हाथ में है।

मण्डियों में जितना माल बिकने के लिए आता है वह दलालों के द्वारा नीलाम करवाया जाता है और सबसे अधिक बोली लगाने वाला व्यक्ति माल खरीदने का अधिकारी माना जाता है। मण्डी में माल प्राय: पक्के आढ़तियों द्वारा खरीदा जाता है। वह माल अपने लिए अथवा अन्य नगरों में स्थिति व्यापारियों के लिए खरीद सकते हैं। थोक व्यापारी फसल पर माल खरीदकर गोदामों में भर लेते हैं और सालभर फुटकर व्यापारियों को बाजार में बेचने के लिए देते रहते हैं। यह अपनी पूँजी लगाकर अथवा बैंकों, साहूकारों या अन्य साधनों से ऋण लेकर माल संग्रह करते हैं और फुटकर व्यापारियों को समय-समय पर अल्पकाल के लिए उधार भी देते हैं। इस प्रकार थोक व्यापारी एक ओर तो फुटकर व्यापारियों को ऋण की सुविधा देकर कृषि उपज की वर्ष भर बाजार में पूर्ति करते हैं तथा दूसरी और किसानों को तत्काल नकद देकर उनके द्वारा माल बेचने में सहायक होते हैं।

मण्डियाँ संगठित अथवा असंगठित हो सकती है। संगठित मण्डियों में माप-तोल, मूल्य निर्धारण तथा लेन-देन की सभी क्रियाएँ प्रमापित होती हैं और उनमें किसी किसान के साथ कोई अनियमितता अथवा अनुचित व्यवहार नहीं किया जाता। असंगठित मण्डियों में क्रय-विक्रय परम्पराएँ यथोचित न होने के कारण लेन-देन में अनेक प्रकार की अनियमितताओं का समावेश हो जाता है, जिससे क्रेता तथा विक्रेता दोनों को असन्तोष हो सकता है। भारत में नियमित एवं संगठित मण्डियाँ बहुत कम हैं अत: किसान को माल बेचने में बहुत कठिनाई होती है।

5. कृषि उपज के विक्रय में कठिनाइयाँ अथवा दोष

भारतीय कृषि उपज की विक्रय व्यवस्था अनेक दृष्टिकोणों से दोषपूर्ण है जिसके कारण किसान के लिए माल बेचना बहुत कठिन होता है और उसे पूरा मूल्य नहीं मिल पाता। इन दोषों में निम्नलिखित विशेष उल्लेखनीय हैं :

1. किसान का स्वभाव — भारतीय किसान एक विचित्र प्रकार का प्राणी है। वह अशिक्षित, रूढ़िवादी एवं अन्धविश्वासी है। अत: व्यापारी लोग उसे पग-पग पर ठग लेते हैं। अनेक व्यक्तिगत सम्बन्धों की दुहाई देकर किसान को अपना माल गाँव में ही बेचने के लिए तैयार कर लिया जाता है। इसके अतिरिक्त उसे यह भी ज्ञात नहीं रहता कि उसे कौन-सी मण्डी में अपने माल का अधिकतम मूल्य मिल सकता है, अत: वह गाँव में ही यत्किंचित मूल्य पर अपनी उपज बेच डालता है।

2. निर्धनता एवं ऋणग्रस्तता —भारतीय किसान अत्यन्त निर्धन है तथा वह प्राय: ऋणग्रस्त रहता है। इन दोनों कारणों से वह कृषि उपज को थोड़े समय भी रोक कर नहीं रख

सकता क्योंकि उसे जीवन निर्वाह के लिए रकम की तत्काल आवश्यकता होती है। इसके अतिरिक्त किसान के पास यथोचित गोदाम भी नहीं हैं जिनमें फसल को सुरक्षित रखा जा सके। इन सभी कारणों से छोटे किसान को काल तत्काल बेचने के लिए बाध्य होना पड़ता है जिससे उसे कम मूल्य प्राप्त होता है।

(3). संगठन की कमी —भारतीय किसान आर्थिक एवं सामाजिक दृष्टि से बहुत पिछड़ा हुआ है। अतः वह किसी प्रकार का शक्तिशाली संगठन निर्मित करने में समर्थ नहीं है। जाति, धर्म, रीति-रिवाज तथा कभी-कभी भाषा भेद और उसके संगठन में बाधक हैं। देश के कुछ भागों में सहकारी क्रय-विक्रय समितियाँ स्थापित हो गयी हैं परन्तु उनका संगठन अभी इतना व्यापक एवं शक्तिशाली नहीं हुआ कि किसान की सम्पूर्ण फसल इन समितियों के माध्यम से बेची जा सके। इसका परिणाम यह है कि किसान स्वयं ही फसल बेचने की व्यवस्था करता है जिसके फलस्वरूप व्यापारी उसे दबा लेते हैं और मूल्य लेने के लिए बाध्य कर देते हैं।

(4) माल की मात्रा — भारत में अधिकांश किसानों के पास छोटे-छोटे खेत हैं जिनकी उपज भी बहुत कम है। इस उपज में से भी कुछ भाग उपभोग तथा बीज आदि के लिए रखना आवश्यक है। अतः जितने माल की बिक्री करनी होती है उसकी मात्रा प्रायः बहुत कम होती है, फलतः किसान को बड़े पैमाने पर बिक्री के साधनों अथवा रीतियों का लाभ उठाने का अवसर नहीं मिल सकता। इसका परिणाम यह होता है कि किसान को बढ़िया से बढ़िया फसल का भी कम मूल्य मिलता है क्योंकि उपज की मात्रा बहुत कम होने के कारण उसे अलग रखना सम्भव नहीं होता और अन्य वर्गों के साथ मिश्रण करने से उसकी किस्म भी बिगड़ जाती है।

(5) विक्रय व्यवस्था में दोष — किसान को व्यक्तिगत विवशताओं तथा अभावों के अतिरिक्त माल की किस्म, वर्गीकरण तथा प्रमापीकरण का अभाव, मध्यस्थों की बहुलता तथा मण्डियों में प्रचलित अनेक कुप्रथाएँ भी विक्रय व्यवस्था के दोषपूर्ण प्रबन्ध के लिए उत्तरदायी हैं जिनके कारण किसान को अन्ततः बहुत कम मूल्य प्राप्त होता है। इन कठिनाइयों तथा दोषों के कारण ही किसान बहुधा मण्डी में जाने की बजाय गाँव में ही माल देना उचित समझता है।

(6) माल की घटिया किस्म —भारतीय किसान कृषि को एक परम्पागत कार्य समझकर तदनुसार ही खेती करने की चेष्टा करता है, फलतः उसकी उपज बहुत अच्छी कोटि की नहीं होती। अनेक बार वह फसल काटने तथा उसकी सँभाल रखने में आवधानी करता है जिसके फलस्वरूप कृषि पदार्थों में धूल, मिट्टी तथा कंकड़ मिल जाते हैं अथवा नमी आ जाती है। कभी कभी वर्षा अथवा ओलों के कारण कृषि पदार्थों की किस्म बिगड जाती है। इस प्रकार कृषि पदार्थों की किस्म बिगड़ने से स्वभावतः उसका मूल्य कम मिलता है और कृषक की आर्थिक स्थिति में कोई सुधान नहीं होने पाता।

कृषि पदार्थों की किस्म घटिया होने का एक कारण यह भी है कि भारत में अब भी अधिकांश भूमि में घटिया किस्म के बीज डाले जाते हैं जिसके फलस्वरूप उनकी किस्म बहुत निम्नस्तरीय होती है। घटिया वस्तुओं का विक्रय करना स्वाभाविक रूप में अधिक कठिन तथा अलाभदायक होता है।

(7) वर्गीकरण तथा प्रमापीकरण का अभाव — भारतीय मण्डियों में जो कृषि पदार्थ बिक्री के लिए आते हैं वह प्राय: अशुद्ध, अवर्गीकृत, अप्रामाणिक एवं अविश्वसनीय होते हैं। इसका एक कारण तो यह है कि बहुत से किसान जान-बुझकर मिलावट करने के अभ्यस्त हो जाते हैं क्योंकि उनके पास जो अच्छा माल होता है वह भी मात्रा में कम होता है और उसको अलग बेचने में असुविधा होती है। विदेशों में किसान अपना सब माल सहकारी समितियों के सुपुर्द कर देते हैं जो उसमें अलग-अलग वर्ग की वस्तुएँ छाँट कर उन्हें अलग-अलग पैक कर देती हैं। इस प्रकार वर्गीकृत किये हुए माल को अलग-अलग बेचने से विदेशी किसानों को काफी अधिक मूल्य प्राप्त होता है। दूसरा लाभ यह है कि वर्गीकृत किये गये माल पर सम्बन्धित वर्ग के लेबल लगा दिये जाते हैं जिनके आधार पर ग्राहकों को माल की किस्म का विश्वास हो जाता है और उनके बिकने में कोई कठिनाई नहीं होती।

भारत में वर्गीकरण अथवा प्रमापीकरण की परम्परा सर्वथा नयी है और उसका प्रयोग बहुत सीमित है। 1937 के कृषि पदार्थ (वर्गीकरण एवं विपणन) अधिनियम के अन्तर्गत फल, अण्डे, घी, आटा, तिलहन, वनस्पति तेल, रुई, चावल आदि कुछ वस्तुओं का वर्गीकरण होने लगा है परन्तु वह बहुत इलायची तथा कई प्रकार के औद्योगिक तेल जो विदेशों को निर्यात किये जाते हैं, सामुद्रिक चुंगी अधिनियम की धारा 19 के अन्तर्गत अनिवार्य रूप में वर्गीकृत किये जाने आवश्यक हैं। इन वस्तुओं की सभी किस्मों तथा वर्गों का आन्तरिक प्रयोग के लिए वर्गीकरण एवं प्रमापीकरण करना आवश्यक है।

भारतीय प्रमापीकरण संस्था ने उपभोग्य वस्तुओं पर अपने प्रमाण की मोहर लगाना आरम्भ किया है किन्तु इस सुविधा का लाभ कृषि पदार्थों के प्रमापीकरण के लिए नहीं उठाया जा सका है।

(8) माल के लिए गोदाम व्यवस्था —कृषि माल के विक्रय में सबसे बड़ी कठिनाई माल को सुरक्षित रखने की है। क्योंकि कृषि पदार्थों की वर्ष भर माँग होती है और उन्हें धीरे धीरे बेचना श्रेयस्कर होता है अत: उपज के एक भाग को 8-10 मास तक सुरक्षित रखना आवश्यक होता है। गाँवों में किसान मिट्टी की खत्तियाँ बनाकर विभिन्न रीतियों द्वारा अन्न तथा अन्य पदार्थों को सुरक्षित रखने का प्रयत्न करते हैं परन्तु इनमें प्राय: नमी आ जाती है या गरमी से खराब हो जाते हैं अथवा इनमें कईं प्रकार के कीड़े लग जाते हैं। इन सब के परिणामस्वरूप माल की किस्म खराब हो जाती है और फसल का मूल्य बहुत कम प्राप्त होता है।

इससे पूर्व एक अध्याय में यह स्पष्ट किया जा चुका है कि चूहे, धून अथवा अन्य कीड़े-कीटाणु 5 से लेकर 10 प्रतिशत कृषि उपज का विनाश कर देते हैं तथा बहुत सा अंश बिगाड़ देते हैं। ऐसे माल को बेचने में विशेष असुविधा का सामना करना पड़ता है।

(9) परिवहन सुविधाओं का अभाव — भारत के 56 लाख ग्रामों में से अधिकांश तक पहुँचने के लिए रास्ते अथवा पगडण्डियाँ हैं जिन पर ऊँट, खच्चर अथवा बैलगाड़ियों द्वारा ही माल ढोया जा सकता है। इस असुविधा के कारण ही गन्ना, रुई पटसन आदि वस्तुएँ (जो अधिक स्थान घेरती है) मण्डियों में ले जानी बहुत कठिन होती हैं। न केवल इन्हें मण्डी तक ढोने में बहुत असुविधा होती है बल्कि परिवहन व्यय भी बहुत हो जाता है और किसानों का समय और श्रम भी बहुत बरबाद होता है। अतः फसल का एक बड़ा भाग गाँव में ही बिक जाता है और मण्डियों में प्रविष्ट ही नहीं होता।

जिन क्षेत्रों में ट्रक अथवा गाड़ी द्वारा माल भेजने की सुविधा है वहाँ भी किसान इन सुविधाओं का लाभ नहीं उठा सकता क्योंकि प्रायः पूरे ट्रक अथवा वैंगन जितना सामान तो किसान के पास होता नहीं और थोड़ा सामान भेजने में यह साधन असुविधाजनक तथा अधिक खर्चीले होते हैं।

(10) मध्यस्थों का बाहुल्य — कृषि पदार्थों का विक्रय सीधे उत्पादक द्वारा उपभोक्ता अथवा व्यापारी को नहीं होता, उसकी विक्रय क्रिया में अनेक व्यक्ति (मध्यग)— गाँव का महाजन, नगर के व्यापारी का प्रतिनिधि— दलाल— आढ़तिये—थोक व्यापारी—फुटकर व्यापारी—सम्बन्धित होते हैं जो माल के बेचने में कमीशन लेते हैं या लाभ के अधिकारी होते हैं।

ऊपर बताये गये सभी मध्यग कृषक के माल की बिक्री करने में कुछ शुल्क, दलाली अथवा लाभ प्राप्त करते हैं जिनकी रकम माल की कीमत में जुड़ती जाती है। फलतः जब तक कृषि पदार्थ उपभोक्ताओं तक पहुँचते हैं, उनका मूल्य सवाया, ड्योढा या कभी-कभी और अधिक हो जाता है। इस प्रकार इन मध्यगों के कारण उपभोक्ता को माल महँगा मिलता है तथा कृषक को कम मूल्य की प्राप्ति होती है। वास्तव में, यातायात के साधनों के अभाव तथा किसान की अज्ञानता के कारण ही कृषि पदार्थों के विपणन में मध्यगों का बाहुल्य हुआ है।

(11) मूल्यों सम्बन्धी सूचना का अभाव — भारतीय कृषक प्रायः विभिन्न नगरों अथवा मण्डियों में प्रचलित मूल्यों से अपरिचित रहता है क्योंकि एक तो गाँवों में समाचार पत्र आदि पहुँचते ही बहुत कम हैं जिनसे किसानों को विभिन्न वस्तुओं के मूल्य ज्ञात हो सकें, दूसरे इन समाचार पत्रों को पढ़कर मूल्य आदि सम्बन्धी परिवर्तन समझ लेना ग्रामीण की समझ के बाहर होता है। अधिकांश कृषक तो अनपढ़ होने के कारण समाचार पत्रों के पढ़ने में ही असमर्थ होते हैं। अतः गाँव का महाजन अथवा नगर का व्यापारी किसान से मनमाने मूल्य पर कृषि पदार्थ खरीद लेने में सफल हो जाता है। इस प्रकार कृषि पदार्थों के मूल्य सदा व्यापारी के पक्ष में निश्चित होते हैं।

(12) अवांछनीय परम्पराएँ — भारत में अब भी बहुत कम मण्डियाँ ऐसी हैं जो व्यवस्थित कही जा सकती हैं। गत वर्षों में नियमित एवं व्यवस्थित मण्डियों की संख्या 1,918 तक पहुँच गयी है। यद्यपि व्यवस्थित मण्डियों में फसलों की विक्रय विधियाँ पूर्णतः प्रमाणित एवं नियन्त्रित होती हैं परन्तु किसान की अज्ञानता के कारण इन मण्डियों में भी व्यापारी कुछेक अनुचित कार्य करने में सफल हो जाते हैं। अव्यवस्थित एवं अप्रमाणित मण्डियों में अवांछनीय कार्य बहुतायत से होते हैं जिनके कारण किसान को मण्डियों में फसल ले जाने से घृणा हो गयी है। अतः अच्छी-अच्छी मण्डियों में भी आस-पास के क्षेत्रों की सम्पूर्ण उपज बिकने के लिए नहीं आती।

विभिन्न मण्डियों में निम्नलिखित अवांछनीय क्रियाएँ प्रचलित हैं:

(1) नाप-तोल — यद्यपि देश के सभी नगरों में नाप-तोल के मीट्रिक बाट प्रचिलित कर दिये गये हैं परन्तु अब भी अनेक स्थानों पर मन, कण्डी अथवा अन्य भिन्न भिन्न प्रकार के बाट काम में लाये जाते हैं। अनेक बार यह बाट सही नहीं होते और बहुधा माल तोलने वाला अशुद्ध तोलता है क्योंकि वह मण्डी में रहता है और व्यापारी का आदमी होता है। इस प्रकार किसान को माल की पूरी तोल का मूल्य उपलब्ध होना कठिन होता है।

(2) कड़दा अथवा काटा —अधिकांश मण्डियों में यह प्रथा प्रचलित है कि व्यापारी एक मन पर सवा सेर अथवा क्विंटल पर 2.5 या 3 किलोग्राम कड़दा (धूल, मिलावट आदि के नाम से) काट लेते हैं। इसका तात्पर्य यह है कि यदि कुल माल 100 किलोग्राम हुआ तो किसान को 96-97 किलोग्राम का ही मूल्य मिलेगा।

(3) नमूना — मण्डियों में व्यापारी प्रत्येक वस्तु का नमूना लेकर देखते हैं। इस प्रकार अनेक व्यक्ति नमूने के रूप में विक्रय किये जाने वाले माल का कुछ अंश ले जाते हैं। किसान को इस माल का कोई मूल्य प्राप्त नहीं होता।

(4) सौदे के तरीके — मण्डियों में बिक्री के लिए आया हुआ माल या तो नीलाम के द्वारा बेचा जाता है या खरीदने वाले और बेचने वाले के बीच आपसी बातचीत से सौदा हो जाता है। अनेक बार ऐसा होता है कि नीलाम करने वाला दलाल कम मूल्य पर ही बोली छोड़ देता है क्योंकि वह किसी व्यापारी को लाभ पहुँचाना चाहता है। गत वर्षों में ऐसा देखने में आया है कि छोटी मण्डियों में माल ले जाने वाले किसान कम मूल्य पर बोली छूटने से इन्कार कर देते हैं। इससे दलालों के पक्षपात पर कुछ नियन्त्रण लग गया है।

कुछ मण्डियों में कृषि उपज के मूल्य व्यापारी तथा दलाल के हाथ एक रूमाल के नीचे रखकर इशारों से निश्चित होते हैं। इस प्रथा में किसान को प्रायः हानि रहती है क्योंकि मूल्य निर्धारण की पद्धति बिल्कुल विचित्र होती है, जिसे समझना कठिन होता है। गत वर्षों में इस पद्धति का बहुत विरोध हुआ है, किन्तु अब भी यह काफी प्रचलित है।

(5) अनेक शुल्क — जब किसान का माल बिक जाता है तो उसे अनेक प्रकार के शुल्क देने पड़ते हैं। उनमें माल की चुँगी, तुलाई, दलाली, आढ़त पल्लेदारी प्रमुख हैं। इन

शुल्कों के अतिरिक्त नगर का प्रमुख व्यापारी धर्मादें के रूप में कई प्रकार की कटौतियाँ कर लेता है, जैसे—प्याऊ, गौशाला, मन्दिर, अनाथाश्रम, पाठशाला अथवा कबूतरखाने के लिए चन्दा और मुनीम, चौकीदार आदि कर्मचारियों के लिए कुछ शुल्क भरना पड़ता है। इस प्रकार किसान अनेक अवांछनीय खर्चों का भागी बन जाता है जिससे उसकी शुद्ध आय में बहुत कमी आ जाती है।

(6) तात्कालिक बिक्री — कृषि उपज की विक्रय व्यवस्था का एक दोष यह है कि किसान फसल काटते ही उसे गौव अथवा नगर के बाज़ार में लाने लगते हैं जिसके फलस्वरूप प्रतिदिन बहुत माल की आमद हो जाती है। इससे किसान को प्राय: कम मूल्य मिलता है। इस दोष के लिए वस्तुत: किसान की निर्धनता, ऋणग्रस्तता तथा माल रखने के लिए स्थान का अभाव उत्तरदायी है।

6. सरकारी नीति तथा सुझाव

कृषि उपज के विक्रय की मुख्यत: दो समस्याएँ हैं। प्रथम यह है कि किसान को उसके उत्पादन का उचित मूल्य किस प्रकार दिलाया जाय तथा उपभोक्ताओं को भी कृषि पदार्थ उचित मूल्य पर मिलते रहें। भारत सरकार ने कृषि उपज की विक्रय व्यवस्था सुधारने में इन दोनों आधारभूत तथ्यों को सामने रखा है। द्वितीय योजना में कहा गया था कि ''इन उद्देश्यों की पूर्ति के लिए कृषि पदार्थों के क्रय विक्रय सम्बन्धी दोष दूर करने होंगे, कृषि उत्पादन क्षेत्रों के अतिरिक्त माल उपभोक्ता क्षेत्रों में भेजने की व्यवस्था करनी होगी और अधिकतम सम्भव सीमा तक सहकारी क्रय विक्रय का प्रबन्ध करना होगा।'' तदनुसार यह योजना बनायी गयी कि द्वितीय योजना के अन्त तक विक्रय के लिए प्रस्तुत किये जाने वाले कृषि पदार्थों की कुल मात्रा का लगभग 10 प्रतिशत सहकारी संस्थाओं के माध्यम से बेचा जा सकेगा। सरकार की इस योजना को सफल बनाने के लिए व्यवस्थित मण्डियों की स्थापना पर जोर दिया गया।

(1) व्यवस्थित मण्डियाँ — जैसा कि इससे पूर्व लिखा जा चुका है एक व्यवस्थित मण्डी में वस्तुओं के लेन-देन, माप-तोल, यातायात, गोदाम व्यवस्था तथा शुल्क आदि का प्रमापीकरण हो जाता है और किसान को किसी भी प्रकार की अवांछनीय स्थिति का सामना नहीं करना पड़ता। व्यवस्थित मण्डियों का प्रबन्ध एक केन्द्रीय समिति के हाथ में होता है जिसमें किसानों को भी प्रतिनिधित्व दिया जाता है।

प्रथम योजना में इस बात की सिफारिश की गयी थी कि राज्य कृषि उपज (मण्डी) अधिनियम को योजना-काल में सभी महत्त्वपूर्ण मण्डियों पर लागू कर देना चाहिए। योजना आरम्भ होने के पूर्व देश के सात राज्यों में यह अधिनियम लागू था, प्रथम योजना काल में यह तीन और राज्यों में लागू कर दिया गया। फलत: व्यवस्थित मण्डियों की संख्या 265 से बढ़कर 450 हो गयी। द्वितीय योजना काल में यह संख्या 725 और 1970 में 1,918 हो गयी। इस प्रकार अब भी लगभग 1,500 मण्डियाँ ऐसी हैं जो अव्यवस्थित हैं और जहाँ कृषि पदार्थों के विक्रय की व्यवस्था दोषपूर्ण है।

(2) वर्गीकरण एवं प्रमापीकरण —भारत में कृषि एवं पशुधन से उत्पन्न वस्तुओं का वर्गीकरण कृषि उपज (वर्गीकरण एवं विक्रय) अधिनियम, 1937 के अन्तर्गत किया जाता है। सरकार द्वारा अब तक 33 वस्तुओं की 124 किस्मों के वर्ग निर्धारित किये जा चुके हैं जिनमें घी, तेल, मक्खन, रुई, अण्डे, चावल, आलू, गन्ना, तथा कई प्रकार के फल सम्मिलित हैं। सामुद्रिक चुँगी अधिनियम की धारा 19 के अन्तर्गत भी तम्बाकू, सन, ऊन, बकरी के बाल, काली मिर्च तथा इलायची की विभिन्न किस्मों का वर्गीकरण करना अनिवार्य है।

विभिन्न वस्तुओं का वर्गीकरण करने तथा पुराने वर्गों में सुधार करने के लिए प्रयोगशालाओं की आवश्यकता होती है। तदनुसार तृतीय योजना काल में नागपुर में एक केन्द्रीय प्रयोगशाला तथा गुण्टूर, मद्रास, कोचीन, कानपुर, राजकोट, अमृतसर, कलकत्ता तथा बम्बई में प्रादेशिक प्रयोगशालाएँ स्थापित करने का प्रावधान किया गया था। इन प्रयोगशालाओं ने कार्य आरम्भ कर दिया है। इन सभी प्रयोगशालाओं के स्थापित हो जाने पर कृषि पदार्थों के वर्गीकरण में अधिक सुविधा होने की आशा है। उचित तो यह है कि प्रत्येक राज्य में एक प्रयोगशाला स्थापित कर दी जाय जो न केवल वर्गीकरण के प्राविधिक पहलू में शोधकार्य द्वारा वर्गीकरण की क्रियाओं को प्रोत्साहित करे बल्कि इन्हें विभिन्न वस्तुओं के वर्गों के प्रदर्शन द्वारा वर्गीकरण सम्बन्धी ज्ञान का भी प्रसारण करना चाहिए। इससे कृषि माल के क्रय-विक्रय में बहुत आसानी हो जायेगी।

(3) मालगोदामों की व्यवस्था — कृषि उपज को कुछ समय के लिए गोदामों में सुरक्षित रखना एक गम्भीर समस्या है क्योंकि यदि गोदाम अच्छे न हों तो माल के कीटाणुओं अथवा प्राकृतिक प्रकोपों द्वारा उसके नष्ट हो जाने की आशंका रहती है। भारत में वैज्ञानिक तथा बढ़िया गोदामों की बहुत कमी है।

कृषि पदार्थों के संग्रह के लिए बनने वाले गोदामों पर बहुत पूँजी लगानी पड़ती है। इस दृष्टि से सरकार द्वारा सहकारी संस्थाओं को गोदाम बनाने के लिए आर्थिक सहायता दी जाती है किन्तु भारत में सहकारी संस्थाएँ बहुत शक्तिशाली नहीं है अतः उन्होंनें गोदाम निर्माण करने की दिशा में विशेष प्रगति नहीं की है। इस सम्बन्ध में सरकार को चाहिए कि निजी व्यक्तियों तथा संस्थाओं को भी गोदाम निर्माण के लिए सहायता देने की व्यवस्था करे ताकि गोदामों की स्थापना तीव्र गति से हो सके।

अखिल भारतीय ग्रामीण साख सर्वेक्षण समिति (1954) ने गोदामों के सम्बन्ध में सुझाव दिया था। सरकार ने इन सुझावों को स्वीकार कर लिया तथा सन् 1956 में 'राष्ट्रीय सहकारी विकास एवं गोदाम मण्डल' तथा सन् 1957 में 'केन्द्रीय गोदाम निगम' की स्थापना की गयी। इसके अतिरिक्त सभी राज्यों में 'राज्य गोदाम निगमों' की स्थापना की गयी। 'केन्द्रीय गोदाम निगम' का कर्त्तव्य अखिल भारतीय महत्त्व के केन्द्रों —आयात -निर्यात व्यापार के तथा अन्तरराज्यीय व्यापार के केन्द्रों में गोदामों का निर्माण तथा व्यवस्था करना है। 'राज्य गोदाम निगमों' का कर्त्तव्य क्षेत्रीय महत्त्व के केन्द्रों में गोदामों की व्यवस्था करना था।

देश में कुल गोदाम व्यवस्था लगभग 109 लाख टन की है जिसमें लगभग 54 लाख टन खाद्यान्न रखने की व्यवस्था सम्मिलित है। चतुर्थ योजनाकाल (1969-74) में केन्द्रीय सरकार लगभग 12 करोड़ रुपये तथा राज्य सरकारें लगभग 6 करोड़ रुपये गोदाम बनवाने पर खर्च करेंगी। इस रकम से लगभग 10 लाख टन अतिरिक्त माल सुरक्षित रखने की व्यवस्था हो सकेगी। इसके अतिरिक्त लगभग 20 लाख टन माल रखने लायक गोदाम सहकारी संस्थाओं द्वारा निर्मित कराये जायेंगे।

(4) नाप तोल की उचित व्यवस्था —भारत के विभिन्न भागों में नाप-तोल के अनेक आधार रहे हैं। 20 सेर से लेकर 50 सेर अथवा 100 सेर तक का मन विभिन्न भागों में प्रचलित रहा है। इसी प्रकार कच्चा सेर, पक्का सेर, कण्डी अथवा पौण्ड आदि के तोल बेचने वालों की सुविधा के अनुसार अपनाये जाते रहें हैं, जिससे किसानों को धोखा देने में सहायता मिलतद्ध रही है। इस दोष को सदा के लिए दूर करने की दृष्टि से भारत सरकार ने 1 अप्रैल, 1948 से मीट्रिक तोल अर्थात् किलोग्राम, क्विंटल आदि चालू कर दिये। इस सम्बन्ध में यही कहा जा सकता है कि मीट्रिक नाप-तोल की प्रणाली अत्यन्त श्रेष्ठ है किन्तु इसे पूरी शक्ति से सर्वत्र प्रचलित करने की चेष्टा किये बिना इससे विशेष लाभ होने की सम्भावना नहीं है।

(5) क्रय-विक्रय सर्वेक्षण तथा शोध —भारत सरकार क्रय-विक्रय एवं निरीक्षण निदेशालय, विभिन्न कृषि पदार्थों से सम्बन्धित समस्याओं तथा प्रगतियों का नियमित अध्ययन करता है तथा समय-समय पर इन शोधकार्यों अथवा सर्वेक्षणों की रिपोर्ट प्रकाशित करता रहता है। यह निदेशालय अब तक 40 वस्तुओं के सम्बन्ध में 130 सर्वेक्षण रिपोर्ट प्रकाशित कर चुका है।

अभी कुछ समय पहले ही इस निदेशालय में एक क्रय विक्रय शोध विभाग स्थापित किया गया है जिसका उद्देश्य क्रय-विक्रय परम्पराओं में परिवर्तन, उपभोक्ताओं की आवश्यकताओं की प्रवृत्तियाँ, लागत मूल्य तथा सीमान्तर, यातायात और पैकिंग तथा अन्य महत्त्वपूर्ण तथ्यों के अध्ययन करना है। निदेशालय को चाहिए कि विश्वविद्यालयों के शोध विभागों से सामंजस्य स्थापित कर क्रय-विक्रय की विभिन्न समस्याओं पर स्वतन्त्र शोधकार्य करवाया जाय। इस कार्य को प्रोत्साहित करने के लिए विश्वविद्यालयों में शोधकर्त्ताओं को यथोचित अनुदान दिये जाने चाहिए। इससे विपणन व्यवस्था के सभी पहलुओं के सम्बन्ध में उचित सुधार करने की दिशा में बहुत सहायता मिलने की आशा है।

(6) प्रशिक्षण सुविधाएँ —कृषि क्रय विक्रय के सिद्धान्त सामान्य क्रय-विक्रय के सिद्धान्तों से कुछ भिन्न हैं क्योंकि कृषि पदार्थों की उत्पत्ति एक विशेष समय होती है और उनकी पूर्ति वर्ष भर नियमित रखनी पड़ती है, अत: क्रय-विक्रय संस्थाओं में कार्य करने वाले व्यक्तियों को उचित प्रशिक्षण दिया जाना आवश्यक है। इसी दृष्टिकोण से सरकार द्वारा कृषि क्रय-विक्रय के लिए तीन पाठ्यक्रम चालू किये गये हैं। प्रथम पाठ्यक्रम राजकीय क्रय-विक्रय विभागों के उच्चाधिकारियों के लिए है और इसकी व्यवस्था नागपुर में है। यह पाठ्यक्रम एक वर्ष का है।

दूसरा पाठ्यक्रम पाँच मास की अवधि का है और क्रय विक्रय सचिवों तथा अधीक्षकों के लिए है। इसकी व्यवस्था सांगली तथा हैदराबाद में है।

तीसरा त्रैमासिक पाठ्यक्रम वर्गीकरण निरीक्षकों के लिए है। सरकार द्वारा एकवर्षीय अध्ययन के लिए 75 रुपये मासिक तथा शेष दोनों पाठ्यक्रमों के लिए 50 रुपये मासिक छात्रवृत्ति दी जाती है। 1963-64 से लखनऊ में एक पंच मासिक कोर्स चल रहा है।

उपर्युक्त पाठ्यक्रमों का क्षेत्र एवं स्वरूप अभी बहुत सीमित है अतः इन्हें व्यापक बनाने के लिए जिला स्तर पर इस प्रकार के प्रशिक्षणों की व्यवस्था की जानी चाहिए ताकि अधिक से अधिक व्यक्ति सहकारी क्रय विक्रय कार्यक्रमों एवं विकास योजनाओं में सक्रिय सहयोग देने योग्य बन सकें।

(7) सहकारी विपणन समितियों की स्थापना —सहकारी विपणन समितियों की स्थापना द्वारा कृषि विपणन के दोषों को सरलता से दूर किया जा सकता है।

7. सहकारी विपणन

ग्रामीण साख सर्वेक्षण समिति ने ग्रामीण साख की उचित व्यवस्था के लिए सहकारी क्रय विक्रय समितियों की स्थापना की सिफारिश की थी। तद्नुसार सरकार ने इस प्रकार की समितियाँ बनाने के लिए न केवल योग्य कर्मचारियों की सहायता प्रदान करना आरम्भ कर दिया है बल्कि वह इन समितियों की अंश पूंजी भी खरीदती है।

(1) कार्य —सहकारी क्रय विक्रय समितियों का उद्देश्य किसानों को कृषि का यथोचित मूल्य प्राप्त कराना है। इसकी पूर्ति के लिए समिति अपने सदस्यों द्वारा उत्पन्न सारी उपज ग्रहण कर लेती है। प्रत्येक सदस्य द्वारा जमा करायी गयी उपज का अलग हिसाब रखा जाता है। समिति द्वारा किसान को जमा उपज की धरोहर पर रकमें दे दी जाती है जिससे किसान अपना दैनिक निर्वाह कर सकता है। यदि किसान को इसी बीच और रकम की आवश्यकता हो तो वह समिति से ले सकता है। किन्तु इसकी राशि कुल जमा उपज से बढ़नी नहीं चाहिए।

सहकारी समिति सम्पूर्ण उपज को साफ-सँवारकर उसका वर्गीकरण कर लेती है और उसे धीरे-धीरे ऐसे स्थानों पर बेच देती है जहाँ उस माल का अधिकाधिक मूल्य प्राप्त हो सके। इस प्रकार समिति कृषक की अधीरता तथा गाँव में ही माल बेचने की प्रवृत्ति पर रोक लगाती है और उसकी उपज का अधिकतम मूल्य प्राप्त कराती है। जब किसी किसान द्वारा जमा करायी गयी सम्पूर्ण उपज बिक जाती है तो समिति किसान को अग्रिम दी गयी रकम काटकर शेष राशि उसे चुका देती है। माल बेचने की इस सेवा के बदले समिति किसान से कुछ शुल्क लेती है ताकि समिति का प्रबन्ध व्यय सरलतापूर्वक चलाया जा सके।

(2) संगठन —सहकारी विपणन के अन्तर्गत तीन दिशाओं में प्रयत्न किये गये हैं (अ) विपणन, (ब) प्रोसेसिंग, तथा (स) गोदामों की व्यवस्था। ये सभी क्रियाएँ एक दूसरे

से सम्बन्धित हैं। जहाँ तक विपणन सहकारिता का सम्बन्ध है, इसका संगठनात्मक ढाँचा निम्नलिखित है:

1. सहकारी विपणन समितियाँ

(क) प्राथमिक सहकारी विपणन समितियाँ — ये समितियाँ ग्राम स्तर पर कार्य करती हैं। कार्य की दृष्टि से ये समितियाँ कई प्रकार की हैं — प्राथमिक कृषि सहकारी समितियाँ (उत्पादन व विक्रय), प्राथमिक कृषि सहकारी समितियाँ (क्रय-विक्रय)। कुछ ऐसी समितियाँ भी हैं जो गैर-कृषि वस्तुओं का उत्पादन, क्रय व विक्रय करती हैं। ऐसी समितियाँ मुख्यत: कुटीर उद्योगों द्वारा उत्पादित वस्तुओं का क्रय विक्रय करती है। कुछ बहुउद्देश्यीय समितियाँ भी विपणन का कार्य करती हैं। 30 जून, 1938 को इनकी संख्या लगभग 3,300 थी।

(ख) केन्द्रीय विपणन संघ — ये संघ, प्राथमिक सहकारी विपणन समितियों के संघ होते हैं। ये संघ कृषि वस्तुओं का क्रय-विक्रय करते हैं तथा प्राथमिक समितियों को साख प्रदान करते हैं। इन संघों के सदस्य — व्यक्ति और प्राथमिक समितियाँ—दोनों ही हो सकते हैं। सामान्यत: यह संघ जिला स्तर पर कार्य करते हैं। जून 1968 में इनकी संख्या 161 थी।

(ग) राज्य विपणन संघ —ये संघ राज्य स्तर पर कार्य करते हैं। इनका कार्य क्रय-विक्रय करना तथा केन्द्रीय विपणन संघों और प्राथमिक विपणन समितियों को साख प्रदान करना है। राज्य संघों के सदस्य व्यक्ति तथा समितियाँ हो सकते हैं। इनकी संख्या 24 है।

व्यापार —उपर्युक्त सभी प्रकार की विपणन सहकारी समितियों द्वारा सन् 1965-66 में 360 करोड़ रुपये तथा सन् 1966-67 में 335 करोड़ रुपये की कृषि वस्तुओं का विपणन किया गया। इस राशि में, सन् 1965-66 में 136.75 करोड़ रुपये तथा सन् 1966-67 में 144.65 करोड़ रुपये मूल्य के खाद्यान्नों का विपणन शामिल है। ये समितियाँ निर्यात-व्यापार में भी भाग लेती हैं।

(घ) राष्ट्रीय सहकारी कृषि विपणन संघ — सन् 1964 के पूर्व भारत में सहकारी विपणन का कोई भी अखिल भारतीय संगठन नहीं था। अत: जून 1964 में उपर्युक्त संघ की स्थापना की गयी। इसका मुख्य कार्यालय दिल्ली में हैं। 37 सहकारी विपणन संघ इसके सदस्य हैं।

2. माल सँवारने वाली समितियाँ

ऐसी समितियाँ जो किसान से माल खरीदकर उसका रुप परिवर्तन कर देती हैं और इस क्रिया द्वारा आधारभूत माल के मूल्य में काफी वृद्धि कर देती है, सँवारने वाली समितियों कहलाती हैं। माल साफ करने तथा सँवारने की क्रिया का किसी भी ग्रामीण अर्थतन्त्र में बहुत

मूल्य प्राप्त हो जाता है। भारत में माल सँवारने वाली सहकारी समितियाँ अधिक पुरानी नहीं है, उनकी स्थापना हाल में आरम्भ हुई है। इनमें कपास साफ करने तथा गाँठ बाँधने और चीनी बनाने की समितियों में उल्लेखनीय उन्नति हुई है। 1960-61 तक 55 सहकारी चीनी फैक्टरियों को लाइसेंस दिये जा चुके थे, जिनमें से 30 उत्पादन कर रही थी। इन समितियों का उत्पादन देश में चीनी के कुल उत्पादन का लगभग 15 प्रतिशत था। 1966-67 में 76 सहकारी चीनी फैक्ट्रिया भारत में थीं और उनकी उत्पादन क्षमता देश में कुल चीनी उत्पादन क्षमता का 32 प्रतिशत थी। इनमें से सन् 1967-68 में 68 फैक्टरियाँ उत्पादन कर रही हैं। द्वितीय योजना के उत्तरार्द्ध में चीनी सहकारी समितियो ने एक राष्ट्रीय संगठन बना लिया था जिसका उद्देश्य सहकारी चीनी कारखानों को प्राविधिक सहायता देना तथा उनके कार्य में समन्वय स्थापित करना है। सन् 1969-70 में इनका उत्पादन लगभग 15 लाख टन था।

द्वितीय योजना के अन्त में चीनी बनाने वाली समितियों के अतिरिक्त माल सँवारने वाली विभिन्न समितियों की संख्या 260 थी। तृतीय योजना की अवधि में धन साफ करने, कपास साफ करने और गाँठ बाँधने, तेल निकालने, और पटसन की गाँठे तैयार करने आदि सम्बन्धित 680 सहकारी समितियाँ स्थापित करने की व्यवस्था की गयी। 30 जून, 1968 को माल सँवारने वाली कृषि सहकारी समितियों की कुल संख्या राज्य स्तर पर 4 थी। इनके अतिरिक्त 100 केन्द्रीय समितियाँ तथा 1,578 प्राथमिक समितियाँ थी।

माल सँवारने वाली समितियों को स्टेट बैंक, औद्योगिक वित्त निगम तथा राष्ट्रीय सहकारी विकास एवं गोदाक मण्डल से आर्थिक सहायता प्राप्त होती है। महाराष्ट्र के राज्य सहकारी बैंक ने कुछ समय पूर्व ही एक सहकारी औद्योगिक आयोग की स्थापना की है जो कृषि पदार्थों को सँवारने में सहायता प्रदान करेगा।

सहकारी गोदाम — विपणन कार्य गोदामों की समुचित व्यवस्था के बिना सफलतापूर्वक नहीं किया जा सकता है। देश में केन्द्रीय तथा राज्य गोदामों के अतिरिक्त सहकारी गोदाम भी हैं। अखिल भारतीय ग्रामीण साख सर्वेक्षण समिति ने सहकारिता आन्दोलन तथा गोदाम व्यवस्था में सामंजस्य स्थापित करने का सुझाव दिया था। सहकारी आधार पर देश के विभिन्न भागों में बहुत से गोदामों का संचालन किया जाता है। द्वितीय योजनाकाल में विपणन तथा साख सहकारी समितियों को गोदामों की व्यवस्था के लिए अनुदान देने की योजना प्रारम्भ की गयी। राज्य सरकारों तथा राष्ट्रीय सहकारिता निगम की सहायता से सहकारी समितियों ने गोदामों के निर्माण की दिशा में सन्तोषजनक प्रगति की है।

ग्रामों में गोदाम बनाने तथा विक्रय समितियों द्वारा गोदाम निर्माण करने के लिए निगम द्वारा 10.78 करोड़ रुपये के ऋण तथा 2.46 करोड़ रुपये के अनुदान दिये गये हैं।

इन कार्यक्रमों के लिए भारत सरकार धन की व्यवस्था करती है और सहकारी विकास निगम सम्बन्धित संस्थाओं को दे देता है।

गोदामों की क्षमता —भारत में सहकारी गोदामों की क्षमता द्वितीय योजना के अन्त तक 7.5 लाख टन थी जो तीसरी योजना के अन्त तक 25 लाख टन थी। मार्च 1970 में वह 27 लाख टन तक बढ़ गयी।

सहकारी कृषि विपणन समितियों की प्रगति —द्वितीय पंचवर्षीय योजना की समाप्ति तक राजकीय सहयोग से 1,869 प्राथमिक विपणन समितियों की स्थापना हो चुकी थी। तृतीय योजना काल में 452 नयी समितियाँ निर्मित की गयीं। इस प्रकार 1966 में 2,321 सरकारी सहयोग से स्थापित तथा स्वतन्त्र रूप में स्थापित सहकारी विपणन समितियाँ थी। इन (3,221) समितियों में से 2,700 समितियाँ प्रादेशिक आधार पर स्थापित थीं तथा 500 से कुछ ऊपर विशिष्ट वस्तुओं की विक्रय समितियाँ थीं। देश की सभी महत्त्वपूर्ण मण्डियों में सहकारी विक्रय समितियाँ स्थापित हो चुकी थीं।

सहकारी विपणन समितियों का कार्य

कृषि सहकारी विक्रय समितियों द्वारा विक्रय किये गये माल का वार्षिक मूल्य 47 करोड़ रुपये से बढ़कर 583 करोड़ रुपये तक पहुँच गया है।

विक्रय की गयी वस्तुएँ —सहकारी कृषि विपणन समितियों की कार्य प्रगति का अध्ययन करने से यह पता लगता है कि उनके माध्यम से बहुत कम वस्तुएँ बेची जाती हैं। सहकारी विपणन समितियों द्वारा अधिकांश बिक्री अनाज और गन्ने की की गयी हैं, शेष वस्तुओं का मूल्य कुल बिक्री का केवल 21 प्रतिशत है। अनाज तथा गन्ने के अतिरिक्त तीसरा नम्बर कपास का आता है। इन वस्तुओं के अतिरिक्त सुपारी, नारियल, इलायची, काजू और काली मिर्च सहकारी विपणन समितियों के माध्यम से बेची जाती हैं।

निर्यात और सहयोग —गत वर्षों में सहकारी विप.ान समितियों ने कृषि पदार्थों के निर्यात में भी सहयोग दिया है। वास्तविक निर्यात मुख्यतः राष्ट्रीय सहकारी कृषि विपणन संघ के द्वारा किया जाता है। विपणन समितियाँ दालें, केले, प्याज, तम्बाकू, मटर, सन्तरे तथा रुई निर्यात करती है।

इन निर्यातों में अधिकांश निर्यात विपणन संघ द्वारा किये गये हैं किन्तु महाराष्ट्र मध्य प्रदेश, उत्तर प्रदेश तथा गुजरात की समितियों का कार्य भी कम महत्त्वपूर्ण नहीं है। जिन देशों को विपणन समितियों द्वारा निर्यात किये जाते हैं उनमें इंगलैण्ड, लंका, कुवेत, नाइजेरिया, मरीशस, सोवियत संघ तथा सिंगापुर मुख्य है।

स्वयं निर्यात करने के अतिरिक्त सहकारी विपणन समितियाँ माल को सँवार कर निर्यातकों को देती हैं जिससे निर्यातकों का काम सरल हो जाता है। इस कार्य में शक्कर समितियों तथा चाय और कहवा विपणन समितियों का कार्य विशेष उल्लेखनीय है।

सहकारी विपणन के लाभ —सहकारी विपणन समितियों के माध्यम से माल बेचने से निम्नलिखित लाभ हैं:

(क) उचित मूल्य — किसान को अपने माल का उचित मूल्य मिल जाता है क्योंकि उसे सम्पूर्ण अथवा अधिकांश माल फसल तैयार होते ही बचेने की आवश्यकता नहीं है। दूसरी बात यह है कि समिति उस माल को रोककर यथोचित समय पर यथोचित बाजार में बेचती है।

(ख) उपभोक्ता —सहकारी विक्रय से दूसरा लाभ यह है कि उपभोक्ता वर्ग को साल भर कृषि माल उचित मूल्य पर मिलता रहता है। क्योंकि सहकारी समितियाँ पूँजीपति व्यापारियों की भाँति माल रोककर कृत्रिम दुर्लभता की स्थिति उत्पन्न नहीं करती। वह माल की पूर्ति निरन्तर बनाये रखती हैं, जिससे बाजार में मूल्यों की स्थिति डाँवाडोल नहीं होने पाती।

(ग) अच्छा माल — सहकारी क्रय-विक्रय का तीसरा लाभ यह है कि उपभोक्ताओं को कृषि माल शुद्ध एवं साफ मिलता है क्योंकि समितियाँ मिलावट आदि करने से परहेज करती हैं।

(घ) शोषण की समाप्ति —समितियों के माध्यम से माल बेचने पर मध्यगों द्वारा दिया जाने वाला शोषण समाप्त हो जाता है क्योंकि समितियों को माल बेचने सम्बन्धी सुविधाएँ उपलब्ध होती है और उन्हें दलाल अथवा व्यापारी ठग नहीं सकते।

(ङ) साहूकार से मुक्ति —सहकारी समितियाँ जमा माल के आधार पर किसानों को रकम देती रहती हैं अत: किसान को साहूकार से रकम उधार नहीं लेनी पड़ती। इससे वह साहूकार के शोषण से बच जाता है।

सहकारी क्रय विक्रय समितियों को सहकारी विकास तथा गोदाम मण्डल से भी आर्थिक सहायता मिल जाती है और राज्य सरकारों से भी। फलत: समितियाँ विक्रय प्रणालियों में सुधार एवं कुशलता लाने का प्रयत्न करती हैं तथा गोदाम आदि निर्माण कर अपनी संग्रह शक्ति भी बढ़ाती जाती है।

उपसंहार — प्रस्तुत विवरण सह यह स्पष्ट है कि कृषि पदार्थों के विक्रय की समस्या एक ओर तो मानवी है तथा दूसरी ओर उसका पहलू आर्थिक है। इसकी उचित व्यवस्था करने के लिए एक ओर तो किसान को जाग्रत एवं प्रबुद्ध बनाना आवश्यक है और दूसरी और यातायात के साधन, गोदाम, साख तथा अन्य सुविधाओं की व्यवस्था करने की आवश्यकता है, जिसके लिए काफी रकम का प्रबन्ध करना होगा। सरकार को चाहिए कि इन दोनों ही पहलुओं का साथ-साथ सुधार किया जाय। किसानों में जागृति के लिए पंचायतों तथा सहकारी समितियों का सक्रिय सहयोग प्राप्त करने की चेष्टा की जानी चाहिए और आर्थिक पहलू को स्वस्थ एवं शक्तिशाली बनाने के लिए स्टेट बैंक को अधिक सक्रिय किया जाना चाहिए ताकि विभिन्न सुविधाओं में शीघ्रताशीघ्र यथोचित वृद्धि हो सके। इन दोनों कार्यों के गतिशील हुए बिना कृषि विक्रय की समस्या का हल संदिग्ध बना रहेगा और किसानों की निर्धनता का अन्त होना भी कठिन होगा।

प्रश्न

1. कृषि विपणन व्यवस्था से क्या तात्पर्य है? भारत में कृषि विपणन व्यवस्था की विस्तार से विवेचना कीजिए।

   What is the meaning of agricultural marketing system? Discuss in detail agricultural marketing system in India.

2. भारतीय कृषि विपणन व्यवस्था के दोषों का उल्लेख करते हुए इन्हें दूर करने के उपाय सुझाइये तथा इस दिशा में सरकार द्वारा किये गये प्रयत्नों की समीक्षा कीजिए।

   Discuss defects of Indian agricultural marketing system and give suggestions to remove it and evaluate the efforts made by government.

3. सहकारी कृषि विपणन क्या है? भारत में सहकारी विपणन ने जो प्रगति की है उस पर प्रकाश डालिए। यह प्रगति धीमी क्यों रही है ? अधिक उन्नति के लिए सुझाव दीजिए।

   What is the co-operative agriculture marketing system? Throw light on the progress of co-oprative marketing in India. Give suggestions for more progress.

4. एक अच्छी विपणन पद्धति की क्या विशेषताएँ हैं? भारत में कृषि उपज विपणन के दोष तथा कृषि विपणन में सुधार के लिए उपाय बताइये।

   What are the characteristics of a good marketing system? Discuss the defects of agricultural marketing and give suggestions for improvement.

5. कृषि विपणन के उद्देश्य बताइये तथा आर्थिक विकास में विपणन व्यवस्था के योगदान की विवेचना कीजिए।

   Discuss the aims of agricultural marketing and contribution of marketing system in economic development.

6. भारत में कृषि विपणन में सरकार की भूमिका की विवेचना कीजिए।

   Discuss the role of government in agricultural marketing in India.

□□□

10

कृषि एवं उद्योग के बीच व्यापार की शर्तें

[Terms of Trade Between Agriculture and Industry]

व्यापार शर्तों से आशय दो पक्षों की कीमतों में होने वाले परिवर्तन की दिशा को मापने से हैं । व्यापार में जिस मूल्य पर वस्तुओं का आदान-प्रदान किया जाता है, उसे व्यापार की शर्तें कहा जाता है । जिस भौतिक विनिमय-अनुपात पर वस्तुओं का विनिमय किया जाता है , उसे भी व्यापार शर्त कहा जाता है ।

जैसाकि हम अध्ययन कर चुके हैं कि कृषि तथा औद्योगिक क्षेत्र एक दूसरे के विकास के लिए परस्पर निर्भर करते हैं । दोनों क्षेत्र एक दूसरे को वस्तुएँ तथा सेवाएँ बेचते हैं । इन दोनों क्षेत्रों द्वारा निर्मित उत्पादों की कीमतें पृथक-पृथक होती हैं । अत: दोनों क्षेत्रों के उत्पादों तथा सेवाओं के समूचे मूल्यों की तुलना करके हम यह जान सकते हैं कि दोनों क्षेत्रों के उत्पादों तथा सेवाओं को समूचे रूप से एक-दूसरे के साथ किस अनुपात (या दर) से बदला जाये । दोनों क्षेत्रों के उत्पादों तथा सेवाओं की समूचे रूप से आपस में अदला-बदली के अनुपात को व्यापार की शर्तें कहते हैं । कई बार इस अनुपात को वस्तुओं और उत्पादों की वस्तु विनिमय की दर भी कहा जाता है ।

मान लीजिए, औद्योगिक वस्तु की एक इकाई की लागत 100 रुपये तथा कृषि उत्पाद की एक इकाई की लागत 50 रूपये है तो इसका अभिप्राय है कि यदि औद्योगिक उत्पाद का विनिमय कृषि के साथ होता है तो विनिमय अनुपात तथा व्यापार की शर्तें — (i) औद्योगिक इकाइयां, तथा (ii) कृषि इकाइयां पर निर्भर करेंगी । अन्य शब्दों में, औद्योगिक वस्तु की एक इकाई के विनिमय पर कृष उत्पादक की दो इकाइयों के बराबर होगी । अर्थात्

$$\text{व्यापार की शर्त} = \frac{\text{औद्योगिक वस्तु की कीमत}}{\text{कृषि उत्पाद की कीमत}}$$

अनुकूल एवं प्रतिकूल व्यापार की शर्तें
(Favourable and unfavurable Terms of Trade)

कृषि तथा औद्योगिक उत्पादों की कीमतों में परिवर्तन आने से व्यापार की शर्तों में भी परिवर्तन आ जाता है। अत: व्यापार की शर्तें निम्नलिखित दो प्रकार की हो सकती हैं :

1. **अनुकूल व्यापार की शर्तें**—यदि कृषि उत्पादों तथा सेवाओं के मूल्य, औद्योगिक क्षेत्र के उत्पादों तथा सेवाओं की तुलना में अधिक हो जाते हैं, तो व्यापार की शर्त कृषि क्षेत्र के पक्ष में या (या औद्योगिक क्षेत्र के विरूद्ध) हो जायेगी । ऐसा इसलिए है क्योंकि अब कृषि क्षेत्र के उत्पादों तथा सेवाओं की एक इकाई को पहले की तुलना में औद्योगिक क्षेत्र के उत्पादों तथा सेवाओं की अधिक इकाइयाँ लगेंगी । अन्य शब्दों में, औद्योगिक क्षेत्र के उत्पादों तथा सेवाओं की एक इकाई, के बदले में कृषि, क्षेत्र के उत्पादों तथा सेवाओं के बदले में, कृषि क्षेत्र के उत्पादों तथा सेवाओं की पहले से कम इकाइयां मिलेंगी ।

2. **प्रतिकूल व्यापार की शर्तें** (Un-Favourable Terms of Trade)—दूसरी ओर यदि कृषि क्षेत्र की अपेक्षा औद्योगिक क्षेत्र की वस्तुओं की कीमत अधिक बढ़ती है तो व्यापार की शर्तें उद्योग के पक्ष एवं कृषि क्षेत्र के विषय में होंगी ।

जब भी कृषि क्षेत्र तथा औद्योगिक क्षेत्र के बीच व्यापारिक पूर्ति बदलती है, तो प्राय: इससे एक क्षेत्र को लाभ होता है और दूसरे को हानि । यह सब इस बात पर निर्भर करता है कि व्यापार की शर्त किस क्षेत्र के पक्ष में बदलती है । यदि व्यापारिक शर्त कृषि क्षेत्र के पक्ष में हो गयी है, तो इससे कृषि क्षेत्र को लाभ होगा और औद्योगिक क्षेत्र को हानि । इसके विपरीत, यदि व्यापार की शर्त औद्योगिक क्षेत्र के पक्ष में है, तो इस प्रकार के परिवर्तन से औद्योगिक क्षेत्र को लाभ तथा कृषि क्षेत्र को हानि होगी ।

यदि कृषि या उद्योग की व्यापारिक शर्तों में परिवर्तन आता है तो इसका यह अभिप्राय है कि दोनों में से एक क्षेत्र को लाभ तथा दूसरे को हानि हो सकती है । परन्तु व्यापार की शर्तों में आने के कारण अन्य क्षेत्र भी प्रभावित होते हैं जिनका वर्णन हम आगे कर रहे हैं ।

व्यापार की शर्तों में कृषि के अनुकूल परिवर्तन का प्रभाव
(Impact of Favourable Changes in Agriculture on Terms of Trade)

जब व्यापार की शर्तें कृषि क्षेत्र के पक्ष में (अर्थात् औद्योगिक क्षेत्र के विपक्ष में) रहती हैं तो अर्थव्यवस्था पर निम्नलिखित प्रभाव पड़ते हैं :

1. **कृषि क्षेत्र को सस्ती आगतें** (Cheap Input to The Agricultureal Sector)—जब व्यापार की शर्तें कृषि क्षेत्र के पक्ष में होती हैं तो इस प्रकार के परिवर्तन से कृषि

को औद्योगिक क्षेत्र से सस्ती कीमत पर कृषि आगतें प्राप्त होती हैं । उर्वरकों, कीटनाशक तथा कृषि मशीनों की लागत में कमी आने से कृषि क्षेत्र की लाभदायकता बढ़ती है ।

3. पूंजी निर्माण की दर पर प्रभाव—जब व्यापार की शर्तें कृषि क्षेत्र के पक्ष में होती हैं तो आय का हस्तान्तरण औद्योगिक क्षेत्र से कृषि क्षेत्र की ओर होती है । प्रायः कृषि क्षेत्र से जुड़े हुए व्यक्तियों की बचत करने की प्रवृत्ति औद्योगिक क्षेत्र के लोगों की तुलना में कम होती हैं इसलिए कृषि क्षेत्र में हस्तांतरित आय से पहले की तुलना में कम बचत होती है । फलतः पूंजी निर्माण की दर कम हो जाती है। यद्यपि इस हानि को कुछ सीमा तक कृषि पर कर लगाकर पूरा किया जा सकता है किंतु इस प्रकार की नीति तभी सफल हो सकती है जबकि इसके लिए राजनीतिक इच्छा शक्ति हो ।

4. उत्पादन तथा उपभोग की दृष्टि से कृषि क्षेत्र के लाभ—व्यापार की शर्तें कृषि क्षेत्र के अनुकूल होने पर कृषि के साधनों तथा उपभोग की वस्तुओं के पहले से कम लागत पर उपलब्ध होने के कारण लाभ प्राप्त होता है जबकि औद्योगिक क्षेत्र को खाद्यान्न तथा कच्चे माल की अधिक कीमत चुकाने के कारण हानि होती है । खाद्यान्न की कीमतें बढ़ने से मजदूर अधिक मजदूरी की मांग करते हैं जिससे उद्योगपति के लाभ में गिरावट आती हैं । कच्चे माल की कीमत बढ़ने से भी उनके लाभ में कमी आती है । इसके कारण औद्योगीकरण की गति धीमी पड़ती है ।

5. भूमि की कीमतों में वृद्धि (Increase in the Prices of Land)—मेलर का मत है जब कृषि उत्पादों में वृद्धि के कारण कृषि से सम्बन्ध लोगों की आय बढ़ जाती है । तो यह बढ़ी हुई आय को कृषि के विकास के लिए काम में नहीं लाया जाता बल्कि बढ़ी हुई आय भूमि के खरीदने में व्यय होती है । फलतः एक तरफ तो भूमि की कीमतों में वृद्धि होती है तथा दूसरी तरफ व्यापार की शर्तें कृषि क्षेत्र के पक्ष में होने पर भी, कृषि क्षेत्र के विकास को प्रोत्साहन नहीं मिलता ।

6. विदेशी विनिमय पर प्रभाव (Effect on Foreign Exchange)—जब व्यापार शर्तें कृषि उत्पादों की कीमतों के अपने आप में बढ़ने के कारण कृष में हो जाता है तो कृषि उत्पादों की अधिक कीमतों के कारण निर्यात पर इसका प्रतिकूल प्रभाव पड़ता है । दूसरी ओर कृषि उत्पादों के आयात में वृद्धि भी हो सकती है । फलतः कृषि द्वारा अर्जित विदेशी विनिमय (मुद्रा) की मात्रा कम हो जाती है । इस कारण विदेशों से, देश के आर्थिक विकास के लिए मंगाए जाने वाले पूंजीगत सामानों के आयात पर प्रतिकूल प्रभाव पड़ता है ।

7. औद्योगिक क्षेत्र में श्रम उपलब्ध न होना (Non-availablity of labour in Industrail Sector)—मेलर का मत है कि जब कृषि उत्पादों की कीमतों के बढ़ने से संबद्ध व्यक्तियों की आय बढ़ती है तो यह लोगों के ग्रामीन क्षेत्र से शहरी क्षेत्र की ओर देशान्तरण

हतोत्साहित करता है । इससे औद्योगिक क्षेत्र में पर्याप्त श्रम उपलब्ध नहीं हो पात । फलत: औद्योगिक क्षेत्र का विकास अवरूद्ध हो जाता है ।

व्यापार की शर्तों में कृषि के प्रतिकूल परिवर्तन का प्रभाव
(Impactu of Unfavourable Changes in Agriculture on Terms of Trade)

जब व्यापार की शर्तें कृषि क्षेत्र के विरूद्ध हो जाती हैं या दूसरे शब्दों में, औद्योगिक क्षेत्र के पक्ष में बदल जाती हैं, तो इसके प्रभाव उस परिस्थिति के बिलकुल उलट देंगे, जब व्यापार की शर्तें कृषि क्षेत्र के पक्ष में हो जाती हैं । संक्षेप में, जब व्यापार की शर्तें औद्योगिक क्षेत्र के अनुकूल तथा कृषि क्षेत्र के प्रतिकूल होती हैं तो इस परिवर्तन का अध्ययन हम नम्नलिखित दो शीर्षकों के अन्तर्गत कर सकते हैं :

1. गैर कृषि क्षेत्र (या औद्योगिक क्षेत्र) को प्राप्त होने वाला लाभ— ये लाभ इस प्रकार हैं :—

(1) वर्तमान परिस्थिति में औद्योगिक क्षेत्र, कम वेतन और कच्चे माल की कम लागत के कारण उत्पादन में, पहले से अधिक लाभ प्राप्त करेगा ।

(2) इससे इसके विकास की गति बढ़ेगी । क्योंकि आय का वितरण ऐसे क्षेत्र के पक्ष में हो जाता है जहां बचत करने की प्रवृत्ति, कृषि क्षेत्र की तुलना में अधिक है, इसीलिए पूंजी के निर्माण में वृद्धि होगी ।

(3) औद्योगिक क्षेत्र के पक्ष में व्यापारिक शर्त का परिवर्तन, श्रम के कृषि क्षेत्र से औद्योगिक क्षेत्र में स्थानान्तरण को प्रोत्साहित कर सकता है ।

(4) औद्योगिक उत्पादों के मूल्यों के अपने आप बढ़ने के कारण, इनके निर्यात में कमी आ सकती है ।

2. गैर कृषि क्षेत्र (या औद्योगिक क्षेत्र) को प्राप्त होने वाली हानियां— ये हानियां निम्न प्रकार से हैं :

(1) कृषि क्षेत्र की लाभदायकता में कमी आती है ।

(2) कृषि आगतों के निवेश में कमी आती हैं ।

(3) कभी-कभार फसल ढांचे में भी परिवर्तन आता है ।

(4) कृषक खाद्यान्न की बजाय व्यापारिक फसलें उगाने को प्राथमिकता देते हैं ।

(4) व्यापारिक शर्तें, कृषि के प्रतिकूल होने से राजनीतिक (सरकार) आज्ञा नहीं देते, क्योंकि कृषकों कै हाथ ही सरकार को कमजोर और मजबूत बनाते हैं ।

आजकल इस बात पर काफी अधिक बल दिया जाता है कि यदि व्यापार की शर्तें कृषि के विरूद्ध होती हैं, तो इससे कई गंभीर राजनीतिक समस्याएं खड़ी हो जाती हैं ।

इसका प्रमुख कारण आजकल की अवस्था में, ग्रामीण क्षेत्र की राजनीतिक व्यवस्था में एक महत्त्वपूर्ण भूमिका का होना ।

आर्थिक विकास प्रक्रिया के दौरान कृषि और उद्योग की व्यापार शर्तों में परिवर्तन (Change in Terms of Trade between Agriculure and Industry during the Course of Economic Development)

आर्थिक विकास की प्रक्रिया प्रायः कृषि क्षेत्र से शुरू होती है । आर्थिक विकास की शुरू की अवस्था में पूंजी तथा श्रम औद्योगिक क्षेत्र से कृषि क्षेत्र की ओर स्थानांतरिंत होते हैं । ऐसी परिस्थिति में, कई अर्थशास्त्रियों का विचार है कि ऐसे स्थानान्तरण के कारण एक ऐसा समय आ जायेगा, जब व्यापार की शर्तें कृषि क्षेत्र के पक्ष में हो जायेंगी ।

इसके कई कारण हैं, जैसे प्रति व्यक्ति उत्पादन तथा आय कृषि क्षेत्र में औद्योगिक क्षेत्र की अपेक्षा कम होता है । प्रति व्यक्ति आय में वृद्धि होने के कारण कृषि पदार्थों के प्रति मांग बढ़ती है जिसके फलस्वरूप कृषि पदार्थों की कीमतें भी बढ़ती हैं और व्यापार की शर्तें कृषि क्षेत्र के अनुकूल होती दिखाई देती हैं । यह भी संभव है कि पूंजी का हस्तान्तरण औद्योगिक क्षेत्र से कृषि की ओर हो क्योंकि पूंजी की सीमान्त उत्पादकता कृषि क्षेत्र में अधिक होती है ।

दूसरी ओर, औद्योगिक क्षेत्र में नई तकनीक के अपनाये जाने के साथ, इसके उत्पादन में काफी वृद्धि होगी जिससे इसके उत्पादों के मूल्य कम हो जायेंगे यह भी व्यापार की शर्तों को कृषि क्षेत्र के पक्ष में बदल देगा ।

सैद्धान्तिक रूप से कई, माडल इस बात से पुष्टि करते हैं कि विकास के प्रारम्भिक चरण में व्यापार की शर्त कृषि क्षेत्र के पक्ष में हो जाती है । जहां लुईस का माडल इस प्रवृत्ति का केवल संकेत देता हैं,फाई तथा रेनिस और जारगेनसन द्वारा दिये गये माडल स्पष्ट रूप में यह सिद्ध करते हैं कि जैसे-जैसे देश का औद्योगीकरण हो जाता है, व्यापार की पूर्ति कृषि क्षेत्र के पक्ष में होती जाती है । इन दोनों माडलों का निष्कर्ष यह है कि जब श्रम का संस्थान्तरण कृषि क्षेत्र से औद्योगिक क्षेत्र की ओर होता है तो व्यापार की शर्तें क्षेत्र की ओर चली जाती हैं .

जब व्यापार की शर्तें कृषि क्षेत्र के पक्ष में होती हैं तो औद्योगिक क्षेत्र को हानि होती है । यदि सरकार द्वारा हस्तक्षेप न किया जाये तो विकास प्रक्रिया के साथ एवं व्यापार की शर्तें औद्योगिक क्षेत्र के विपरीत हो जायेंगी ।

कई अर्थशास्त्रियों ने यह सुझाव दिया है कि व्यापार की शर्तों को प्रारंभिक अवस्था में कृषि क्षेत्र के विरूद्ध करना चाहिए और ऐसा कृत्रिम उपायों जैसे कीमत नियन्त्रण तथा कृषि क्षेत्र पर भारी कर लगाकर किया जा सकता है । परन्तु नासिर अहमद खान ओखावा का विचार है कि कृषि क्षेत्र से करों, ऋणों अथवा बचतों के द्वारा धन प्राप्त करना बहुत कठिन है तथा यदि सरकार ऐसा करने में सफल हो भी जाती है, तो एकत्रित की हुई राशि बहुत ही कम होगी । इसलिए वे तो कृषि उत्पादों तथा औद्योगिक उत्पादों के मूल्य को प्रत्यक्ष रूप से

इस प्रकार निर्धारित करने पर बल देते हैं, जिससे व्यापार की पूर्ति औद्योगिक क्षेत्र में पक्ष में हो जाये । राजकृष्ण भी इस बात का समर्थन करते हैं कि न्यूनतम स्तर के बाद ही व्यापार की शर्तें कृषि क्षेत्र के विपरीत की जानी चाहिए ।

मेलर का यह कथन है कि विकास की प्रक्रिया आरंभ होने पर व्यापार शर्तें अपने आप कृषि क्षेत्र के पक्ष में चली जायेंगी । उसका कथन है कि निष्कर्ष पर पहुंचने से पहले दो तत्वों की पूर्णरूप से अवहेलना की गयी हैं ।

विश्व के कई देशों द्वारा अपनायी गयी नीति के आधार पर अर्थशास्त्रियों के बीच यह सहमति बन गयी है कि आर्थिक विकास के प्रारंभिक चरणों में सरकार को स्वंय ही व्यापार की शर्तों को जानबूझकर कृषि क्षेत्र के विपरीत रखना चाहिए । उदाहरण के लिए, संयुक्त राज्य अमेरिका, जापान तथा अर्जेंटीना आदि देशों ने विकास की गति बनाये रखने के लिए व्यापार की शर्तों को प्रारम्भिक अवस्था में ही कृषि क्षेत्रके विपरीत रखा है।

आर्थिक विकास के प्रारम्भिक चरणों के पश्चात् विभिन्न देशों की सरकारों ने फिर व्यापार की शर्त को कृषि क्षेत्र के पक्ष में करने का प्रयास किया । ऐसा उन्होंने या तो कृषि उत्पादों के मूल्यों पर से नियन्त्रण हटाकर किया या फिर इन उत्पादों के न्यूनतम समर्थन मूल्यों को बढ़ाकर । इसके साथ ही कृषि उत्पादन को साधनों के लिए आर्थिक भी दिये गये, जिससे किसानों को इनके कम दाम देने पड़ें ।

यह बहुत सुनिश्चित कर लिया जाना चाहिए कि जब औद्योगिक क्षेत्र में विकास दर ऊंची हो जाती है तब भी कृषि में एक न्यूनतम विकास की दर को बनाये रखा जाना चाहिए।

भारत में कृषि एवं उद्योग के बीच व्यापार की शर्तें

(Terms of tradebetween Agriculture and Industry in India)

भारत में अर्थव्यवस्था के विभिन्न क्षेत्रकों के बीच व्यापार की शर्तों के पक्ष एवं विपक्ष में होने को लेकर अर्थशास्त्रियों के बीच गहरे मतभेद हैं । विभिन्न अर्थशास्त्रियों के अध्यनों के निष्कर्षों को संक्षेप में नीचे दिया जा रहा है :

1. अशोक मित्रा —इन्होंने कृषि एवं उद्योग के बीच व्यापार की शर्तों का अध्ययन करने के लिए निवल विनिमय व्यापार शर्तों की अवधारणा का उपयोग किया । इन्होंने अधिकृत कीमत सूचकांक के आधार पर निष्कर्ष निकाला कि भारत की कृषि कीमत नीति कृषि के पक्ष में झुकी हुई रही है । मित्रा का निष्कर्ष था कि 1961-62 से 1973-74 के बीच कृषि एवं उद्योग के बीच भारांकित व्यापार शर्तें 50 प्रतिशत तक कृषि के पक्ष में रही हैं । सरकार की कृषि मूल्य नीति से धनवान कृषक लौबी लभान्वित होती रही है और कृषि क्षेत्रक के प्रतिकूल रहीं ।

2. आर. तामराक्षी—आपने सर्वप्रथम 1969 में अंतर-क्षेत्र व्यापार शर्तों के आंकलन का अध्ययन किया था। उनके अनुसार 1951-52 से 1965-66 की अवधि में, व्यापार की पूर्ति कृषि के पक्ष में रही थीं ।

3. ए. एस. कहलॉन तथा डी. एस. त्यागी—आप दोनों ने आर. तामराक्षी की अध्ययन विधि का प्रयोग करते हुए निष्कर्ष निकाला कि 1974-75, 1975-76 तथा 1976-77 में व्यापार की शर्तें कृषि क्षेत्रक के प्रतिकूल रहीं । इसी प्रकार 1975-76 से 1983-84 के बीच व्यापार की शर्तें कृषि क्षेत्रक के प्रतिकूल रहीं ।

4. आर. तामराक्षी का एक अध्ययन—आपने एक अगले अध्ययन में 1990 में पाया कि 1974-75 से 1987-88 के बीच यद्यपि व्यापार की पूर्ति कृषि के प्रतिकूल रहीं ।

भारत में कृषि उद्योग के बीच व्यापार शर्तों की प्रवृत्तियां

(Trends of Terms of Trade between
Agriculture and Industry in India)

भारत में स्वतन्त्रता के पश्चात् व्यापार की शर्तों में निरन्तर परिव्रर्तन आता रहा है । कभी व्यापार की शर्तें कृषि के पक्ष में रही हैं और कभी कृषि के विपरीत । स्वतन्त्रता के बाद भारत में कृषि के बीच व्यापार की शर्तों का अध्ययन हम मोटे तौर पर निम्नलिखित चार चरणों में कर सकते हैं :

1. पहला चरण (स्वतन्त्रता से वर्ष 1963-64 तक)—कुल मिलाकर इस अवधि में, व्यापार क शर्तें कृषि के विरूद्ध रही हैं । 1963-64 में निर्देशों से पूर्व व्यापार की शर्तें औद्योगिक क्षेत्र के पक्ष में रही हैं । यह इसलिए क्योंकि पहली पंचवर्षीय योजना काफी सफल रही थी, क्योंकि खासकर कृषि उत्पादन में संतोषजनक वृद्धि हुई जिसके फलस्वरूप कृषि पदार्थों की कीमतों में वृद्धि नहीं हो सकती । भारत को PL 480 के अंतर्गत खाद्यान्न की काफी सहायता प्राप्त हुई । इसके कारण भी कृषि उत्पादों की कीमतें नहीं बढ़ सकीं ।

2. दूसरा चरण (वर्ष 1963-64 से 1973-74 तक)—व्यापार की शर्त, पहले चरण की तुलना में कृषि क्षेत्र के पक्ष में हो गयी । इस चरण में व्यापार की शर्त में एक मोड़ आया तथा कृषि क्षेत्र के पक्ष में हो गयी । ऐसे परिवर्तन के कई कारण थे । PL 480 के अन्तर्गत सहायता बन्द होने तथा 1965 में कीमत समर्थन नीतिघोषित होने के पश्चात् कृषि उत्पादों की कीमतों में काफी वृद्धि हुई । इस प्रकार 1963-64 के पश्चात् व्यापार की शर्तें कृषि क्षेत्र के पक्ष में हो गयीं ।

3. तीसरा चरण (वर्ष 1974-75 से वर्ष 1985-86 तक)—दूसरे चरण की तुलना में, व्यापार की शर्त, कृषि के विरूद्ध हो गयी । इस चरण में व्यापार की शर्त में फिर परिवर्तन आया और कृष क्षेत्र के विरूद्ध हो गयी । इसका कारण स्पष्ट है। उन औद्योगिक

उत्पादों के मूल्य, कृषि उत्पादों की तुलना में अधिक बढ़े जो कि कृषि क्षेत्र उत्पादन के साधनों के रूप में या उपभोग के लिए खरीदता था।

4. चौथा चरण (1986-87 से अब तक)—व्यापार की शर्त, तीसरे चरण की तुलना में, कृषि क्षेत्र के पक्ष में हो गयी तथा अब भी है । 1986-87 से विशेष कर 1990 के पश्चात् व्यापार की शर्तें कृषि क्षेत्र के पक्ष में रहीं इसके कई कारण रहे हैं,जैसे

(1) वर्ष 1985-86 के पश्चात् कुछ वर्षों के लिए देश में वर्षा न होने के कारण कृषि उत्पादन कम हो गया । फलतः कृषि वस्तुओं में वृद्धि हो गयी ।

(2) 1990-91 में नेशनल फ्रंट सरकार ने कृषि उत्पादनों की कीमतें बढ़ाने का प्रयास किया ताकि व्यापार की शर्तें कृषि क्षेत्र के अनुकूल हो सकें ।

(3) नई आर्थिक नीति के अंतर्गत, निर्मित वस्तुओं पर आयात शुल्क हटा दिये गये या कम कर दिये गये । इस प्रकार औद्योगिक क्षेत्र में निर्मित, वस्तुओं में उत्पादन शुल्क भी कम कर दिये गये । इन दोनों के कारण, कृषि उत्पाद, निर्मित उत्पादों की तुलना में महंगे हो गये । फिर, उर्वरक के लिए दिये गये आर्थिक सहायता में आंशिक कटौती के कारण, इनके प्रयोग में कमी आयी और परिणामस्वरूप कृषि उत्पादन में भी कमी हो गयी । फलतः कृषि उत्पादों की कीमते भी बढ़ गई । नीचे सारणी में 1994- 95 से कृषि उत्पादों के सूचक अंक का प्रतिशत के रूप में विनिर्मित उत्पादों का सूचक अंक दर्शाया गया है ।

कृषि उत्पादों के सूचक अंक के प्रतिशत के रूप में विनिर्मित उत्पादों का सूचक अंक

आधार वर्ष 1993-1994 =100

वर्ष /महीना	थोक कीमतों का सामान्य सूचक अंक	विनिर्मित उत्पादों का सूचक अंक	कृषि उत्पादों के सूचक अंक	कृषि उत्पादों के सूचक अंक के प्रतिशत के रूप में विनिर्मित उत्पादों का सूचक अंक
भारांश	100.00	63.75	21.54	(कालम /3 कालम 4) X 100
1	2	3	4	5
1994-95	112.6	112.3	116.1	96.7
1995-96	121.6	121.9	125.9	95.8
1996-97	127.2	124.4	136.4	91.2
1997-98	132.8	128.0	140.3	91.2
1998-99	140.7	133.6	157.2	84.9
1999-00	145.3	137.2	159.1	86.3
2000-01	155.7	141.7	163.6	86.6
2001-02	161.3	144.3	169.5	85.1
2002-03	166.8	148.1	175.3	84.5
2003-04	175.9	156.5	182.8	85.6
2004-05	187.3	165.1	186.4	89.1
2005-06	195.3	171.7	191.4	89.7

प्रश्न

1. व्यापार शर्तों का मापन किस प्रकार किया जाता है ? भारतीय अर्थव्यवस्था के विशेष संदर्भ में कृषि और उद्योग के बीच व्यापार की शर्तों की विवेचना कीजिए ।

   How the terms of trade are measured : Discuss the terms of trade between Agriculture and Industry with special reference to India Economy.

2. ''भारत में व्यापार की शर्तें मुख्य रूप से उद्योग के पक्ष में रही हैं ।'' इस कथन की विवेचना कीजिए ।

   "Terms of trade in India has been tilted towards Industry. "Explain this Statement.

□□□

11

आर्थिक असमानता
(Economic Inequality)

आर्थिक असमानता
(Economic Inequality)

आर्थिक असमानता का अर्थ

(Meaning of Economic Inequality)

आर्थिक असमानता अथवा आय तथा सम्पत्ति के असमान वितरण से अभिप्राय अर्थव्यवस्था की उस परिस्थितियों से है जिसमें कि राष्ट्र के कुछ लोगों की आय, राष्ट्र की औसत आय से बहुत अधिक तथा अधिकांश लोगों की आय, राष्ट्र की औसत आय से बहुत कम होती है। आय तथा सम्पत्ति के असमान वितरण की समस्या का सम्बन्ध मुख्य रूप से व्यक्तिगत आय के वितरण में विषमताओं से होता है। इससे अभिप्राय यह है कि कुछ व्यक्तियों की आय बहुत अधिक है जबकि अधिकतर लोगों की आय बहुत कम है।

भारत में आर्थिक असमानता की प्रकृति एवम् विस्तार

(Nature and Extent of Economic Inequality in India)

भारत में आर्थिक असमानता निरन्तर बढ़ती जा रही है। भारत में आय के वितरण की जांच करने केलिए सरकार ने सर्वप्रथम प्रो. पी. सी. महालनोबिस की अध्यक्षता में एक समिति नियुक्त की थी। इस समिति की रिपोर्ट 1964 में प्रकाशित हुई थी। इस समिति के अतिरिक्त नेशनल काउंसिल ऑफ एप्लाइड इकोनोमिक रिसर्च (NCAER), रिजर्व बैंक ऑफ इण्डिया तथा कई अर्थशास्त्रियों जैसे *लाइडल, ओझा* और *भट्ट, रानाडिवे, अहमद, भट्टाचार्य* आदि ने आय के वितरण के सम्बन्ध में जांच की है। भारत में कई प्रकार की आर्थिक

असमानतायें पाई जाती है। इनमें से निम्नलिखित प्रकार की असमानतायें अधिक महत्वपूर्ण है।

(1) परिसम्पत्ति की असमानता (Inequality of Assets)

(2) आय तथा उपभोग की असमानता
(Inequality of Income and Consumption)

(3) क्षेत्रीय असमानता (Regional Inequality)

असमानता के इन तीनों प्रकारों में परस्पर निर्भरता है। उदाहरण के लिए परिसम्पत्तियों की असमानता के फलस्वरूप आय की असमानता उत्पन्न होती है। जिन लोगों के पास धन अधिक होता है वे इसका बैंकों, शेयरों, ऋणपत्रों आदि में निवेश करके अधिक आय प्राप्त अर्जन का प्रयास करते। इसी प्रकार आय की असमानता के फलस्वरूप सम्पत्ति की असमानता में वृद्धि होती है। जिन लोगों की आय अधिक होती है उनकी बचत करने की क्षमता भी अधिक होती है। अत: साधन सम्पन्न वर्ग वे अधिक सम्पत्ति जमा कर पाते है। उनकी सम्पत्ति तथा आय एक दूसरे को बढ़ाती जाती है। देश के पिछड़े प्रदेशों की आय कम होती है। उनमें पूंजी निर्माण दर भी अत्यन्त निम्न है। अत: उनके विकास की दर भी कम है। इसके विपरीत धनी क्षेत्रों की आय तथा बचत की दर भी अधिक होती है। उनके पूंजी निर्माण की दर अधिक होती है। उनकी वृद्धि दर भी अधिक होती है। इन सभी फलस्वरूप धनी तथा निर्धन क्षेत्रों की असमानता बढ़ने की प्रवृत्ति दर्शाती है। अत: असमानता की समस्या का समाधान सभी प्रकार की असमानताओं को दूर करने से ही सम्भव हो सकता है।

1. परिसम्पत्ति की असमानता
(Inequality of Assets)

भारत में परिसम्पत्ति की असमानता के संबंध में प्राप्त आंकड़े अपर्याप्त तथा अवश्विसनीय हैं। परन्तु उपलब्ध आंकड़े स्पष्ट करते है कि भारत में परिसम्पत्ति की असमानता काफी अधिक एवम् व्यापक है। परिसम्पत्ति की असमानता का अध्ययन दो भागों में किया जा सकता हैं :

(1) ग्रामीण क्षेत्रों में परिसम्पत्ति की असमानता (Inequality of Assets in Rural Areas) - भारत की लगभग 76 प्रतिशत जनसंख्या गांवों में निवास करती हैं। ग्रामीण क्षेत्र में विद्यमान सम्पत्ति की असमानता निम्नलिखित दो तथ्यों से स्पष्ट हो जाती है :

(अ) कुल परिसम्पत्ति का असमान वितरण (Unequal Distribution of Total Assets) - रिजर्व बैंक द्वारा किये गये अखिल भारतीय ऋण एवम् निवेश सर्वेक्षण (All India Debt and Investment Survey) के अनुसार, ग्रामीण क्षेत्र में सम्पत्ति के वितरण की असमानता का विस्तार काफी अधिक है।

तालिका-1
ग्रामीण क्षेत्रों में सम्पत्ति का विवरण

व्यक्ति	कुल सम्पत्ति में प्रतिशत भाग	
व्यक्ति	1961	1971
नीचे के 10 प्रतिशत	0.1	0.1
ऊपर के 10 प्रतिशत	51.4	51.0
नीचे के 30 प्रतिशत	2.5	2.0
ऊपर के 30 प्रतिशत	79	81.9

Source : Sixth Five Year Plan 1980-85

तालिका-1 में प्रस्तुत ग्रामीण क्षेत्रों सम्पत्ति के वितरण सम्बन्धी आंकड़ों से निम्न तथ्य स्पष्ट रूप से ज्ञात हो जाते हैं :

(क) गांवों में निवास करने वाली जनसंख्या का नीचे के 10 प्रतिशत वर्ग का ग्रामीण परिसम्पत्ति में केवल 0.1 प्रतिशत भाग है। जबकि ऊपर के 10 प्रतिशत वर्ग का लगभग 51 प्रतिशत भाग है। अन्य शब्दों में ऊपर के वर्ग के 10 प्रतिशत लोगों में से एक व्यक्ति के पास इतनी सम्पत्ति है। जितनी नीचे के वर्ग के 510 व्यक्तियों के पास है। सन् 1961 से 1971 तक के 10 वर्षों में इस असमानता में कोई परिवर्तन नहीं आया है।

(ख) तालिका-1 यह भी इंगित करती है कि नीचे के 30 प्रतिशत वर्ग का ग्रामीण सम्पत्ति में भाग सन् 1961 में 2.5 प्रतिशत था सन् 1971 में यह कम होकर 2 प्रतिशत रह गया। इसके विपरीत ऊपर के 30 प्रतिशत का भाग जो 1961 में 79 प्रतिशत था वह 1971 में बढ़कर 81.9 प्रतिशत हो गया। इससे स्पष्ट होता है कि ग्रामीण क्षेत्र में सम्पत्ति के वितरण की असमानता कम होने के स्थान पर बढ़ती जा रही है।

(2) भूमि के वितरण में असमानता (Unequal Distribution of Land) - ग्रामीण क्षेत्र में भूमि उत्पादन का महत्वपूर्ण साधन है। कृषि के लिए उपयोग की जाने वाली भूमि के वितरण में काफी असमानता पाई जाती है। इस समय भारत में लगभग 9 करोड़ 77 लाख जोतें या खेत है। इनके वितरण की असमानता निम्नलिखित तालिका से स्पष्ट हो जाती हैं।

तालिका-2 में प्रस्तुत कार्यशील भू-जोतों का आकार के अनुसार वितरण से यह स्पष्ट होता है कि :

(1) सन् 1985-86 में सीमान्त जोतों (1 हैक्टेयर तक की जोतो) तथा लघु जोतों (2 हैक्टेयर तक की जोतो) की संख्या कुल कार्यशील जोतों की 76 प्रतिशत थी परन्तु इनके अन्तर्गत कुल क्षेत्रफल का 28 प्रतिशत भाग था। इसके विपरीत मध्यम (10 हैक्टेयर तक की

जोतो) तथा बड़ी जोतों (10 हैक्टेयर से अधिक तक की जोतों) की संख्या कुल जोतों की केवल 10 प्रतिशत थी परन्तु इनके अन्तर्गत कुल क्षेत्रफल का लगभग 49 प्रतिशत भाग था। इस प्रकार 10 प्रतिशत जोतों के स्वामी धनी किसानों का 49 प्रतिशत कृषि भूमि पर स्वामित्व है इसके विपरीत 76 प्रतिशत निर्धन किसानों का केवल 28 प्रतिशत भूमि पर स्वामित्व है। सन् 1970-71 में 15 प्रतिशत धनी किसानों का केवल 60 प्रतिशत भूमि पर स्वामित्व था। तालिका-2 में प्रस्तुत आंकड़ों से यह भी सिद्ध हो जाता है कि भारत में भूमि के स्वामित्व की असमानता काफी अधिक है।

तालिका-2

कार्यशील भू-जोतों का आकार के अनुसार वितरण

	1970-71		1985-86	
भूजोतों का आकार (हैक्टेयर)	कुल जोतों का प्रतिशत	कुल क्षेत्रफल का प्रतिशत	कुल जोतों का प्रतिशत	कुल क्षेत्रफल का प्रतिशत
1.0 हैक्टेयर से कम	51	9	58	13.1
1 से 2 हैक्टेयर	18.9	11.9	18.2	15.5
2 से 4 हैक्टेयर	15	18.5	13.6	22.2
4 से 10 हैक्टेयर	11.2	29.7	8.2	28.7
10 से अधिक हैक्टेयर	3.9	30.9	2.00	20.5
	100	100	100	100

Source : Agricultural Situation in Brief 1988

2. शहरी क्षेत्रों में परिसम्पत्ति की असमानता

(Inequality of Assets in Urban Areas)

भारत के केवल गामीण क्षेत्रों में नही अपितु शहरी क्षेत्रों में भी सम्पत्ति की असमानता बहुत अधिक मात्रा में पाई जाती है। इसे निम्नलिखित दो तथ्यों से स्पष्ट किया जा सकता है:

(1) भवन सम्पत्ति का स्वामित्व (Ownership of Residential Buildings) शहरों में सम्पत्ति के वितरण की असमानता और भी अधिक है। नेशनल सैम्पल सर्वे के आठवें दौर के अनुसार शहरी क्षेत्र के ऊपर के 20 प्रतिशत परिवारों के पास शहरी जमीन का 93 प्रतिशत भाग था। इनमें से सबसे अधिक धनी 5 प्रतिशत परिवारों के पास शहरी भूमि का 52 प्रतिशत भाग था। नेशनल कौंसिंल ऑफ एप्लाइड इकोनोमिक रिसर्च के अनुसार शहरी क्षेत्र के सबसे उच्च वर्ग के 10 प्रतिशत लोगों के पास 57 प्रतिशत भवन सम्पत्ति केन्द्रीत है। इसके विपरीत नीचे के वर्ग के 10 प्रतिशत लोगों के पास 1 प्रतिशत से भी कम भवन सम्पत्ति

है। इससे स्पष्ट हो जाता है कि शहरी क्षेत्र में सम्पत्ति के वितरण में काफी असमानताएँ पाई जाती है।

(2) शेयर सम्पत्ति का स्वामित्व (Ownership of Shares) - भारत में शेयर सम्पत्ति से सम्बन्धित असमानताएं और भी अधिक है। महालनोबिस समिति के अनुसार आय कर देने वालों में सबसे धनी वर्ग 10 प्रतिशत लोगों को शेयरों के लाभांश से प्राप्त कुल आय का 52 प्रतिशत लाभ मिला था। नीचे के वर्ग के 10 प्रतिशत लोगों का भाग केवल 2.5 प्रतिशत था। इकोनोमिक टाइम्स रिसर्च ब्यूरों के अनुसार भारत में 20 व्यावसायिक घरानों की परिसम्पत्ति 10,000 करोड़ रूपये से भी अधिक है। इन 20 बड़े घरानों का अर्जित लाभ 900 करोड़ रूपये से भी अधिक है। इससे सिद्ध होता है कि देश में आर्थिक शक्ति का केन्द्रीयकरण होने के फलस्वरूप सम्पत्ति की असमानता का विस्तार काफी व्यापक है।

संक्षेप में, भारत में आय तथा सम्पत्ति की असमानताएं शहरी तथा ग्रामीण दोनों क्षेत्रों में पाई जाती है। पंचवर्षीय योजनाओं की अवधि में इन असमानाओं में कमी होने के बजाय बढ़ने की प्रवृत्ति पाई गई है।

3. आय तथा उपभोग व्यय की असमानता
(Inequality of Income and Consumption)

भारत में आय तथा उपभोग में व्याप्त असमानता की समस्या भी अत्यन्त गम्भिर है। भारत में आय तथा उपभोग व्यय की असमानता निम्नलिखित तथ्यों से स्पष्ट हो जाती है :

(1) आय की असमानता (Inequality of Income) - भारत में आय की असमानता के सम्बन्ध में विभिन्न स्रोतों के आंकड़े एकत्रित किये गये हैं। जिन्हें तालिका-3 में प्रस्तुत किया गया है।

तालिका -3

भारत में आय की असमानता के अनुमान

व्यक्ति	लिडाल (1955-56)	रानाडिवे (1961-62)	ओझा और भट्ट (1963-64)	(NCAER) (1964-65)
ऊपर के 10 प्रतिशत	34	45.5	35	33.3
नीचे के 20 प्रतिशत	9.5	7.8	7	7.5
लारेंज अनुमान		0.351	0.372	0.39

Source : Report of the Committee on Distribution of Income and Levels of Living

तालिका -3 में प्रस्तुत असमानता सम्बन्धी आकड़े यह स्पष्ट करते है कि भारत में आय वितरण की असमानताएं काफी अधिक है। लिडाल के अनुसार 1955-56 में देश के सबसे ऊंचे वर्ग के 10 प्रतिशत लोगों को राष्ट्रीय आय का 34 प्रतिशत भाग ही प्राप्त होता था। सबसे निचले 20 प्रतिशत वर्ग को केवल 9.5 प्रतिशत भाग ही प्राप्त होता है। रानाडिवे के

अनुसार 1961-62 में ऊपर के वर्ग के 10 प्रतिशत लोगों को राष्ट्रीय आय में भाग बढ़ कर 45.5 प्रतिशत हो गया जबकि सबसे निचले 20 प्रतिशत वर्ग का भाग कम होकर 7.8 प्रतिशत रह गया। नेशलन कौंसिल ऑफ एप्लाइड एकोनोमिक रिसर्च (NCAER) के अनुसार 1964-65 में उच्च वर्ग के 10 प्रतिशत लोगों को राष्ट्रीय आय में 33.3 प्रतिशत भाग प्राप्त हुआ जबकि सबसे निचले वर्ग के 20 प्रतिशत लोगों को केवल 7.5 प्रतिशत भाग प्राप्त हुआ। इससे स्पष्ट होता है कि भारत में आय की असमानता का विस्तार काफी अधिक है।

विश्व बैंक द्वारा प्रकाशित वर्ल्ड डिवेलपमेंट रिपोर्ट के अनुसार, भारत में आय के वितरण की असमानतायें तालिका-4 से स्पष्ट हो जाती है:

तालिका -4

आय के वितरण की असमानतायें

व्यक्ति	आय का प्रतिशत वितरण
नीचे के 20 प्रतिशत	8.8
ऊपर के 20 प्रतिशत	41.3
ऊपर के 10 प्रतिशत	27.1

तालिका-4 से ज्ञात होता है कि नीचे के 20 प्रतिशत लोगों का राष्ट्रीय आय में केवल 8.8 प्रतिशत भाग है। जबकि ऊपर के 20 प्रतिशत लोगों का 41.3 प्रतिशत भाग है अर्थात. देश की लगभग आधी आय 20 प्रतिशत लोगों को प्राप्त होती है जबकि बाकी आय का आधा भाग 80 प्रतिशत लोगों को प्राप्त होता है।

आय की असमानता को मापने के लिए लारेंज वक्र का भी प्रयोग किया जाता है। लारेंज अनुपात जितना अधिक होता है आय की असमानता भी उतनी ही अधिक होती है। भारत में आय की असमानताओं के विभिन्न अध्ययनों से मालूम होता है कि लारेंज अनुपात लगभग 0.35 है। इस अनुपात से ज्ञात होता है कि भारत में आय की असमानताओं का विस्तार बहुत अधिक है।

(2) उपभोग व्यय की असमानताएँ (Inequalities in Consumption Expenditure) - आय की असमानता का ज्ञान उपभोग व्यय के वितरण से किया जा सकता है। विभिन्न स्रोतों द्वारा एकत्रित किये गये उपभोग सम्बन्धी आंकड़े तालिका-5 में प्रस्तुत किये गये।

तालिका-5

भारत में उपभोग की असमानता के अनुमान

व्यक्ति	NCAER	N.S.S.
ऊपर के 20 प्रतिशत	42.39	37.87
नीचे के 20 प्रतिशत	8.66	8.47

Source : Report Published by NCAER

तालिका -5 के विश्लेषण से आभास होता है कि नेशनल कौंसिल ऑफ एप्लाइड इकोनोमिक रिसर्च (NCAER) के अनुसार सबसे ऊंचे वर्ग के 20 प्रतिशत व्यक्तियों का कुल उपभोग में 42.39 प्रतिशत भाग था तथा सबसे निचले 20 प्रतिशत लोगों का केवल 8.66 प्रतिशत भाग था। इसी प्रकार राष्ट्रीय सैम्पल सर्वे (N.S.S.) के अनुसार उपरोक्त वर्गों का कुल उपभोग में क्रमशः भाग 37.87 प्रतिशत तथा 8.47 प्रतिशत था। इन आंकड़ों से स्पष्ट हो जाता है कि भारत में आय की असमानता का विस्तार काफी व्यापक है।

उपरोक्त विवेचन के निष्कर्ष स्वरूप आर्थिक असमानता के सम्बन्ध में यह कहा जा सकता है कि भारत में आय तथा सम्पत्ति की असमानताएं शहरी तथा ग्रामीण दोनों क्षेत्रों में पाई जाती है। योजनाओं की अवधि में इन असमानताओं में बढ़ने की प्रवृत्ति पाई गई है।

3. क्षेत्रीय असमानता

(Regional Inequality)

भारत में असमानता का एक महत्वपूर्ण रूप क्षेत्रीय असमानता (Regional Inequality) है। क्षेत्रीय असमानता का अभिप्राय है देश के विभिन्न राज्यों के आर्थिक विकास तथा प्रति व्यक्ति आय के स्तर में पाई जाने वाली असमानता। देश के कुछ राज्यों जैसे पंजाब, गोवा, हरियाणा, महाराष्ट्र, गुजरात आदि के आर्थिक विकास की दर एवम् प्रति व्यक्ति आय बहुत अधिक है। इसके विपरीत कई राज्यों जैसे बिहार, उड़ीसा, राजस्थान, उत्तरप्रदेश, असम आदि के आर्थिक विकास की दर एवम् प्रति व्यक्ति आय काफी कम है। क्षेत्रीय असमानता को यदि नियन्त्रित नहीं किया गया तो यह देश के एकीकरण के लिये एक बड़ा खतरा सिद्ध होगी।

क्षेत्रीय असमानता को ज्ञात करने के लिए प्रति व्यक्ति आय (Per Capita Income) सबसे उपयुक्त माप माना जाता है। तालिका-6 द्वारा विभिन्न राज्यों के प्रति व्यक्ति आय के सम्बन्ध में जानकारी प्रस्तुत की गई।

तालिका -6

प्रति व्यक्ति आय (चालू कीमतों पर) - नई श्रृखंला

राज्य	प्रति व्यक्ति आय	राज्य	प्रति व्यक्ति आय
गोवा	19,719	केरल	9,066
पंजाव	18,213	हिमाचल प्रदेश	8,747
महाराष्ट्र	17,295	राजस्थान	8,481
हरियाणा	16,199	मेघालय	8,474
गुजरात	13,932	मध्य प्रदेश	7,445
तमिलनाडु	11,708	उत्तर प्रदेश	6,733
कर्नाटक	10,279	असम	6,663
आन्ध्र प्रदेश	9,867	उड़ीसा	6,422
नागालैण्ड	9,758	जम्मू कश्मीर	6,181
पश्चिमी बंगाल	9,441	बिहार	3,835

तालिका-6 के विश्लेषण से यह स्पष्ट होता है कि राज्यों में सबसे अधिक आय गोवा की है। इसके पश्चात, महाराष्ट्र, हरियाणा तथा गुजराात का स्थान है। शेष राज्यों की आय राष्ट्रीय औसत से कम है। तालिका-6 में प्रस्तुत आंकड़ों के अनुसार सबसे कम प्रति व्यक्ति आय बिहार की है।

राज्यवार प्रति व्यक्ति आय का अध्ययन यह व्यक्त करता है कि पंजाब, गोवा, महाराष्ट, हरियाणा तथा गुजरात, प्रति व्यक्ति आय की दृष्टि से सर्वोच्च स्थिति पर हैं क्योंकि इन राज्यों में प्रति व्यक्ति आय समस्त भारत की औसत (All India Average) से अधिक है। इससे यह निष्कर्ष निकलता है कि आर्थिक योजनाएं अभी भी भारत से 'धनी' व 'निर्धन' राज्यों के अन्तर को समाप्त नहीं कर सकी हैं। वास्तव में धनी राज्य अधिक धनी हो गए। वास्तविक स्थिति तो यह व्यक्त करती है कि आय में क्षेत्रीय अन्तर (Regional Disparities of Income) और अधिक बढ़ गए है।

भारत में आय तथा सम्पत्ति के असमान वितरण के कारण

(Causes of Inequality of Income and Wealth in India)

भारत में आय तथा सम्पत्ति में पाई जाने वाली असमानता का मुख्य कारण जमींदारी प्रथा के फलस्वरूप भूमि के स्वामित्व में विद्यमान असमानता है। स्वतन्त्रता से पूर्व भारत में जमींदारी प्रथा पाई जाती थी। इसके फलस्वरूप भू-स्वामित्व में भारी असमानता पाई जाती थी। स्वतन्त्रता के पश्चात् जमींदारी प्रथा समाप्त कर दी गई परन्तु भूमि के स्वामित्व की असमानता में कोई विशेष कमी नहीं हुई है। इस समय देश के 10 प्रतिशत ग्रामीण जनसंख्या के पास कृषि भूमि का 56 प्रतिशत भाग है तथा 70 प्रतिशत जनसंख्या के पास केवल 14 प्रतिशत भाग है। भूमि के स्वामित्व में पाई जाने वाली असमानता ग्रामीण क्षेत्र में पाई जाने वाली आय की असमानता का मुख्य कारण है। ग्रामीण क्षेत्र में भूमिहीन कृषि श्रमिकों, तथा छोटे किसानों की आय बहुत कम है। वे बड़ी कठिनाई से अपना जीवन निर्वाह कर पाते है। इसके विपरीत बड़े किसानों की आय बहुत अधिक है तथा इसमें लगातार वृद्धि हो रही है। इन किसानों के पास पूंजी अधिक होती है इसलिए ये ट्रेक्टर, ट्यूबवैल, रासायनिक खाद, उत्तम बीज आदि का प्रयोग करके अधिक उत्पादन करते है। इससे इनकी आय में और अधिक वृद्धि हो जाती है। इसके विपरीत छोटे किसान पूंजी के अभाव में अपने खेतों से अधिक उत्पादन नहीं कर पाते। वे पिछड़े तथा निर्धन रह जाते है। इस प्रकार ग्रामीण क्षेत्र में भूस्वामित्व की असमानता के कारण आय तथा सम्पत्ति की असमानता में वृद्धि होती है।

(2) शहरी क्षेत्र में सम्पत्ति का निजी स्वामित्व (Private Ownership of Property in Urban Sector) - शहरी क्षेत्र में उद्योगों, व्यापार, भूमि, मकानों आदि सम्पत्ति पर निजी स्वामित्व पाया जाता है। कुछ लोगों के अधिकार में अधिकतर शहरी सम्पत्ति होती है। इसके विपरीत शहरों की अधिक जनसंख्या निर्धन होती है। शहरों में पूंजीपति, उद्योगों, व्यापार, यातायात तथा अन्य व्यवसायों में पूंजी का निवेश करके अधिक आय प्राप्त कर पाते

है, परन्तु शहरों का मध्यम तथा निर्धन वर्ग अपना जीवन निर्वाह भी बड़ी कठिनाई से कर पाता है। यद्यपि यह वर्ग अधिक शिक्षित तथा योग्य होता है परन्तु पूंजी की कमी के कारण इनकी आर्थिक स्थिति में सुधार सम्भव नहीं हो पाता। इसके फलस्वरूप शहरी क्षेत्र में भी आय तथा सम्पत्ति के वितरण की असमानता बनी रहती है।

(3) उत्तराधिकार के नियम (Laws of Inheritence) – भारत में प्रचलित उत्तराधिकार के नियमों के फलस्वरूप भी आय तथा सम्पत्ति के वितरण की असमानता में वृद्धि हुई है तथा यह स्थाई बन गई है। उत्तराधिकार के नियमों के अनुसार किसी धनी व्यक्ति की मृत्यु होने पर उसकी सम्पत्ति उसकी सन्तान को मिलती है। इस प्रकार धनी व्यक्ति की सन्तान प्रारम्भ से ही धनी हो जाती है। इसके विपरीत किसी निर्धन व्यक्ति की मृत्यु पर उसकी सन्तान को कोई सम्पत्ति प्राप्त नहीं होती तथा वह आरम्भ से ही निर्धन रहती है। वह अपने परिश्रम द्वारा ही अपनी आय तथा सम्पत्ति में वृद्धि करने का प्रयास कर सकते है। परन्तु इसकी सम्भावना बहुत कम होती है। अतएव् उत्तराधिकार के नियमों ने भारत में आय तथा सम्पत्ति के वितरण की असमानता को स्थायी बना दिया है।

(4) व्यावसायिक प्रशिक्षण में असमानता (Inequality of Professional Training) – व्यावसायिक प्रशिक्षण में पाई जाने वाली असमानता भी आय की असमानता का एक मुख्य कारण है। कुछ व्यवसायों जैसे – डॉक्टर, इंजीनियर, कम्पनी प्रबन्धक तथा वकीलों आदि की आय तथा अन्य व्यवसायों में लगे हुये लोगों की आय की तुलना में बहुत अधिक होती है परन्तु इन व्यवसायों का प्रशिक्षण प्राप्त करना निर्धन व्यक्ति के बच्चों के लिए साधारणतया सम्भव नहीं है। इन व्यवसायों में अधिकतर धनी वर्ग के बच्चे ही प्रशिक्षण प्राप्त कर पाते हैं। इसके फलस्वरूप आय की असमानता बढ़ती जाती है।

(5) मुद्रा स्फीति (Inflation)– सन् 1956 से देश में कीमतों के बढ़ने की प्रवृत्ति निरन्तर है। कीमतों के बढ़ने का धनी वर्ग की तुलना में निर्धन वर्ग पर अधिक विपरित प्रभाव पड़ता है। इसके फलस्वरूप निर्धन वर्ग की वास्तविक आय में काफी कमी हो गई है अतएव मुद्रा स्फीति के कारण वास्तविक आय की असमानता में वृद्धि हुई है।

(6) वित्तीय संस्थाओं की ऋण नीति (Credit Policy of Financial Institutions) – स्वतन्त्रता के पश्चात् देश के बैंकिंग तथा विशिष्ट वित्तीय संस्थाओं जैसे भारतीय औद्योगिक बैंक, औद्योगिक वित्तीय तथा साख निगम, राज्य वित्त निगम तथा जीवन बीमा निगम आदि की स्थापना हुई है। इन वित्तीय संस्थाओं ने पूंजीपतियों को ही अधिक ऋण दिए है। निर्धन वर्ग को कम साख सुविधाएं प्रदान की गई है। इसके फलस्वरूप पूंजीपति अपने उद्योगों तथा व्यवसायों का अधिक विकास कर सके हैं। उनकी आय और सम्पत्ति में तीव्र गति से वृद्धि हुई है। इसके विपरीत निर्धन वर्ग साख के अभाव में अपनी आर्थिक स्थिति में विशेष सुधार करने में असमर्थ रहा है। वित्तीय संस्थाओं को वर्तमान साख नीति के फलस्वरूप भी आय की असमानता में वृद्धि हुई है।

(7) अप्रत्यख करों का अधिक भार – स्वतन्त्रता के पश्चात् भारत में भारी मात्रा में कर लगाए गए है। परन्तु प्रत्यक्ष करों जैसे – आय कर, निगम कर आदि की तुलना

में अप्रत्यक्ष करों जैसे उत्पादन कर, बिक्री कर, आयात निर्यात कर आदि के भार में काफी अधिक वृद्धि हुई है। अप्रत्यक्ष करों का अधिक भार निर्धन वर्ग को उठाना पड़ता है। इसके फलस्वरूप उनकी वास्तविक आय कम होती है। इस प्रकार अप्रत्यक्ष करों के भार में वृद्धि होने के कारण ही वास्तविक आय की असमानता में वृद्धि हुई है।

(8) भ्रष्टाचार तथा स्मगलिंग (Corruption and Smuggling) –स्वतन्त्रता के पश्चात देश में भ्रष्टाचार और स्मगलिंग जैसी समाज विरोधी गतिविधियों में काफी वृद्धि हुई है। इसके फलस्वरूप भी आय की असमानता बढ़ी है। जो लोग रिश्वत देने की क्षमता रखते है उन्हें कोटा, परमिट, औद्योगिक लाइसैंस आसानी से मिल जाते हैं। इनके द्वारा एक ओर तो उनकी आय में बहुत अधिक वृद्धि होती है और दूसरी ओर जिन अधिकारियों और कर्मचारियों को रिश्वत दी जाती है उनकी आय में भी तेजी से वृद्धि होती है। स्मगलिंग करने वालों तथा इस कार्य में उन्हें सुरक्षा प्रदान करने वाले अधिकारियों की आय में बहुत अधिक वृद्धि होती है। इसके विपरीत ईमानदार और कानून के अनुसार कार्य करने वाले लोगों की आय में बहुत कम वृद्धि होती है। भ्रष्टाचार और स्मगलिंग के फलस्वरूप काले धन (Black Money) की समस्या भी उत्पन्न होती है। सरकार ने समय समय पर काले धन को कानूनी बनाने अथवा सफेद धन में बदलने के अवसर प्रदान किए है। इन सबके फलस्वरूप देश में आय और सम्पत्ति के वितरण की असमानताओं में वृद्धि हुई है।

आय तथा सम्पत्ति की अथवा आर्थिक असमानताओं को दूर करने के लिये सरकारी नीति (Government Policy to Reduce Inequalities of Income and Wealth)

स्वतन्त्रता के पश्चात् से ही सरकार इस बात का प्रयत्न कर रही है कि देश में आय तथा सम्पत्ति की असमानता को कम किया जाए। इस उद्देश्य की प्राप्ति के लिए सरकार द्वारा अपनाई गई नीति की मुख्य विशेषताएँ या सरकार द्वारा अपनाए गए मुख्य उपाय निम्नलिखित है:

(1) भूमि सुधार (Land Reforms) – ग्रामीण क्षेत्र में आय तथा सम्पत्ति की असमानता को कम करने के लिए भूमि सुधार किये गए हैं। भूमि सुधार सम्बन्धी नीति का मुख्य उद्देश्य भूमि स्वामित्व की असमानता में कमी लाना है। इसी उद्देश्य की प्राप्ति के लिए सरकार ने स्वतन्त्रता के शीघ्र पश्चात् ही जमींदारी उन्मूलन सम्बन्धी कानून बना दिए थे। इसके फलस्वरूप जमींदारी समाप्त कर दी गई तथा जमींदारी की उच्चतम सीमा से अधिक भूमि का वितरण उस पर काश्त करने वाले काश्तकारों में कर दिया गया। कृषि भूमि की उच्चतम सीमा (Ceilings on Land Holdings) निर्धारित करने के लिए कानून बनाए गए हैं। सीमा से ऊपर की जमीन उनके स्वामियों से ली जा रही है। इस जमीन का वितरण उन लोगों में किया जा रहा है जिनके पास बहुत थोड़ी भूमि थी या जो भूमिहीन थे। परन्तु भारत में भूमि सुधार की प्रगति बहुत धीमी रही है। भूमि सुधार के अधिकतर उद्देश्य अधिक सफल नहीं हो सके हैं।

(2) सार्वजनिक क्षेत्र का विकास (Extension of Public Sector) –सरकार ने सार्वजनिक क्षेत्र का तेजी से विकास करने की नीति को अपनाया है। इस क्षेत्र के विकास

के कई उद्देश्य आय तथा सम्पत्ति की असमानता को कम करना है। यह क्षेत्र निजी क्षेत्र के स्वामित्व के विस्तार को रोकने में सहायक हैं। बैंकों के राष्ट्रीयकरण का भी यह एक मुख्य उद्देश्य है। इसके फलस्वरूप निजी लोगों के हाथ में धन तथा आय में केन्द्रीयकरण को रोकने तथा इस प्रकार समानता को बढ़ाने में मदद मिलेगी। किन्तु सरकार द्वारा जिस आदर्श की प्राप्ति हेतु सार्वजनिक क्षेत्र के विस्तार की नीति का अनुशरण किया गया उसमें असफलता ही प्राप्त हुई। अत: विवशतावश अब सार्वजनिक क्षेत्र की बजाय निजी क्षेत्र को विकसित किये जाने को अधिक महत्त्व प्रदान किया जा रहा है।

(3) लघु तथा कुटीर उद्योगों को प्रोत्साहन (Encouragement to Small Scale and Cottage Industries) - पंचवर्षीय योजनाओं की अवधि में लघु तथा कुटीर उद्योगों के विकास को प्रोत्साहन देने की नीति को अपनाया गया है। इन उद्योगों को प्रोत्साहन देने से आय तथा सम्पत्ति के केन्द्रीयकरण को रोकने में सहायता प्राप्त होगी, सम्भावना है। इस नीति के फलस्वरूप बेरोजगार मजदूरों को रोजगार दिया जा सकेगा। इस प्रकार निर्धन लोगों की आय में वृद्धि होगी। इसके परिणामस्वरूप आर्थिक असमानता कम होगी। कुटीर उद्योगों के विकास के फलस्वरूप निम्न आय वाले लोगों को अपनी आय में वृद्धि करने के अवसर प्राप्त हो सकेंगे।

(4) एकाधिकारी तथा प्रतिरोधात्मक व्यापारिक व्यवहार पर नियंत्रण (Control over Monopolies and Restrictive Trade Practices) - शहरी सम्पत्ति के केन्द्रीयकरण को रोकने के लिए सन् 1969 में एकाधिकार तथा प्रतिरोधात्मक व्यापारिक अधिनियम (Monopolies and Restrictive Trade Practices Act 1969) पास किया गया है। इस अधिनियम का मुख्य उद्देश्य आर्थिक शक्ति के केन्द्रीयकरण को रोकना है। सरकार ने इसी उद्देश्य की प्राप्ति के लिए औद्योगिक लाईसेंस की नीति को भी अपनाया है। औद्योगिक लाइसेंस की नीति के द्वारा औद्योगिक तथा व्यावसायिक शक्ति के केन्द्रीयकरण को कम करने के प्रयत्न किये जाते हैं। इस सम्बन्ध में हजारी समिति, दत्त समिति आदि की रिपोर्टो से ज्ञात होता है, ये सभी उपाय अपने उद्देश्य में सफल नहीं हो सके है।

(5) रोजगार तथा मजदूरी नीतियां (Employment and Wage Policies) - देश की बेरोजगार जनता को रोजगार प्रदान कर के भी आय की असमानता को कम किया जा सकता है। पंचवर्षीय योजनाओं में रोजगार के अवसर अधिक से अधिक बढ़ाने पर जोर दिया गया है। इस सम्बन्ध में अनेक विशेष योजनाओं जैसे छौटे किसानों के विकास की एजन्सी, सीमान्त किसान तथा कृषि श्रमिक एजेन्सी (MFALA), सुखा क्षेत्र कार्यक्रम (Drought Prone Area Programme), काम के बदले अनाज (Food for Work Programme) आदि को लागू किया गया था। पांचवी योजना के अन्त में देश में रोजगार के अवसर अधिक बढ़ाने के लिए एकीकृत ग्रामीण विकास कार्यक्रम (Ingegrated Rural Development Programme) तथा छठी योजना में राष्ट्रीय ग्रामीण रोजगार कार्यक्रम (National Rural Employment Programme) आरम्भ किया गया है। सातवीं योजना में जवाहर रोजगार योजना (Jawahar Rozgar Yojna) आरम्भ की गई थी। देश में रोजगार कार्यालयों की संख्या में भी काफी वृद्धि की गई है। परन्तु इन योजनाओं का आय तथा सम्पत्ति के वितरण पर कोई विशेष प्रभाव नहीं पड़ा है। अभी हाल ही में सरकार द्वारा आर्थिक असमानता कम

करने हेतु पूर्व में घोषित कार्यक्रमों के स्थान पर नवीन कार्यक्रमों की घोषणा की है। इन कार्यक्रमों में प्रमुख सम्पूर्ण ग्रामीण रोजगार योजना, स्वर्ण जयंती ग्राम स्वरोजगार योजना आदि प्रमुख है।

सरकार ने मजदूरों की आर्थिक स्थिति को सुधार कर आय की असमानता को कम करने के लिए भी अनेक प्रकार के उपाय अपनाए हैं। न्यूनतम मजदूरी कानून, बोनस ऐक्ट आदि कई कानून लागू किए गए हैं। परन्तु सरकार की मजदूरी सम्बन्धी नीति से संगठित क्षेत्र के श्रमिकों को तो लाभ हुआ है परन्तु असंगठित क्षेत्र पर जहां कुल श्रमिकों के 90 प्रतिशत भाग को रोजगार प्राप्त होता है, इन नीतियों का कोई विशेष प्रभाव नहीं पड़ा है। सरकार ने मजदूरों की आर्थिक स्थिति को सुधारने के लिए कई प्रकार के सामाजिक सुरक्षा उपाय (Social Security Measures) जैसे कर्मचारी राज्य बीमा अधिनियम (Employment State Insurance Act.) प्रोविडेन्ट ऐक्ट, मातृत्व लाभ ऐक्ट (Maternity Benefit Act) आदि भी लागू किए हैं। परन्तु इनका भी आय की असमानता की दूर करने पर कोई विशेष प्रभाव नहीं पड़ा है।

(6) कीमत तथा वितरण नीतियां (Pricing and Distribution Policies) आय की असमानता को कम करने के लिए कीमत तथा वितरण नीतियों को भी अपनाया गया है। इनका उद्देश्य समाज के निर्धन वर्ग को सहायता देना है। आवश्यकता की कई वस्तुओं जैसे चीनी, कपडा, कागज आदि के लिए सरकार ने दोहरी नीति अपनाई है। इसके फलस्वरूप निर्धन वर्ग को सम्पन्न वर्ग की तुलना में वस्तुएं सस्ती प्राप्त होती हैं। सार्वजनिक वितरण प्रणाली द्वारा निर्धन वर्ग को आवश्यकताओं की वस्तुएँ कम कीमत पर उपलब्ध कराने की व्यवस्था की गई है। परन्तु इस उपाय का आय तथा सम्पत्ति की असमानता को दूर करने पर कोई विशेष प्रभाव नहीं पड़ा है।

(7) राज्य रियायतें (Subsidies) - सरकार द्वारा आय की असमानता को दूर करने के लिए राज्य रियायतों की नीति को भी अपनाया गया है। देश के निर्धन तथा कमजोर वर्ग की आर्थिक स्थिति सुधारने के लिए सरकार कई प्रकार की वस्तुओं जैसे बिजली, सिंचाई, पानी स्वास्थ्य सेवायें, दूध, नागरिक आपूर्ति, आवास, शिक्षा आदि के लिए रियायतें देती है। सार्वजनिक उद्यम कई वस्तुओं को जैसे रासायनिक खाद, दवाइयों को लागत से भी कम कीमत पर बेचते हैं। परन्तु सरकारी सहायता से आय की असमानता को कमने में कोई विशेष सफलता नहीं मिल सकी है।

(8) कर नीतियां (Taxation Policies) - सरकार की प्रत्यक्ष तथा अप्रत्यक्ष कर नीतियों का उद्देश्य आय की असमानता को कम करना है। इन नीतियों के दो पहलू हैं। प्रथम करों को प्रगतिशील दरों पर लगा कर धनी वर्ग से करों के रूप में अधिक धन एकत्रित करना है। जिससे उनके पास धन का केन्द्रीयकरण कम हो। द्वितीय, करों से प्राप्त धन का निर्धनों की सहायता के लिए प्रयोग किया जाना है। परन्तु भारत में कर नीति अपने उद्देश्यों को प्राप्त करने में सफल नहीं हो सकी है।

(9) क्षेत्रीय असमानता को दूर करने के उपाय (Measures to Correct Regional Imbalances) -क्षेत्रीय असमानता को दूर करने के लिये निम्नलिखित उपाय किये गये है:

(अ) पिछड़े राज्यों को वित्त आयोग द्वारा केन्द्रीय वित्त साधनों में अधिक हिस्सा दिलाया जाता है। इन राज्यों को आय तथा असमानता कर का अधिक प्रतिशत दिया जाता है।

(ब) निर्धन राज्यों के प्रशासन को कुशल बनाने के लिए केन्द्रीय सरकार विशेष वित्तीय सहायता प्रदान है।

(स) पिछड़े राज्यों के लिए विशेष क्षेत्रीय कार्यक्रम (Special Area Programmes) जैसे सूखी खेती प्रोगाम (Dry Farming Programme) मरूस्थल विकास कार्यक्रम (Desert Development Programme) सूखे की सम्भावना वाले क्षेत्रों के लिए कार्यक्रम (Desert Drought Prone Programme) आदि आरम्भ किये गये है।

(द) सुधरी हुई सूखी खेती तकनीक का प्रचार एवम उपयोग (Propagation and use of improved dry farming Technology)

(य) पिछड़े जिलों में उद्योगों के विकास के लिए विशेष सुविधायें।

आर्थिक असमानता के उपर्युक्त विवेचन से यह भलि-भाँति स्पष्ट है कि भारत में आर्थिक असमानता की समस्या अत्यन्त गम्भिर है। सम्पत्ति के समान वितरण हेतु इस समस्या का संतोषजनक समाधान किया जाना अत्यन्त आवश्यक है। इस सम्बन्ध में सजग एवं समन्वित प्रयास भी किये गये है। अनेक वैधानिक व्यवस्थाएँ भी की गई है। इसके बावजूद भी आज भी भारत में आय तथा सम्पत्ति के वितरण की असमानतायें काफी अधिक है। इस दिशा में पूर्व से अधिक सतर्कता पूर्वक व्यवहार किये जाने की आवश्यकता है। यदि इस समस्या का संतोषजनक समाधान नहीं किया जाता तो कुछेक धनिक व्यक्तियों का भविष्य असंख्य गरिबों के समक्ष अधिक समय तक सुरक्षित रहना असम्भव है।

गरीबी
(Poverty)

विश्व में गरीबी अल्पविकसित राष्ट्रों में विद्यमान एक अत्यन्त महत्वपूर्ण सामाजिक बराई हैं। गरीबी, असमानता और आर्थिक सुरक्षा एक दूसरे से जुड़ी समस्याएँ है। भारत जैसे अल्प विकसित देशों में आर्थिक असमानताएँ एक हद तक तो गरीबी के लिए उत्तरदायी हैं और गरीबी की हालत में व्यक्ति असुरक्षित अनुभव करता है।

गरीबी की समस्या
(Problem of Poverty)

वर्ग व्यवस्था पर आधारित अल्प-विकसित देशों में गरीबी व्यापक स्तर पर पाई जाती है। इन देशों में प्राय: 30 से 60 प्रतिशत लोगों का जीवन स्तर इतना नीचा होता है कि उन्हें जीवन रक्षक अनिवार्य आवश्यकताओं को सन्तुष्ट करने के लिए आवश्यक वस्तुओं के अतिरिक्त कुछ भी उपलब्ध नहीं होता। यही नहीं कुल जनसंख्या का अधिकांश भाग भुखमरी का शिकार भी होती हैं। गरीबी शहरी और ग्रामीण दोनों ही क्षेत्रों में पाई जाती है, परन्तु इस सम्बन्ध में कोई सन्देह नहीं है कि गांवों में इसकी व्यापकता अधिक है। इस तथ्य से इन्कार नहीं किया जा सकता है कि शहरों की औद्योगिक बस्तियों में जीवन कष्टदायक है। शहरी क्षेत्रों में झुग्गी झोपड़ी बस्तियों में रहने वाले परिवारों को पोषक भोजन और जीवन की अन्य

अनिवार्यताएँ उपलब्ध नहीं हैं, परन्तु गांवों में खेतिहर मजदूर, छोटे किसान और दस्तकार की स्थिति इससे भी अधिक दयनीय होती है।

वस्तुतः गरीबी एक ऐसी समस्या है जिसे पहचाना जा सकता है किन्तु जिसका नपे-तुले शब्दों में वर्णन करना कठिन है। इस कठिनाई के बावजूद भी इसके अर्थ को स्पष्ट करने के सार्थक प्रयास मसय-समय पर किये गये हैं। गरीबी एक ऐसी अवस्था है जिसमें समाज का एक महत्वपूर्ण भाग अपने जीवन, स्वास्थ्य एवं कार्य कुशलता के लिए आवश्यक न्यूनतम उपभोग-आवश्यकताओं की पूर्ति कर पाने से भी वंचित रहता है। इन आवश्यकताओं में भोजन, कपड़ा, मकान, शिक्षा तथा स्वास्थ्य से सम्बन्धित मानविय न्यूनतम आवश्यकताओं को सम्मिलित किया जाता है।

गरीबी का अर्थ
(Meaning of Poverty)

भारत में लगभग सभी अर्थशास्त्री जिन्होंने गरीबी की व्यापकता का अध्ययन किया है, इस बात से सहमत हैं कि इस देश में केवल उन्हीं लोगों को गरीब माना जा सकता है जो निर्धारित न्यूनतम जीवन-स्तर से भी नीचे जीवन यापन करते है। परन्तु न्यूनतम जीवन-स्तर के लिए प्रति व्यक्ति मासिक आय क्या होनी चाहिए, इस पर सभी पूरी तरह सहमत नहीं है। जुलाई 1962 में सरकार द्वार मनोनीत 9 विद्वानों की एक समिति ने सिफारिश की कि 1960-61 में प्रचलित मूल्यों के आधार पर न्यूनतम जीवन-स्तर के लिए प्रति व्यक्ति निजी उपभोग पर बीस रूपए मासिक व्यय होना चाहिए। यह समिति किस आधार पर इस राशि पर पहुँची थी, इस सम्बन्ध में कोई स्पष्ट जानकारी उपलब्ध नहीं है इसके अतिरिक्त समिति ने शहरी और ग्राम्य क्षेत्रों में न्यूनतम जीवन-स्तर के लिए वांछित उपभोग पर व्यय की दो अलग-अलग राशियां न बतलाकर एक ही राशि की सिफारिश की है, जो ठीक नहीं है क्योंकि शहरों तथा गांवों में समान जीवन-स्तर के लिए उपभोग पर असमान व्यय होना आवश्यक है।

गरीबी की व्यापकता
(Extent of Poverty)

भारत में गरीबी की व्यापकता का अनुमान लगा सकने के लिए समुचित एवं सन्तोषजनक आंकड़ों का अभाव है। इसका कारण यह है कि इस देश में आय के वितरण से सम्बन्धित आंकड़ो का प्रायः संकलन नहीं किया जाना। परन्तु राष्ट्रीय सैम्पल सर्वेक्षण के विभिन्न दौरों में जनसंख्या के विभिन्न वर्गों द्वारा निजी उपभोग पर व्यय के सन्तोषजनक आंकड़े उपलब्ध हुए हैं। भारत में लगभग उन सभी अर्थशास्त्रियों ने जिन्होंनें गरीबी की समस्या का अध्ययन करना चाहा है, अपने विश्लेषण के लिए इन्हीं आंकड़ों का प्रयोग किया है। परन्तु गरीबी की परिभाषा पर मतभेद और अध्ययन की रीतियों में अन्तर के कारण प्रणव बर्धन, बी. एस. मिन्हास, पी. डी. ओझा तथा वी. एस. दांडेकर व नीलकंठ रथ गरीबी की व्यापकता के सम्बन्ध में एक दूसरे से भिन्न निष्कर्षो पर पहुंचे हैं।

पी. डी. औझा तथा दांडेकर व नीलकंठ रथ ने जहां शहरी और ग्रामीण दोनों ही क्षेत्रों में गरीबी के अनुमान लगाए है, वहां बर्धन और मिन्हास ने केवल ग्रामीण क्षेत्र में गरीबी की जांच की है।

पी. डी. ओझा के अनुमान – ओझा का मत है कि वे सभी व्यक्ति जिन्हें अपने आहार से प्रतिदिन 2,250 कैलोरी ऊर्जा की प्राप्ति नहीं होती, गरीब माने जा सकते हैं गांव में लोगों के आहार में खाद्यान्नों की प्रधानता है। अतः वहां पर गरीबी की रेखा के ऊपर आने के लिए आवश्यक है कि प्रतिदिन खाद्यान्नों से 1,800 कैलोरी ऊर्जा की प्राप्ति हो। 1960-61 में प्रचलित मूल्यों के आधार पर भोजन के उपर्युक्त स्तर के अनुरूप प्रति व्यक्ति आय 15-17 रूपए प्रति माह होना चाहिए। इस आधार पर ओझा के अनुसार 1960ञ61 में52 प्रतशत ग्रामीण जनसंख्या गरीबी के स्तर के नीचे थी। इसी वर्ष शहरी क्षेत्र में भी 76 प्रतिशत जनसंख्या गरीबी के स्तर के नीचे थी। 1967-68 में प्रचलित मूल्यों पर गरीबी की रेखा पर ग्रामीण क्षेत्र में प्रति व्यक्ति निजी उपभोग पर मासिक व्यय 40 रूपए था। इस वर्ष ग्रामीण क्षेत्र में उपभोग के इस स्तर से नीचे रह जाने वाले लोगों की कुल संख्या 20 करोड़ 90 लाख थी, जो समस्त ग्रामीण जनसंख्या की 70 प्रतिशत थी।

दांडेकर और रथ के अनुमान – दांडेकर और रथ के अनुसार 1968-69 में ग्रामीण क्षेत्र में वे परिवार गरीबी के स्तर के नीचे थे, जिनकी वार्षिक आय 324 रूपये से कम थी। इस श्रेणी में आने वाले लोग समस्त ग्रामीण जनसंख्या के 40 प्रतिशत थे। शहरी क्षेत्र के लिए दांडेकर और रथ ने गरीबी का स्तर प्रति व्यक्ति 486 रूपए वार्षिक आय पर निर्धारित किया है। इस आधार पर 1968-69 में शहरी क्षेत्र में 50 प्रतिशत से अधिक व्यक्ति गरीबी के स्तर के नीचे थे। 1960-61 से 1968-І69 के बीच इनके अनुसार गांव और शहर दोनों ही स्थानों पर असमानताएं बढ़ी है।

प्रणव के बर्धन के अनुमान – बर्धन ने कृषि के तकनीकी प्रगति के वितरण पर प्रभाव का अध्ययन किया है। उनके अनुसार वर्तमान शताब्दी के सातवें दशक के अन्तर में भारत की लगभग 54 प्रतिशत ग्रामीण जनसंख्या न्यूनतम स्वीकार्य जीवन-स्तर के नीचे थी। बर्धन ने गरीबी की रेखा 1960-61 के मूल्यों के आधार पर प्रति व्यक्ति 15 रूपए मासिक निजी उपभोग के स्तर के अनुरूप स्वीकार की है। 1967-68 और 1968-69 में प्रचलित कीमतों के आधार पर इन वर्षों में गरीबी की रेखा क्रमशः 30.0 और 29.4 रूपए प्रति व्यक्ति मासिक उपभोग के अनुरूप होगी। इस आधार पर बर्धन का अनुमान है कि 1968-69 में गरीबी की रेखा के नीचे आने वाले ग्रामीणों की संख्या 23 करोड़ थी, जो तात्कालीन ग्रामीण जनसंख्या की 54 प्रतिशत थी।

बी. एस. मिन्हास के अनुमान – मिन्हास का विचार है कि 1960-61 के मूल्यों के आधार पर 200 रूपये वार्षिक के प्रति व्यक्ति निजी उपभोग द्वारा ग्रामीण परिवारों के लिए न्यूनतम जीवन-स्तर को प्राप्त कर सकना सम्भव होगा। गरीबी का स्तर निर्धारित करने के लिए मिन्हास इस राशि पर किसी वैज्ञानिक परिकलन के द्वारा नहीं पहुँचते। उनकी रीति बहुत सरल है। चूँकि शहरी और ग्राम्य दोनों ही क्षेत्रों को मिलाकर देखने पर सारे देश के लिए सरकारी विशेषज्ञ समिति न्यूनतम जीवन स्तर के लिए 240 रूपए वार्षिक प्रति व्यक्ति निजी उपभोग की राशि निर्धारित करती है तो गावों में न्यूनतम जीवन स्तर के लिए प्रति व्यक्ति निजी उपभोग की राशि इससे कम ही होनी चाहिए और मिन्हास इसे 200 रूपए मान लेते हैं। इस प्रकार मिन्हास द्वारा निर्धारित गरीबी की रेखा बर्धन और दांडेकर व नीलकंठ रथ द्वारा स्वीकृत गरीबी की रेखा से ऊंची है। परन्तु मिन्हास के अनुमानों के विषय में सबसे मनोरंजक

बात यह है कि यद्यपि वे गरीबी की रेखा दांडेकर व रथ और बर्धन की तुलना में ऊंची निर्धारित करते हैं, फिर भी उनके अनुसार 1967-68 में गांवों में गरीबों की संख्या 15.4 करोड़ थी, जो समस्त ग्रामीण जनसंख्या की 37.1 प्रतिशत थी।

गरीबी की व्यापकता सम्बन्धी उपरोक्त सभी अनुमान लगभग 25 वर्ष पुराने हैं और परस्पर भिन्न हैं। जहां ओझा के अनुसार 1967-68 में लगभग दो तिहाई से भी अधिक ग्रामीण जनता गरीबी की रेखा के नीचे थी, वहां मिन्हास का विचार है कि इसी वर्ष में केवल 37.1 प्रतिशत ग्रामीणजन गरीबी की स्थिति में थे। प्रणव बर्धन का अनुमान ओझा और मिन्हास के अनुमानों के बीच में हैं। दांडेकर और नीलकंठ रथ यद्यपि गरीबी की रेखा मिन्हास द्वारा निर्धारित रेखा से नीचे रखते हैं, परन्तु उनके द्वारा अनुमानित गरीबों की संख्या मिन्हास द्वारा दी गई गरीबों की संख्या में बड़ी है। विभिन्न शोधकर्त्ताओं के निष्कर्षों में इस अन्तर से भ्रम नहीं होना चाहिए क्योंकि सभी के अध्ययनों से इतना अवश्य सिद्ध होता है कि भारत में गरीबी बहुत व्यापक है और इसके निवारण के लिए स्पष्ट नीति होनी चाहिए।

गरीबी से सम्बन्धित योजना आयोग के अनुमान

(The Planning Commission's Estimates of the Poverty)

योजना आयोग ने पहली बार गरीबी की व्यापकता ज्ञात करने का प्रयास छठी योजना में किया है। छठी पंचवर्षीय योजना (1980-85) के प्रारूप में गरीबी की रेखा के नीचे आने वाले लोगों की संख्या के अनुमान दिए गए हैं। योजना आयोग की राय में गांवों में वे सभी व्यक्ति जिनकी 1979-80 की कीमतों के आधार पर प्रति व्यक्ति मासिक आय 76.00 रूपए से कम है गरीब है। इस आधार पर 1977-78 में ग्रामीण क्षेत्र में कुल जनसंख्या का 50.82 प्रतिशम भाग गरीब था। शहरी क्षेत्र के लिए गरीबी की रेखा 88.00 रूपए निर्धारित की गई थी। इस आधार पर योजना आयोग के अनुसार 1977-78 में 38.19 प्रतिशत शहरी जनसंख्या गरीब थी। यदि शहरी और ग्रामीण दोनों क्षेत्रों को मिलाकर देखा जाए तो 1977-78 में भारत के 48.13 प्रतिशत लोग गरीबी की रेखा के नीचे थे। सातवीं योजना के अनुसार 1983-84 में ग्रामीण क्षेत्र में 40.4 प्रतिशत और शहरी क्षेत्र में 28.1 प्रतिशत लोग गरीब थे। ग्रामीण और शहरी दोनों क्षेत्रों को मिलाकर देखने पर 37.4 प्रतिशत लोग गरीबी की रेखा के नीचे थे।

निर्धनता का आकार

(Size of Poverty)

भारत में 1980 के पश्चात् से निर्धनता रेखा के नीचे निवास करने वाली शहरी तथा ग्रामीण जनसंख्या के आकार में निरन्तर वृद्धि हुई है। इसके पश्चात के वर्षों में इसमें कुछ कमी दृष्टिगत हुई है। वर्तमान में लगभग 26.1 प्रतिशत जनसंख्या गरीबी रेखा के नीचे अपना जीवन यापन कर रही है। भारत में 1993-94 की कीमतों पर 229 रूपये ग्रामीण क्षेत्र में तथा 264 रूपये शहरी क्षेत्र में प्रति मास उपयोग को निर्धनता रेखा माना गया है। जिन लोगों का प्रति माह उपभोग व्यय इससे कम है उन्हें निर्धन माना जाता है।

तालिका-7

गरीबी का अनुमान

वर्ष	गरीबी अनुपात			गीरबों की संख्या (करोड़ में)		
	ग्रामीण	शहरी	संयुक्त	ग्रामीण	शहरी	संयुक्त
1973-74	56.4	49.0	54.9	26.1	6.0	32.1
1977-78	53.1	45.2	51.3	26.4	6.5	32.9
1983	45.7	40.8	44.5	25.2	7.1	32.3
1987-88	39.1	38.2	38.9	23.2	7.5	30.71
1993-94	37.3	32.4	36.0	24.4	7.6	32.0
1999-2000 30दिवसीय प्रत्याह्वान	27.1	23.6	26.1	19.3	6.7	26.0

Source: Ninth Five Year Plan Vol. I. Economic Survey 2001-02

निर्धनता की प्रवृत्ति

(Trends of Poverty)

योजनाओं की अब तक की अवधि में 5,47,082 करोड़ रूपये खर्च करने के बावजूद भी भारत में 26 करोड़ लोग निर्धनता रेखा से नीचे रह रहे हैं। ऐसा प्रतीत होता है कि जितनी अधिक योजनायें हैं उतने ही निर्धन व्यक्ति है। (The more the plans, the more the poor) भारत में निर्धनता की प्रवृत्ति तालिका नं. 1 से स्पष्ट हो जाती है।

भारत में 1960-61 में लगभग 17 करोड़ लोग अर्थात् कुल जनसंख्या का 34 प्रतिशत निर्धनता रेखा से नीचे रह रहा था। 1993-94 में 32 करोड़ ही लोग निर्धनता रेखा से नीचे रह रहे थे। परन्तु यह जनसंख्या का केवल 36 प्रतिशत भाग था। नौवीं योजना के अनुसार 1999-2000 में 26 करोड़ लोग अर्थात् कुल जनसंख्या का 26 प्रतिशत भाग निर्धनता रेखा से नीचे रह रहा है। भारत में विभिन्न राज्यों में निर्धनों की संख्या विभिन्न है। यह अनुमान लगाया गया है कि तमिलनाडु, उत्तर प्रदेश, बिहार, उड़ीसा, तथा मध्य प्रदेश में निर्धनों की संख्या सबसे अधिक है। उत्तर प्रदेश की 41 प्रतिशत, बिहार की 55 प्रतिशत, उड़ीसा की 49 प्रतिशत, मध्य प्रदेश की 42 प्रतिशत जनसंख्या निर्धनता रेखा से निम्न स्तर पर है। पंजाब में 12 प्रतिशत अर्थात् सब राज्यों से कम जनसंख्या तथा हरियाणा में 25 प्रतिशत जनसंख्या तथा हिमाचल की 27 प्रतिशत जनसंख्या निर्धनता रेखा से नीचे रह रही है।

नौंवी पंचवर्षीय योजना

(Ninth Five Year Plan)

नौवी पंचवर्षीय योजना ने विशेषज्ञ समिति द्वारा सुझाई गई विधि के आधार पर गरीबी की मात्रा के अनुमान तालिका-1 में दिए हैं। राष्ट्रीय स्तर पर गरीबी अनुपात और गरीबों की कुल संख्या से संबंधित विभिन्न वर्षों के अनुमान निम्नलिखित तालिका में दिए गए हैं-

तालिका-1 से पता चलता है कि गरीबी का आकार 1973-74 में 55 प्रतिशत से घटकर 1993-94 में 36 प्रतिशत और 1999-2000 में 26 प्रतिशत हो गया। किन्तु इन 20 वर्षों (1973-93) की अवधि में गरीबों की कुल संख्या में कोई महत्वपूर्ण कमी नहीं आई। जनसंख्या में वृद्धि के कारण यह 32 करोड़ के आसपास ही स्थिर बनी रही। किन्तु अब 1999-2000 के नवीनतम अनुमान यह बताते हैं कि गरीबों की कुल संख्या में काफी कमी होकर यह 26 करोड़ पर रह गई। यह भी देखा गया कि इन सालों के दौरान गरीबी के अनुपात में कमी सभी राज्यों में एक जैसी नही रही। गरीबी का भूख के साथ निकट संबंध है। साल के कुछ महीनों में दिन में दो बार पेट भर भोजन के बिना रहने वाले व्यक्तियों की प्रतिशतता को प्राय: 'भुख अनुपात' (hunger ratio) कहा जाता है। 1983-93 के दौरान इस भुख अनुपात में भी कमी आई है। यह भी देखने में आया हैं कि भूख अनुपात गरीबी अनुपात से कम है। इससे यह प्रकट होता है कि सभी गरीब लोग भूखे नहीं रहते हैँ। फिर भी लंबे समय तक भूखे रहने की कोई भी घटना पर्याप्त चिंता का विषय होता है।

भारत में गरीबी से सम्बन्धित कुछ महत्वपूर्ण तथ्य

(Some Important Facts Concerning Poverty in India)

भारत में गरीबी की व्यापकता का अनुमान उपरोक्त तथ्य से हो जाता है, लेकिन ये आंकड़े यह स्पष्ट नहीं करते कि गरीबी की अवस्था में व्यक्ति और समाज का सामान्य जीवन-स्तर क्या होता है। यह समझने में प्रति व्यक्ति आय के आंकड़े और रहन सहन के स्तर सम्बन्धी तथ्य सहायता करते हैँ।

1. अल्प प्रति व्यक्ति आय - भारत में प्रति व्यक्ति वार्षिक आय अल्प है। लेकिन इस औसत को व्यापारियों, उद्योगपतियों, बड़े किसानों तथा ऊंचा वेतन पाने वाले मध्यम वर्ग के लोगों की आय प्रभावित करती है। इसलिए बड़ी संख्या में लोगों की आय इस औसत बहुत नीची होगी। योजना आयोग ने शहर में उन लोगों को गरीब माना है जिनकी 1979-80 की कीमतों के आधार पर प्रतिदिन आय 3 रु पए से भी कम है। दरअसल यह ठीक नहीं है। 1979-80 की कीमतों के आधार पर इस आय में व्यक्ति का रहन सहन क्या होगा, यह इसका सहज ही अनुमान लगाया जा सकता हैं। यदि हम यह मान लें कि वे सभी व्यक्ति जिनकी आय प्रति व्यक्ति राष्ट्रीय आय से कम है, गरीब है तो सम्भवतया इस देश के दो तिहाई से अधिक लोग गरीबों की श्रेणी में आ जाएंगे।

2. रहन-सहन का नीचा स्तर - यदि हम भारत के जनसाधारण के रहन सहन के स्तर पर विचार करते हैं तो जनसंख्या के एक बड़े भाग की दयनीय स्थिति स्पष्ट हो जाती है। अधिकांश भारतीय अल्प आहार पर जीवित रहते हैं। देश में लगभग 99 प्रतिशत लोगों की सन्तुलित भोजन नहीं मिलता। खेतिहर, मजदूर, छोटे किसान, ग्रामीण दस्तकार, शहरी मजदूर प्राय: अपर्याप्त भोजन पर जीवित रहते हैं। स्पष्ट हैं कि सम्पन्न परिवारों ने इस औसत से बहुत अधिक कपड़े का उपभोग किया होगा। इसलिए अधिकांश परिवारों ने प्रति व्यक्ति 6-7 मीटर से भी कम उपभोग किया होगा। किसान तथा मजदूर परिवारों के लोगों के जीर्ण शीर्ण वस्त्र उनकी मौसम के प्रकोप से रक्षा भी नही कर पाते।

आवास यद्यपि सभ्य समाज में रहने वाले लोगों के लिए बहुत आवश्यक है लेकिन देश में बहुत थोड़े लोगों के पास इसकी उचित व्यवस्था है। गांव में कच्चे मकान और फ़स

की झोपड़ियों और शहरों में मजदूरों की गन्दी बस्तियों तथा सड़कों के किनारें फुटपाथ पर सोने वाले लोगों को देखकर भी इस देश में गरीबी के स्वरूप का अनुमान हो सकता है। इस देश में आज भी 64 प्रतिशत लोग पूरी तरह अशिक्षित हैं। यहां बीमारियों और महामारी का प्रकोप रहता है। अधिकांश लोगों के लिए देश में किसी प्रकार की चिकित्सा की व्यवस्था नहीं है। यही कारण है कि भारत में लोगों की औसत आयु पश्चिमी देशों के लोगों की आँसत आयु से काफी नीची है।

गरीबी के कारण
(Causes of the Poverty)

भारत में निर्धनता की समस्या तथा उसके कारणों की विवेचना दीर्घकाल से अलग-अलग लोगों द्वारा अलग-अलग प्रकार से कि जाती रही है। सन् 1870 में दादाभाई नौरोजी ने भारत की निर्धनता के कारणों की विवचेना की थी। इसके मुख्य कारणों को दो भागों में बांटा जा सकता है (अ) आथिँक कारक और (ब) गैर आर्थिक कारक

(अ) आर्थिक कारक
(Economic Factors)

निम्नलिखित आर्थिक कारण भारत में गरीबी की विद्यमानता हेतु प्रमुख रूप से उत्तरदायी है:

(1) राष्ट्रीय उत्पाद का निम्न स्तर (Low Level of National Product) - भारत का कुल राष्ट्रीय उत्पाद जनसंख्या की तुलना में काफी कम है। इस कारण देश के नागरिकों की प्रति व्यक्ति आय का स्तर अत्यन्त निम्न हैं। भारत का शुद्ध राष्ट्रीय उत्पादन 2000-2001 में उसी वर्ष की कीमतों के आधार पर 16,79,982 करोड़ रूपये था तथा प्रति व्यक्ति आय केवल 16,047 रूपये थी, इस दृष्टि से भारत जो यू. एन. ओ. द्वारा निर्धारित बहुत अधिक निर्धन देशों की कसौटी में आता है।

(2) विकास की कम दर (Low Rate of Growth) -भारत की पंचवर्षीय योजनाओं में विकास की दर बहुत कम रही है। योजनाओं की अवधि में विकास की दर 4.1 प्रतिशत रही है। इसके विपरीत जनसंख्या 1.8 प्रतिशत की दर से बढ़ रही है। अतएव जनसंख्या वृद्धि दर की तुलना में विकास की दर बहुत कम बढ़ रही है। विकास की दर में कम वृद्धि होने के फलस्वरूप निर्धनता को दूर नहीं किया जा सका है।

(3) कीमतों में वृद्धि (Increase in Prices) -भारत में द्वितीय पंचवर्षीय योजना के आरम्भ से ही कीमतों में जो बढ़ने की प्रवृति आरम्भ हुई है वह अभी तक जारी है। इस तीव्र गति में होने वाली कीमत वृद्धि का देश की निर्धन जनता पर बहुत बुरा प्रभाव पड़ता है। इसके फलस्वरूप निर्धनता का प्रभाव बढ़ता जा रहा है।

(4) जनसंख्या का अधिक दबाव (Heavy Pressure of Population) -भारत में जनसंख्या अत्यन्त द्रुतगति से बढ़ रही है भारत में जनसंख्या का आकार न केवल बड़ा है वरन् इसमें तेजी से वृद्धि हो रही है। इस वृद्धि के कारण पिछले कई वर्षों से मृत्यु दर का तो कम हो जाना पर जन्म दर का लगभग स्थिर रहना है। जनसंख्या की वृद्धि की यह दर,

जो 1941–51 में 1.0 प्रतिशत थी, बढ़कर 1981–91 में 2.1 प्रतिशत हो गई है। जनसंख्या 2000–2001 में बढ़कर 102.70 करोड़ हो गई, जबकि 1991 की जनगणना के अनुसार जनसंख्या 84.63 करोड़ थी। जनसंख्या का यह दबाव विकास के मार्ग में सबसे बड़ी बाधा रही। भारत में जनसंख्या इस गति से बढ़ रही है कि कुल उत्पादन बढ़ने पर प्रत्येक व्यक्ति के हिस्से में अधिक धन नहीं हो पाता, जिससे जीवन-स्तर ऊंचा नहीं हो पाता। प्रति व्यक्ति भूमि भी कम होकर 0.13 हैक्टेयर रह गई है।

(5) निरन्तर रहने वाली बेरोजगारी (Chronic Unemployment and Under Employment) – भारत में बेरोजगारी के विभिन्न प्रकारों प्रच्छन्न अल्प रोजगार, मौसमी आदि, में प्रत्येक प्रकार की बेरोजगारी पाई जाती है। जनसंख्या के निरन्तर बढ़ने से यहाँ चिरकालीन बेरोजगारी व अर्द्धबेरोजगारी की स्थिति उत्पन्न हो गई है। भारत में शिक्षित बेरोजगारी से भी बढ़ कर कृषि में अदृश्य बेरोजगारी की समस्या है। बेरोजगारी की समस्या निर्धनता का मुख्य कारण है। भारत में 2000–2001 में लगभग 90 लाख व्यक्ति बेरोजगार थे। बेरोजगारी के कारण राष्ट्र की श्रमशक्ति का उत्पादक कार्यों में पूर्ण उपयोग नहीं हो पाता है। इके अतिरिक्त कार्यशील जनसंख्या पर आश्रितों की संख्या भी बढ़ रही है। इससे आय तथा उपभोग का स्तर भी कम हो रहा रहा है।

(6) पूंजी की अपर्याप्तता (Capital Deficiency) –यद्यपि पूँजी का सभी कार्यों में महत्व होता है किन्तु उद्योग, परिवहन, सिचांई तथा विकास के अन्य साधनों की स्थापना में पूंजी का विशेष स्थान होता है। इसलिए किसी देश के आर्थिक पिछड़ेपन का मुख्य कारण वहां पर पूंजी का अभाव हुआ करता है। भारत में भी ऐसी स्थिति विद्यमान है। भारत में लोगों की बचत का स्तर अत्यन्त निम्न है।

(7) कुशल श्रम व तकनीकी ज्ञान की कमी (Lack of Skilled Labour and Technical Knowledge) –भारत में औद्योगिक शिक्षा तथा प्रशिक्षण (Training) का भी उचित प्रबन्ध नहीं है। इस अभाव में जनसंख्या का आकार अधिक होने के कारण श्रम की पूर्ति तो बहुत अधिक है परन्तु कुशल व प्रशिक्षित श्रम का अभाव है।

(8) योग्य व निपुण उद्यमकर्त्ताओं का अभाव (Paucity of Able and Efficient Enterpreneurs) –अल्प-विकसित देशों में औद्योगिक विकास की प्रारम्भिक अवस्था में साहस और कल्पना शक्ति रखने वाले, जोखिम उठाने की योग्यता रखने वाले तथा अपने कार्य में दक्ष, निपुण एवं चतुर उद्यमकत्ताओं का अभाव होता है भारत में भी ऐसे उद्यमकर्त्ताओं का नितान्त अभाव है। फलस्वरूप, देश में मुख्यत: उन्हीं उद्योगों का विकास हो सका है जिनमें बहुत कम जोखिम है।

(9) उचित औद्योगीकरण का अभाव (Lack of Proper Industrialisation) – औद्योगिक दृष्टि से भारत अभी बहुत पिछड़ा हुआ है। भारत की गिनती पिछड़े हुए राष्ट्रों में की जाती है। यह इस तथ्य से प्रमाणित हो जात है कि आज भी बड़े स्तर के उद्योगों में भारत की कुल कार्यशील जनसंख्या का केवल 3 प्रतिशत भाग ही लगा हुआ है। यद्यपि उपभोक्ता वस्तु उद्योग जैसे साबुन, कपड़ा, चीनी, चमड़ा, तेल आदि उद्योगों का काफी सीमा तक

विकास सम्भव हुआ है किन्तु पुंजीगत एवं उत्पादक वस्तुओं के उद्योगों का विकास अभी तक समुचित प्रकार से नहीं हो पाया है। इसके लिए आज भी भारत को विदेशों पर निर्भर रहना पड़ता है।

(10) पुरानी सामाजिक संस्थाए (Outdated Social Institutions) - भारतीय अर्थव्यवस्था का मूल सामाजिक आधार आज तक भी पुरानी सामाजिक संस्थाएं तथा रूढ़ियां हैं। यह वर्तमान समय के अनुकूल नहीं है। ये संस्थाएं हैं- जाति प्रथा, संयुक्त परिवार प्रथा और उत्तराधिकार के नियम आदि। ये सभी भारतीय अर्थव्यवस्था में तेजी से होने वाले परिवर्तनों में बाधा उपस्थित करते हैं।

(11) प्राकृतिक साधनों का उचित प्रयोग न होना (No Proper Use of Natural Resources) - भारत प्राकृतिक संसाधनों की उपलब्धि की दृष्टि से अत्यन्त ही सम्पन्न देश हैं। यहां लोहा, कोयला, मैगनीज, अभ्रक जैसे बहुमूल्य खनिज पदार्थ प्रचुर मात्रा में उपलब्ध हैं तथा सम्पूर्ण वर्ष बहने वाली नदियां विद्युत शक्ति का एक महत्वपूर्ण साधन हैं। भारत में विभिन्न प्रकार की की मिट्टी पाई जाती है जो भिन्न भिन्न किस्म की फसलें उपजा सकती है तथा मानव शक्ति भी अन्य देशों से बहुत अधिक है। परन्तु इन सब साधनों का हमारे देश में ठीक प्रकार से प्रयोग नहीं हुआ है।

(12) आधारिक संरचना के समुन्नत साधनों का अभाव (Lack of Well Developed Infrastructure) भारत के विशाल क्षेत्र के अनुसार यहां यातायात एवं संदेशवाहन के साधनों का समुचित विकास नहीं हो सका है। सड़क और रेल यातायात के के समुचित रूप से उन्नत न होने के कारण कृषि विपणन दोषपूर्ण है। उद्योगों में समय पर कच्चा माल नहीं पहुंच पाता तथा उत्पादित वस्तुओं का सही वितरण नहीं हो पाता।

(13) स्फीतिकारी दबाव (Inflationary Pressures) -भारत में विशेषकर आम जरूरत की वस्तुओं की लागतार बढ़ती हुई कीमतों के कारण गरीब एवं मध्यम वर्ग पर दबाव बढ़ता जाता है। निरन्तर बढ़ती हुई कीमतों के कारण गरीबी की रेखा के नीचे जीवन यापतन करने वाली जनसंख्या के आकार में निरन्तर वृद्धि हो रही है।

(ब) गैर-आर्थिक कारण

(Non-Economic Factors)

भारत में गरीबी की विकराल स्थिति की विद्यमानता हेतु केवल आर्थिक ही नहीं वरन् अनेक सामाजिक कारण भी समान रूप से उत्तरदायी रहे हैं। गरीबी के लिए प्रमुख उत्तरदायी कारण निम्नलिखित है:

(1) ब्रिटिश शासन की विरासत (Legacy of British Rule) -अंग्रेजों ने अपने उपनिवेशी शासन के दौरान भारत में जमकर शोषण किया, यहाँ के परम्परागत उद्योग धन्धों को नष्ट किया और इस देश के आर्थिक विकास के प्रतिकूल नीतियाँ अपनाई। इन सभी का सम्मिलित प्रभाव यह हुआ कि राष्ट्रीय अर्थव्यवस्था इस प्रकार से छिन्न-भिन्न हुई की अभी तक सम्भल नहीं पाई है।

(2) जनसंख्या में तेजी से वृद्धि (Rapid Increase in Population) –भारत की जनसंख्या का आकार बड़ा है साथ ही इसमें बहुत तेजी से वृद्धि होती जा रही है। इसके कारण राष्ट्र की कुल आय में वृद्धि के बावजूद भी प्रति व्यक्ति आय एवं उपभोग के स्तर में कोई खास वृद्धि नहीं हो पा रही है।

(3) सामाजिक कारण (Social Factors) –अशिक्षा, अज्ञानता, भाग्यवाद, पुरातनपंथी, पिछड़े एवं विकास-विरोधी ढाँचे, विचारों, मान्यताओं एवं परम्पराओं के कारण भी देश विकास पथ अनेक बाधाओं से झुझना पड़ा है। इसके अतिरिक्त सरकार की कराधान और व्यय नीतियों का भी धनवान और गरीब के बीच के अंतराल को पाटने में ठीक प्रकार से अपनी उपयुक्त भूमिका का निर्वाह नहीं किया जा सका है।

भारत में गरीबी-उन्मुलन के उपाय
(Measures for Removal of Poverty In India)

गरीबी मानव सभ्यता में एक अभिशाप है जिसे दूर करना राष्ट्रिय अर्थव्यवस्था की प्राथमिक एवं अनिवार्य आवश्यकता है। गरीबी दूर किए बिना न तो देश के समस्त व्यक्तियों को आर्थिक विकास में सहभागी ही हैं और न ही देश के आम आदमी को सम्मानजनक ढग से जीवन जीने का अवसर ही प्रदान किये जा सकते हैं। इसलिए गरीबी उन्मुलन भारत की पंचवर्षीय योजनाओं का एक प्रमुख उद्देश्य रहा है। गरीबी हटाने के लिए मुख्य रूप से निम्नलिखित उपायो को अपनाना श्रेयस्कर होगा:

1. जनसंख्या नियन्त्रण (Population Control) – सम्भवत: किसी राष्ट्र में गरीबी का अत्यन्त महत्त्वपूर्ण कारण आवांछनीय जनसंख्या में वृद्धि रहा है। भारत में राष्ट्रीय आय एवं राष्ट्रीय उत्पादन में जिस दर से वृद्धि हुई हैं, प्रति व्यक्ति आय एवं प्रति व्यक्ति उत्पादन में उस दर से वृद्धि नहीं हो सकी है। गरीबी में वृद्धि यहीं से प्रारम्भ हुई है। कुल उत्पादन में बढ़ोत्तरी होने के बावजूद भी आम आदमी के उपभोग स्तर में वृद्धि नहीं हो सकी और गरीबों की संख्या बढ़ती गई। अत: भारत में गरीबी, उन्मुलन के लिए जनसंख्या पर नियन्त्रण स्थापित करना आवश्यक है। इसके लिए परिवार नियोजन कार्यक्रम को प्रभावी रूप से लागु करना होगा।

2. आय का पुनर्वितरण (Redistribution of Income) –आय और धन के वितरण की असमानता गरीबी को स्थायी बना देती है। यह नागरिकों की कार्यकुशलता को भी विपरीत रूप से प्रभावित करती है। जब देश की अर्थव्यवस्था का ढाँचा इस प्रकार का हो कि विकास के प्रयत्नों के कारण बढ़ी हुई आय को अमीर लोग ही हड़प जाते हों तो विकास के सारे प्रयत्न ही बेकार हो जाते हैं। ऐसी स्थिति में गरीबी घटने की बजाय और अधिक बढ़ जाती है। भारत में बहुत कुछ हद तक ऐसा ही हो रहा है। अत: यहाँ गरीबी उन्मुलन के लिए आय का इस प्रकार पुनर्वितरण कराना आवश्यक है जिससे गरीब वर्ग का आय व उपभोग का स्तर ऊँचा उठ सके। इसके लिए राष्ट्रीय साधन, सम्पत्ति एवं आय के प्रवाह को अमीरों से गरीबों की ओर मोड़ना होगा।

3. विकास की ऊँची दर (High Rate of Growth) –गरीबी उन्मूलन के लिए आय का पुनर्वितरण, जनसंख्या नियन्त्रण आदि उपायों का महत्त्व है, किन्तु इनकी कुछ

सीमाएँ है। अतः यह आवश्यक है कि गरीबी के स्थायी उपचार हेतु आर्थिक विकास की दर बढ़ाने पर ही सर्वाधिक ध्यान देना होना। यद्यपि आय के पुनर्वितरण के द्वारा वर्तमान वस्तुओं आपस में बँटवारा तो सम्भव हैं। किन्तु देश की वस्तुओं के कुल भंडारों में वृद्धि करने के लिए तो उत्पादन में वृद्धि करनी होगी। अतः भारत में गरीबी-उन्मुलन की दृष्टि से तीव्र आर्थिक विकास सर्वप्रथम अनिवार्य शर्त है। तीव्र आर्थिक विकास के लिए हमें उत्पादकता एवं कार्यकुशलता बढ़ाने, तकनिकी ज्ञान के स्तर में सुधार लाने, देश के मानवीय व प्राकृतिक साधनों का पूरा पूरा उपयोग करने जैसे उपाय करने होंगे।

यहाँ यह तथ्य विशेष रूप से उल्लेखनीय है कि विकास की ऊँची दर गरीबी हटाने की दृष्टि से एक अनिवार्य शर्त तो है किन्तु पर्याप्त शर्त नहीं। यह भी सम्भव है कि उत्पादन बढ़ने पर गरीबों के उपभोग-स्तर में सुधार न हो। ऐसा जनसंख्या के बढ़ने अथवा बढ़े हुए उत्पादन को देश के गिने-चुने अमीरों लोगों द्वारा हड़प जाने के कारण हो सकता है। अतः तीव्र आर्थिक विकास के साथ-साथ ही जनसंख्या के नियंत्रण एवं आय के पुनर्वितरण के उपाय भी आवश्यक है। वास्तव में ये सभी उपाय एक एक दूसरे के पूरक है।

4. कृषि का विकास (Development of Agriculture) -भारत मूल रूप से एक कृषि प्रधान देश है और भारत की खेती पिछड़ी हुई है। भारत में गरीबों का काफी बड़ा भाग कृषि क्षेत्र में ही पाया जाता है। अतः कृषि के विकास पर ध्यान देना प्रथम प्राथमिकता होना चाहिए। भूमिहीन किसानों व सीमान्त किसानों की स्थिति में सुधार लाने हेतु विशेष प्रयास किये जाने चाहिए। ग्रामीण क्षेत्र की गरीबी को दूर करने के लिए भूमि का पुनर्वितरण भी काफी उपयोगी उपाय है।

5. कुटीर व लघु उद्योगों का विकास (Development of Cottage and Small Scale Industries) -भारत में बेरोजगार लोगों को रोजगार प्रदान करने की दृष्टि से कुटीर ब लघु उद्योगों का विकास किया जाना आवश्यक है। इससे न केवल बेरोजगार गरीब लोगों को काम मिलेगा वरन् आय की असमानता भी घटेगी।

6. सामाजिक भागीदारी (Social Participation) -यदि गरीब लोग विकास के कार्यक्रमों में सक्रिय भागीदारी प्रारम्भ कर दे तो गरीबी को दूर किया जाना सरल हो जायगा। इसके लिए गरीबों को स्वयं को गरीबी-उन्मुलन और आर्थिक विकास के कार्यक्रमों में शामिल करना होगा। इस कार्य में पंचायती राज संस्थानों, स्वैच्छिक संगठनों और स्व-सहायता समूहों की भागीदारी को बढ़ाना आवश्यक होगा।

7. छिपी हुई बरोजगारी की समाप्ति और रोजगार में वृद्धि (Eradication of Disguised Unemployment and Increase in Employment) -निर्धनता दूर करने के लिए रोजगार, अर्द्धरोजगार तथा छिपी हुई बेरोजगारी को दूर करने के लिए विशेष प्रयत्न किये जाने आवश्यक है। ग्रामीण क्षेत्र में रोजगार बढ़ाने के अधिक अवसर है उनका पूरा लाभ उठाना चाहिए। कृषि का विकास करके भूमि पर एक से अधिक फसल उगाने के फलस्वरूप अर्द्ध बेरोजगारी तथा छिपी बेरोजगारी को कम किया जा सकता है। ग्रामीण क्षेत्र में कुटीर उद्योग, निर्माण आदि के कार्यों का विकास किया जाना चाहिए। शहरों में लघु उद्योग, यातायात आदि का अधिक विकास किया जाना चाहिए। शिक्षा की प्रणाली में परिवर्तन करके शिक्षित बेरोजगारों को रोजगार प्रदान किया जाना चाहिए।

8. उत्पादन की तकनीकों में परिवर्तन (Change in Technique of Production) –प्रो. गुन्नर मिर्डेल के अनुसार भारत के लिए पश्चिमी पूंजी प्रधान तकनीक नहीं अपनाई जानी चाहिए। भारत के लिए उत्पादन की श्रम प्रधान तकनीक अपनाई जानी चाहिए। भारतीय अर्थव्यवस्था में इस प्रकार का तकनीकी विकास करना चाहिए जिससे श्रम का पूरा उपयोग हो सके। वास्तव में, भारत के लिए मध्यम तकनीकें, जो श्रम प्रधान तथा पूंजी प्रधान तकनीकों के मध्य का मार्ग हैं, अपनाई जानी चाहिए। इसके फलस्वरूप रोजगार की मात्रा बढ़ेगी तथा निर्धनता को दूर किया जा सकेगा।

9. पिछड़े क्षेत्रों पर विशेष ध्यान (Special Attention on Backward Regions) – भारत में कुछ क्षेत्र जैसे उड़ीसा, नागालैण्ड, उत्तर प्रदेश, बिहार आदि में आज भी निर्धनों का अनुपात दूसरे प्रदेशों से अधिक है। सरकार को पिछड़े इलाकों में विशेष सुविधायें प्रदान करनी चाहिए जिससे निजी पूंजी उन प्रदेशों में निवेश किया जाना सम्भव हो सकें। इसके लिए सार्वजनिक क्षेत्रों का भी विकास किया जाना चाहिए।

10. न्यूनतम आवश्यकताओं की सन्तुष्टि (Provision for Minimum Needs of the Poor) – सरकार को निर्धनों की न्यूनतम आवश्यकताओं जैसे पीने का पानी, प्राथमिक चिकित्सा, प्राथमिक शिक्षा आदि को सन्तुष्ट करने के प्रयत्न करने चाहिए। इसके लिए यदि सरकार को अधिक से अधिक राशि व्यय करनी पड़े तो कोई बुराई नहीं है।

11. निर्धनों की उत्पादकता में वृद्धि (Increase in the Productivity of the Poor) –**डॉ. वी. के. आर. वी. राव** के अनुसार निर्धनता को दूर करने के लिए निर्धनों की आर्थिक उत्पादकता को बढ़ाना आवश्यक है। निर्धनों को स्वयं सतर्क होकर रोजगार की अवस्था को प्राप्त करने के प्रयत्न करने चाहिए। सरकार को इसके लिए सार्वजनिक तथा निजी क्षेत्रों में अधिक निवेश करना चाहिए। निर्धन वर्ग को रोजगार विन्मुख प्रशिक्षण दिया जाना चाहिए तथा उनकी उत्पादकता बढ़ाने के प्रयत्न किये जाने चाहिए।

गरीबी और आर्थिक नियोजन
(Poverty and the Economic Planning)

लगभग 20 वर्षों तक भारत सरकार और योजना आयोग की यह समझ रही है कि इस देश में आर्थिक विकास और गरीबी निवारण के उद्देश्यों को एक साथ प्राप्त कर सकना सम्भव नहीं है। यदि सरकार गरीबी निवारण के लिए साधनों को व्यय करती है तो आर्थिक विकास के लिए साधनों की कमी होगी जिससे विकास की प्रक्रिया बाधित हो जाएगी। वस्तुतः यह समझ न केवल गलत है, बल्कि विकास पर बल देकर गरीबी की उपेक्षा अन्यायपूर्ण भी है। भारतीय आर्थिक विकास का बोझ अन्तिम रूप से गरीब वर्ग पर है जबकि विकास के लाभ सम्पन्न वर्ग द्वारा हथिया लिया गया है। यही कारण है कि पिछले 50 वर्षों में जहां एक और गरीबों की संख्या ही नहीं, उनकी दरिद्रता भी बढ़ी है वहां दूसरी ओार पूंजीपतियों की पूंजी और सम्पन्नता अधिक हुई है। इस स्थिति ने देश में व्यापक स्तर पर असन्तोष को पैदा किया है और अनेक स्थानों पर गरीब अपने अधिकार लेने के लिए हिंसा पर भी उतर आए है। इस स्थिति में पहली बार पांचवी योजना में 'गरीबी-निवारण' आर्थिक नियोजन का उद्देश्य स्वीकार किया गया।

योजना आयोग की यह समझ थी कि गरीबी, मुख्य रूप से अल्प विकास और असमानताओं का परिणाम थी, इसलिए पांचवी और छठी योजनाओं में पुनः आर्थिक विकास पर जोर दिया गया लेकिन इस बार नीति यह थी कि विकास का लाभ गरीब वर्ग को अधिक मिलना चाहिए। इस दृष्टि से खाद्य पदार्थों और जनसाधारण के उपभोग की वस्तुओं के उत्पादन को बढ़ाने पर जोर दिया गया।

आठवीं योजना में सातवीं योजना की भांति की गरीबी निवारण के उद्देश्य से मुख्यतः तीन बातों पर बल दिया गया है: (i) बेरोजगार को दूर करने की दिशा में प्रयत्न किए जा रहे हैं, (ii) सबसे गरीब वर्ग के लोगों के जीवन स्तर में पर्याप्त सुधार की व्यवस्था की जा रही है और (iii) गरीब वर्ग में आने वाले लोगों की अनिवार्य जरूरतों जैसे पीने के लिए पानी, प्रारम्भिक शिक्षा, वयस्क साक्षरता, भूमिहीन किसानों के लिए आवास की व्यवस्था, इत्यादि की जा रही है। इसका तात्पर्य यह है कि अब स्थिति ऐसी आ गई है कि भारतीय पंचवर्षीय योजनाओं में गरीबों की गणना होने लगी है चाहे व्यवहार में उनके लिए अभी तक कोई बहुत ठोस कार्य नहीं हुआ हो। भविष्य में राज्य द्वारा गरीबी निवारण के लिए कितना कार्य होगा, यह गरीबों में अपने अधिकारों के प्रति चेतना के साथ-साथ अधिकार प्राप्त करने के लिए जरूरी संघर्ष कर सकने की सामर्थ्य पर निर्भर होगा।

बेरोजगारी
(Un-employment)

किसी राष्ट्र के नागरिको का जीवन स्तर में सुधार उनकी आय में वृद्धि, निर्धनता की समस्या का सम्मानजनक समाधान करने तथा राष्ट्रीय आय में वृद्धि के लिए राष्ट्र में विद्यमान रोजगार के स्तर में वृद्धि करना आर्थिक तथा सामाजिक विकास हेतु अत्यन्त आवश्यक है। वस्तुतः किसी देश में राष्ट्रीय आय का अनुमान उस देश में उपलब्ध रोजगार की कुल संख्या तथा श्रमिकों की औसत उत्पादकता को परस्पर गुणा करके लगाया जा सकता है। गरीबी समाप्त करने तथा आम जनता को सम्मान जनक जीवन स्तर प्रदान करने में रोजगार का महत्वपूर्ण स्थान है। राष्ट्र की सम्पूर्ण श्रम शक्ति का विकास करने तथा सम्पूर्ण समाज में शांन्ति एवं व्यवस्था बनाये रखने की दृष्टि से भी रोजगार का महत्वपूर्ण स्थान है। रोजगार वह क्रिया है जो आय कमाने के उद्देश्य से की जाती है।

बेरोजगारी का अर्थ
(Meaning of Un-employment)

सामान्यतया बेरोजगारी का आशय कार्य करने के योग्य एवं कार्य करने के इच्छुक व्यक्तियों के लिए प्रचलित मजदूरी दर पर काम ना मिल पाने से लगाया जाता है। अर्थशास्त्री बेरोजगारी का आशय एक ऐसी अवस्था से लगाते हैं जिसके अन्तर्गत व्यक्ति वर्तमान मजदूरी की दर पर कार्य करने को तैयार है परन्तु उसे कार्य नहीं मिलता। इस दृष्टि से किसी भी व्यक्ति को बेरोजगार केवल उसी अवस्था में कहा जा सकता है जबकि वह काम करने के यौग्य तो है तथा कार्य करना भी चाहता है किन्तु उसे कार्य नहीं मिलता। इसी दृष्टिकोण के अन्तर्गत बच्चों, बीमारों, बुढ़ों, अपाहिजों, पागलों, साधुओं, भिखारियों आदि को रोजगार में संलग्न नहीं माना जा सकता है। सामाजिक दृष्टि से बेरोजगारी उस अवस्था को कहते हैं। जिसमें देश के बहुमूल्य श्रम संसाधन बेकार पड़े रहते हैं। **प्रो. पीगु** के अनुसार, "एक व्यक्ति को उस

समय ही बेरोजगार कहा जायेगा जब उसके पास कोई रोजगार का साधन नहीं है, परन्तु वह रोजगार प्राप्त करना चाहता है। अत: स्पष्ट है कि बेरोजगारी वह अवस्था है जिसमें देश के अधिकांश व्यक्ति काम करने के योग्य होते हुए तथा वे वर्तमान मजदूरी की दर पर काम करने के इच्छुक होने के बावजूद भी उन्हें अन्य अनेक कारणों से कार्य नहीं मिल रहा है।

बेरोजगारी की प्रकृति

(Nature of Un-Employment)

भारत एक विकासशील देश है जिसमें बेरोजगारी की प्रकृति विकसित एवं औद्योगिक देशों में विद्यमान बेरोजगारी की किस्म से अलग है। विकसित अर्थव्यवस्थाओं में सामान्यतया चक्रीय एवं अल्पकालीन बेरोजगारी पाई जाती है। जो कि प्रभावी माँग की कमी के कारण उत्पन्न होती है। इसके विपरीत भारत जैसे विकासशील देश में मुख्य रूप से दीर्घकालीन एवं प्रच्छन्न बेरोजगारी की समस्या पाई जाती है। विकासशील देशों में बेरोजगारी उत्पन्न होने का प्रमुख कारण पूँजी की कमी होना है।

भारत में बेरोजगारी के प्रकार

(Types of Un-employment in India)

भारत में बेरोजगारी की समस्या बहुआयामी है। यहाँ बेरोजगारी केवल किसी विशिष्ट क्षेत्र अथवा जनसंख्या के किसी विशिष्ट वर्ग तक ही सीमित नहीं है। इसके विपरीत यह एक ऐसी समस्या है जो कि अर्थव्यवस्था के प्रत्येक क्षेत्र तक विस्तृत है। अत: भारत में बेरोजगारी के अनेक प्रकार अथवा स्तर विद्यमान है। इनमें से कुछ प्रमुख प्रकार अथवा स्तरों का वर्णन निम्न प्रकार प्रस्तुत किया जा सकता है।

1. संरचनात्मक बेरोजगारी (Structural Un-employment) - विकसीत देशो में बेरोजगारी की समस्या उत्पन्न होने का प्रमुख कारण बाजार में वस्तु की माँग का कम हो जाना होता है। जब वस्तु की बाजार में माँग कम होती है तब उद्योग भी अपने उत्पादन को घटा देते है। इस स्थिति में कुछ श्रमिकों की काम से छँटनी कर दी जाती है। यह वह स्थिति होती है जिसमें राष्ट्र के पास पर्याप्त पूँजी मशीनें एवं कल कारखाने तथा श्रम शक्ति उपलब्ध होने के बावजूद वे उत्पादन नहीं कर पाते। इसके विपरीत जैसे ही वस्तुओं की माँग बढ़ती है, उत्पादन प्रक्रिया पुन: प्रारम्भ हो जाती है जिसके फलस्वरूप रोजगार भी बढ़ना प्रारम्भ हो जाता है। इस प्रकार की बेरोजगारी को चक्रीय बेरोजगारी कहते हैं। यदि कोई राष्ट्र उत्पादन बढ़ाना चाहता है किन्तु उसके पास मशीने एवं कल कारखानों की कमी के कारण ऐसा किया जाना सम्भव नहीं होता तो उसे संरचनात्मक बेरोजगारी कहा जाता है। भारत में अधिकांश बेरोजगारी संरचनात्मक ही है।

2. प्रच्छन्न बेरोजगारी (Disguised Unemployment) -प्रच्छन्न बेरोजगारी सामान्यतया कृषि क्षेत्र में पायी जाती है। प्रच्छन्न बेरोजगारी का अभिप्राय उस स्थिति से है जब कृषि कार्य में आवश्यकता से अधिक लोग कार्य में संलग्न रहते हैं। यह स्थिति भारत में भली भाँती देखने को मिलती है। इस प्रकार की बेरोजगारी को खुले रूप से देखा नहीं जा सकता। सामान्यतया प्रच्छन्न बेरोजगारी की स्थिति भूमि पर जनसंख्या के दबाव के कारण उत्पन्न होती है।

3. मौसमी बेरोजगारी (Seasonal Unemployment) -यदि जनसंख्या को किसी विशेष समय में रोजगार उपलब्ध होता है तथा शेष समय में वह बेरोजगार रहती है तो इसे मौसमी बेरोजगारी कहते है। भारत में अधिकांश जनसंख्या का मुख्य व्यवसाय कृषि है और कृषि प्रकृति से एक मौसमी कार्य है। वर्ष के दौरान शेष बड़े भाग में भारतीय किसान के पास कोई कार्य नहीं रहता है। ग्रामीण क्षेत्रों में किसी वैकल्पिक व्यवसाय के अभाव में कृषक को विशेष मौसम के अतिरिक्त समय में बेरोजगार रहना पड़ता है। इस अवस्था को मौसमी बेरोजगारी कहा जाता है।

4. अल्प बेरोजगारी (Partial Unemployment)- भारत की नवी पंचवर्षीय योजना में अल्प रोजगार को निम्न दो प्रकार से परिभाषित किया गया है :

(अ) **अदृश्य अल्प रोजगार** - जब कार्य पर लगाए गए समय से पर्याप्त आय प्राप्त न हो, तो उसे अदृश्य अल्प रोजगार कहा जाता है। अत: श्रमिक अपनी आय में कुछ और जोड़ने के लिए अतिरिक्त कार्य या वैंकल्पिक कार्य चाहते है।

(ब) **दृश्य अल्प रोजगार** - यदि श्रमिक को प्राप्त कार्य के द्वारा उसके श्रम समय का पूर्ण उपयोग नहीं हो पाता, तो उसे दृश्य अल्प रोजगार कहा जाता है। कुछ लोगों को मौसमी कार्य या किसी अन्य कारण से वर्ष भर काम नहीं मिल पाता। यह भारत जैसे देश में कृषि कार्यों और कृषि आधारित उद्योगों में एक सामान्य समस्या है।

5. खुली बेरोजगारी (Open Unemployment) -यदि किसी राष्ट्र के नागरिक लाभप्रद रोजगार के अवसर प्राप्त करने से वंचित रहते हैं तो ऐसी स्थिति को खुली बेरोजगारी कहा जाता है। ऐसी बेरोजगारी किसी अर्थव्यवस्था से शहरी संगठित उद्योगों के क्षेत्र में अधिक पाई जाती है। इसका मुख्य कारण श्रम शक्ति में वृद्धि की तुलना में औद्योगिक विकास की धीमी दर का होना है। इसके अतिरिक्त भूमिहीन कृषि श्रमिकों में भी कुछ मात्रा में खुली बेरोजगारी की मात्रा विद्यमान रहती है। ग्रामीण जनसंख्या के पास कुटीर एवं हस्तशिल्प के पतन के परिणामस्वरूप आजीविका का कोई वैकल्पिक साधन नहीं रह जाने के कारण इस प्रकार की बेरोजगारी अधिक फैलती है।

6. प्रौद्योगिकीय बेरोजगारी (Technological Unemployment) -सामान्यत: प्रौद्योगिकीय बेरोजगारी उस समय फैलती है जब किसी विशिष्ट प्रौद्योगिकी का उत्पादन कर्यों में प्रवेश होने के बावजूद लोग बेरोजगार हो जाते हैं। उत्पादन क्षेत्र में श्रेष्ठ तकनीकों का प्रयोग होने से जब अनेक लोग बेरोजगार हो जाते हैं तो उसे तकनीकी अथवा प्रौद्योगिकी बेरोजगारी कहा जाता है। उदाहरण के लिए यदि जुते बनाने की आधुनिक मशीनों के प्रयोग से हाथों द्वारा जुते बनाने वाले लोगों का बेरोजगार हो जाना, इसी प्रकार कपड़ा बनाने की आधुनिक मशीनों के विस्तृत प्रयोग से जुलाहों या बुनकरों का बेरोजगार हो जाना। यह सभी प्रौद्योगिकीय बेरोजगारी के उदाहरण है।

7. शिक्षित बेरोजगारी (Educated Unemployment) - यद्यपि शिक्षा को ग्रहण रोजगार प्राप्ति की दृष्टि से किया जाता है। किन्तु यदि परिस्थितियाँ इसके विपरीत उत्पन्न हो तो इसे शिक्षित बेरोजगारी कहा जायगा। इस प्रकार की समस्या भारत तथा अन्य विकासशील

देशों में अधिक देखने को मिलती है। इस प्रकार की समस्या सामान्यतः शहरी क्षेत्रों में अधिक पाई जाती है।

8. औद्योगिक बेरोजगारी (Industrial Unemployment) – यदि पूंजी के गहन उपयोग से तकनीकी पर आधारित आधुनिक औद्योगिक विकास की गति बढ़ने से श्रमिकों की कम आवश्यकता रह जाए तो इसे औद्योगिक बेरोजगारी कहते हैं। भारत तथा अन्य विकासशील राष्ट्रों में विगत वर्षों में इस प्रकार की बेरोजगारी की समस्या अत्यन्त जटिल हुई है।

9. शहरी बेरोजगारी (Urban Unemployment) – शहरी क्षेत्रों की जनसंख्या ऊँची जन्म दर तथा ग्रामीण क्षेत्रों से लोगों का स्थानान्तरण के परिणामस्वरूप शहरी क्षेत्रों में उत्पन्न बेरोजगारी की समस्या को शहरी बेरोजगारी कहा जाता है। विगत वर्षों में शहरी क्षेत्रों में जनसंख्या के अधिक दबाव के कारण शहरी बेरोजगारी की समस्या अत्यन्त जटिल हुई है।

10. ग्रामीण बेरोजगारी (Rural Unemployment) – ग्रामीण क्षेत्रों में सामान्यतया प्रच्छन्न बेरोजगारी तथा मौसमी बेरोजगारी पाई जाती है। ग्रामीण क्षेत्रों के सन्दर्भ में इन दोनों प्रकार की बेरोजगारी के सम्मिलित स्वरूप को ग्रामीण बेरोजगारी कहा जाता है। गैर कृषि क्षेत्र में संलग्न अधिकतम ग्रामीण श्रमिक घरेलू उद्योग तथा विभिन्न प्रकार की सेवाओं में सलंग्न हैं।

भारत में बेरोजगारी का अनुमान

(Estimates of Un-employment in India

यद्यपि आर्थिक –सामाजिक समस्या के आकार का पूर्ण अनुमान लगा सकना कठिन कार्य होता है। भारत में लगभग 8.2 प्रतिशत श्रम शक्ति बेरोजगार है तथा 21 प्रतिशत अल्परोजगार में संलग्न है। छठी पंचवर्षीय योजनाअें (1980-85) में यह स्पष्ट रूप से स्वीकार किया गया था कि "रोजगार के क्षेत्र में भारत की स्थिति अत्यन्त असंतोषजनक है। भारत में बेरोजगारी का निरन्तर बढ़ता हुआ आकार इस बात का स्पष्ट संकेत देता है कि भारत में बेरोजगारी की समस्या पर करारा प्रहार नहीं हुआ है। सातवीं योजना के प्रादुर्भाव पर पाँच वर्ष की आयु के ऊपर के लोगों में अवशिष्ट बेरोजगारों के 92 लाख होने का अनुमान लगाया गया। यह भी व्यक्त किया गया कि इस आयु वर्ग में श्रम शक्ति की कुल वृद्धि 394 लाख होगी। इस प्रकार भारत में बेरोजगारी के बढ़ते हुए आकार को देखते हुए सातवी योजना में 476 लाख अतिरिक्त रोजगार के अवसरों की व्यवस्था करनी होगी। आठवीं योजना में राष्ट्रीय नमूना सर्वेक्षण के आधार पर देश में 1990 के आरम्भ में 160 लाख व्यक्ति खुली बेरोजगारी के रूप में बेरोजगार माने जा सकते है। इन्हें भी बेरोजगार ही माना जा सकता है। भारत में योजनाओं की अवधि में बेरोजगारी का अनुमान निम्नलिखित तालिका से लगाया जा सकता है:

तालिका -8 से ज्ञात होता है कि 1951 में भारत में 33 लाख व्यक्ति बेरोजगार थे। सातवीं योजना के अन्त तक भी 86 लाख लोग बेरोजगार थे। आठवीं योजना के अन्त में 153 लाख बेरोजगार थे।

तालिका-8

योजनाओं में बेरोजगारी (लाख में)

योजना	योजना शुरू होने के समय बेरोजगार (1)	योजना अवधि में श्रम शक्ति में वृद्धि (2)	जोड (1 + 2) (3)	नये रोजगार अवसरों का निर्माण (4)	योजना के अन्त में बेरोजगार (3—4)
1. पहली योजना (1951-56)	33	90	123	70	53
2. दूसरी योजना (1956-61)	53	118	171	100	71
3 तीसरी योजना (1961-66)	71	170	241	145	96
4. तीन वार्षिक योजनाएं (1966-69)	96	140	236	110	126
5. चौथीं योजना (1969-74)	126	204	330	190	140
6. पांचवीं योजना (1974-79)	140	220	360	154	206
7. छठीं योजना (1980-85)	206	354	560	468	92
8. सातवीं योजना (1985-90)	92	394	486	400	86
9 आठवीं योजना (1992-97)	230	360	590	437	153

(**Source** : Seventh Five Year Plan and Eighth Five Year Plan)

शिक्षित वर्ग में बेरोजगारी

तालिका-9 में प्रस्तुत आंकड़े भारत में शिक्षित बेरोजगारों की संख्या दर्शाते हैं। तालिका-9 में प्रस्तुत आंकड़े यह स्पष्ट करते हैं कि 1971 और 1991 के बीच शिक्षित बेरोजगारों की संख्या 23 लाख से बढ़कर 278 लाख हो गयी। इससे स्पष्ट होता है कि भारतीय समाज में शिक्षा, यहाँ तक की उच्च शिक्षा प्राप्त करने की लालसा आज भी विद्यमान है। अधिकांश युवक युवतियाँ सैकण्ड्री तथा हायर सैकण्ड्री के पश्चात भी रोजगार उपलब्ध न होने के कारण ग्रेजुएट तथा पोस्ट ग्रेजूएट की डिग्री प्राप्त करना चाहते हैं ।

तालिका-9

भारत में रोजगार कार्यालय में पंजीकृत नौकरियाँ तलाश करने वालों की संख्या

दिसम्बर अंत	1961	1971	1981	1991	1998
1. मैट्रिक	4.63 (78.5)	12.97 (56.5)	58.08 (55.5)	131.11 (58.4)	157.83 (56.8)
2. हायर सैकण्ड्री, इण्टर आदि	0.71 (12.0)	6.05 (26.3)	23.25 (25.8)	55.16 (24.6)	70.21 (25.3)
3. स्नातक एवं स्नात्तकोपरान्त	0.56 (9.5)	3.94 (17.1)	16.85 (18.7)	38.07 (17.0)	49.85 (17.9)
4. जोड (1 से 3)	5.90 (100.0)	22.96 (100.0)	90.18 (100.0)	224.34 (100.0)	277.89 (100.0)
5. अकुशल श्रपिक एवं अन्य	12.43	28.04	75.66	138.6	123.0
6. कुल (4 + 5)	18.33	51.00	165.84	363.0	400.0

भारत में विभिन्न राज्यों की स्थिति बेरोजगारी की दृष्टि से विभिन्न है। मेघालय में सबसे कम अर्थात् केवल 0.41 प्रतिशत श्रम शक्ति बेरोजगार है। इसके विपरीत केरल में सबसे अधिक अर्थात् 5.7 प्रतिशत श्रमशक्ति बेरोजगार है। दक्षिण के चार राज्यों केरल, कर्नाटक, आन्ध्र प्रदेश तथा तमिलनाडू में तथा पूर्व के तीन राज्यों उडीसा पश्चिमी बंगाल तथा बिहार में बेरोजगारी सबसे अधिक है। इसके विपरीत मेघालय, नागालैण्ड, हिमाचल, मणीपुर में बेरोजगारी बहुत कम है। उत्तर प्रदेश, मध्य प्रदेश, असम तथा राजस्थान में बेरोजगारी कम है। इसके विपरीत पंजाब, हरियाणा, महाराष्ट्र, जम्मु-कशमीर तथा गुजरात में बेरोजगारी की दर सामान्य है। राज्यों में बेरोजगारी के सम्बन्ध में विभिन्नता पाई जाने के कई कारण है। सामान्यतया जिन राज्यों में निम्नलिखित विशेषताएँ पाई जाती है उनमें बेरोजगारी की दर अधिक होती है: (1) काश्तकारों की तुलना में कृषि श्रमिकों का अधिक अनुपात (2) शहरीकरण की अधिक प्रवृत्ति परन्तु उद्योगों का कम विकास (3) कृषि पर जनसंख्या का अधिक दबाव (4) शिक्षा का अधिक प्रसार।

बेरोजगारी की समस्या के प्रभाव

(Effects of Un-employment Problem)

भारत में बेरोजगारी एक अत्यन्त गम्भीर समस्या है। इसके निम्नलिखित बुरे प्रभाव सम्भावित हैं:

(1) मानवीय साधनों की हानि - बेरोजगारी के फलस्वरूप देश के मानवीय साधनों की हानि होती है देश की श्रम शक्ति का समय रोजगार के अभाव में व्यर्थ चला जाता है। उसका कोई रचनात्मक लाभ उठाया जाना सम्भव नहीं होता है। यदि मानवीय साधनों का उचित उपयोग किया जाएगा तो देश में आर्थिक विकास की दर में वृद्धि हो सकेगी।

(2) निर्धनता में वृद्धि - बेरोजगारी की अवस्था में मनुष्य की आय का कोई साधन नहीं होता। वे निर्धन होते हैं। बेरोजगारी के बढ़ने पर निर्धनता भी बढ़ती है। व्यक्ति कर्जदार हो जाते हैं। उनकी आर्थिक समस्यायें बढ़ती है।

(3) सामाजिक समस्याएँ - बेरोजगारी के फलस्वरूप कई प्रकार की सामाजिक समस्यायें जैसे बेईमानी, अनैतिकता, शराबखोरी, जुएबाजी, चोरी डकैती उत्पन्न होती है। इसके फलस्वरूप सामाजिक सुरक्षा को खतरा पेदा हो जाता है। देश में अव्यवस्था उत्पन्न हो जाती है। सरकार को शान्ति और व्यवस्था कायम रखने पर काफी धन खर्च करना पड़ता है।

(4) राजनीतिक अस्थिरता - बेरोजगारी के फलस्वरूप देश में राजनीतिक, अस्थिरता उत्पनन हो जाती है। बेरोजगार व्यक्ति तोड़फोड़ तथा अन्य आतंकवादी कार्य करने लगते हैं। उनका प्रजातन्त्रात्मक मूल्यों तथा शान्तिपूर्ण उपायों से विश्वास समाप्त हो जाता है। वे उस सरकार को निकम्मी समझने लगते हैं जो उन्हें रोजगार प्रदान न करा सके। वे उसे बदलने का प्रयत्न करने लगते हैं। राजनीतिक अस्थिरता के कारण देश का आर्थिक विकास कठिन हो जाता है।

(5) औद्योगिक संघर्ष - संघर्षात्मक बेरोजगारी तथा इसी प्रकार की अन्य बेरोजगारी के कारण औद्योगिक संघर्ष उत्पन्न होते हैं। इसका श्रमिकों व मालिकों के सम्बन्धों पर बुरा प्रभाव पड़ता है। औद्योगिक झगड़ों के कारण बेरोजगारी कम होने के स्थान पर और बढ़ जाती है। देश में वस्तुओं का उत्पादन कम होता है तथा कीमतों में वृद्धि होती है।

(6) मजदूरों का शोषण : बेरोजगारी के कारण सभी श्रमिकों का शोषण होता है। जिन श्रमिकों को रोजगार मिलता भी है उन्हें भी कम मजदूरी व प्रतिकूल परिस्थितियों में काम करना पड़ता है। इसका श्रमिकों की कार्यकुशलता पर बुरा प्रभाव पड़ता है।

संक्षेप में, बेरोजगारी, आर्थिक शोषण, सामाजिक अव्यवस्था तथा राजनीतिक अस्थिरता का कारण है। प्रत्येक सरकार का यह उत्तरदायित्व हो जाता है कि वह बेरोजगारी को कम करके अधिक से अधिक लोगों को रोजगार उपलब्ध करायें।

भारत में बेरोजगारी की समस्या के कारण

बेरोजगारी एक बहु-आयामी समस्या हैं। किसी एक अथवा विशिष्ट कारणों को बेरोजगारी जैसी आर्थिक-सामाजिक समस्या के निरन्तर भयावह रूप धारण करने के लिए उत्तरदायी नहीं ठहराया जा सकता है। भारत में बढ़ती हुई बेरोजगारी के मुख्य कारण निम्नलिखित हैं :

(1) जनसंख्या में तेजी से वृद्धि : स्वतन्त्रता के बाद से भारत में जनसंख्या के बढ़ने की दर काफी ज्यादा रही है। इस समय देश की जनसंख्या में लगभग 2 प्रतिशत प्रतिवर्ष की दर से वृद्धि हो रही है। जनसंख्या बढ़ने से देश की श्रम शक्ति में वृद्धि होना स्वाभाविक है, रोजगार के अवसर उतनी तेजी से नहीं बढ़ पाते। इस कारण बेरोजगार लोगों की संख्या दिन-प्रतिदिन बढ़ती जा रही है।

(2) विकास की दर धीमी : भारत की विभिन्न योजनाओं में राष्ट्र द्वारा विकास दर के जो लक्ष्य निर्धारित किए थे कुल मिलाकर हम उन लक्ष्यों को प्राप्त नहीं कर सके हैं।

देश की आवश्यकता को देखतें हुए जितनी तेजी से विकास होना चाहिए था, वह नहीं हो पा रहा है। कृषि व उद्योग दोनों ही क्षेत्रों में प्रगति आशाजनक नहीं रही है। विकास की इस धीमी गति के कारण हमारी अर्थव्यवस्था की रोजगार प्रदान करने की क्षमता भी कमजोर हुई है। यही एक प्रमुख उत्तरदायी कारण है कि देश में रोजगार के अवसर पर्याप्त मात्रा में नहीं बढ़ पा रहे हैं।

(3) कृषि पर अधिक निर्भरता - भारत प्रारम्भ से ही कृषि प्रधान देश रहा है और आज भी भारतीय अर्थव्यवस्था कृषि पर ही अधिकांशतः निर्भर करती है। कृषि क्षेत्र में भूमि की मात्रा सीमित होती है। अतः इसमें रोजगार अवसरों का बहुत ज्यादा विस्तान नहीं किया जा सकता। कृषि की प्रकृति मौसमी होने के कारण भी यह क्षेत्र अधिक व्यक्तियों को रोजगार उपलब्ध करवाने में असमर्थ है। मिल पाता।

(4) पूँजी निर्माण का निम्न स्तर- भारत की बेरोजगारी विद्यमानता हेतु उत्तरदायी कारणों में एक मुख्य कारण अपर्याप्त पूँजी है। राष्ट्र की श्रम शक्ति की तुलना में राष्ट्रीय पूँजी साधन अपर्याप्त है। हमारा पूँजी ढाँचा कमजोर है।

(5) दोषपूर्ण शिक्षा प्रणाली - भारत की शिक्षा प्रणली अभी भी उपनिवेशवादी है। भारत में अंग्रेज सरकार की आवश्यकताओं के अनुसार क्लर्क पैदा करने के लिए हुआ। भारत में स्वतन्त्रता प्राप्ति के पश्चात आर्थिक विकास की प्रक्रिया के क्रियान्वयन के पाँच दशक से अधिक का समय व्यतित हो जाने के पश्चात् राष्ट्र की शिक्षा व्यवस्था तथा राष्ट्रीय अर्थव्यवस्था की आवश्यकता के मध्य सामंजस्य स्थापित नहीं हो सका है।

(6) कुटीर और लघु उद्योगों का पतन : अंग्रेजों ने औद्योगिक विकास के सम्बन्ध में जो नीति अपनाई थी उससे लघु व कुटीर उद्योगों में काम करने वाले कारीगरों को बहुत धक्का पहुंचा था। निसन्देह जिन वस्तुओं का उत्पादन राष्ट्रीय अर्थव्यवस्था के गौरवपूर्ण क्षेत्र कुटिर एवं लघु उद्योगों द्वारा उत्पादन किये जाने की विशेषता थी, उनके उत्पादन को बड़े आकार वाले उद्योगों द्वारा उत्पादित किया जाना प्रारम्भ कर दिया गया है। इससे अपनी बारिकीयों के कारण प्रसिद्ध श्रमशक्ति बेरोजगार हो गयी है। स्वतन्त्रता प्राप्ति के पश्चात् भारत सरकार ने इन उद्योगों को उन्नत करने का काफी प्रयास किया है पर फिर भी ग्रामीण क्षेत्रों में, इनमें काम करने वाले काफी व्यक्ति अभी भी बेकार बैठे हैं।

(7) अल्प रोजगार के कारण - भारत में अल्परोजगार का मुख्य कारण उत्पादन के साधनों की अपर्याप्त मात्रा में उपलब्धि है। उदाहरण के लिए कृषि में सिंचाई की कमी के कारण भूमि का पूरे वर्ष उपयोग नहीं हो पाता। बिजली, कोयले तथा कच्चे माल की कमी के कारण भी लोगों को पूरे वर्ष रोजगार नहीं उपलब्ध रहता अतएव साधनो की कमी अल्परोजगार का बहुत बड़ा कारण है।

(8) कम बचत तथा निवेश : हमारे देश में पूंजी निर्माण की दर अत्यन्त ही निम्न है। जो थोड़ी बहुत पूंजी है भी उसका निवेश भी ठीक प्रकार से नहीं किया गया है। निवेश, बचत पर निर्भर करता है। राष्ट्र में बचत की दर भी अत्यन्त निम्न है। इसलिए बचत और निवेश मेंकमी के कारण श्रमिकों के लिए रोजगार के पर्याप्त अवसर पैदा नहीं किये जा सके हैं।

भारत में रोजगारी नीति की प्रमुख विशेषताएँ

बेरोजगारी एक भयंकर आर्थिक-सामाजिक समस्या है। अल्प विकसित राष्ट्रों में यह निरन्तर जटिल रूप धारण कर रही है। तीव्र गति से बढ़ती हुयी जनसंख्या तथा नवीन रोजगार सृजन नीति में विद्यमान कमजोरी बेरोजगारी के प्रमुख कारण है। अतः ऐसी रोजगार नीति की आवश्यकता है जो बेरोजगारी की समस्या का सम्मानजनक निवारण कर सके। भारत में रोजगार नीति की मुख्य विशेषताएँ निम्नलिखित होनी चाहिये।

(1) पूर्ण तथा अधिक उत्पादकता रोजगार : देश की रोजगार नीति का मुख्य उद्देश्य रोजगार के अवसरों को बढ़ाना तथा रोजगार की उत्पादकता में वृद्धि करना होना चाहिए। सरकार को प्रारम्भ से ही ऐसी नीति अपनानी चाहिए जो जनसंख्या के एक बड़े भाग को सम्मानजन रोजगार के अवशर उपलब्ध करवा सके। इसके पश्चात् रोजगार की उत्पादकता को बढ़ाने का प्रयास करना चाहिए।

(2) उत्पादन में वृद्धि : रोजगार बढाने के लिए आवश्यक है कि देश में अधिकांश रोजगार प्रदान करने वाले क्षेत्रों जैसे कृषि तथा औद्योगिक क्षेत्र के उत्पादन बढाये जाये। लघु तथा कुटीर उद्योगों के विकास को अधिक प्रोत्साहन दिया जाये। विदेशी व्यापार, खनिज तथा बागानों के उत्पादन को बढ़ाया जाये।

(3) योजनाओं में रोजगार के कार्यक्रमों को अधिक महत्व : विभिन्न पंचवर्षीय योजनाएँ तथा रोजगार योजनाओं के अन्तर्गत ऐसे कार्यक्रमों को अधिक महत्व प्रदान किये जाने की नीति को अपनाया जाना आवश्यक है। जिससे रोजगार का स्तर सामान्य रूप से बढता जाये। इसके लिए सिंचाई, सड़के, बाढ़ नियन्त्रण, बिजली, कृषि, वन, ग्रामीण विद्युतीकरण, भूमि संरक्षण, लघु उद्योगों का विकास तथा निर्माण कार्य अधिक उपयोग सिद्ध हो सकता है। ऐसे प्रोग्रामों पर भी अधिक ध्यान दिया जाना चाहिए जिनसे भविष्य में रोजगार के अधिक अवसर सृजन होंगे। जैसे स्कूल शिक्षा, हस्पताल, आवास, ग्रामीण पेयजल योजनायें आदि। इसके विपरीत रोजगार बढ़ाने वाले आपातकालीन कार्यक्रमों को नहीं अपनाया जाना चाहिए क्योंकि उनके संचालन में अपव्यय अधिक होता है तथा रोजगार में स्थायी रूप से वृद्धि नहीं होती।

(4) पूँजी निर्माण की ऊँची दर – राष्ट्र में पूंजी निर्माण की दर अधिक रखनी चाहिए। पूंजी निर्माण ऐसे कार्यों में अधिक किया जाना चाहिए जिससे देश में रोजगार के अवसर अधिक बढ़ सके। पूँजी उत्पादन अनुपात को कम रखा जाना चाहिए। वर्तमान में पूँजी उत्पादन अनुपात 5 : 1 उपयुक्त माना जाता है। इसका अभिप्राय है कि देश में एक रूपये का उत्पादन करने के लिए पांच रूपये की पूंजी का निवेश किया जायेगा। पूंजी उत्पादन अनुपात अधिक होने से पूंजी निर्माण की दर बढ़ाने का उत्पादन तथा रोजगार पर कोई असर नहीं पड़ेगा। इसलिए पूंजी निर्माण की दर बढ़ाने के साथ साथ पूँजी उत्पाद अनुपात में कमी की जानी चाहिए।

(5) स्वयं रोजगार लोगों को अधिक सहायता : भारत में लगभग 62 प्रतिशत लोग स्वयं रोजगार में लगे हुए हैं। इनमें से अधिकतर लोग कृषि क्षेत्र से हैं। इसके अतिरिक्त व्यापार, कुटीर और लघु उद्योग, भवन निर्माण, जलपानग्रह, यातायात आदि में काफी लोग

स्वयं रोजगार वाले हैं। सरकार को लघु तथा सीमान्त किसानों को भूमि, सिचांई, अच्छे बीज, खाद, यन्त्र, साख आदि की सुविधाएं देनी चाहिए। इसके अतिरिक्त शहरी क्षेत्रों में रहने वाले स्वयं रोजगार लोगों को साख, मार्केटिंग, कच्चे माल, टैक्निकल प्रशिक्षण कार्य आदि की सुविधाएँ दी जानी चाहिए।

(6) रोजगार कार्यालयों का विस्तार - देश में रोजगार कार्यालयों की कमी के कारण कई लोगों को रोजगार प्राप्त करने के उचित अवसर नहीं मिल पाते। इसलिए देश में अधिक मात्रा में रोजगार कार्यालयों के अधिकारियों को चाहिए कि बेरोजगार व्यक्तियों के साथ अच्छा व्यवहार करें ओर उनको रोजगार सम्बन्धी सही सूचना देकर राष्ट्र की सेवा में अपना योगदान दें।

(7) शिक्षा प्रणाली में परिवर्तन : देश में शिक्षा प्रणाली को पूर्णरूप से बदलने की आवश्यकता है। कॉलेजों तथा विश्वविद्यालयों को चाहिए कि वे केवल उन्हीं छात्रों को प्रवेश दें जो वास्तव में कोई भावी लक्ष्य सामने रखकर अपनी शिक्षा को जारी रखना चाहते हैं। शुरू से ही शिक्षा प्रणाली में व्यावसायिक शिक्षा प्रणाली पर बल दिया जाना चाहिए। गांव में शिक्षित व्यक्तियों को अध्यापक, डाक्टर आदि के रूप में काम करने की भावना अपने अन्दर जागृत करनी होगी। इन्जीनियरों के लिए सरकारी सहायता से लघु उद्योग स्थापित करने की व्यवस्था होनी चाहिए। विद्यालय रोजगार सूचना एवम् निर्देशन संस्थाओं को सुदृढ़ करके उन्हें रोजगार एजेन्सियों के सम्बन्ध स्थापित करने चाहिए।

(8) मौसमी बेरोजगारी सम्बन्धी नीति - कृषि क्षेत्र में तथा कृषि पर आधारित गतिविधियों में मौसमी बेरोजगारी काफी सीमा तक पाई जाती है। इसे दूर करने के लिए निम्नलिखित सुझाव दिये जा सकते हैं: (1) कृषि में बहुफसल उगाई को प्रोत्साहित किया जाना चाहिए। (2) कृषि से सम्बन्धित अन्य कार्यों जैसे सूखी खेती, बागान, फल, डेरी, पशुपालन आदि को प्रोत्साहन दिया जाना चाहिए। (3) गांवों में सिचांई, बाढ़ नियन्त्रण, ग्रामीण सड़क, हस्पतालों का निर्माण, सड़कों पर वृक्ष आदि लगाने के कार्यक्रम प्रारम्भ किये जाने चाहिए तथा (4) अधिक संख्या में कुटीर उद्योगों की स्थापना की जानी चाहिए।

(9) औद्योगिक तकनीक में परिवर्तन - देश के बडे उद्योगों मे श्रम प्रधान तकनीकों का अधिक प्रयोग किया जाना चाहिए। ऐसे उद्योगों की स्थापना पर बल दिया जाना चाहिए जिनमें उत्पादन तुरन्त आरम्भ हो जाता है। आवश्यक उपभोक्ता पदार्थों के उद्योगों के विकास पर अधिक महत्व दिया जाना चाहिए।

(10) सहकारिता - बेरोजगार लोगों को संगठित करके सहकारिता के आधार पर नये उद्योग स्थापित किए जाने चाहिए। केरल सरकार ने कोचीन के 600 बेरोजगारों को संगठित करके एक कपड़ा मिल की स्थापना की जिसमें प्रत्येक बेरोजगार ने 500 रूपये लगाए हैं और बाकी धन सरकार ने लगाया है। इसी प्रकार अन्य राज्य सरकारें भी सहकारिता का विकास करके बेरोजगारी की समस्या के समाधान में सहायता कर सकती है।

(11) महिलाओं के लिए रोजगार - महिलाओं के लिए रोजगार के विशेष अवसर उपलब्ध कराये जाने चाहिये। महिलाओं को सार्वजनिक तथा निजी संगठित क्षेत्रों में अधिक रोजगार के अवसर उपलब्ध कराये जाने चाहिये। इस क्षेत्र में असंगठित क्षेत्र की

तुलना में अधिक सुरक्षा, सुविधायें तथा वेतन प्राप्त होता है। वर्तमान समय में संगठित क्षेत्र द्वारा दिये जाने वाले रोजगार में महिलाओं का भाग बहुत कम अर्थात् केवल 12 प्रतिशत है। संगठित क्षेत्र में महिलाओं के रोजगार अवसरों को बढ़ाने के लिये निम्नलिखित उपाय किये जाने चाहिये :

(अ) संगठित क्षेत्र के सेवा नियोजकों को इस बात के लिए प्रोत्साहित तथा प्रेरित किया जाना चाहिये कि वे महिलाओं को अधिक रोजगार प्रदान करें। उन्हें महिलाओं के विरूद्ध किसी प्रकार का पक्षपात नहीं करना चाहिये। (ब) महिलाओं को शिक्षा तथा प्रशिक्षण की विशेष सुविधायें प्रदान की जानी चाहिये। उनके प्रशिक्षण का विविधीकरण किया जाना चाहिये। (स) कामकाजी माताओं के लिए आवास की सुविधाओं में कई गुनी वृद्धि की जानी चाहिये (द) माताओं को काम करने के समय के दौरान बच्चों की देखभाग के लिए क्रेच अर्थात शिशु देखभाल केन्द्रों की सुविधायें उपलब्ध कराई जानी चाहिये। (य) महिलाओं की शिक्षा, प्रशिक्षण तथा रोजगार के प्रति समाज में जो पक्षपात है उसे दूर किया जाना चाहिए।

सरकार द्वारा किये गये प्रयत्न
(Government's Efforts)

भारत सरकार रोजगार के अवशरों में वृद्धि करने की दिशा में सदैव प्रयत्नशील रही है। सरकार क्षरा आरम्भ से ही रोजगार को बढ़ाने के लिए विशेष रूप से प्रयत्न किये गये है। चतुर्थ पंचवर्षीय योजना से सरकार इस दिशा में विशेष्प रूप से प्रत्यत्नशील रही है। भारत सरकार ने ग्रामीण बेरोजगारी का अध्ययन करने के लिए दॉता वाला समिति की नियुक्ति की थी। इस अध्ययन दल ने अपनी रिपोर्ट 1970 में प्रकाशित की। श्री भगवती की अध्यक्षता में बेरोजगारी का हल ढूढंने के लिए एक नया अध्ययन दल नियुक्त की गई। इस अध्ययन दल ने 1972 में अपनी अन्तिम रिपोर्ट प्रस्तुत की थी। इस रिपोर्ट के अनुसार गांवों में सड़क निर्माण, छोटी सिंचाई, बिजली, इत्यादि की योजनाएं लागू की जानी चाहिए जिनमें दो साल में करीब 40 लाख लोगों को अतिरिक्त रोजगार प्राप्त होना सम्भावित होगा। सरकार ने बेरोजगारी दूर करने के लिए मुख्य कदम उठाए है, वे इस प्रकार है:

(1) समन्वित ग्रामीण विकास कार्यक्रम : भारत सरकार ने सन् 1978 में ग्रामीण क्षेत्र में पूर्ण रोजगार की व्यवस्था करने के लिए समन्वित ग्रामीण विकास कार्यक्रम आरम्भ किया है। इस कार्यक्रम के अन्तर्गत 5111 ब्लाकों में कृषि, पशुपालन, वन, मछली, लघु तथा कुटीर उद्योग धन्धें, सड़कों नहरों के निर्माण आदि का विकास करके अधिक मात्रा में रोजगार दिलाने की व्यवस्था की गई है। इस प्रोग्राम के द्वारा 1981 से 1998 तक 515 लाख परिवारों को लाभ हुआ। 1997–98 में इस कार्यक्रम से 17 लाख परिवारों को सहायता प्राप्त हुई है।

1 अप्रैल, 1999 के पश्चात् इसके स्थान पर स्वर्णजयंती ग्राम स्वरोजगार योजना (एस.जी.एस.वाई) को प्रारम्भ किया गया है। इस कार्यक्रम के अन्तर्गत अनु. जा., अनु. ज.जाति, महिला तथा विकंलागों को स्वरोजगार प्रारम्भ करने के लिए सहायता प्रदान की जाती है।

(2) अकाल पीड़ित प्रदेशों के लिए कार्यक्रम - यह योजना 1973 में आरम्भ की गई थी। यह योजना 13 राज्यों के 155 ऐसे जिलों में लागू की गई जहां बार बार अकाल पड़ते हैं। प्रत्येक जिले पर 2 करोड़ रूपये खर्च किये जाते हैं यह धन ऐसे कार्यों पर खर्च किया जाता है जिससे एक ओर उत्पादन में वृद्धि हो और दूसरी ओर अधिक लोगों को रोजगार मिल सके। यह योजना विशेष रूप से मौसमी बेरोजगारी को दूर करने में सहायक सिद्ध होती है। सन् 1973 से सातवीं योजना तक इस कार्यक्रम पर 742 करोड़ रू. खर्च किये गये हैं। आठवीं योजना में इस प्रोग्राम पर 1,000 करोड़ रूपये खर्च किये गये हैं।

(3) स्वयं रोजगार के लिए प्रशिक्षग : देश के युवकों में बेरोजगारी कम करने के लिए ''ग्रामीण स्वयं रोजगार प्रशिक्षण की राष्ट्रीय योजना'' 15 अगस्त 1979 को प्रारम्भ की गई थी। प्रशिक्षण के दौरान युवकों को वित्तीय सहायता दी जाती है। प्रशिक्षण की समाप्ति के पश्चात् उन्हें प्रोजक्स रिपोर्ट तैयार कराने तथा बैंक से ऋण दिलाने की व्यवस्था की जाती है। प्रत्येक युवक को अपना काम आरम्भ करने के लिए 3,000 रूपये से 5,000 रूपये तक की सहायता भी दी जाती है। सातवीं योजना में इस प्रोग्राम के अन्तर्गत ग्रामीण युवकों को प्रशिक्षण देने के लिए ''संयुक्त ग्रामीण प्रशिक्षण तथा तकनीकी केन्द्र'' खोले गये हैँ। 1997-98 में इस योजना के अन्तर्गत 2.5 लाख ग्रामीण युवकों को प्रशीक्षण दिया गया है। अब इसे स्पर्ण जयंती ग्राम स्वरोजगार योजना का भाग बना दिया गया है।

(4) जवाहर रोजगार योजना - 28 अप्रैल 1989 को जवाहर रोजगार योजना आरम्भ की गई थी। इस योजना का लक्ष्य प्रत्येक निर्धन ग्रामीण परिवार के कम से कम एक सदस्य को उसके घर के नजदीक कार्यस्थल पर प्रतिवर्ष 50 से लेकर 100 दिनों तक रोजगार देना है। इस योजना के फलस्वरूप जितना रोजगार पैदा होगा उसका 30 प्रतिशत महिलाओं के लिए आरक्षित कर दिया जायेगा। इस योजना पर जितना खर्च आयेगा उसका 80 प्रतिशत केन्द्रीय सरकार देगी तथा 20 प्रतिशत राज्य सरकार देगी। इस योजना में 1989 में राष्ट्रीय ग्रामीण रोजगार योजना तथा ग्रामीण भूमिहीन रोजगार गारन्टी स्कीम को मिला दिया गया है। इन योजनाओं को ग्राम पंचायतें लागू करती है। यह अनुमान लगाया गया है कि पिछले सात वर्षों के दौरान ग्रामोण रोजगार योजना का लक्ष्य प्रत्येक पंचायत तक पहुंचना था। तीन से चार हजार तक की आबादी वाली एक ग्राम पंचायत को जवाहर रोजगार योजना के कार्यान्वयन के लिए प्रतिवर्ष 80 हजार रूपये से लेकर एक लाख रूपये तक प्राप्त होंगे। पंचायतें स्थानीय जरूरतों और साधनों को देख कर खुद ही रोजगार योजनाएं बनाती है। सभी मौजूदा ग्रामीण मजदूरी रोजगार कार्यक्रम जवाहर रोजगार योजना में शामिल कर लिये गये है। यह योजना गरीबी की रेखा से नीचे रहने वाले ग्रामीण भारत के 440 लाख परिवारों तक देश के कोने कोने में पहुँची हुई है। जवाहर रोजगार योजना, गांवों के 22 करोड़ 15 लाख निर्धन लोगों में से केवल 4 करोड़ 40 लाख लोगों को रोजगार दे सकेगी।

(5) लघु तथा कुटीर उद्योग : सरकार ने बेरोजगारी को कम करने के लिए लघु तथा कुटीर उद्योगों के विकास के लिए प्रयत्न किए है। इन उद्योगों के अन्तर्गत 1997-98 में 349 लाख लोगों को रोजगार मिल रहा है।

(6) संगठित क्षेत्र का विकास – सरकार के प्रयत्नों के फलस्वरूप सार्वजनिक तथा निजी संगठित क्षेत्र में अर्थात उद्योग, खनिज, यातायात, निर्माण में भी काफी लोगों को रोजगार मिल रहा है।

(7) रोजगार के दफ्तर : सरकार ने रोजगार की सुविधा को बढ़ाने के लिए लगभग 915 रोजगार के दफ्तर स्थापित किये हैं। यह दफ्तर प्रत्यक्ष रूप से रोजगार नहीं देते हैं परन्तु रोजगार की मांग में सन्तुलन स्थापित कराने में काफी सहायता देते हैं। सरकार रोजगार के रिक्त स्थानों के सम्बन्ध में सूचना देने के लिए रोजगार सूचना पत्रिका प्रकाशित करती है।

(8) रोजगार गारन्टी स्कीम – महाराष्ट्र, पश्चिमी बंगाल, केरल, राजस्थान आदि कई राज्यों में रोजगार गारन्टी स्कीम आरम्भ की गई। इस स्कीम के अन्तर्गत बेरोजगार व्यक्तियों को रोजगार दिलाने में आर्थिक सहायता दी जाती है।

(9) विदेशों में रोजगार स्कीम – सरकार लोगों को विदेश में भी रोजगार दिलाने के प्रयत्न कर रही है। अरब देशों जैसे कुवैत आदि में लोगों को रोजगार दिलाने कि लिए विशेष एजेन्सियां बनाई गई है।

(10) रोजगार बीमा योजना – यह योजना 1994 में आरम्भ की गई है। यह योजना सभी ग्रामीण खण्डों में लागू की जा रही है, जहां संशोधित सार्वजनिक वितरण प्रणाली प्रचलित है। इस योजना का लक्ष्य रोजगार को तलाश करने वाले ग्रामीण निर्धन व्यक्तियों को 100 दिन का अकुशल शारीरिक श्रम कार्य उपलब्ध कराना है। इसका लक्ष्य ग्रामीण इलाकों में गरीब लोगों को विशेष रूप से कृषि सम्बन्धी कार्य के मन्दी वाले मौसम में रोजगार प्रदान करना है।

(11) प्रधानमन्त्री रोजगार योजना – यह योजना शिक्षित बेरोजगार युवाओं को स्वरोजगार देने के लिये बनाई गई है। इस योजना के अन्तर्गत 1998 तक 7.5 लाख बेरोजगार शिक्षित युवकों को स्व–रोजगार दिलाया जा चुका हैं।

(12) स्वर्ण जयन्ती शहरी रोजगार योजना : इस योजना का आरम्भ 1 दिसम्बर 1997 से हुआ। इस योजना में शहरी बेरोजगारों को रोजगार प्रदान करने से सम्बन्धित योजनाओं जैसे नेहरू रोजगार योजना तथा प्रधानमन्त्री समन्वित शहरी निर्धनता उन्मूलन प्रोग्राम आदि को मिला दिया गया है।

(13) ग्राम समृद्धि योजना – सन् 1999–2000 के बजट के अनुसार जवाहर रोजगार योजना का संशोधन किया जायेगा। इसका नाम बदल कर 'ग्राम समृद्धि योजना' किया जायेगा। नई स्कीम के अन्तर्गत गांवों में रोजगार के अवसर बढ़ाने के लिए बुनियादी सुविधाओं का विकास करने का अधिकार ग्राम पंचायतों को होगा। इस योजना पर केन्द्रीय तथा राज्य सरकारों द्वारा किया जाने वाला सारा खर्च पंचायतों के माध्यम से ही किया जायेगा। केवल पंचायतों को ही गांवों के लिए वार्षिक योजनाएं बनाने तथा उन्हें लागू करने का अधिकार होगा। वे ग्राम सभा की स्वीकृति से काम शुरू करवा सकेगी। ग्राम पंचायत, ग्राम सभा तथा जनता की जानकारी के लिए एक रोजगार रजिस्टर रख जायेगा।

प्रश्न

1. भारत में बेरोजगारी की वर्तमान स्थिति का वर्णन करो। इस समस्या के समाधान के उचित सुझाव दीजिए।

   Discuss the present status of unemployment in India. Give appropriate suggestion to solve the problem.

2. भारत में बेरोजगारी के कारणों का वर्णन करें। इस समस्या के समाधान के लिए सरकार ने कौन-कौन से प्रयत्न किए हैं।

   Discuss briefly causes of unemployment in India. What effords made by the government to remove this problem.

3. भारत में बेरोजगारी का स्तर कितना है? इस समस्या के समाधान के लिए आप क्या सुझाव देगें?

   What is the extent of unemployment in India. Give suggestions to solve this problem.

4. क्षेत्रिय असन्तुलन से आप क्या समझते है? क्षेत्रिय असन्तुलन की प्रमुख संकेतांक क्या है?

   What do you mean by Regional Imbalances? What are important indicators of Regional Imbalances.

5. क्षेत्रिय असन्तुलन को दूर करने सम्बन्धी प्रमुख उपाय सुझाइये।

   Discuss briefly remedial measures removing Regional Imbalances.

6. क्षेत्रिय असन्तुलन को दूर करने की दिशा में कौनसे प्रमुख उपाय किये गये है। इन उपायों की प्रगति का मुल्यांकन कीजिए।

   What measures have taken to remove Regional Imbalances. What has been performance of measures adopted for removing Regional Imbalances.

7. भारत में जनसंख्या वृद्धि की प्रमुख प्रवृत्तियाँ बतलाइये। जनसंख्या वृद्धि के कारण आर्थिक विकास किस प्रकार कठिन हो गया है।

   Discuss briefly important trend in population growth in India. How economic development become difficult give to population growth.

8. भारत की वर्तमान जनसंख्या नीति की आलोचनात्मक व्याख्या कीजिये।

   Critically examine present population policy of India.

9. जनसंख्या विस्फोट से क्या अभिप्राय है? जनसंख्या विस्फोट रोकने के लिये व्यावहारिक सुझाव दे?

What do you mean by population explosion. Give suggestion to check Population growth.

10. निर्धनता से क्या अभिप्राय है? भारत में निर्धनता के कारणों का वर्णन करें। निर्धनता की समस्या के समाधान के लिए सुझाव दें।

What do you mean by poverty. Discuss causes of poverty in India. Give suggestion to remove poverty from India.

11. भारत में निर्धनता के विस्तार का वर्णन करें। निर्धनता के मुख्य कारण कौन से हैं?

Discuss extent of poverty in India. What are the main causes of poverty.

12. भारत में असमानता के विचित्र प्रकारों का वर्णन करें। यह बतायें कि ये परस्पर एक-दूसरे को किस प्रकार मजबूत करते हैं?

Discuss breifly various types of economic inequality in India. Discuss how these strengthen to each other.

13. भारत में असमानता के कारणों का वर्णन करें।

Discuss briefly causes of economic inequalty in India.

14. भारत में आय की असमानताओं को दूर करने के उपाय संक्षेप में बताए।

Discuss briefely measures to remove economic inequality in India.

□□□

12

कृषि में कुशलता (क्षमता) एवं उत्पादकता

[Efficiency and Productivity in Agriculture]

लगभग दो दशकों से अर्थशास्त्रियों में फार्म आकार, उत्पादित तथा फार्म कुशलता के सम्बन्ध में एक विवाद चल रहा है । चूंकि कृषि में कुशलता और उत्पादकता में भेद किया जाता है अत: इनके अर्थ का स्पष्टीकरण आवश्यक है ।

उत्पादकता का अर्थ
(Meaning of Productivity)

कुशलता (क्षमता) की व्याख्या लागत के ऊपर बेशी मूल्य सृजन के रूप में की गयी है । लागत के सभी प्रयुक्त साधनों के मूल्य को जोड़ना होगा, चाहे वह चुकाया गया हो या अनुमानित हो । छोटे फार्म के किसान अपने पारिवारिक श्रम का प्रयोग करते हैं जिसके लिए मजदूरी नहीं चुकानी पड़ती, लेकिन लागत का हिसाब करते समय इसके अनुमानित मूल्य को जोड़ना होगा । अत: कुशलता भूमि की एक इकाई (मान लो, एक एकड़) को जोतने से प्राप्त होने वाले लाभ को दर्शाती है। लाभ को जानने के लिए हमें, भूमि की एक इकाई से प्राप्त कुल उपज के मूल्य में से उपज को प्राप्त करने के लिए आने वाली सभी लागतों को घटाना होगा ।

उत्पादकता का अर्थ
(Meaning of Productivity)

कृषि उत्पादकता का अर्थ भूमि की प्रति इकाई उत्पादन से है । उत्पादकता जोतों के आकार को ध्यान में रखती है । संक्षेप में प्रति एकड़ उपज का कुल मूल्य तथा तथा जोत के आकार में जो सम्बन्ध पाया जाता है उसे फार्म की उत्पादकता कहते हैं ।

'उत्पादकता या 'कुशलता' को मापने के लिए भूमि की इकाई के निवल या शुद्ध क्षेत्र का प्रयोग किया जाता है न कि इसके फसलों के अधीन सकल क्षेत्र का ।

खेतों के आकार तथा उनकी कुशलता एवं उत्पादकता के बारे में मतभेद
(Difference of Opinion about Size of the Farm, Their Efficiency and Productivity)

खेतों के आकार तथा उनकी कुशलता तथा उत्पादकता के बारे में मतभेद सैद्धान्तिक और व्यावहारिक, दोनों स्तरों का ही होता रहा है, जैसा कि निम्नलिखित विवरण से स्पष्ट हो जायेगा ।

कम कुशलता : ए. के . अमृतसैन, नोबल पुरस्कार विजेता, ने जोतों का आकार तथा कुशलता के सम्बन्ध में अध्ययन करके यह निष्कर्ष निकाला कि जैसे-जैसे खेतों के आखार बझते जाते हैं उनकी प्रति एकड़ लाभदायकता भी बढ़ती जाती है। दूसरे शब्दों में बड़े आकार के खेतों की तुलना भें छोटे आकार के खेत लाभकारिता की दृष्टि से अकुशल पाये गये हैं । लागतों की गणना करते समय जब पारिवारिक श्रम की अनुमानित मजदूरी का हिसाब लगाया जाता है तब छोटे आकार के खेत लाभकारी नहीं ठहरते अर्थात् लागत से ऊपर कुछ अधिशेष नहीं रहता जबकि बड़े आकार के खेतों में इसके सम्बन्ध में लागत का हिसाब करने के बाद अधिशेष का अंश मौजूद रहता है तथा यह फार्म के आकार में वृद्धि के साथ बढ़ता है । इस बात को लेकर यह कहा जाता है कि जैसे-जैसे फार्म का आकार बढ़ता जाता है, वैसे-वैसे (लागत के ऊपर बेशी उत्पादन के अर्थ में) खेती की लाभकारिता बढ़ती जाती है।

छोटे आकार के खेत अनिवार्यतः अकुशल नहीं ठहरते । बहुत से विद्वान छोटे आकार के खेतों की अकुशलता के उपर्युक्त विचार से सहमत नहीं है । इसके समर्थन में तर्क दिये जाते हैं । जैसे—

(1) पारिवारिक श्रम की लागत का सही-सही अनुमान नहीं लगाया जा सकता।

(2) इसी प्रकार छोटे खेतों के सम्बन्ध में पशुओं के रख-रखाव की लागत अपेक्षाकृत ऊँची होती है।

(3) खेत छोटे होने के कारण बैलों का भरपूर उपयोग संभव नहीं हो पाता । उनकी कुछ क्षमता अप्रयुक्त पड़ रहती है । फलस्वरूप प्रतिफल के हिसाब से लागत अधिक बैठती है ।

बड़े आकार के खेतों में उपर्युक्त समस्याएं नहीं होती हैं । इसके अतिरिक्त यह बात भी देखने में आती है कि अनेक छोटे खेत लाभ कमाने में असमर्थ हैं । जबकी कई बड़े फार्म हान की स्थिति में पाये जाते हैं । अतः अकुशलता की बात छोटे आकार के खेतों के साथ ही सदैव लागू नहीं होती । संक्षेप में, छोटे आकार के खेत अनिवार्यता नहीं होते ।

खेतों के आकार और उनकी उत्पादकता
(Size of Farms and Their Productivity)

यदि हम लागत और प्रतिफल अर्थात् लाभकारिता से हटकर, भूमि से प्राप्त उपज की दृष्टि से विचार करें तो छोटे आकार वाले खेतों की स्थिति सर्वथा भिन्न नजर आती हैं ।

खेत के आकार तथा इनकी उत्पादकता के बीच अनेक अध्ययन किये गये हैं । जिनसे इस बात की पुष्टि होती है कि फर्म आकार एवं उत्पादकता में विलोम सम्बन्ध हैं अर्थात् छोटे फार्मों पर प्रति एकड़ उत्पादित ऊँची होती है और जोत के आकार में वृद्धि के साथ यह कम होती जाती है। भारतीय कृषि के सन्दर्भ में यह बात स्पष्ट रूप से देखने में मिलती है।

प्रो. ए. के. सेन ने भी वर्ष 1962 में कृषि भिन्न -भिन्न आकार वाले खेतों को उत्पादकता का विश्लेषण कर यह निष्कर्ष निकाला कि साधारणतया जैसे-जैसे एक खेत का आकार बढ़ता जाता है, उसकी प्रति एकड़ उत्पादकता कम होती जाती है। दूसरे शब्दों में, खेतों के आकार तथा उनकी उत्पादकता में उलटा सम्बन्ध हैं ।

ऊँची उत्पादकता के कारण
(Causes for High Productitvity)

छोटी जोतों की उँची उत्पादकता के कई कारण बताये जाते हैं जिनमें से कुछ प्रमुख निम्नलिखित हैं :

1. पारिवारिक श्रम का उपयोग : जोत का आकार तथा उत्पादकता के उलटे सम्बन्ध विषय पर ए. के. सेन ने शोध कार्य किया उनके अनुसार इसका वर्णन परिवार को निम्न अवसर लागत के आधार पर किया जा सकता है । इस विचारधारा के नुसार पारिवारिक श्रम तब तक कार्य करता चला जाता है जब तक श्रम की सीमान्त उत्पादकता शून्य न हो जाये । दूसरे शब्दों में चूंकि यहां मजदूरी देने की बात नहीं उठती, इसलिए खेती में परिवार के सदस्यों को तब तक लगाया जाता है, जब तक कि भूमि से थोड़ा भी उत्पादन प्राप्त किया जा सकता है । यह प्रक्रिया उस समय बन्द की जाती है जब भूमि से अतिरिक्त उत्पादन प्राप्त करना सम्भव नहीं रह जाता अर्थात् जब श्रम की सीमान्त उत्पादकता शून्य हो जाती है । इस प्रकार उपज की मात्रा अधिकतम हो जायेगी ।

दूसरी ओर बड़े फार्म में बाहरी मजदूरी पर लगाकर खेती की जाती है। ऐसे श्रमिकों को उस समय तक कृषि में लगाया जाता है, जब तक कि उनका सीमान्त उत्पादन मजदूरी से अधिक होगा । जब सीमान्त उत्पादन मजदूरी के बराबर हो लेगा, तब श्रमिकों को लगाने की क्रिया बन्द कर दी जायेगी । इसक आगे श्रमिक नहीं लगाए जायेंगे, क्योंकि सीमान्त उत्पादन की तुलना में मजदूरी अधिक बैठने पर मालिकों को नुकसान होगा । इस प्रकार बड़े फार्म पर उत्पादन कार्य अपेक्षाकृत पहले रोक दिया जायेगा । फलस्वरूप यहाँ प्रति हेक्टयर उत्पादिकता कम बैठेगी ।

2. फसल गहनता—छोटे फार्म की अधिक उत्पादकता का एक कारण फसल उगाने की गहनता भी है अर्थात् कृषि भूमि में वर्ष में कई फसलें ली जाती हैं । इस सम्बन्ओध में प्रश्न यह उठता है कि बड़ी जोतों पर फसल की गहनता छोटी फसलों की तुलना में क्यों कम होती हैं ?

इसका कारण यह है कि बड़े किसानों के लिए लाभ कमाने के अनेक वैकल्पिक रास्त होते हैं, जैसे छोटे किसानों एवं खेतिहर मजदूर को ऊंची ब्याज दर पर रूपया उदार देना, कृषि पदार्थों का व्यापार करना अथवा गांवों में औद्योगिक वस्तुओं की बिक्री करना । अधिकतम लाभ कमाने के उद्देश्य से वे ईन वैकल्पिक साधनों के बीच चयन करते हैं । कभी-कभी लाभ के अधिकतमीकरण के लिए वे भूमि को परती या खाली छोड़ देते हैं जिससे फसल की गहनता कम हो जाती है । छोटे किसानों के साथ ऐसा नहीं है ।

3. मनोवृत्ति—हमने पहले ह कहा है कि जहां एक बड़ा किसान वेतन देकर श्रमिकों को काम पर लगाता है, वहीं एक छोटा किसान परिवार के सदस्यों की सहायता से खेती करता है । घरेलू श्रम तथा बाहर के श्रम की मनोवृत्ति में काफी अंतर देखा जाता है । जहाँ परिवार के सदस्य स्वंय ही मन लगाकर काम करते हैं, वहीं बाहर के श्रम के कार्य की देखभाल आवश्यक हो जाती है और वे पूर्ण मनोयोग से कार्य भी नहीं करते हैं ।

4. स्वामित्व—बड़े खेतों पर काम करने वाले श्रमिक अधिकतर अस्थाई होते हैं । वे कभी इस खेत में काम करते हैं तो कभी उस पर । उनका एक ही खेत से एक स्थाई सम्बन्ध का न होना भी इसकी उत्पादकता पर प्रतिकूल प्रभाव डाल सकता है । दूसरी ओर परिवारिक श्रम निरन्तर उसी खेत पर काम करता है, उसके गुणों और अवगुणों को अच्छी प्रकार से जानता है तथा इस कारण स्वंय ही आवश्यकता अनुसार अपने काम के बारे में निर्णय ले लेता है ।

5. उच्चतर उपयोग—छोटी जोतों की ऊंची उत्पादकता का एक कारण भूमि के उच्चतर उपयोग से सम्बन्धित है । छोटे फार्म के सम्बन्ध में अनेक सर्वेक्षणों से इस बात की पुष्टि होती है कि छोटे फार्म में कुल जोत क्षेत्र के रूप में शुद्ध जोती गयी भूमि का अनुपात अधिक होता है । और फार्म केआकार में वृद्धि होने के साथ-साथ यह अनुपात सामान्यत: कम होता जाता है । अत: चूंकि छोटी जोतों के साथ भूमि का उपयोग अनुपात अपेक्षाकृत ऊंचा होता है इस कारण प्रति हेक्टर उपज भी अधिक होती है ।

उपर्युक्त विवेचन से स्पष्ट होता है कि यद्यपि कुशलता अथवा लाभकारिता की दृष्टि से छोटे आकार के फार्म बहुत अधिक ठीक नहीं बैठते, लेकिन उत्पादिता के आधार पर इनकी स्थिति बहुत मजबूत होती है। चूंकि हमारे कृषि क्षेत्र में श्रम की बहुलता है और भूमि की उत्पादिता में भारी वृद्धि लाना हमारे लिए बहुत जरूरी है, इसलिए छोटे आकार के फार्म अपेक्षाकृत अधिक उपयुक्त ठहरते हैं ।

हरित क्रांति तथा खेतों के आकार एवं उनकी उत्पादकता में सम्बन्ध

(Green Revolution and the Inverse Relationship)

कई अर्थशास्त्रियों के अनुसार, 1950 के दशक में जब भारतीय कृषि एक पांरपरिक चरण में थी, खेतों के आकार तथा उनकी उत्पादकता के उलटे सम्बन्थ थे। वर्ष 1965 के बाद भारत के कुछ भागों में, कृषि में एक पूंजी प्रधान तकनीक अपनायी गयी । तकनीक जिसके कारण भारत में हरित क्रांति अपनायी गयी । नयी तकनीक जिसके कारण भारत में हरित क्रांति का प्रारम्भ हुआ, छोटे किसानों के लिए पहली तकनीक की भांति इतनी लाभप्रद नहीं थी। इस तकनीक को अपनाने के लिए का प्रारम्भ हुआ, छोटे किसानों के लिए पहली तकनीक की भांति इतनी लाभप्रद नहीं थी।

इस तकनीक को अपनाने के लिए पूंजी की बहुत आवश्यकता थी, जो कि केवल बड़े किसान ही उपलब्ध करवा सकते थे। वह न केवल अपनी पूंजी का ही प्रयोग कर सकते थे, अपितु उनके लिए किसी बाहरी स्त्रोत व पूंजी का प्रबन्ध करना भी अधिक आसान था। इस कारण इस तकनीक ने बड़े खेतों की उत्पादकता पर एक अनुकूल प्रभाव डाला । इस प्रकार नई तकनीक बड़े-बड़े खेतों के लिए उपयोगी है तथा इसके उपयोग के कारण बड़े-बड़े खेतों की उत्पादकता में वृद्धि हुई है । भारत में क्रांति के पश्चात् यह विपरीत सम्बन्ध समाप्त हो गया और इसका स्थान धनात्मक या समान अनुपात वृद्धि ने ले लिया ।

हनुमंत राव ने 1975 में इस बात की पुष्टि की कि जोत के छोटे आकार तथा उत्पादकता में उलटा सम्बन्ध होता है । भट्टाचार्य और सैनी, चड्ढा तथा कपूर और कहलों के अध्ययनों ने भी इस बात की पुष्टि की कि हरित क्रांति के बाद खेतों के आकार तथा उनकी उत्पादकता में उलटे सम्बन्ध क्षीण हो गये थे। जापान में भी ऐसा हआ था। 1963 में चावल की उत्पादकता बड़े खेतों पर छोटे खेतों की तुलना में अधिक थी जबकि 1930 में यह छोटे खेतों की तुलना में कम थी ।

आधुनिक अध्ययनों के निष्कर्ष

(Modern Conclusions of Study)

अभी कुछ समय पहले के अध्ययनों से पता चला है कि खेतों के आकार था उनकी उत्पादकता में उलटे सम्बन्ध फिर प्रकट होने लगें है । इनमें हैड और सिरकार, बीना अग्रावल, संक्खानस, भल्ला और चड्ढा द्वारा दिए गये अध्ययन सम्मिलित हैं । ऐसा प्रतीत होता है कि छोटे किसान भी अब नयी तकनीक का लाभ उठा रहे हैं । साथ ही उनके पास बड़े किसानों की तुलना में प्रति एकड़ अधिक श्रम की उपलब्धि इस लाभ को और भी अधिक बढ़ा रही है ।

मुख्य नष्कर्ष —उपरोक्त विवेचन के आधार पर खेतों के आकार और उनकी उत्पादकता के सम्बन्ध में मुख्य निष्कर्ष इरा प्रकार हैं :

1. '' हरित क्रांति से पहले, भारतीय कृषि में लगभग सामान्य रूप से, खेती के आकार तथा उनकी उत्पादकता में उलटे सम्बन्ध थे ।

2. हरित क्रांति के पश्चात् भारत के उन क्षेत्रों में जहां पर कृषि की नवीन तकनीक अपनायी गयी थी, खेतों के आकार तथा उनकी उत्पादकता में उलटे सम्बन्ध या तो क्षीण हो गये या फिर बिलकुल समाप्त हो गये ।

3. अब से कुछ समय पहले के अध्ययनों से पता चलता है कि क्रांति वाले क्षेत्रों में, खेतों के आकार और उनकी उत्पादकता में उलटे सम्बन्ध फिर से प्रकट होने लगे हैं ।''

फर्म —आकार और उत्पादकता या लाभदायकता के सम्बन्ध में विश्लेषण से नीति सम्बन्धी दो निष्कर्ष निकलते हैं :

1. जोत की अधिकतम सीमा को अब भी कुशलता के आधार पर न्योजित ठहराया जा सकता है । (चूंकि फाम-आकार तथा उत्पादिता में विलोम सम्बन्ध अभी भी कायम है) तथा समता के आधार पर, जोत की अधिकतम सीमा का औचित्य और भी मजबूत हो गया है ।

2. भूमि का पुनर्वितरण करना चाहिए क्योंकि छोटे खेतों पर बड़े खेतों की अपेक्षा उत्पादिकता अधिक थी अर्थात् बड़े-बड़े किसानों से भूमि लेकर भूमिहीन, छोटे-छोटे किसानों को इसका आवंटन किया जाना चाहिए । इस प्रकार से बड़ी-बड़ी जोतों को छोटी-छोटी जोतों में ढालने का प्रयत्न किया जाना चाहिए ।

भारत में कृषि जोत

(Agriculatural Holdings in India)

कृषि संगणना 1990-91 के नुसार भारत में 1060 लाख क्रियात्मक जोते हैं जो 1660 लाख हेक्टयर क्षेत्र में हैं । यह क्षेत्र देश के कुशल भौगोलिक क्षेत्र का लगभग 50 प्रतिशत है ।

भारत में संकार्य जोतों की संख्या और आकार वितरण

	संख्या लाखो में				क्षेत्रफल (लाख हेक्टेयर)			
	1970 - 71		190-91		1970-71		1990 - 91	
सीमान्त जोत (1 हेक्टेयर से कम)	360	(51)	620	(58)	150	(9)	250	(15)
छोटे जोतें (1 से 4 हेक्टयेर)	240	(34)	340	(33)	490	(30)	670	(41)
मध्यम जोतें (4 से 10 हेक्टेयर)	80	(11)	80	(7)	480	(30)	450	(27)
बड़ी जोतें (10 हेक्टेयर से कम)	30	(4)	20	(2)	500	(31)	290	(17)
कुल	710	(100)	1,060	(100)	1620	(100)	1,660	(100)

नोट : ब्रैकिट में दिये गये आंकड़े कुल का प्रतिशत है।

स्त्रोत : Ministry of Agriculature, Agricultural Statistics at a Glance (1994)

उपर्युक्त सारणी से स्पष्ट है कि

(i) सीमान्त जोतें (Marginai Holdings): 1990-91 में इस वर्ग में कुल जोतों की संख्या 620 लाख थी एवं इनके अधीन 250 लाख हेक्टयर क्षेत्र अर्थात् क्षेत्रफल का 15 प्रतिशत था।

(ii) **छोटी जोतें** (Small Holdings)—1990-91 में इस वर्ग में जोतों की संख्या 340 लाख थी (कुल का 33 प्रतिशत और उनके अधीन क्षेत्रफल 670 लाख हेक्टयर अर्थात्) कुल क्षेत्रफल का 41 प्रतिशत।

(iii) **मध्यम जोतें** (Medium Holdings)— 1990-91 में मध्यम जोतों की मात्रा 80 लाख थी जो कुल जोतों का 7 प्रतिशत थी परन्तु उनके अधीन 450 लाख हेक्टेयर या अर्थात् कुल संकार्य क्षेत्र का 27 प्रतिशत।

(iv) **बड़ी जोते** (Large Holdings)—1970-71 में इस वर्ग में 30 लाख जोतें थीं कुल जोतों का केवल 4 प्रतिशत थी किंतु उनके अधीन 500 लाख हेक्टेयर भूमि थी अर्थात् कुल संकार्य क्षेत्र का 31 प्रतिशत था। 1990-91 में, बड़ी जोतों की संख्या गिरकर 20 लाख हो गयी अर्थात् 290 लाख हो गया अर्थात् कुल का 17 प्रतिशत वास्तव में इस वर्ग में जोत के संकार्य क्षेत्रफल में 20 वर्षों की अवधि में सबसे अधिक गिरावट आयी है।

सन् 1985-86 में जब जोतों का औसत आकार 1.69 हेक्टेयर था, तब रास्थान मं वह सर्वाधिक 4.34 हेक्टेयर था। उसके बाद पंजाब में यह 3.77 हेक्टेयर था। इसके विपरीत केरल में जोतों का औसत आकार न्यूनतम 0.36 हेक्टेयर (राज्यों में जोतों के औसत आकार 1985-86 के बाद के आंकड़े अभी उपलब्ध नहीं है)

प्रश्न

1. कृषि में कुशलता एवं उत्पादकता से क्या तात्पर्य हैं ? खेतों के आकार एवं उनकी कुशलता एवं उत्पादकता के बीच सम्बन्ध स्पष्ट कीजिए ।

   What do you mean by efficiency and productivity in agriculture ? Explain the relationship between size of forms and their efficiency and productivity.

2. छोटी जोतों की ऊंची उत्पादकता के कारणों को स्पष्ट कीजिए ।

   Discuss the causes of high productivity in small holdings.

3. भारत में कृषि जोतें किस प्रकार की हैं ? हरित क्रांति की अवधि में खेतों के आकार तथा उनकी उत्पादकता के बीच क्या सम्बन्ध रहे हैं ?

   What is the nature of agriculture holdings in India ? What has been the relationship between the size of holdings and its productivity during green revolution ?

□□□